公務員試験
過去問攻略Vテキスト ⑯

TAC公務員講座 編

数的処理（上）

TAC出版
TAC PUBLISHING Group

●── はしがき

本シリーズのねらい──「過去問」の徹底分析による効率的な学習を可能にする

　<u>合格したければ「過去問」にあたれ。</u>

　あたりまえに思えるこの言葉の、ほんとうの意味を理解している人は、じつは少ないのかもしれません。過去問は、なんとなく目を通して安心してしまうものではなく、徹底的に分析されなくてはならないのです。とにかく数多くの問題にあたり、自力で解答していくうちに、ある分野は繰り返し出題され、ある分野はほとんど出題されないことに気づくはずです。ここまできて初めて、「過去問」にあたれ、という言葉が自分のものにできたといえるのではないでしょうか。

　頻出分野が把握できたなら、もう合格への道筋の半分まで到達したといっても過言ではありません。時間を効率よく使ってどの分野からマスターしていくのか、計画と戦略が立てられるはずです。

　とはいえ、教養試験も含めると20以上の科目を学習する必要がある公務員試験では、過去問にあたれといっても時間が足りない、というのが実状ではないでしょうか。

　そこでTAC公務員講座では、<u>みなさんに代わり全力を挙げて、「過去問」を徹底分析し、この『過去問攻略Ｖテキスト』シリーズにまとめあげました。</u>

　<u>網羅的で平板な解説を避け、不必要な分野は思いきって削り、重要な論点に絞って厳選収録しています。また、図表を使ってわかりやすく整理されていますので、初学者でも知識のインプット・アウトプットが容易にできるはずです。</u>

　『過去問攻略Ｖテキスト』の一冊一冊には、"無駄なく勉強してぜったい合格してほしい"という、講師・スタッフの思いが込められています。公務員試験は長く孤独な戦いではありません。本書を通して、みなさんと私たちは合格への道を一緒に歩んでいくことができるのです。そのことを忘れないでください。そして、必ずや合格できることを心から信じています。

2019年2月　TAC公務員講座

●── 第2版(大改訂版) はしがき

長年、資格の学校TACの公務員対策講座で採用されてきた『過去問攻略Vテキスト』シリーズが、このたび大幅改訂されることになりました。

◆より、過去問攻略に特化

資格の学校TACの公務員講座チームが過去問を徹底分析。合格に必要な「標準的な問題」を解けるようにするための知識を過不足なく掲載しています。

『過去問攻略Vテキスト』に沿って学習することで、「やりすぎる」ことも「足りない」こともなく、必要かつ充分な公務員試験対策を進められます。

合格するために得点すべき問題は、このテキスト1冊で対策できます。

◆より、わかりやすく

執筆は資格の学校TACの公務員講座チームで、受験生指導に当たってきた講師陣が担当。受験生と接してきた講師が執筆するからこそ、どこをかみ砕いて説明すべきかがわかります。

読んでわかりやすいこと、講義で使いやすいことの両面を意識した原稿づくりにこだわりました。

◆より、使いやすく

・本文デザインを全面的に刷新しました。

・「過去問Exercise」などのアウトプット要素も備え、知識の定着と確認を往復しながら学習できます。

・TAC公務員講座の講義カリキュラムと連動。最適な順序でのインプットができます。

ともすれば20科目以上を学習しなければならない公務員試験においては、効率よく試験対策のできるインプット教材が不可欠です。『過去問攻略Vテキスト』は、上記のとおりそのニーズに応えるべく編まれています。

本書を活用して皆さんが公務員試験に合格することを祈念しております。

2022年3月 TAC公務員講座

●──〈数的処理（上）〉はしがき

　本書は近年の大卒区分公務員試験で合格点を目指すすべての人に向けて書かれた数的処理テキストです。上巻では、数的推理、判断推理を扱っています。

　数的処理は公務員試験に占める配点比率が高いことから、合格のためにはおろそかにできない重要科目です。一方で実際の公務員試験を眺めると、実に多様な問題が出題されており、こんなに解けるようになるのかと不安に感じる受験生もいるでしょう。また、一部の分野では数学を道具として使いますが、これに苦手意識のある初学者は、数学や算数からやり直さなければならないのか、と悩んでしまうかもしれません。それも無理からぬことであり、数的処理は多くの受験生にとって負担になる科目ではないでしょうか。

　このたびの大改訂では、掲載している問題をTAC公務員講座の講義で実際に使われているものに厳選し、少ない演習で多くの問題が解けるように一層の工夫をしました。各節の冒頭では要点や知識の整理を行い、代表的な例題を通して、問題の「型」を見せています。しかし、すぐにこれが解けなくても大丈夫です。「正解へのプロセス」で問題文の読み方から解説してありますので、これを読んだ後しばらく考えてみてください。それでも正解できない場合は、解説を読んで理解ができれば十分です。

　この理解の助けになるのが、「正解へのプロセス」から「解説」にわたって設けた「タグ」です。タグは問題を解く核心です。判断推理や空間把握と呼ばれる分野など、数的処理には通常の学校教育では触れることのない分野も含まれます。このような分野では、型で問題を分類し、タグで示した手法を繰り返し実践することでスムーズに解答できるようになります。

　そのうえで節末に設けた過去問Exerciseに取り組み、吸収してきた知識と解き方の型を実践することで、さらに定着させてください。前から順に読んでいけば、徐々に必要な知識が積み上げられ、本書を読み終わるころには実力が定着するように問題を配置しました。

　本書では、数的処理の出題の多くを、独自の分類で「型」として類型化しています。型から漏れるものや出題頻度の低い問題、難度が高いため正答率が低く合否を左右しない問題は省きました。ですから、本書に掲載されている問題は合格に必要な最低限のものであると思って取り組んでください。その取組みそのものが、合格に最大の効果を発揮します。

　また、数的処理で用いる算数・数学をはじめとした知識は本書に掲載してあります。高度なものは1つもありませんから、食わず嫌いをせず、どんどん使い慣れてください。本書をしっかり読み込めば、数少ない数的処理の基礎事項だけで、様々なレベル、様々な試験の問題が解けるようになることを実感できるはずです。

2022年3月　TAC公務員講座

本書の使い方

本書は、本試験の広範な出題範囲からポイントを絞り込み、理解しやすいよう構成、解説した基本テキストです。以下は、本書の効果的な使い方ガイダンスです。

本文

★★★

4 速 さ

「速さ」は文章題の一分野であり、公務員試験でも頻出テーマです。そこで、学習を容易にするために、「旅人算（出会い算と追いかけ算）」、「周回算」、「流水算」、「通過算」、「仕事算」、「ニュートン算」など、定番のテーマに分類しています。解法は、今までに学んだ手法を使っていきますが、単位変換などの新しい手法も登場します。

❶ 速さの3要素と3公式

1 速さの問題

速さの問題では、ある「速さ」で、いくらかの「時間」をかけて、ある「距離」を移動する人や車などが登場する。この「速さ」、「時間」、「距離」の3要素に関する式を使いながら、未知のものを求める問題が出題される。以下では、速さの問題で登場する3要素とその関係について説明する。

① 速 さ

「速さ」とは、単位時間あたりの変化量を表したものである[1]。

単位時間とは、1秒、1分、1時間、1日、…など、「1」の付く時間のことである。

　・1秒あたりの変化量を「秒速」という。
　・1分あたりの変化量を「分速」という。
　・1時間あたりの変化量を「時速」という。

特に、移動における速さは、単位時間あたりの移動距離で定義される。

以下では、特に断りがない限り、移動における速さを考える。

② 速さの3要素

移動における速さを考えるとき、速さ・時間・距離（道のり）を「速さの3要素」という。

---

[1] 例えば、ウイルスが増殖する速さやうわさが広がる速さなど、速さには様々なものがある。公務員試験では、仕事の速さなども登場する（後述）。

●アウトライン
その節のアウトラインを示しています。これから学習する内容が、全体の中でどのような位置づけになるのか、留意しておくべきことがどのようなことなのか、あらかじめ把握したうえで読み進めていきましょう。

●脚注
試験とは直接関係しないものの、学習にあたって参考にしてほしい情報を「脚注」として適宜示しています。

●重要度
各種公務員試験の出題において、この節の内容がどの程度重要かを示していますので、学習にメリハリをつけるための目安として利用してください。

㊦★☆☆ ←→ ★★★㊤
重要度

例1 一定の速さで歩く人が、200mを5分で移動したとき、この人の歩く速さは1分あたり200÷5＝40［m］である。
また、分速40mで歩く人が200mを移動するには、200÷40＝5［分］かかる。
分速40mで歩く人が5分歩くと、40×5＝200［m］移動する。

●例
具体例を挙げながら知識やテクニックを実践する様子を示しています。

この例からもわかるように、**速さの3要素の間には互いにつながり(関係式)がある**。これが、次の「**速さの3公式**」である。

③ 速さの3公式
次の3つの式を「**速さの3公式**」という。

速さの3公式

$(速さ)=(距離)\div(時間)=\dfrac{(距離)}{(時間)}$

$(時間)=(距離)\div(速さ)=\dfrac{(距離)}{(速さ)}$

$(距離)=(速さ)\times(時間)$

速さの3公式の覚え方

き
は
じ
「タテ」は分数
「ヨコ」は掛け算
「は」=(速さ)
「じ」=(時間)
「き」=(距離)

※求めたいものを隠すと、式が現れる。

●公式・知識
覚えておきたい公式や知識についてまとめています。

※　1つの式からスタートして変形すれば、残りの2つの式は簡単に導出できる。

2 単位換算

速さの問題を解く際に、単位(基準)を揃える必要が生じる。このとき、次のように単位換算を行う。

① 時間について

1時間＝60分、$\frac{1}{60}$時間＝1分

1分＝60秒、$\frac{1}{60}$分＝1秒

より、図1のように単位換算できる。

×60
×60
[時]
[分]
[秒]
÷60＝×1/60
÷60＝×1/60

図1

（※図はいずれもサンプルです）

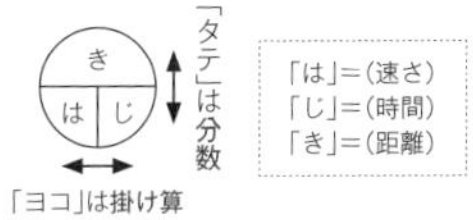

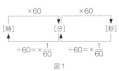

例題

ここまでの学習内容を身に付けられているかをチェックするための、TACオリジナル問題です。まずは自分で考えてみましょう。

例題 1-14

ある遊園地では、開園前に行列が300人以上できた場合には、時間を繰り上げて開園することにしている。その日は開園前から入園希望者が毎分20人の割合で並び始めたので、開園前に行列が300人となり、その時点で開園した。開園後も同様の割合で行列に加わる者が続いたが、入場口を1つだけ開けたところ、15分で行列が解消した。入場口を2つ開けて開園していたとき、行列が解消する時間として、正しいのはどれか。

❶ 3分
❷ 5分
❸ 7分
❹ 9分
❺ 11分

正解へのプロセス

本問は、入り口に滞った人を入場口が捌く処理の速さの問題であり、入り口には時々刻々人が流れ込むため、**全体量が増加する**ことがわかる。したがって、本問は「ニュートン算」の問題である。 `テーマの把握`

ニュートン算では公式を使って立式していけばよい。 `解法のポイント`

本問は「行列が解消する」ことから、処理が終了するので、

(はじめの量)＋(増加の速さ)×(時間)－(減少の速さ)×(時間)＝0

を用いる。 `公式`

そこで、ニュートン算の公式に対応する量を問題文を読みながら確認していく。
「その日は開園前から入園希望者が毎分20人の割合で並び始めた」より、(増加の速さ)＝20［人/分］である。「開園前に行列が300人となり、その時点で開園した」より、「その時点」がこの問題の処理のスタート(「はじめ」)になるので、(はじめの量)＝300［人］である。「入場口を1つだけ開けたところ」、「入場口を2つ開けて」とあるので、入場口が「処理」を行っており、入場口が複数ある。このように、処理するものが複数あるときは、1つあたりで処理できる量を考えると立式がうまくいく。つまり、(入場口1つあたりの処理(減少)の速さ)＝x［人/分］とおけば、「入場口を1つだけ開けたところ」の(処理(減少)の速さ)＝x［人/分］であり、2つ開けると2倍の速さで処理できることより、「入場口を2つ開けて開園していたとき」の(処理(減少)の速さ)＝$2x$［人/分］と表せる。

そして、「入場口を2つ開けて開園していたとき、行列が解消する時間」＝t［分］

問題を解くための着眼点や考えの進め方、それぞれの段階でこれまでに習得したどの知識を使うべきかなど、問題の正解に至るためのプロセスを具体的に示しています。問題への取り組み方をある程度パターン化して捉えられるよう、 `テーマの把握` `公式` など、検討のポイントになる要素を「タグ付け」しています。また、その問題特有の解法などについては、 **❶** 、 **❷** などのアイコンで示しています。

とおく。**目標**
　次に、状況把握のために、問題文の様子を図に描けば、次のようになる。**作図**

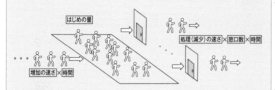

はじめの量

処理（減少）の速さ×窓口数×時間

増加の速さ×時間

　未知数は**x**と**ℓ**の2つあり、「入場口を1つだけ開けたところ、15分で行列が解消した」、「入場口を2つ開けて開園していたとき、行列が解消する時間（＝**ℓ**［分］）として、正しいのはどれか」と条件が2つあるので、**公式を2式立てて連立する**。なお、公式1つ目では（時間）＝15［分］、公式2つ目では（時間）＝**ℓ**［分］である。**公式**

　このように、ニュートン算では原則的に未知数について文字を複数おき、条件の数だけニュートン算の公式を立て、連立方程式を解いていけばよい。

解説

　300人並んでから毎分20人ずつ増えている状態で入場口を1つ開けたとき、行列が15分で解消したので、入場口1つに1分あたりに入場できる人数を**x**［人/分］とすれば、
　　（はじめの量）＋（増加の速さ）×（時間）－（減少の速さ）×（時間）＝0
より、**公式** $300+20×15-x×15=0$ が成り立つ。これを解けば、$x=40$［人］である。つまり、入場口1つに1分あたりに入場できる人数は40人である。
　この入場口を2つ開けると2倍の速さ（1分あたり40×2＝80［人］）で処理できる。これに気を付けて、行列が解消する時間を**ℓ**［分］とおけば、**目標**ニュートン算の公式より、$300+20×ℓ-(40×2)×ℓ=0$ が成り立つ。これを解けば、$ℓ=5$［分］である。つまり、300人の行列は入場口を2つ開けると5分で解消する。

●図解
視覚的に解説したほうがわかりやすくなるものについては、図解を設けて説明しています。

●解説
問題を解いていく様子を具体的に示しています。

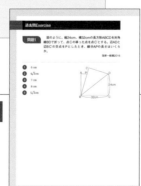

過去問Exercise

節の学習の最後に、過去問を使った問題演習に取り組んでみましょう。

CONTENTS

第 1 章

数的推理

　　数的推理は、数学的な知識（算数、数学）を用いて、計算しながら解答する分野です。数的推理だけではありませんが、数的処理で重要な能力は、論理的な処理能力です。数的推理であっても、用いる数学的知識に高度なものは一切ないので、数学的な能力より、問題に書かれている内容や選択肢を見て、問われていることを明確にし、情報を整理する国語的な能力の方が重要になります。

　　数的推理は数的処理全体の基礎に相当する分野でもあるため、必要な知識は本書で一から説明しています。じっくり取り組んでみてください。

数的推理の基本

この節では、第1章（数的推理）の中で通して使う知識やテクニックを紹介します。本書を丹念に読み進めていけば、ここでまとめた内容が数的推理に限らず数的処理全体で使い続ける知識やテクニックであることに気づくはずです。この節の内容を常に念頭に入れながら本書を読み進めましょう。

数的推理では、次の大きな5個のポイントに留意しながら問題を解いていくとよい。そこで第1章では、さらに細かく10個のポイントに分類し、各ポイントを明示するために10種類の 記号 でタグ付けした。

❶ テーマの把握

文章をよく読んで、情報を正確に読み取る。 テーマの把握

重要な条件には、<u>アンダーライン</u>を引いたり、 囲み を付けたりしながら、文章に書かれている内容や問題の「型」から、テーマを把握する。

❷ 目標の設定・選択肢のチェック

❶ 目標（求めたい量や知りたい量）を明確にする。 目標

❷ 問題文を読んだあとは、選択肢も必ずチェックするようにする。 選択肢

選択肢はその問題の目標そのものである。したがって、**問題文を読むときは必ず選択肢を見る**習慣をつけるようにしたい。また、公務員の択一試験は選択肢が五肢択一であるから、正解が必ず1つ含まれる。見方を変えれば、**選択肢は問題を解くヒント**になり得る。

❸ 公式や解法のポイント

問題のテーマや型に応じて公式や解法のポイントを覚える。 公式 解法のポイント

④ 場合分け

「Aが成り立つ」場合を考えたときは、必ず「Aが成り立たない」場合を考えるようにすることが、場合分けの基本である。 **場合分け**

⑤ テクニック

問題の内容を「正確に」、「具体的に」イメージができることが、問題をスムーズに解くカギになる。そこで**問題を解くテクニックとして、数的推理では次の4つのテクニックを頻繁に用い**、それぞれ、次のような4つのタグで表す。

具体化 **基準** **作図** **表**

1 具体化

① 名前を付けて具体化する

人やものをアルファベットでA、B、C、…と順序付けする、数字で❶、❷、❸、…とナンバリングする、などしながら具体化するとよい。

② 文字をおく

未知数があれば、この未知数に文字をおくことで具体化する。
「目標(求めたい量や知りたい量)」＝xとおくのは、定石の1つである。

※ xには、例えば「x[人]、x[円]、x[個]」などの単位を付けるだけで具体的になる。一方で、文字のおきすぎに注意する。文字のおきすぎは、計算が大変になるばかりでなく、何を求めればよいのか迷ってしまい、正解にたどり着くのに遠回りしてしまう。

③ 数値を代入して、具体的に計算する

例えば、選択肢に正解を含む値が並んでいる場合は、1つずつ代入して確かめるのも一手である。もちろん時間がかかる場合もあるので、選択肢の絞り込みを行い、代入する値が少なくなるように工夫したい。

2 ▶ 基 準

代表的なテーマとして、割合(第3節)が挙げられるが、基準を1つ定めることにより、他のものを相対的に数値で表せる(定量化)。

3 ▶ 作 図

数的処理(数的推理)では様々な図が登場する。問題のテーマに応じて、どのような図を描くべきかを覚えておくようにする。

4 ▶ 表

条件など、問題文から読み取るべき情報量が多い場合は、表に整理しながら解くとよい。

定石として、表には行と列の**合計**の欄を設けるようにする。合計が問題を解くカギになることもある。

文章題の基本

この節では数的処理の土台である文章題の基本を学びます。特に、方程式、不等式は数的推理だけでなく、数的処理のあらゆる分野で使う道具であるので、その基本をしっかりマスターしましょう。

1 連立方程式

1 文章題の解き方

文章題では、文章を読んで状況把握をし、問題のテーマや型に応じて、図や表などにまとめたり、未知数や求めたい量に文字をおくなどして解いていく。

① 文字の種類

代表的な文字のおき方は次の通りである。

❶未知数	・x、y、z、…など ・時間(time)に関する未知数はtを用いることもある
❷名称に対応する文字	・名称に合わせて文字をおく(例:Aさんの年齢=a[歳])
❸整数、自然数(正の整数)	・n、m、…など[1]
❹偶数	・$2n$
❺奇数	・$2n-1$
❻連続する2整数	・nと$n+1$
❼比例定数	・k、l、m、n、…など

② 未知数の数と方程式の数

通常、未知数(文字)の数と方程式の数[2]が等しいとき、解が1組定まる。つまり、**未知数の数だけ独立した方程式(これを連立方程式という)を立てれば、解が1組に定まる**。

---

1 数(number)や自然数(natural number)の頭文字を取ってnと表すことが多い。

2 方程式の数として、方程式を変形して得られたものはカウントしない。変形して得られた方程式を「従属した方程式」といい、従属した方程式は元の方程式と実質「同じもの」である。

※　未知数には「隠れた条件」が存在することもある。例えば「人数は自然数（正の整数）である」や「10進法（第5節）での各位の数字は0～9の10種類の数字で表される」などのように、問題に明記はされていないが、当たり前のことが隠れた条件になることがある。

③ 年齢算

文章題には様々なテーマが存在するが、公務員試験で出題されるテーマの1つに「年齢算」がある。「10年後の年齢はAがBの2倍になる」のような、何年か前や後の年齢に関する文章題を「年齢算」という。年齢算では、次式を用いて立式する。

年齢算の公式

$$[（今日からピッタリ）n 年前の年齢]＝（現在の年齢）－ n \ [歳]$$
$$[（今日からピッタリ）n 年後の年齢]＝（現在の年齢）＋ n \ [歳]$$

---

2 連立方程式とその解法のポイント

① 一文字ずつ消去

連立方程式の解の求め方は一文字ずつ未知数（文字）を消去することが原則である。

② 代入法と加減法

未知数（文字）の消去には代入法と加減法の2つの方法がある。

例1 次の連立方程式の解を代入法、加減法を使ってそれぞれ求めよ。

$$\begin{cases} 2x - 3y = 1 \\ -x + 2y = 0 \end{cases}$$

❶ 代入法

一方の式をxまたはyについてまとめ(これを「xまたはyについて整理する」という)、もう一方の式に代入することで、一文字ずつ消去する方法が代入法である。

下の式を移項して$x = 2y$とし、上の式に代入すれば、左辺は$2 \times 2y - 3y = 4y - 3y = y$となり、上の式は$y = 1$となる。移項した下の式$x = 2y$に$y = 1$を代入して、$x = 2$を得る。

よって、この連立方程式の解は$x = 2$、$y = 1$である。

❷ 加減法

xまたはyの係数(xやyなどの文字に掛けられた数)をそろえて、2つの式を足したり引いたりして、一文字ずつ消去する方法が加減法である。

下の式の両辺を2倍して上の式と並べ、2つの式を足し算する。このとき、足し方はxの項どうし、およびyの項どうしを足す。この計算により、xの項が消去され、その結果、下のように$y = 1$を得る。

$$\begin{array}{r} 2x - 3y = 1 \\ +)\ -2x + 4y = 0 \\ \hline y = 1 \end{array}$$

あとは、$-x + 2y = 0$に$y = 1$を代入して移項すれば、$x = 2$を得る。

よって、この連立方程式の解は$x = 2$、$y = 1$である。

あるコンサートではA席、B席の2種類のチケットを販売しており、チケット1枚あたりの価格はA席が8,000円、B席が6,000円である。販売期間終了後の発表では、2種類で合計2,000枚販売し、1,360万円の売上があったという。A席のチケットは何枚売れたか。

1 500枚

2 600枚

3 700枚

4 800枚

5 900枚

正解へのプロセス

① 問題文の読み方

本問は本書の第1問目なので、問題文の読み方から解説していく。

問題文を読みながら、問題のテーマも読み取る。 テーマの把握

その際、

1 読み間違いの起きやすいところ（例えばいつも自分が間違えてしまうところ）に波線を引いたり、数値条件などの重要情報にアンダーラインや 囲み などを入れておく。

2 目標を明確にする。 目標

3 選択肢をチェックする。 選択肢

の3点を常に行う。

本問のテーマは「連立方程式」であり、具体的には次のように行うとよい。

「あるコンサートではA席、B席の2種類のチケットを販売しており、チケット1枚あたりの価格は A席が8,000円 、 B席が6,000円 である。販売期間終了後の発表では、2種類で合計2,000枚販売条件①し、1,360万円の売上があった条件②という。A席のチケットは何枚売れたか。 目標 」

② 文字のおき方

本問では求めるもの（目標）がA席のチケットの販売枚数であり、さらにA席とB

席の販売枚数がわからないもの(未知数)である。そこで、A席の販売枚数をx[枚]、B席の販売枚数をy[枚]とおく。

　未知数はxとyの2文字であるから、独立した2式の方程式を立てなければ連立方程式の解が1組に定まらない。本問では「<u>2種類で合計2,000枚販売</u>条件①し、<u>1,360万円の売上があった</u>条件②」が2つの条件であり、これらから2式の方程式を立てる。

※　A席のチケットの販売枚数をx[枚]とおくと、条件①より、B席の販売枚数は2,000$-x$[枚]と表してもよい。

解説

　(A席のチケットの販売枚数)$=x$[枚]、(B席のチケットの販売枚数)$=y$[枚]とおく。**目標**

　このとき、「2種類で合計2,000枚販売した」ので、次の式で表せる[3]。

$$x+y=2000 \text{[枚]} \cdots ①(条件①に対応した式)$$

　また、「チケット1枚あたりの価格はA席が8,000円、B席が6,000円である」ことと「1,360万円の売上があった」ので、これは次の式で表せる。

$$8000x+6000y=13600000 \text{[円]} \cdots ②(条件②に対応した式)$$

　②は両辺を2,000で割ることで係数を小さくできる。

$$4x+3y=6800 \cdots ③$$

　①×3の計算により、$3x+3y=6000 \cdots ④$として、③のyの係数である3に揃える。

　加減法を用い、③$-$④で$3y$を**消去**すれば、

$$
\begin{array}{r}
4x+3y=6800 \\
-)\,3x+3y=6000 \\
\hline
x=800
\end{array}
$$

となり、A席のチケットの販売枚数は800枚であることがわかる。**解法のポイント**

※　①より、$y=1200$[枚]となるが、求める必要はない。

正解

3　以下では、数式内の3桁ごとのカンマ[,]は煩雑であるため取り除く。

② 不定方程式

1 不定方程式

　未知数の数が方程式の数より多いとき、解が定まらない（これを「不定」という）。このような方程式を「不定方程式」という。

　数的処理の不定方程式の問題では、解に「自然数」や「0以上の整数」という隠れた条件が付くので、これを利用して解くことが多い。多くの場合、隠れた条件は問題文に明記されていないので注意深く問題文を読む必要がある。

2 不定方程式の解法のポイント

① 選択肢を利用する

　選択肢に正解を含む値が並んでいるときは、選択肢を1つずつ代入していくとよい。

② 一文字ずつ消去

　連立の不定方程式であっても、連立方程式の解法と同様に、**一文字ずつ未知数を減らす**。

③ 整数の性質と絞り込み

　解が「自然数」や「0以上の整数」であることや倍数に着目することで、解の範囲を絞り込む。

※　整数の性質に関して、詳しくは第5節で扱う。

例2 方程式$2x + 3y = 17$の解が自然数であるとき、解をすべて求めよ。

yは**自然数**であり、$3y$は17より小さいので、$y = 1$、2、3、4、5に絞り込める。偶数と奇数の性質に注意する[4]。偶数と奇数の足し算では、

$$\begin{cases} (偶数) + (偶数) = (偶数) \\ (偶数) + (奇数) = (奇数) \\ (奇数) + (奇数) = (偶数) \end{cases}$$

である。xは自然数であるから、$2x$は**偶数**であり、17は**奇数**である。したがって、$2x + 3y = 17$は、**(偶数)** $+ 3y =$ **(奇数)** であり、上の2つ目の式から、$3y$は**奇数**といえる。したがって、$y = 1$、3、5に絞り込める。あとは具体的に計算していくと次のようになる。

　　・$y = 1$のとき、$2x + 3 \times 1 = 17$より$x = 7$
　　・$y = 3$のとき、$2x + 3 \times 3 = 17$より$x = 4$
　　・$y = 5$のとき、$2x + 3 \times 5 = 17$より$x = 1$

　よって、$2x + 3y = 17$の自然数の解は$(x, \ y) = \underline{(7, \ 1)、(4, \ 3)、(1, \ 5)}$である。

4　偶数と奇数についても、第5節で後述する。

太郎君は1個90円のリンゴを、花子さんは1個130円のリンゴをそれぞれ何個かずつ買ったところ、2人が支払った代金の合計は8,100円であった。

このとき、花子さんが買ったリンゴの個数として、あり得るのはどれか。

❶ 48個

❷ 50個

❸ 54個

❹ 58個

❺ 63個

正解へのプロセス

① 文字のおき方と目標の設定

本問では、未知数は太郎君と花子さんの買ったリンゴの個数である。そこで、太郎君の購入したリンゴの個数をx［個］、花子さんの購入したリンゴの個数をy［個］とおく。このとき、「花子さんが買ったリンゴの個数として、あり得るものはどれか」とあるので、**求めたいのはyである。** `目標`

② テーマの把握

条件「支払った代金の合計は8,100円であった」より、$90x + 130y = 8100$［円］…①と立式できる。

未知数（文字）がx、yの2つに対して、方程式が①の1つしか立たず、未知数の数が方程式の数より多いので、「不定方程式」の問題であることがわかる。

`テーマの把握`

③ 選択肢の検討と絞り込み

本問の選択肢には、花子さんの購入したリンゴの個数y［個］について、「あり得るもの」が1つだけ含まれている。そこで、選択肢を1つずつ代入していく。 `選択肢`

このとき、xとyが個数（自然数）であることより、倍数に着目することで、解の範囲が絞り込め、代入する選択肢を減らすことができる。

解説　太郎君の購入したリンゴの個数をx［個］、花子さんの購入したリンゴの個数をy［個］とおく。 ■目標

題意より、$90x + 130y = 8100$［円］…①と立式できる。

係数を小さくするために、①の両辺を10で割ると、次式になる。

$9x + 13y = 810$ …②

xとyが自然数であることに着目すれば、$9x$は9の倍数であり、$13y$は13の倍数である。

②の各項で共通する倍数に注目する。 ■解法のポイント

810も9の倍数であることから、移項して右辺に9の倍数を集めると、②は$13y = 810 - 9x = 9(90 - x)$ …③と変形できる。すると、③の右辺は9の倍数であるから、等号で結ばれた③の左辺も（13の倍数でもあるが）9の倍数となり、yは9の倍数である。

選択肢を見ると、9の倍数でない❶、❷、❹はあり得ない。よって、❸の$y = 54$［個］か❺の$y = 63$［個］に絞り込める[5]。 ■選択肢 ■解法のポイント

$y = 54$［個］のとき、②に代入すれば$x = 12$［個］となり、x、yのいずれも自然数であるが、$y = 63$［個］のとき、$x = -1$［個］となり、xが自然数とならず不適である。 ■場合分け

正解 ❸

5　❸の$y = 54$［個］か❺の$y = 63$［個］に絞り込めた時点で、どちらか一方の値だけを②に代入すればよい。代入する数値は、計算の簡単な方（一般的には数値の小さい方）を選ぶとよい。

❸ 不等式

1 ▶ 不等式の文章題

① 不等式の立式

大小関係を表す条件を式で表す。

❶ 「AはBより大きい（多い）」は「A ＝ B より大きな値 ＞B」と表せる。
したがって、「A＞B」である。　※A＝Bは含まない

❷ 「AはBより小さい（少ない）」は「A ＝ B より小さな値 ＜B」と表せる。
したがって、「A＜B」である。　※A＝Bは含まない

❸ 「AはB以上である」は「A ＝ B以上の値 ≧B」と表せる。
したがって、「A≧B」である。　※A＝Bを含む

❹ 「AはB以下である」は「A ＝ B以下の値 ≦B」と表せる。
したがって、「A≦B」である。　※A＝Bを含む

❺ 「AはB未満である」は「A ＝ B未満の値 ＜B」と表せる。
したがって、「A＜B」である。　※A＝Bは含まない

② 間違いやすい例

間違いやすい例を挙げておく。文章の意味を理解しながら立式すること。

❶ 「PはQより5歳年上だ」は「P＝Q＋5［歳］」と表せる。

❷ 「PはQより5歳以上年上だ」は「P＝Q＋ 5［歳以上］ ≧Q＋5［歳］」と表せる。
したがって、「P≧Q＋5［歳］」である。

❸ 「PはQより5歳年下だ」は「P＝Q－5［歳］」と表せる。

❹ 「PはQより5歳以上年下だ」は「P＝Q－ 5［歳以上］ ≦Q－5［歳］」と表せる。
したがって、「P≦Q－5［歳］」である。

※ 「PはQよりn（だけ）大きい」は、不等式ではなく等式「P＝Q＋n」で表せる。
「大きい」や「小さい」という言葉だけで「不等式である」と誤って判定しないようにすること。

2 不等式とその解法のポイント

① 不等式の計算

不等式の計算では、方程式の計算と同様に、移項して「$x \geqq \cdots$」や「$x \leqq \cdots$」の形に変形していく。負の数を掛ける（割る）と不等号の向きが逆になる。

例❶：$3 > -5$の両辺に-1を掛けると$-3 < 5$となる。

例❷：不等式$-2x \geqq 6$を解くとき、両辺に$-\dfrac{1}{2}$を掛ける（-2で割る）と、不等号の向きが変わり、$x \leqq -3$となる。

② 絞り込み

不等式によって範囲を絞り込める。

例❸：$12 < x \leqq 16$を満たす自然数xは$x = 13$、14、15、16である。

3 過不足算（過不足の不等式）

不等式の定番問題の一つであり、「AをBに配分すると、Aに過剰分や不足分が発生する」という条件から、不等式を立式する問題を「過不足算（過不足の不等式）」という。次の例題で過不足算の問題の型を見ていく。

例題 1-3 ある本数の鉛筆を子どもたちに配ることにした。それぞれの子どもに3本ずつ配ると32本余り、4本ずつ配ると15本より多く余った。そこで、6本ずつ配ると鉛筆が15本以上不足した。このとき、子どもの人数として正しいのはどれか。

❶ 13人
❷ 14人
❸ 15人
❹ 16人
❺ 17人

正解へのプロセス

① テーマの把握

本問では求めるものが子どもの人数なので、**子どもの人数を***x*[人]とする。 **目標**
「それぞれの子どもに3本ずつ配ると32本余り 条件①、4本ずつ配ると15本より多く余った 条件②。そこで、6本ずつ配ると鉛筆が15本以上不足した 条件③」という条件から、「過不足算」の問題であることがわかる。 **テーマの把握**

② 過不足算の図

上の条件①〜③を図示すると下図のようになる。 **作図**

このとき、鉛筆の本数の合計に当たる部分を二重かぎ括弧（『　　』）で挟んで表しており、赤色の線は過剰も不足もなく「ピッタリ」配られたことを表す（以下「ピッタリライン」と呼ぶ）。

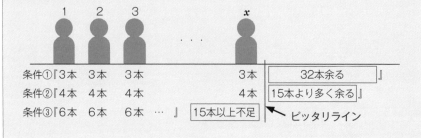

③ 過不足算の立式

　まずは条件①を立式する。ピッタリラインまで3×*x* ［本］配ったことになるので、余りの32本を合わせれば、鉛筆の本数は3*x*＋32 ［本］となる。

　次に条件②を立式する。ピッタリラインまで4×*x* ［本］配ったことになる。また、「15本より多く余った」は「＋ 15本より多い本数 」と表現する。 囲み の部分に入る数字は16、17、…であるので 具体化 、「 15本より多い本数 ＞15本」と表せる。したがって、「（鉛筆の本数）＝4*x*＋ 15本より多い本数 ＞4*x*＋15」と表せる。

　最後に条件③を立式する。仮にピッタリラインまで配ったとすれば、6×*x* ［本］配ったことになるが、鉛筆の本数の合計は、ピッタリラインより左側にある二重かぎ括弧の右側（』）まで戻すように計算しなければいけない。そこで、「15本以上不足した」を「－ 15本以上の本数 」と表現する。 囲み の部分に入る数字を書き出せば、15、16、17、…であるので 具体化 、負の数を掛けると不等号の向きが入れ替わることに注意すれば、「－ 15本以上の本数 ≦－15本」と表せる。したがって、「（鉛筆の本数）＝6*x*－ 15本以上の本数 ≦6*x*－15」と表せる。

解説

　子どもの人数を*x* ［人］、配った鉛筆の本数の合計を*y* ［本］とする。 目標

　「それぞれの子どもに3本ずつ配ると32本余り」とあるので、この条件は*y*＝3*x*＋32 ［本］…①と表せる。

　「4本ずつ配ると15本より多く余った」とあるので、この条件は*y*＝4*x*＋ 15本より多い本数 ＞4*x*＋15、つまり、*y*＞4*x*＋15 …②と表せる。

　「6本ずつ配ると鉛筆が15本以上不足した」とあるので、この条件は*y*＝6*x*－ 15本以上の本数 ≦6*x*－15、つまり、*y*≦6*x*－15 …③と表せる。

　①を②と③に代入し、*y*を消去すれば、3*x*＋32＞4*x*＋15 …④および3*x*＋32≦6*x*－15 …⑤となる。④で32－15＞4*x*－3*x*のように移項して整理すれば、*x*＜17となり、⑤で32＋15≦6*x*－3*x*のように移項して整理すれば、$x \geqq \dfrac{47}{3}$となる。まとめると、$\dfrac{47}{3} \leqq x < 17$となる。$\dfrac{47}{3} = 15.666\cdots$より、15.666…≦*x*＜17と*x*の範囲を絞り込み、これを満たす人数（自然数）*x*は16しかない。 解法のポイント

正解

問題1

　ある家では、ペットボトルの天然水を毎月８本消費する。従来はすべてスーパーで購入していたが、通信販売で６本入りケースを購入すると、１本当たりの価格はスーパーの半額であり、別途、１回の配送につき、ケース数にかかわらず一律の配送料金がかかることが分かった。また、毎月、通信販売で１ケースを、スーパーで残り２本を購入すると月ごとの経費は従来より300円安くなり、３か月間に２回、通信販売で２ケースずつ購入すると月ごとの平均経費は従来より680円安くなることが分かった。このとき、スーパーでの１本当たりの価格はいくらか。

国家専門職2010

1　160円

2　180円

3　200円

4　220円

5　240円

　目標は「スーパーでのペットボトルの天然水1本当たりの価格」である。 **目標**

　また、「毎月、通信販売で1ケースを、スーパーで残り2本を購入すると月ごと
の経費は従来より300円安くなり₍条件①₎」、「3か月間に2回、通信販売で2ケースず
つ購入すると月ごとの平均経費は従来より680円安くなる₍条件②₎」のように、**価格に
関する2つの条件がある**。条件が2つなので、未知数に対応する文字は最低2つ設
定できる。そこで、目標である、「スーパーでのペットボトルの天然水1本当たり
の価格」をx[円/本]とおく。このとき、「通信販売で6本入りケースを購入すると、
1本当たりの価格はスーパーの半額」になるので、通信販売における天然水1本当
たりの価格は$0.5x$[円/本]である。また、通信販売では1回の配送につき、ケース
数にかかわらず一律の配送料金がかかるので、2つ目の未知数に対応する文字と
して、この配送料金をy[円/回]とおく。**この2文字（xとy）だけで、2つの条件を表
すことができるので、本問は「連立方程式」の問題であることがわかる。**

テーマの把握

　条件①「毎月、通信販売で1ケース（6本）を、スーパーで残り2本を購入する
と月ごとの経費は従来（8本すべてをスーパーで購入）より300円安くなり」を式
にすれば、

$$(0.5x \times 6 + y) + x \times 2 = x \times 8 - 300$$

となり、整理すれば、$y = 3x - 300$ …①が成り立つ。

　条件②「3か月間に2回、通信販売で2ケースずつ購入すると月ごとの平均経費
は従来より680円安くなる」とあるので、3か月の合算で式を立てれば、条件②は、

$$(0.5x \times 6 \times 2 + y) \times 2 = x \times 8 \times 3 - 680 \times 3$$

となり、整理すれば、$y = 6x - 1020$ …②が成り立つ。

　①、②を連立して解くと、yを消去して、$3x - 300 = 6x - 1020$となり、移項し
て整理すれば、$x = 240$[円/本]となる。

※　$y = 420$[円]となるが、求める必要はない。

　両親と３姉妹の５人家族がいる。両親の年齢の和は、現在は３姉妹の年齢の和の３倍であるが、６年後には３姉妹の和の２倍になる。また、４年前には父親と三女の年齢の和が、母親・長女及び次女の年齢の和と等しかったとすると、現在の母親・長女及び次女の年齢の和はどれか。

特別区Ⅰ類2006

1　42

2　44

3　46

4　48

5　50

解説

何年か前や後の年齢に関する文章題であるから、「**年齢算**」の問題である。

テーマの把握

> 条件ア：「両親の年齢の和は、現在は３姉妹の年齢の和の３倍」
> 条件イ：「両親の年齢の和は、６年後には３姉妹の和の２倍になる」
> 条件ウ：「４年前には父親と三女の年齢の和が、母親・長女及び次女の年齢の
> 　　　　和に等しかった」

５人家族各々の年齢を未知数とすると、未知数に対応する文字が５つも必要になってしまう。

そこで、冒頭の２つの条件ア、イより、現在の両親の年齢の和、現在の３姉妹の年齢の和をそれぞれx［歳］、y［歳］とおき、**おく文字をなるべく少なくする**。

条件アより、$x = 3y$ …①と表せる。

条件イより、$x + 6 \times 2 = (y + 6 \times 3) \times 2$…②と表せる。

未知数がx、yの２つに対し、独立した方程式が２式あるので、解が１組求められる。 **解法のポイント**

①を②に代入してxを消去すれば、$3y + 12 = 2y + 36$より、移項すれば$y = 24$となり、$x = 3 \times 24 = 72$を得る。ゆえに、x＝「現在の両親の年齢の和」＝72［歳］、y＝「現在の３姉妹の年齢の和」＝24［歳］である。これにより、現在の家族５人の年齢の合計は、$72 + 24 = 96$［歳］になる。

ここで、現在の母親・長女及び次女の年齢の和をz［歳］とする。**目標**

現在の父親と三女の年齢の和は$96 - z$［歳］と表せる。したがって、「４年前の父親と三女の年齢の和」＝$(96 - z) - 4 \times 2$［歳］、「４年前の母親・長女及び次女の年齢の和」＝$z - 4 \times 3$［歳］と表せる。

ここで、条件ウより、$(96 - z) - 4 \times 2 = z - 4 \times 3$が成り立ち、これを解けば、$z = 50$［歳］である。

80円、30円、10円の３種類の切手を、合わせて30枚、金額の合計でちょうど1,640円になるように買いたい。このような買い方に合致する切手の枚数の組合せは何通りか。

国家一般職2012

1 　1通り

2 　2通り

3 　3通り

4 　4通り

5 　5通り

解説

　買う枚数をそれぞれ、80円切手を x [枚]、30円切手を y [枚] とおく。 **目標**「3種類の切手を合わせて30枚」買うので、10円切手を買う枚数は $30 - x - y$ [枚] である。

　金額の合計に関する式を作ると、次のようになる。

$$80x + 30y + 10 \times (30 - x - y) = 1640 \,[円]$$

　整理すれば、$7x + 2y = 134$ …① となる。未知数が x、y の2つに対し、方程式が1つしかないので、「不定方程式」の問題である。 **テーマの把握**

　①を倍数がわかりやすいように変形すると、次のようになる。

$$7x = 2(67 - y) \,…②$$

　②より、$67 - y$ は0より大きく67より小さい7の倍数であり、具体的に書き出せば、$67 - y = 7$、14、21、28、35、42、49、56、63が考えられる。

解法のポイント

　「切手は合わせて30枚」であるから、30円切手の枚数である y [枚] は少なくとも30より小さい数である。そこで、具体的に書き出した上の数のうち、y が30を超えるものを除けば、$67 - y$ として考えられるのは、42、49、56、63の4つに**絞り込**める。「切手は合わせて30枚」であるから、$x + y$ も30より小さい数である。したがって、この4つの数をそれぞれ②の $(67 - y)$ に代入して、$x + y$ が30より小さい数になる場合を検討してみる。 **具体化** **場合分け**

(1) $67 - y = 42$ のとき、$y = 25$ で、②より $7x = 2 \times 42$ となり、$x = 12$ である。
　　このとき、$x + y = 37 > 30$ となり、不適である。

(2) $67 - y = 49$ のとき、$y = 18$ で、②より $7x = 2 \times 49$ となり、$x = 14$ である。
　　このとき、$x + y = 32 > 30$ となり、不適である。

(3) $67 - y = 56$ のとき、$y = 11$ で、②より $7x = 2 \times 56$ となり、$x = 16$ である。
　　このとき、$x + y = 27 < 30$ となり、10円切手の枚数は $30 - x - y = 3$ [枚]で条件を満たす。

(4) $67 - y = 63$ のとき、$y = 4$ で、②より $7x = 2 \times 63$ となり、$x = 18$ である。
　　このとき、$x + y = 22 < 30$ となり、10円切手の枚数は $30 - x - y = 8$ [枚]で条件を満たす。

　よって、買い方は(3)、(4)の2通りである。

　ある催し物の出席者用に6人掛けの長椅子と4人掛けの長椅子を合わせて21脚用意した。6人掛けの長椅子だけを使って6人ずつ着席させると、36人以上の出席者が着席できなかった。6人掛けの長椅子に5人ずつ着席させ、4人掛けの長椅子に4人ずつ着席させると、12人以上の出席者が着席できなかった。また、6人掛けの長椅子に6人ずつ着席させ、4人掛けの長椅子に4人ずつ着席させると、出席者全員が着席でき、席の余りもなかった。このとき、出席者の人数として、正しいのはどれか。

東京都Ⅰ類2017

1　106人

2　108人

3　110人

4　112人

5　114人

解説

余り（過剰分）や不足についての条件が与えられるので、本問は「過不足算」の問題である。 **テーマの把握**

6人掛けの長椅子と4人掛けの長椅子の数をそれぞれx［脚］、y［脚］とし、出席者の人数をz［人］とする。 **目標**

最初の条件「6人掛けの長椅子と4人掛けの長椅子を合わせて21脚用意した$_{条件①}$」より、$x+y=21$ …①が成り立つ。

条件「6人掛けの長椅子だけを使って6人ずつ着席させると、36人以上の出席者が着席できなかった$_{条件②}$」より、$z=6x+$ 36人以上 $\geq 6x+36$、つまり、$z \geq 6x+36$ …②が成り立つ。

次に、条件「6人掛けの長椅子に5人ずつ着席させ、4人掛けの長椅子に4人ずつ着席させると、12人以上の出席者が着席できなかった$_{条件③}$」より、$z=5x+4y+$ 12人以上 $\geq 5x+4y+12$、つまり、$z \geq 5x+4y+12$ …③が成り立つ。

また、最後の条件「6人掛けの長椅子に6人ずつ着席させ、4人掛けの長椅子に4人ずつ着席させると、出席者全員が着席でき、席の余りもなかった$_{条件④}$」より、出席者の人数は$6x+4y$［人］であることがわかる。つまり、$z=6x+4y$ …④とする。以上の条件を図示すれば、次のようになる。 **作図**

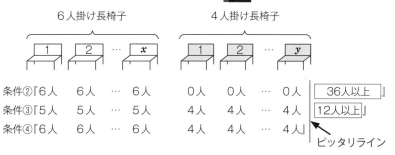

④を②と③に代入しzを消去すれば、$6x+4y \geq 6x+36$および$6x+4y \geq 5x+4y+12$である。これを整理すると、それぞれ、$y \geq 9$、$x \geq 12$を得る。この不等式の中で条件①を満たすのは、等号の成立する$x=12$［脚］、$y=9$［脚］のときしかない。

よって、出席者の人数は④より$z=6 \times 12+4 \times 9=108$［人］である。

3 比、割合、平均、濃度

この節でも引き続き、数的処理の土台を学習します。とりわけ、割合の応用である「損益算」、「濃度と混合」の問題は、数的処理の定番問題なので、しっかりマスターしましょう。

❶ 比

1 比とその解法のポイント

いくつかの0でない数や数量の関係を表したものを「比」といい、$a:b$のように表す。比の等式を「比例式」という。

比は、式全体に同じ数を掛けたり、同じ数を割ったりすることで、簡単な比に直すことができる。

例1　3:4は全体を3倍すれば9:12になり、3:4は全体を4倍すれば12:16になる。したがって、次式が成り立つ。

$$3:4=9:12=12:16$$

逆に、12:16は全体を4で割れば（$\frac{1}{4}$倍すれば）3:4になり、9:12は式全体を3で割れば（$\frac{1}{3}$倍すれば）3:4になる。したがって、次式が成り立つ。

$$12:16=9:12=3:4$$

当然だが、2つの式は同じである。

① 比の具体化

比が与えられたときは、各数量を比例定数kの一文字だけを使って表すことができる。

例えば、X社への出資額（単位は[万円]）として、A社とB社とC社の出資比率がそれぞれ5:3:2であることがわかっていたとしても、（A社の出資額）＝5[万円]、（B社の出資額）＝3[万円]、（C社の出資額）＝2[万円]であるのか、（A社の出資額）＝5000[万円]、（B社の出資額）＝3000[万円]、（C社の出資額）＝2000

［万円］であるのかはわからない。そこで、（A社の出資額）＝$5k$［万円］、（B社の出資額）＝$3k$［万円］、（C社の出資額）＝$2k$［万円］とおくと、「A社とB社とC社の出資比率がそれぞれ5：3：2」を具体的な値として表現できる。

なお、（A社の出資額）＝x［万円］、（B社の出資額）＝y［万円］、（C社の出資額）＝z［万円］として、$x:y:z＝5:3:2$とすることもできるが、この場合、文字はx、y、zの3つが必要になる。一方、上記のk倍する方法では文字をkの1つで済ませることができ、文字を少なくすることができる。

② 2数の比例式の変形

例えば、$20:15＝4:3$であるが、比の外側の2数（20と3）の積は$20×3＝60$であり、内側の2数（15と4）の積は$15×4＝60$となり、2つの積の値が一致する。このように、2数の比例式では、「（外項の積）＝（内項の積）」が成り立つ。つまり、$a:b＝c:d$では$a×d＝b×c$が成り立つ。このようにして、比例式を方程式に変形することができる。

例2 $x:4＝5:9$を満たすxは（外項の積）＝（内項の積）より、$x×9＝4×5$と変形することで、xの1次方程式に変形できる。これを解けば、$x＝\dfrac{20}{9}$となる。

---

［2］ 連 比

3つ以上の数の比を、1つの比例式にまとめて表したものを「連比」という。

例3 $A:B＝2:3$、$B:C＝2:3$のとき、$A:B:C$をまとめて、簡単な比に直せばどうなるだろうか。

登場する文字どうしを比較できるように、両方の比の式に登場する文字の数値を揃える。そこで、次のように、**両方の比の式に登場する文字と、これに対応する数値が上下に揃うように並べる。**

$$A:B \quad\;＝2:\boxed{3}$$
$$B:C＝\boxed{2}:3$$

Bが両方の比の式に登場する。Bに対応する数値が上下それぞれで、3と2であ

るから、最小公倍数に統一してＡ、Ｂ、Ｃを比較できるようにする。そのために、
上の式の右辺を２倍、下の式の右辺を３倍すれば、

$$A : B \quad = 4 : \boxed{6}$$
$$B : C = \boxed{6} : 9$$

のように、Ｂを「6」に統一できる。まとめると、A : B : C = 4 : 6 : 9となる。

※　最小公倍数に関して、詳しくは第5節で扱う。

---

3 逆 比

逆数の比を「逆比」という。

① 2数の逆比

$a : b$の逆比は$\dfrac{1}{a} : \dfrac{1}{b}$である。$\dfrac{1}{a} : \dfrac{1}{b}$に$ab$を掛ければ、$\dfrac{1}{a} : \dfrac{1}{b} = b : a$となり、2数の逆比は比の並びが逆になる。

② 3数の逆比

$a : b : c$の逆比は$\dfrac{1}{a} : \dfrac{1}{b} : \dfrac{1}{c}$である。$\dfrac{1}{a} : \dfrac{1}{b} : \dfrac{1}{c}$に$abc$を掛ければ、$\dfrac{1}{a} : \dfrac{1}{b} : \dfrac{1}{c} = bc : ca : ab$となり、3数の逆比の場合は比の並びが逆にはならない。

---

4 分数式と比例式

例えば、$\dfrac{b}{a} = \dfrac{2}{3}$のとき、$a = 3k$, $b = 2k$ $(k \neq 0)$[1]と表せる。

したがって、

$$a : b = 3k : 2k = 3 : 2$$

である。

このように、**分数式は比例式に直すことができる**。

---

1 0で割ることはできないため、分数の分母は0でない。したがって、$\dfrac{b}{a}$の分母aは0でない。これより$a = 3k$のkも0でない。

5 比例配分

全体XをAとBにそれぞれ$a:b$に比例配分するときは、下図のように線分図を描くとわかり易い。

比例配分には2つの解法がある。次の例で具体的に確認していきたい。

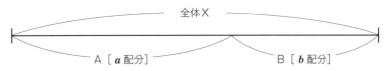

例4　240本の鉛筆をAとBにそれぞれ2:3に比例配分する。このとき、A、Bには何本ずつ配分すればよいだろうか。

線分図を描くと次のようになる。

[解法1]

次のように解く。A＝$2k$［本］、B＝$3k$［本］と具体化して、$240＝2k＋3k$より、$5k＝240$から$k＝48$を得る。よって、A＝$2×48＝\underline{96}$［本］、B＝$3×48＝\underline{144}$［本］ずつ配分すればよい。

[解法2]

次のように解く。240本を（2＋3＝）5等分すると、1等分あたり$240÷5＝48$［本］である。これをAには2個分、Bには3個分配分して、A＝$2×48＝\underline{96}$［本］、B＝$3×48＝\underline{144}$［本］である。

　　　兄と弟の貯金額の比は5：3であった。ところが、兄はそこから7,500円使い、弟は逆に1,000円貯金したので、兄と弟の貯金額の比は3：4になった。兄のはじめの貯金額として、正しいのはどれか。

1　10,000円
2　12,500円
3　15,000円
4　17,500円
5　20,000円

正解へのプロセス

　貯金額の比は、はじめは兄：弟＝5：3であり、おわりは兄：弟＝3：4になっている。条件は2つあり、兄のはじめの貯金額が問われているので、はじめの兄の貯金額をx［円］、はじめの弟の貯金額をy［円］とおいて、連立方程式で解くこともできる。**目標** しかし、本問は「比」の問題であるから、**兄と弟のはじめの貯金額を、それぞれ5k［円］、3k［円］とおくとよい。** **解法のポイント** この方が、文字が少なくなり計算も簡単になる。

解説

　兄と弟のはじめの貯金額を、それぞれ5k［円］、3k［円］とおく。

目標 **解法のポイント**

　兄はそこから7,500円使い、弟は逆に1,000円貯金して、兄と弟の貯金額の比が3：4になったので、次の式が成り立つ。

　　$(5k - 7500) : (3k + 1000) = 3 : 4$

（外項の積）＝（内項の積）より、$4 \times (5k - 7500) = 3 \times (3k + 1000)$となる。

解法のポイント

　これを解けば、$k = 3000$を得る。よって、兄のはじめの貯金額は$5 \times 3000 = 15000$［円］である。

正解 **3**

2 割 合

1 割合の解法のポイント

基準となる量に対する、ある量の比率を「割合」という。小数、分数、比、百分率、歩合などを用いて表す。

① 基 準

割合を考える上で最も大事なのは、「基準は何か？」である。

基準に具体的な値が与えられている場合を除けば、（基準）＝ 1 として割合を分数（や小数）で表現することが多いが、状況に応じて（基準）＝100（100％）で表すこともある。

分数・小数	1	$\frac{1}{10}=0.1$	$\frac{1}{100}=0.01$	$\frac{1}{1000}=0.001$
百分率[%]	100%	10%	1%	0.1%
歩合	10割	1割	1分	1厘

② 線分図

割合を図示するときは、線分図を描くとよい（下図）。

基準＝1＝100％

Aの割合＝$\frac{1}{5}$＝0.2＝20％

2 割合の様々な表現

① 割合の基本表現

「Aに対するBの割合[%]」＝「BのAに対する割合[%]」＝$\dfrac{B}{A} \times 100$

※ 「Aに対する」とある場合、Aが「基準＝分母」である。

② 合格率、競争率

$(合格率[\%]) = \dfrac{(合格者数)}{(受験者数)} \times 100$、$(競争率[倍]) = \dfrac{(受験者数)}{(合格者数)}$ で求められる。

3 損益算 (売買算)

割合にも様々な文章題がある。とりわけ、「**損益算(売買算)**」と呼ばれる、売買(利益や損失)に関する文章題は公務員試験をはじめ、様々な試験に登場する重要なテーマである。次の表にある用語を理解しておきたい。

損益算(売買算)に関する用語

価格	①原価	仕入れの価格
	②定価	はじめに付けた価格
	③販売価格(売価)	定価や割引価格など、売るときの価格の総称
売上		(販売価格)×(販売個数)の総和
総利益(利益合計)		(総利益)＝(売上)－(原価合計)＝(利益小計)の総和

4 増 減

次の例で具体的に見ていくが、「〜%増し（〜%増）」、「〜割引き（〜割減）」と増減の付いていない「〜%」、「〜割」を読み違えないようにする。

例5 次の ☐ にあてはまる数字はいくらか。

❶ 500円の3割増しは ア 円である。

❷ 7,200円の25%引きは イ 円である。

❸ ウ 円の5割増しは6,000円である。

❶ 500円が基準である。

500円の3割は、500×3割$= 500 \times 0.3 = 150$［円］に相当する。したがって、ア には$500 + 150 = \underline{650}$［円］が入る。なお、これを1つの式にすると、$500 \times (1 + 0.3) = 500 \times 1.3 = \underline{650}$［円］である。

❷ 7,200円が基準である。

7,200円の25%は、7,200円の$\dfrac{1}{4}$であり、4で割った1,800円が相当する。したがって、イ には、7,200円から1,800円を引いた$\underline{5,400}$円が入る。あるいは、7,200円の25%引きは、7,200円の75%になるから、これを1つの式にすると、$7200 \times (1 - 0.25) = 7200 \times 0.75 = 7200 \times \dfrac{3}{4} = \underline{5400}$［円］である。

❸ ウ 円が基準である。

ウ $= x$［円］とすれば、x円の5割増しは6,000円であるから、$x \times (1 + 0.5) = 6000$［円］である。これを解けば、$x = 6000 \div 1.5 = 6000 \div \dfrac{3}{2} = 6000 \times \dfrac{2}{3} = \underline{4000}$［円］である。

7,200円で品物をいくつか仕入れ、1個あたり600円で全部売って、仕入れ総額の25％の利益を見込んだ。しかし、実際には何個かを600円で売り、残りを5％値引きして売ったため、全体で仕入れ総額の20％の利益しか得られなかった。このとき、600円で売った品物の個数として、正しいのはどれか。

❶ 1個

❷ 2個

❸ 3個

❹ 4個

❺ 5個

正解へのプロセス

❶ 損益算では、利益は「プラス（＋）」で、損失は「マイナス（－）」で数値化する。

❷ 損益算は割合に関する問題の一種である。したがって、「5％値引き」などの増減に関する言葉が出てきたときは、「何に対する割合なのか？」を、つまり、割合の基準が何かを考えるようにしたい。 **基準**

「値引き」は値段から引くことであるから、本問でははじめに付けた値段（定価）である600円から5％引くと読み取る。

❸ 損益算では、登場する条件や数値が多いので、必要に応じて線分図や表などを作成して整理をするとよい。 **表**

解説

600円で売れた品物の個数をx［個］とする。 **目標**

25％の利益を見込んで1個あたり定価600円で売ったので、（原価）×（1＋0.25）＝（定価）より、1個あたりの原価は、（原価）＝$600 \div 1.25 = 600 \div \dfrac{5}{4} = 600 \times \dfrac{4}{5} = 480$［円］である。また、仕入れ総額が7,200円であるので、仕入れた個数は$7200 \div 480 = 15$［個］である。

定価600円の5％引きの割引価格は$600 - 600 \times 5\% = 600 - 600 \times 0.05 = 570$［円］であり、仕入れ総額の20％の利益とは$7200 \times 20\% = 7200 \times 0.20 = 1440$［円］である。

　以上より、1個あたりの利益は、定価の600円のときは$600-480=120$［円］、割引価格の570円のときは$570-480=90$［円］だけ生じる。これらを表に整理すると、下のようになる。**表**

		価格	個数	利益	利益小計
原価		480円/個	15個	0円/個	
売価	定価	600円/個	x[個]	120円/個	$120 \times x$[円]
	割引価格	570円/個	$15-x$[個]	90円/個	$90 \times (15-x)$[円]

　条件より、**総利益について立式**すれば、$120 \times x + 90 \times (15-x) = 1440$［円］となり、これを解けば$x=3$［個］である。

正解 ❸

❸ 平 均

1 平均値

数量の凹凸を「平らに均し」、不揃いでないようにすることを「平均する(平均を取る)」といい、その値を平均値という。

① 平均値と合計

平均値は数量の合計(総和)を均等に分けることで定められる。

平均値と合計

【平均の定義】

$$(平均値) = \frac{(数量の合計)}{(個数(人数))}$$

これを変形すれば、

【平均と合計の公式】

$$(数量の合計) = (平均値) \times (個数(人数))$$

となる。

---

② 仮平均

平均値を計算するとき、数量の合計が大きくなる場合がある。このような**大きな数量の合計を求めることを回避するために、仮の平均値(仮平均)を設定して、真の平均値を計算する方法**を「仮平均法」という。

仮平均法を用いるとき、真の平均値は次のように計算できる。

仮平均の公式

$$(真の平均値) = (仮平均) + \frac{\{(各数量) - (仮平均)\}の合計}{個数}$$

$$= (仮平均) + [\{(各数量) - (仮平均)\}の平均]$$

簡単に書き直せば、

$$(真の平均値) = (仮平均) + (仮平均との差の平均)$$

※　ただし、ここでの(差の平均)の「差」は符号(＋、−)を含む量である。次の例の[解法2]を参照してもらいたい。

例6

A君がこれまでに受けた8回のテストの結果は、以下の表の通りであった。この後2回テストを受けて、全10回の平均点を80点としたい。このとき、残り2回で取らなくてはいけない平均得点はいくらか。

回	1	2	3	4	5	6	7	8	9	10
点数	75	86	73	67	92	78	76	85	?	?

[解法1]　「平均の定義」や「平均と合計の公式」を用いて計算する

10回の平均点を80点にしたいので、10回の合計点が何点になればよいかを考える。

(合計点)＝(平均点)×(回数)で求められるので、全10回で、$80 \times 10 = 800$［点］取ればよいことがわかる。8回目までの合計点が$75 + 86 + 73 + 67 + 92 + 78 + 76 + 85 = 632$［点］であるので、残り2回で$800 - 632 = 168$［点］取ればよい。したがって、残り2回の平均点は、$(平均値) = \frac{(合計)}{(回数)}$より、$(平均点) = \frac{168}{2} = \underline{84}$［点］となる。

[解法2]　仮平均法を用いて計算する

仮平均を80点と設定すると、(仮平均との差)＝(各数量)−(仮平均)は次表のようになる。

回	1	2	3	4	5	6	7	8	9	10
点数	75	86	73	67	92	78	76	85	?	?
仮平均との差	−5	+6	−7	−13	+12	−2	−4	+5		

したがって、1回目から8回目までの{(仮平均との差)の合計}は、$-5+6-7-13+12-2-4+5 = -8$［点］となる。なお、(仮平均との差)や{(仮平均との差)の合計}にはマイナスの場合がありうることに注意してもらいたい。

(真の平均値)＝(仮平均)＋(仮平均との差の平均)であり、ここでは、(真の平均値)＝(仮平均)＝80［点］であるので、(仮平均との差の平均)＝0［点］になればよい。

$$（仮平均との差の平均）＝\frac{\{（各数量）－（仮平均）\}の合計}{回数}＝$$

$$\frac{－8［点］＋（9回目の点差）＋（10回目の点差）}{10}＝0［点］より、（9回目の点差）＋（10$$

回目の点差）＝8［点］であればよく、9回目と10回目の平均で$\frac{8}{2}＝4$［点］多く取

ればよいことになる。よって、残り2回で平均80＋4＝<u>84［点］</u>取ればよい。

---

③ 平均値の異なる集団の全体の平均値

　平均値の異なる2つの集団があり、2つの集団を合わせた「全体の平均値」を求めるときは、各集団の合計を求めることで、全体の合計や全体の平均値が求められる。

例7　　あるテストについて、下表のように2クラスのデータが与えられたとき、全体の平均点はいくらか。

あるテストの2クラスのデータ

	Aクラス	Bクラス	全体
平均点	75点	80点	？
人数	20人	30人	50人
合計	1500点	2400点	3900点

　このとき、全体の平均点＝$\frac{75×20＋80×30}{20＋30}＝\frac{3900}{50}＝$<u>78［点］</u>となる。

---

④ 平均値とバランス

　何人かで食事に行って割り勘するときの金額は平均額である。割り勘をする理由は「バランスを取る」ことに他ならないが、このことから推測できるように、
　　（平均値）＝（バランスする位置）
という見方ができ、これが次に述べる天秤法の原理である。

2 ▷ 天秤法と天秤図

前述のとおり、「平均を取る」とは「バランスを取る」ことである。バランスをイメージする方法として、シーソーや天秤を描くとわかりやすい。**全体の平均値をバランスする位置として図示したもの**が「天秤図」である。

例7に出てきた表をグラフにすると次の図である。

図では、人数が「**シーソー・天秤の腕に乗るおもりの重さ**」に、点差が「**腕の長さ**」に、**全体の平均点**が「**平衡点(バランスする位置=重心)**」に対応している。この考え方を「天秤法」という。

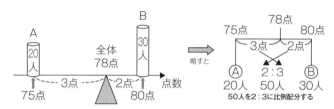

※ 「ぶら下がりのおもり」で描いた**右図は左図のシーソーの図の略図**である。

この図からもわかるように、A、Bの各クラス平均点と全体の平均点までの点差(3点および2点)が、クラスの人数(20人および30人)の**逆比**になっている。つまり、3点:2点=30人:20人が成り立っている。

これは、一般の場合でも成り立ち、天秤法では各集団の平均値と集団全体の平均値の差を「腕の長さ」とすれば、

(Aの腕の長さ):(Bの腕の長さ)=(Bの要素の数):(Aの要素の数)

とまとめられる。

❹ 濃度と混合

┃1┃ 食塩水

食塩水とは食塩＋水であり[2]、食塩水の濃度や食塩の重さについての問題が公務員試験では出題される。

① 食塩水の濃度

食塩水の濃度とは、食塩水全体に占める食塩の割合［%］である（次の図をイメージ）。よって、**濃度の基準は食塩水全体である**。

食塩水の濃度、食塩の重さ

【食塩水の濃度の定義】

$$（食塩水の濃度 [\%]）= \frac{（食塩の重さ[g]）}{（食塩水の重さ[g]）} \times 100 [\%]$$

【食塩の重さの公式】

$$（食塩の重さ [g]）=（食塩水の重さ [g]）\times \frac{（食塩水の濃度[\%]）}{100[\%]}$$

基準
（食塩水全体）＝100%

水の割合＝100%－（濃度）［%］

食塩の割合＝（濃度）［%］

② 条件の読み替え

以下のように問題の条件を読み替えると解きやすくなる。

❶ 「食塩を加える」＝「濃度100%の食塩水を混ぜる」

❷ 「水を加える」＝「濃度0%の食塩水を混ぜる」

❸ 「蒸発させる」＝「水のみを抜く」＝「濃度0%の食塩水を引く」

---

2 砂糖水も，砂糖水＝砂糖＋水である。

2 食塩水の混合と天秤法

2つの食塩水を混合すると、**混合後の濃度は均一化される。**したがって、

(混合後の濃度) = (平均値) = (バランスする位置)

として天秤図で図示できる。これを表したものが次の図である。

食塩水の混合と天秤法

【天秤法】

2つの食塩水A、Bを混ぜるとき、**混合前の食塩水の重さの比と濃度変化の比は逆比の関係になる。**つまり、

(Aの混合前後の濃度変化) : (Bの混合前後の濃度変化)

= (Bの重さ) : (Aの重さ)

が成り立つ[3]。

【天秤図】

天秤法をもとに図を描いたものが天秤図である。

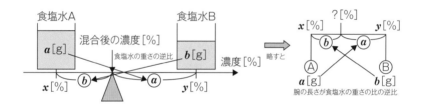

---

3 この式は、(混合後の濃度 [%]) = $\dfrac{(\text{Aの重さ}) \times (\text{Aの濃度}[\%]) + (\text{Bの重さ}) \times (\text{Bの濃度}[\%])}{(\text{Aの重さ}) + (\text{Bの重さ})}$ を変形することで得られる。

例8 8％の食塩水200gと14％の食塩水50gを混ぜ合わせると何％の食塩水ができるか。

[解法1]

8％の食塩水と14％の食塩水をそれぞれA、Bとして、**表に書いて整理**すると以下のようになる。

	A	B	全体
濃度[%]	8％	14%	?
食塩水[g]	200g	50g	200＋50＝250［g］
食塩[g]	200×0.08＝16［g］	50×0.14＝7［g］	16＋7＝23［g］

（混合後の濃度）＝$\frac{23}{250}$×100＝9.2［%］となる。

[解法2]

天秤法を用いる。食塩水の重さの比と濃度変化の比は逆比の関係にあるので、（食塩水Aの重さ）：（食塩水Bの重さ）＝200g：50g＝4：1より、（Aの混合前後の濃度変化）：（Bの混合前後の濃度変化）＝1：4となる。混合前のAとBの濃度差14－8＝6［%］を1：4に**比例配分**すると、6％を1＋4＝5［等分］すれば、1等分あたり6÷5＝1.2［%］であるから、1：4＝1.2×1：1.2×4＝1.2%：4.8%となる。混合後の食塩水の濃度は8＋1.2＝9.2［%］になる。

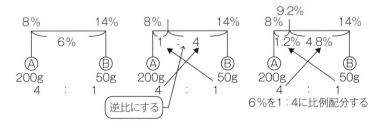

例題 1-6

3％の食塩水と8％の食塩水を混ぜ合わせ、6％の食塩水を500g作りたい。このとき、3％の食塩水は何g混ぜればよいか。

1 180g

2 200g

3 250g

4 270g

5 300g

正解へのプロセス

食塩水の混合に関する問題の解法は大きく2つある。

[解法1] 混合後の食塩の重さの合計と食塩水の重さの合計に着目して解く。このときは表を書いて考えるとわかり易い。 表

[解法2] 天秤法で解く。2つの食塩水を混合すると、混合後の濃度は均一化される。(混合後の濃度)＝(平均値)＝(バランスする位置)より、天秤図を描いて考えるとわかり易い。 作図

解説

[解法1] 食塩の重さの合計と食塩水の重さの合計に着目して解く

3％の食塩水と8％の食塩水をそれぞれA、Bとして、A、Bの重さをそれぞれ x [g]、y [g]とおく。 目標

混合前後の濃度、食塩水の重さ、食塩の重さを以下のような表に整理する。 表

	A	B	全体
濃度[％]	3％	8％	6％
食塩水[g]	？＝x [g]	y [g]	500g
食塩[g]	x×0.03 [g]	y×0.08 [g]	500×0.06＝30 [g]

食塩水の重さの合計について、$x+y=500$ [g]、食塩の重さの合計について、$0.03x+0.08y=30$ [g]が成り立ち、2つの式を連立方程式として解けば、$x=200$ [g]、$y=300$ [g]である。

[解法2]　天秤法で解く

　濃度変化が3％から6％の3％と、8％から6％の2％であるので、濃度変化の比はA：B＝3％：2％＝3：2である。

　食塩水の重さの比と濃度変化の比は逆比の関係にあるので、（Aの重さ）：（Bの重さ）＝2：3である。 解法のポイント

　これをもとに天秤図を描いていけば、左から右の順に作図できる。 作図

　食塩水の重さは両方合わせて500gであるから、500gを2：3に比例配分する。500gを2＋3＝5［等分］すれば、1等分あたり500÷（2＋3）＝100［g］であるから、2：3＝200g：300gに比例配分すればよい。したがって、3％の食塩水が200g、8％の食塩水が300gである。

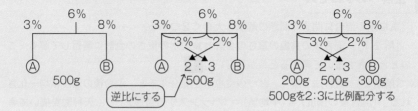

正解 **②**

問題1　ある高校で一年生全体に対して、現時点で考えている将来の進路について「進学希望」、「就職希望」、「未定」のいずれかを選択するようにアンケートを取ったところ、ア、イ、ウの結果を得た。「未定」を選択した生徒は何人か。

国家専門職2001

ア　一年生全体の生徒数と、「進学希望」と「就職希望」を選択した生徒数の合計の比は、5：4である。

イ　「就職希望」を選択した生徒数と一年生全体の生徒数の比は、9：50である。

ウ　「進学希望」を選択した生徒数は248人である。

1　50人

2　60人

3　70人

4　80人

5　90人

解説

　全体はある高校の一年生であり、一年生を「進学希望」、「就職希望」、「未定」の3つに分けて、人数比を考える。3つの比が登場するので、本問は「連比」の問題である。 **テーマの把握**

　未定を選択した生徒数をx［人］とおく。 **目標**

　条件アとイの比の中で、共通している項目である「一年生全体」を利用して作図し、連比を作ると、次のようになる。

（就職希望者数）		（一年生全体の生徒数）		（進学希望者数）＋（就職希望者数）	
		$\begin{array}{c}5\\50\end{array}$	:	4	
9	:				⇦ 10倍する
9	:	50	:	40	◄

　（一年生全体の生徒数）＝（進学希望者数）＋（就職希望者数）＋（未定者数）であり、（一年生全体の生徒数）の比の値は50、（進学希望者数）＋（就職希望者数）の比の値は40であるから、（未定者数）の比の値は50－40＝10であり、（就職希望者数）の比の値が9であることより、（進学希望者数）の比の値は40－9＝31である[4]。

　よって、条件ウより次の式が成り立つ。

　　$10 : 31 = x : 248$

　（内項の積）＝（外項の積）より、 **解法のポイント** $31 \times x = 10 \times 248$となり、この式を解くと、$x = 80$［人］である。

4　あくまで、比の値であり、具体的な値（人数）ではない。

ある商品を120個仕入れ、原価に対し、5割の利益を上乗せして定価とし、販売を始めた。ちょうど半数が売れた時点で、売れ残りが生じると思われたので、定価の1割引きにして販売した。販売終了時刻が近づき、それでも売れ残りそうであったので、最後は定価の半額にして販売したところ、売り切れた。全体としては、原価に対し1割5分の利益を得た。このとき、定価の1割引きで売れた商品は何個か。

国家一般職2010

1   5個

2   15個

3   25個

4   45個

5   55個

解説

「損益算」の問題である。 **テーマの把握**

金額（円など）に関する数値が一切出てきていないので、商品1個あたりの**原価を100円としても一般性を失わない**[5]。 **具体化**

また、1割引きで売れた商品の個数をx［個］とする。 **目標**

「原価（100円）に対し、5割の利益を上乗せ」したので、1個あたり$100 \times 0.5 = 50$［円］の利益を上乗せして、定価150円で売り始めたことがわかる。半数である60個が売れた時点で、定価分では合計で$50 \times 60 = 3000$［円］だけの利益を得る。その後、定価150円の1割引きである$150 \times 0.1 = 15$［円］引きで販売したので、この販売価格は$150 - 15 = 135$［円］となり、1個あたりの利益は$135 - 100 = 35$［円］になる。これがx［個］だけ売れたので、135円で売れた商品からは合計で$35 \times x$［円］の利益を得る。残りの$60 - x$［個］の商品の販売価格は定価の半額である75円で売ったのだから、$75 - 100 = -25$［円］より、1個あたり25円の損失が発生する。したがって、75円で売れた商品からは合計で$25 \times (60 - x)$［円］の損失が発生する。

		価格	個数	利益	利益小計
原価		100円/個	120個		
売価	定価	150円/個	60個	50円/個	3000円
	1割引き	135円/個	x［個］	35円/個	$35 \times x$［円］
	半額	75円/個	$60 - x$［個］	-25円/個	$-25 \times (60 - x)$［円］

よって、一連の販売での総利益は$3000 + 35x - 25 \times (60 - x)$［円］である。全体で1割5分の利益が出ているので、$3000 + 35x - 25 \times (60 - x) = 100 \times 120 \times 0.15$が成り立つ。これを整理すれば、$60x = 300$となり、$x = 5$［個］である。

---

5 「一般性を失わない」とは数学などの論述解答で登場する表現であり、「条件を付加しても、解答には影響しない」という意味である。

問題3　A課の職員27人が昨年1年間に取得した有給休暇取得日数の平均は、B課の職員15人のそれよりも1.4日多く、A課とB課を合わせた平均取得日数は16.0日であった。A課の職員が昨年1年間に取得した有給休暇の平均取得日数はどれか。

警視庁Ⅰ類2008

① 16.2日

② 16.3日

③ 16.4日

④ 16.5日

⑤ 16.6日

解説

「平均」の問題である。 **テーマの把握**

[解法1] 合計に着目して、方程式で解く

求めたいA課の有給休暇平均取得日数をx[日/人]とおくと、B課のそれは$x-1.4$[日/人]と表せる。 **目標**

A課とB課を合わせた全体の人数は$27+15=42$[人]である。**これをもとに表を書いて考えれば、下表のようになる。** **表**

	A課	B課	全体（A＋B）
平均取得日数[日/人]	x	$x-1.4$	16.0
人数[人]	27	15	42
合計[日]	$x \times 27$	$(x-1.4) \times 15$	$16.0 \times 42 = 672$

合計に着目すれば、$27x+15(x-1.4)=672$となり、これを解けば、$x=16.5$[日/人]となる。

[解法2] 天秤法で解く

A課とB課の人数の比は$27:15=9:5$である。**これをもとに天秤図を描くと、下図のようになる。** **作図**

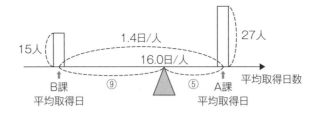

A課とB課の平均取得日数の差である1.4日/人を（⑨＋⑤＝）14等分すれば、一等分あたり、$1.4 \div 14 = 0.1$[日/人]となるので、⑤に対応する数値は$0.1 \times 5 = 0.5$[日/人]となる。

ゆえに、A課の平均取得日数は$16.0+0.5=16.5$[日/人]となる。

甲、乙2種類の食塩水がある。甲3、乙1の割合で混ぜ合わせると濃度5％、甲1、乙3の割合で混ぜ合わせると濃度7％の食塩水が得られる。このとき、甲の食塩水の濃度に最も近いものは、次のうちどれか。

裁判所一般職2003

1 2.6％

2 3.6％

3 4.6％

4 5.6％

5 6.6％

解説

「濃度と混合」の問題である。 **テーマの把握**

甲の食塩水の濃度を x [%]、乙の食塩水の濃度を y [%] とする。 **目標**

[解法1] 食塩の重さに着目して解く

甲3、乙1の割合で混ぜ合わせるとき、実際の重さの数値が書かれていないので、甲を300 [g]、乙を100 [g] と仮定しても、一般性を失わない。このとき、表を書いて考えれば、以下のようになる。 **表**

	甲	乙	全体
濃度[%]	x [%]	y [%]	5%
食塩水[g]	300g	100g	300 + 100 = 400 [g]
食塩[g]	$300 \times \dfrac{x}{100} = 3x$ [g]	$100 \times \dfrac{y}{100} = y$ [g]	$400 \times 0.05 = 20$ [g]

食塩の合計に着目すれば、$3x + y = 20$ [g] …①が成り立つ。

同様に、甲1、乙3の割合で混ぜ合わせるとき、甲を100 [g]、乙を300 [g] とすれば、以下のようになる。

	甲	乙	全体
濃度[%]	x [%]	y [%]	7%
食塩水[g]	100g	300g	100 + 300 = 400 [g]
食塩[g]	$100 \times \dfrac{x}{100} = x$ [g]	$300 \times \dfrac{y}{100} = 3y$ [g]	$400 \times 0.07 = 28$ [g]

食塩の合計に着目すれば、$x + 3y = 28$ [g] …②が成り立つ。①、②を連立すれば、$x = 4$ [%]、$y = 8$ [%] を得る。

[解法2]　天秤法で解く

　甲3、乙1の割合で混ぜ合わせると濃度5％、甲1、乙3の割合で混ぜ合わせると濃度7％の食塩水ができるので、食塩水の濃度は$x<y$である。天秤図を描けば、 作図 (混合による甲の濃度変化)：(混合による乙の濃度変化)＝(乙の重さ)：(甲の重さ) であるので、$(5-x):(y-5)=1:3$、$(7-x):(y-7)=3:1$の2つの比例式が成り立つ。(外項の積)＝(内項の積) より、$3(5-x)=y-5$と$7-x=3(y-7)$となり、この連立方程式を解けば、$x=4$［％］、$y=8$［％］を得る。

　ゆえに、甲の食塩水の濃度$x=4$［％］に最も近いものは②の3.6％である。

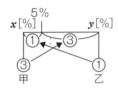
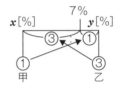

4 速 さ

「速さ」は文章題の一分野であり、公務員試験でも頻出テーマです。そこで、学習を容易にするために、「旅人算（出会い算と追いかけ算）」、「周回算」、「流水算」、「通過算」、「仕事算」、「ニュートン算」など、定番のテーマに分類しています。解法は、今までに学んだ手法を使っていきますが、単位変換などの新しい手法も登場します。

1 速さの3要素と3公式

1 速さの問題

速さの問題では、ある「速さ」で、いくらかの「時間」をかけて、ある「距離」を移動する人や車などが登場する。この「速さ」、「時間」、「距離」の3要素に関する式を使いながら、未知のものを求める問題が出題される。以下では、速さの問題で登場する3要素とその関係について説明する。

① 速 さ

「速さ」とは、単位時間あたりの変化量を表したものである[1]。

単位時間とは、1秒、1分、1時間、1日、…など、「1」の付く時間のことである。

- ・1秒あたりの変化量を「秒速」という。
- ・1分あたりの変化量を「分速」という。
- ・1時間あたりの変化量を「時速」という。

特に、**移動における速さは、単位時間あたりの移動距離で定義される。**

以下では、特に断りがない限り、移動における速さを考える。

② 速さの3要素

移動における速さを考えるとき、**速さ・時間・距離（道のり）**を「速さの3要素」という。

---

[1] 例えば、ウイルスが増殖する速さやうわさが広がる速さなど、速さには様々なものがある。公務員試験では、仕事の速さなども登場する（後述）。

例1 一定の速さで歩く人が、200mを5分で移動したとき、この人の歩く速さは1分あたり200÷5＝40 ［m］である。

また、分速40mで歩く人が200mを移動するには、200÷40＝5 ［分］かかる。

分速40mで歩く人が5分歩くと、40×5＝200 ［m］移動する。

この例からもわかるように、**速さの3要素の間には互いにつながり(関係式)があ**る。これが、次の「速さの3公式」である。

③ 速さの3公式

次の3つの式を「速さの3公式」という。

速さの3公式

$$（速さ）＝（距離）÷（時間）＝\frac{（距離）}{（時間）}$$

$$（時間）＝（距離）÷（速さ）＝\frac{（距離）}{（速さ）}$$

$$（距離）＝（速さ）×（時間）$$

速さの3公式の覚え方

「タテ」は分数

「ヨコ」は掛け算

「は」＝（速さ）
「じ」＝（時間）
「き」＝（距離）

※求めたいものを隠すと、式が現れる。

※ 1つの式からスタートして変形すれば、残りの2つの式は簡単に導出できる。

2 単位換算

速さの問題を解く際に、単位(基準)を揃える必要が生じる。このとき、次のように単位換算を行う。

① 時間について

$$1時間＝60分、\frac{1}{60}時間＝1分$$

$$1分＝60秒、\frac{1}{60}分＝1秒$$

より、図1のように単位換算できる。

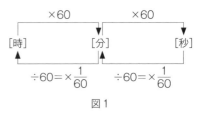

図1

例2 　2時間15分の単位を[分]に揃えると、2時間＝1時間×2＝60分×2 ＝120分より、120＋15＝135［分］である。これを図1のように単位換算すれば、 $2 \times 60 + 15 = 135$［分］となる。また、2時間15分の単位を[時間]に揃えると、15 分＝1分×15＝$\frac{1}{60}$時間×15＝$\frac{15}{60}$時間＝$\frac{1}{4}$時間より、2時間15分＝$\left(2 + \frac{1}{4}\right)$ 時間＝$\frac{9}{4}$時間である。これを図1のように単位換算すれば、$2 + \frac{15}{60} = \frac{9}{4}$［時間］ となる。

例3 　12分48秒の単位を[秒]に揃えると、12分＝1分×12＝60秒×12＝ 720秒より、720＋48＝768［秒］である。これを図1のように単位換算すれば、 $12 \times 60 + 48 = 768$［秒］となる。また、12分48秒の単位を[分]に揃えると、48 秒＝1秒×48＝$\frac{1}{60}$分×48＝$\frac{48}{60}$分＝$\frac{4}{5}$分より、12分48秒＝$\left(12 + \frac{4}{5}\right)$分＝ $\frac{64}{5}$分である。これを図1のように単位換算すれば、$12 + \frac{48}{60} = \frac{64}{5}$［分］となる。

② 距離について

　　　$1\,\text{km} = 1000\,\text{m}$、$\frac{1}{1000}\,\text{km} = 1\,\text{m}$

より、図2のように単位換算できる。

$$\times 1000$$

[km] ⟶ [m]

$$\div 1000 = \times \frac{1}{1000}$$

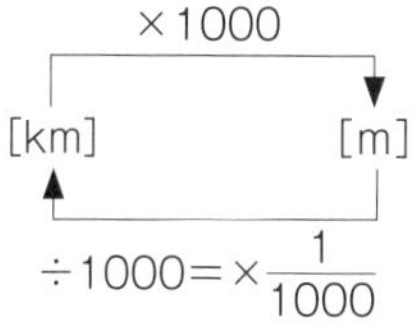

図2

例4 　1250mの単位を[km]に変換すると、$1250\text{m} = 1\text{m} \times 1250 = \frac{1}{1000}\text{km} \times$ $1250 = \frac{1250}{1000}\text{km} = 1.25\text{km}$である。これを図2のように単位換算すれば、$\frac{1250}{1000} =$ 1.25［km］となる。逆に、1.25kmの単位を[m]に変換すると、$1.25\text{km} = 1\text{km} \times$ $1.25 = 1000\text{m} \times 1.25 = 1250\text{m}$である。これを図2のように単位換算すれば、 $1.25 \times 1000 = 1250$［m］となる。

③ 速さについて

　　　秒速1m＝分速60m＝時速3600m＝時速3.6km

より、図3のように単位換算できる。

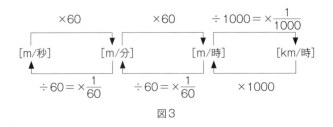

図3

例5 　時速72kmの単位を秒速[m/秒]に変換すると、72km/時＝72000m/60分 ＝1200m/分＝1200m/60秒＝20m/秒となるので、秒速20mである。これを図3 のように単位換算すれば、72×1000÷60÷60＝20［m/秒］となる。逆に秒速 20mの単位を時速[km/時]に変換すると、20m/秒は「1秒あたり20m進む速さ」で あるから、「60秒で20×60m進む速さ」＝1200m/60秒＝1200m/分＝1.2km/分 であり、1.2km/分は「1分あたり1.2km進む速さ」であるから、「60分で1.2× 60km進む速さ」＝72km/60分＝72km/時となる[2]。よって、時速72kmである。こ れを図3のように単位換算すれば、20×60×60÷1000＝72［km/時］となる。

---

3 速さの問題の基本的な考え方

① 情報の整理と目標の設定

　問題文を読む際は、**登場人物やものについて、速さの3要素のうち何が与えられ ていて、何を求めるのか**を考えなければならない。

　はじめのうちは、次のように**速さの3要素を表に整理**すると、何が与えられてい て、何を求めればよいかがわかりやすくなる。

人、もの	A	B
速さ(は)		
時間(じ)		
距離(き)		

　上のような表を書き、問題文から与えられている3要素を書き込んでいく。具体 的に書き込んでいく様子は、例題1-7の 正解へのプロセス で紹介する。

2　72km/時＝72km/hと表すこともある。hは時間（hour）の頭文字である。

② 状況把握

具体的にイメージをする際は、道のりの図（線分図の一種）に速さの３要素を書き込んで状況把握するとわかりやすい。

③ 立　式

大きく分けると次の２つの方針がある。

（ア）速さの３公式を用いて解く

１つ目は速さの３公式を用いて、方程式で解くというものである。

速さの３公式に当てはめて解くだけに思えるが、未知数に対応する文字を複数設定する必要も生じ、計算が煩雑になることもある。

（イ）比を用いて解く

登場人物やものの速さの３要素の中に、一致するものが１要素でもあれば、残りの２要素間に比例式を立てて解くことができる。

4 ▷ 比を用いた立式

比を用いて解く場合は、次のようにまとめられる。

① 同じ速さで移動するとき

同じ速さで移動するとき、距離と時間は正比(比例)の関係になる。

> **例6**　分速100mでランニングするとき、30分走る場合と50分走る場合の走った距離の比は3000：5000＝30：50であり、**距離と時間は正比の関係になる。**

	30分走るとき	50分走るとき
速さ(は)	100m/分 ←同じ→ 100m/分	
時間(じ)	30分	50分
距離(き)	3000m	5000m

② 同じ時間で移動するとき

同じ時間で移動するとき、速さと距離は正比(比例)の関係になる。

> **例7**　毎日20分歩いている。普段、分速40mで歩くところを、今日はいつもの2倍のスピードで歩くと、普段と今日の距離の比は800：1600＝40：80であり、**速さと距離は正比の関係になる。**

	普段	今日
速さ(は)	40m/分	80m/分
時間(じ)	20分 ←同じ→ 20分	
距離(き)	800m	1600m

③ 同じ距離を移動するとき

　同じ距離を移動するとき、速さと時間は逆比（反比例）の関係になる。

例8　12km離れた町を同じ道を通って往復するとき、行きを時速 6 km、帰りを時速 4 kmで歩けば、行きと帰りの所要時間はそれぞれ $\frac{12}{6} = 2$ [時間]、$\frac{12}{4} = 3$ [時間] かかり、所要時間の比は 2：3 である。**したがって、時間の比は速さの比である 6：4 ＝ 3：2 と逆比の関係になる。**

	行き	帰り
速さ（は）	6km/時	4km/時
時間（じ）	2時間	3時間
距離（き）	12km ◀━同じ━▶ 12km	

　甲乙間を往復するのに、往路は時速12kmで行き、復路は時速16kmで戻ったところ、かかった時間は3時間30分だった。甲から乙までの距離として、正しいのはどれか。

❶　18km
❷　24km
❸　30km
❹　36km
❺　42km

正解へのプロセス

① 問題文の読み方と目標の設定

　速さの問題では、速さの3要素のうち何が与えられていて、何を求めるのか確認する。

　そこで、問題文の中で登場した速さの3要素とその値にそれぞれ<u>アンダーライン</u>と　囲い　を付けると次のようになる。

　「甲乙間を往復するのに、<u>往路</u>は　時速12km　で行き、<u>復路</u>は　時速16km　で戻ったところ、<u>かかった時間</u>は　3時間30分　だった。甲から乙までの<u>距離</u>として、　**目標**　正しいのはどれか。」

　そこで、求めたい**甲乙間の距離**をx[km]とおく。

② 状況把握

　これらを、道のりの図に描いて作図し、速さの3要素を表に整理する。　**作図**　**表**

　このとき、あらかじめ単位変換をして、単位を揃えておくとよい。　**基準**

$$往復3時間30分 = 3+\left(\frac{30}{60}\right)時間 = \frac{7}{2}時間$$

往路		復路
12km/時 →		← 16km/時
甲	x[km]	乙

	往路	復路	合計
速さ(は)	12[km/時]	16[km/時]	
時間(じ)			$\dfrac{7}{2}$時間
距離(き)	x[km]	x[km]	$2x$[km]

一致

表を書くと、速さの3要素の中で距離が一致していることがわかる。

③ 速さの問題の立式と2つの解法

速さの3公式を用いて方程式を立てれば、公務員試験で出題される速さの問題は原則的にどんな問題でも解くことができる。しかし、速さの3要素の中に一致する要素が1要素でもあれば、残りの2要素間に比例式を立てて解くこともできる。

解法のポイント

比例式を立てる場合、速さの3公式に当てはめて解くのではないので、方程式の解法に比べて立式は難しくはなるが、設定する文字の数を減らすことができ、計算が簡単になる。

そこで、本問では2つの解法を紹介する。どちらかの解法で解ければよいので、自分に合った解法を見つけてもらいたい。

[解法1] 速さの3公式を用いて解く

速さの3公式を用いて、方程式で解くときは、速さの3要素を文字で表して具体化する。**公式** **具体化**

上表より、時間については、往路が$\dfrac{x}{12}$[時間]かかり、復路が$\dfrac{x}{16}$[時間]かかる。未知数がxの1つだけであるから、方程式は1つだけ立式すればよい。

[解法2] 比を用いて解く

上表より、距離が往路と復路で一致しているので、速さと時間が逆比の関係になることを利用する。往路と復路について、速さの比は$12:16 = 3:4$なので、時間の比は$4:3$になる。**解法のポイント**

[解法1] 速さの3公式を用いて解く

甲から乙までの距離を x[km]とすれば、**目標** 往路の所要時間は $\dfrac{x}{12}$[時間]かかり、復路の所要時間は $\dfrac{x}{16}$[時間] かかる。

下表のように**速さの3要素を表に整理**すると、**表** 往復の所要時間である3時間30分は 3時間30分 $= 3 + \dfrac{30}{60}$時間 $= 3 + \dfrac{1}{2}$ 時間 $= \dfrac{7}{2}$ 時間であるから、**合計所要時間に着目**すれば、次の方程式が成り立つ。

$$\frac{x}{12} + \frac{x}{16} = \frac{7}{2} \cdots ①$$

	往路	復路	合計
速さ(は)	12	16	
時間(じ)	$\dfrac{x}{12}$	$\dfrac{x}{16}$	$\dfrac{7}{2}$
距離(き)	x	x	$2x$

①の両辺に12と16の最小公倍数である48を掛けて整理すれば、$4x + 3x = 7 \times 24$ となり、$x = 24$ [km]を得る。

[解法2] 比を用いて解く

上表を見れば、甲乙間の往路、復路はともに距離が等しいので、往路と復路の速さの比と、往路と復路の時間の比には逆比の関係が成り立つ。**解法のポイント**

速さは往路の時速12km、復路の時速16kmであるので、(往路の速さ):(復路の速さ)$= 12:16 = 3:4$ である。所要時間の比は速さの逆比であるので、**(往路の所要時間):(復路の所要時間)$=4:3$** であり、往復の所要時間である3時間30分 $= \dfrac{7}{2}$時間を、往路と復路で4:3に比例配分すればよい。

$\dfrac{7}{2}$ 時間を $(4+3=)$ 7等分すれば、1等分あたり $\dfrac{7}{2} \div 7 = \dfrac{1}{2}$[時間] である。したがって、往路の所要時間は $\dfrac{1}{2} \times 4 = 2$ [時間]、復路の所要時間は $\dfrac{1}{2} \times 3 = \dfrac{3}{2}$ [時間]となる。

あるいは次のように比例配分してもよい。往路の所要時間＝$4k$［時間］、復路の所要時間＝$3k$［時間］とすれば、$4k+3k=\dfrac{7}{2}$より、$k=\dfrac{1}{2}$である。よって、往路の所要時間＝$4\times\dfrac{1}{2}=2$［時間］、復路の所要時間＝$3\times\dfrac{1}{2}=\dfrac{3}{2}$［時間］である。

　したがって、甲から乙までの距離（往路の移動距離）は(速さ)×(時間)＝12×2＝24［km］である。

正解 ❷

2 旅人算

1 旅人算

　何人かの人やいくつかのもの(例えば何台かの車など)が、互いに逆向きに移動して、出会う(すれ違う)場合の速さの問題を「出会い算」、互いに同じ向きに移動して、早い方が遅い方を追い抜く場合の速さの問題を「追いかけ算」という。出会い算と追いかけ算をまとめて「旅人算」という。

　出会い算と追いかけ算の例を見てもらいたい。

① 出会い算

> **例9**　2地点P、Qを結ぶ一本の道路があり、AがPからQへ向かって、BがQからPへ向かって、この道路をそれぞれ同時に歩き始めた(下図)。Aは分速50mで、Bは分速40mで歩いたところ、2人が出会うまで20分かかった。PQ間の距離はいくらか。

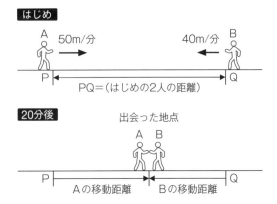

　図を見ると一目瞭然だが、**PQ＝(Aの移動距離)＋(Bの移動距離)**が成り立つ。

　Aの移動距離は50×20＝1000［m］、Bの移動距離は40×20＝800［m］であるから、PQ＝1000＋800＝<u>1800［m］</u>である。

　次のように考えてもよい。(はじめの2人の距離)＝PQであり、1分経つごとに、2人の距離は50＋40＝90［m］縮まる。20分間で90×20＝1800［m］縮まり、2人の距離は0mになってAとBは出会うのだから、

　　(はじめの2人の距離)－(縮まった距離)＝(おわりの2人の距離)

より、（はじめの2人の距離）−1800［m］＝0［m］である。よって、PQ＝（はじめの2人の距離）＝<u>1800［m］</u>である。

---

② 追いかけ算

例10　一本の道路があり、この道路をAは分速50mで、Bは分速40mで同じ方向に歩いている。Aが地点Pを通過したとき、Bは地点Qを通過し、このときからちょうど20分後にAはBを追い抜いた（下図）。PQ間の距離はいくらか。

はじめ

PQ＝（はじめの2人の距離）

20分後

追い抜いた地点

　これも、図を見ると一目瞭然だが、**PQ＝（Aの移動距離）−（Bの移動距離）**が成り立つ。

　Aの移動距離は50×20＝1000［m］、Bの移動距離は40×20＝800［m］であるから、PQ＝1000−800＝<u>200［m］</u>である。

　次のように考えてもよい。（はじめの2人の距離）＝PQであり、1分経つごとに、2人の距離は50−40＝10［m］縮まる。20分間で10×20＝200［m］縮まり、2人の距離は0mになって、AがBを追い抜くのだから、

　　（はじめの2人の距離）−（縮まった距離）＝（おわりの2人の距離）

より、（はじめの2人の距離）−200［m］＝0［m］である。ここで、（おわりの2人の距離）＝0［m］とした。よって、PQ＝（はじめの2人の距離）＝<u>200［m］</u>である。

以上の例を踏まえて、旅人算での解法のポイントをまとめておく。

2 ▷ 旅人算の状況把握

道のりの図に速さの3要素を書き込む。

旅人算(出会い算・追いかけ算)では、道のりの図を描けば、状況が把握しやすくなることがわかるだろう。

※　しかし、問題の登場人物が3人以上の場合、道のりの図が作図しづらく、**状況も把握しづらい。**また、2人が区間を往復する問題などの**複雑な問題**や、与えられている条件が所要時間のみのような**抽象的な問題**では、**ダイヤグラム**(後述)というグラフを用いるとわかりやすい。

3 ▷ 旅人算の立式と公式

旅人算の基本公式は次式である。

　　(はじめの2人の距離)－(縮まった距離)＝(おわりの2人の距離)

問題を解くときは、この式をベースにして、少し手を加えた次の①、②の2つの立式を使えるとよい。どちらの立式の仕方も習得してもらいたいが、いずれも登場人物の移動距離に着目して立式するとよい。

① 出会う瞬間、追い抜く瞬間に着目したとき

登場人物2人が出会う瞬間や追い抜く瞬間は、互いの距離が0になる。したがって、(おわりの2人の距離)＝0とすれば、このとき、旅人算(出会い算・追いかけ算)の公式は次のようになる。

旅人算の公式Ⅰ

❶【出会い算の公式Ⅰ】
　　2人が同じ道を逆向きに進み、しばらくして出会うとき、
　　　　(はじめの2人の距離)＝(出会う瞬間までの2人の移動距離の和)
❷【追いかけ算の公式Ⅰ】
　　2人が同じ道を同じ向きに進み、しばらくして早い方が遅い方を追い抜くとき、
　　　　(はじめの2人の距離)＝(追い抜く瞬間までの2人の移動距離の差)

※　これは、出会う瞬間や追い抜く瞬間までしか使えない公式だが、途中で速さが変化しても成り立つ式である。

② 2人の速さに変化がないとき

はじめからおわりまで2人の速さに変化がない(速さが一定の)とき、単位時間だけ経過するごとに2人の距離は、出会い算では「速さの和」だけ、追いかけ算では「速さの差」だけ縮まる[3]。したがって、次式が成立する。

旅人算の公式Ⅱ

2人の速さに変化がない(速さが一定の)とき、
❶【出会い算の公式Ⅱ】
　　(はじめの2人の距離)−(速さの和)×(時間)=(おわりの2人の距離)
❷【追いかけ算の公式Ⅱ】
　　(はじめの2人の距離)−(速さの差)×(時間)=(おわりの2人の距離)

※　これは、2人の速さが変化しない場合にしか使えない公式だが、「出会う・出会わない」や「追い抜く・追い抜かない」に関わらず成り立つ式である。なお、「出会う・追い抜く」ときは、(おわりの2人の距離)=0とすればよい。

4 旅人算と比の関係

同時に出発して、その後2人が一定の速さで進むとき、出会ったり(すれ違ったり)追い抜いたりするまでの2人の移動時間が同じになるので、2人の速さと距離には正比(比例)の関係が成り立つ。

実際、例1および例2の場合も、(Aの速さ):(Bの速さ)=50:40=5:4、(Aの移動距離):(Bの移動距離)=1000:800=5:4であり、確かに速さの比と移動距離の比が一致する。

3　この「速さの和」や「速さの差」は2人の「相対的な速さ」を表している。旅人算の基本公式である(はじめの2人の距離)−(縮まった距離)=(おわりの2人の距離)は、2人の「相対的な距離」に関する式であり、旅人算は「速さの相対問題」であると考えることができる。

AはP町を15時ちょうどに出発し、Q町に16時40分に到着した。また、BはQ町を15時40分に出発し、P町に16時30分に到着した。2人が同じ道を一定の速さで進んだとすると、2人が出会った時刻として、正しいのはどれか。

① 16時00分
② 16時05分
③ 16時10分
④ 16時15分
⑤ 16時20分

正解へのプロセス

① 問題文の読み方

まず、AとBの2人の進行方向が逆向きであるから「出会い算」の問題である。

テーマの把握

本問は時刻の情報しか与えられておらず、速さの3要素にわからないものが多い。距離や速さなどの数値が具体的に与えられていないので、距離の単位(基準)を[m]としても、[km]としても一般性は失わない。そこで、速さの3要素のうち未知数の1つであるPQ間の距離をx[m]とする。**具体化** **基準**

AはPQ間を16:40−15:00=1時間40分=100分間で、BはQP間を16:30−15:40=50分間で進むので、A、Bの分速はそれぞれ$\dfrac{x}{100}$[m/分]、$\dfrac{x}{50}$[m/分]である。これらを表に整理すると次表のようになる(表1)。**表**

表1	A	B
速さ(は)	$\dfrac{x}{100}$[m/分]	$\dfrac{x}{50}$[m/分]
時間(じ)	100[分]	50[分]
距離(き)	x[m]	x[m]

次に、時系列に道のりの図を描きながら状況を把握していく。**作図**

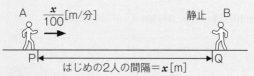

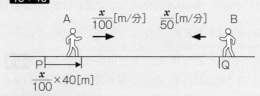

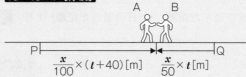

② 目標の設定

本問の目標は2人が出会った時刻である。そこで、Bが出発する15：40からt〔分後〕に2人が出会うとする。 **目標**

③ 本問の注意点

特筆すべき点は、15:00から15:40の間、BはQから動いていない。つまり、この間のBの速さは0 m/分である。したがって、Bの速さは15:40を境に変化しており、一定とはいえないことに注意したい。

出会うまでの行程に関して、A、Bの速さの3要素を表に整理する（表2）。 **表**

表2	A	B
速さ（は）	$\dfrac{x}{100}$〔m/分〕	$\dfrac{x}{50}$〔m/分〕
時間（じ）	$t+40$〔分〕	t〔分〕
距離（き）	$\dfrac{x}{100}\times(t+40)$〔m〕	$\dfrac{x}{50}\times t$〔m〕

表1ではAとBの移動距離が一致していたが、表2では速さの3要素のうち一致する要素がない。速さの3要素のうち一致する要素がなければ、比で解くことができず、方程式で解くしかない。

そこで、出会い算の公式Ⅰを用いて立式して、未知数tを求めていく。

※　なお、15:40以降は2人の移動時間が同じになる。

解説

　AはPQ間を100分間で、BはQP間を50分間で進むので、PQ間の距離をx[m]とすると、A、Bの分速はそれぞれ$\dfrac{x}{100}$[m/分]、$\dfrac{x}{50}$[m/分]である。

　Bが出発する15:40からt[分後]に2人が出会うとすると、**目標** Aは15:00から15:40まで1人で40分間進むので、出会い算の公式Ⅰで、（はじめの2人の距離）＝PQ、（出会う瞬間までの2人の移動距離の和)＝(Aの進んだ距離)＋(Bの進んだ距離)として、PQ＝(Aの進んだ距離)＋(Bの進んだ距離)より、**公式** $\dfrac{x}{100} \times (t + 40) + \dfrac{x}{50} \times t = x$である[4]。

　両辺をxで割ってから100を掛けると、$(t+40)+2 \times t=100$となり、整理すれば$3t=60$となる。これを解けば$t=20$［分後］を得る。よって、出会った時刻は、15:40＋(20分)＝16:00である。

正解

4　未知数がxとtの2つに対し、式が1つなので、この方程式は不定方程式である。実際xは求められず不定であるが、目標であるtは求められる。

❸ 周回算

　2人（2つ）以上の人（もの）が周回する旅人算を「周回算」という。2人（2つ）の進行方向が逆向き（互いに逆回り）のときは「出会い算」であり、進行方向が同じ向きのときは「追いかけ算」である。

　周回算は旅人算の一種であるから、旅人算の考え方がそのまま使える。つまり、登場人物の移動距離の和・差に着目して立式すればよい。また、周回算では「〜分ごとに」という「周期」が登場することが多い。

例11 　下図のような1周100mのグラウンドのトラックを、Aは分速120mの速さで、Bは分速100mの速さで同一方向に周回している。AはBを何分ごとに追い抜くだろうか。

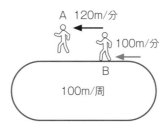

　AがBと並んでから、1分後にはAが120m進み、同一方向にBが100m進むので、AはBから見て20m先行する。さらに1分経てばAはBから20×2＝40[m]先行する。AがBと並んでから5分後、AはBから20×5＝100[m]先行するが、100m進むと1周するので、位置として見れば、AはBと並ぶ。つまり、Aは周回遅れのBを追い抜く。よって、AはBを5分ごとに追い抜く。

　このことを、改めて次のように計算して考えてみる。

　1分ごとに2人の距離は**速さの差**である120−100＝20[m]だけ開いていく。1周分である100mだけ開いたときが「追い抜く」瞬間であるから、100÷20＝5[分]ごとに追い抜く。

　よって、追い抜く周期は（追い抜く周期）＝（周の長さ）÷（速さの差）として計算できる。言い換えれば、（速さの差）×（追い抜く周期）＝（周の長さ）が成り立つことがわかる。

なお、この追い抜く周期である5分間でAは120×5＝600[m]進むので6周しており、Bは100×5＝500[m]進むので5周している。したがって、**2人の移動距離にちょうど1周分の差（600－500＝100[m]）が生じている**ことがわかる。

---

2 周回算の公式

　上の例では追いかけ算について取り上げたが、出会い算については、左下のように図を描いて、距離の和に着目してもわかり易い。

　下図のように、AとBの2人が逆向きに同一地点からスタートして、1回目に出会うときは、2人の移動距離の和が1周分になっていることがわかる。したがって、

　　（**2人の移動距離の和**）＝（**2人の速さの和**）×（**すれ違いの周期**）＝（**周の長さ**）

であることがわかる。

　例11 の最後にも示したが、追いかけ算についても右下図のように図を描いて、距離の差に着目してみれば、**同一地点から、2人が同じ向きにスタートして1回目に追い抜くときは、2人の移動距離の差が1周分**（図の破線分）になっていることがわかる。

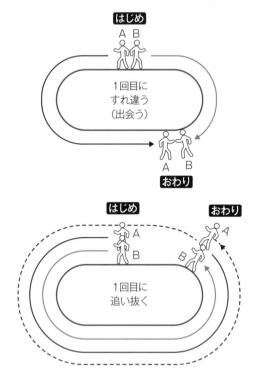

以上より、周回算では次式が成り立つ。

周回算の公式（2人が一定の速さで進む場合）

❶【周回算（出会い算）の公式】

　2人が周回路を逆向きに進み、しばらくしてすれ違うとき、

　　　　（2人の速さの和）×（すれ違いの周期）＝（周の長さ）

❷【周回算（追いかけ算）の公式】

　2人が周回路を同じ向きに進み、しばらくして早い方が遅い方を追い抜くとき、

　　　　（2人の速さの差）×（追い抜きの周期）＝（周の長さ）

1周400mの池の周りを、Aは5分、Bは3分で1周する。今、A
とBがP地点から反対方向に同時に出発したとき、3回目に2人が出会う地点に関
する記述のうち、正しいのはどれか。

① P地点
② P地点よりAの進行方向50mの地点
③ P地点よりAの進行方向100mの地点
④ P地点よりAの進行方向150mの地点
⑤ P地点よりAの進行方向200mの地点

正解へのプロセス

① 問題文の読み方

「1周400mの池の周りを…AとBが…反対方向に同時に出発した」とあるので、
本問は「周回算（出会い算）」の問題である。 テーマの把握

速さの問題では、「速さの3公式を用いて方程式で解く」か「比を用いて解く」の2
つの解法があるが、周回算では、周回算の公式を用いる解法が速さの3公式を用い
て方程式で解く解法に相当する。 解法のポイント

2つ目の解法として、比を用いて解けないかを考える。つまり、速さの3要素の
うち一致するものがあるかを探すのである。旅人算や周回算では、同時に出発する
場合、2人の出会う・追いつくまでの時間が同じであるから速さと移動距離に正比
（比例）の関係が成り立つ。

本問では、「同時に出発」しているので、比で解くこともできる。

本問の目標は「3回目に2人が出会う地点」とあるが、まずは「1回目に2人が出
会う地点」を基準に考えるとよい。周期が登場する周回算では1周期分の動きを考
えるとわかりやすい。 目標 基準

② 周回算の公式の使い方

周回算（出会い算）の公式（2人の速さの和）×（すれ違いの周期）＝（周の長さ）よ
り、公式に代入する諸量のうち、何がわかっていて、何を求めるべきかを考えた
い。 公式

（周の長さ）＝400 [m]であるので、「AとBの2人の速さ」や「すれ違いの周期」

が求められないかを考えてみる。Aは5分で400m進むことから、速さが$\frac{400}{5}=80$

[m/分] であることがわかり、Bは3分で400m進むことから、速さが$\frac{400}{3}$[m/分]

であることがわかる。そこで、「すれ違いの周期」をx [分] とすると、周回算（出会い算）の公式に代入すれば、（2人の速さの和）×（すれ違いの周期）＝（周の長さ）より、$\left(80+\frac{400}{3}\right)x=400$と立式できる。これを解けば、$x=\frac{15}{8}$ [分] を得る。

「すれ違い（出会い）の周期」＝「1回目に出会うまでの時間」が$\frac{15}{8}$ [分] であること

から、3回目に出会うまでにかかる時間はその3倍である$\frac{15}{8}\times3=\frac{45}{8}$[分]である。

あとは、上で求めた諸量を用いて、どのように解答までたどり着けばよいかを考えてもらいたい。

③ 周回算と比

　速さの3要素の中に一致する要素が1要素でもあれば、残りの2要素間に比例式を立てて解くことができる。

　「池の周りを、Aは5分で、Bは3分で1周する」ということは、AとBが同じ距離（1周）を進むときの所要時間がそれぞれ5分と3分であるということである。移動距離が等しいとき、速さと時間は逆比の関係になることに注目する。これより、AとBの速さの比は所要時間の逆比である3：5である。

　同時に出発したので、AとBの所要時間は等しい。したがって、速さと距離が正比の関係になることに注目すると、AとBの速さの比は3：5より、2人の移動距離の比は常に3：5である。

解説

[解法1]　周回算（出会い算）の公式で解く（速さの3公式を用いて解く）

　Aは5分で400m進むことから、速さが$\frac{400}{5}=80$ [m/分] であることがわかり、

Bは3分で400m進むことから、速さが$\frac{400}{3}$[m/分]であることがわかる。

　周回算（出会い算）の公式より、2人が1回目に出会うまでの時間をx [分] とす

ると、$(80+\dfrac{400}{3})x=400$ となる。 **公式** 10で割って整理すれば、$(8+\dfrac{40}{3})x=40$

から $\dfrac{64}{3}x=40$ となり、$x=40\div\dfrac{64}{3}=40\times\dfrac{3}{64}=\dfrac{15}{8}$［分］である。

　1回目に出会うまでの時間が $\dfrac{15}{8}$［分］であることから、3回目に出会うまでにか

かる時間は $\dfrac{45}{8}$［分］である。この時間でAの進んだ距離は、$80\times\dfrac{45}{8}=450$［m］と

なり、2人が出会ったのは、Aが1周して（400mまわって）からさらに50m進ん
だ地点である。

［解法2］　比を用いて解く

　池の周りをAは5分で、Bは3分で周回するということは、AとBが同じ距離
（1周）を進むときの所要時間がそれぞれ5分と3分であるということである。これ
より、AとBの速さの比は所要時間の逆比である3：5である。 **解法のポイント**

　また、AとBが出会うまでの2人の所要時間は等しいので、AとBの速さの比は
3：5より、2人の移動距離の比は3：5である。

　そこで、この池の周りを $3+5=8$［等分］した点 P_0〜P_7 を右図のように設定する。

作図

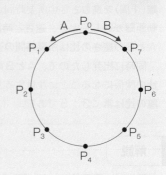

　P_0 からA、Bが図の矢印の方向にそれぞれ進む
とき、AとBの移動距離の比は3：5より、Aが
3つ分反時計回りに進み、Bが5つ分時計回りに
進むので、2人が出会う場所は P_3 であることがわ
かる。

　次はこの点 P_3 がスタート地点になる。P_3 をス
タート地点にすると次に出会う場所は P_6 であり、
P_6 をスタート地点にするとその次に出会う場所は
P_1 であるから、3回目に出会うのは P_1 である。し
たがって、P_1 は P_0 からAの進行方向に $400\div8=$
50［m］進んだ地点である。

正解 **2**

❹ 流水算

1 流水算

　川の流れによって、岸から見た船の移動の速さは速くなったり遅くなったりする。一般に、岸から見れば、川下りでは船の移動の速さは速くなり、川上りでは遅くなる。また、動く歩道やエスカレーター上を流れの方向に歩いて進めば、止まっている人から見た移動の速さは速くなる。

　このように、**動くものの上（流れの中）を進む人や船に関する速さの問題を「流水算」という。**

例12 　一定の速さで流れる川がある。この川の流速が時速1kmであり、静水時の速さが時速3kmの船で川を上り・下りするとき、岸から見た船の速さはいくらか。

　※　（静水時の速さ）＝（船自身の速さ）である。

　静水時の速さが時速3kmの船で川を下るときは、川の流れによる流速が加わって、流速分だけ速くなり、岸から見れば、船の移動の速さは3＋1＝4〔km/時〕で進む。よって、岸から見た下りの船の速さは 4〔km/時〕である。

　また、静水時の速さが時速3kmの船で川を上るときは、川の流れに戻されて、流速分だけ遅くなり、岸から見れば、船の移動の速さは3－1＝2〔km/時〕で進む。よって、岸から見た上りの船の速さは 2〔km/時〕である。

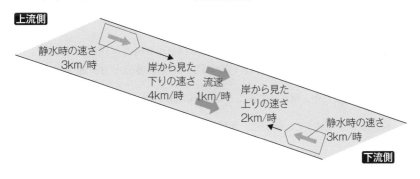

---

2 > 上り・下りする船の速さ

例12 より、次式が成立する。

上り・下りする船の速さ

❶ （岸から見た下りの速さ）＝（静水時の速さ）＋（流速）
❷ （岸から見た上りの速さ）＝（静水時の速さ）－（流速）

※　流水算では、「岸から見た速さ」を基準と考える。

3 > 流水算と比の関係

　流水算では下りと上りの移動距離が同じと設定されることが多い。このような場合は、所要時間と速さが逆比の関係になる。これを用いて立式することもできる。

例13

　静水時の速さが35km/時である船が120km離れた2地点間を結ぶ川を上り下りする場合を考える。1日目の流速が5km/時、2日目の流速が15km/時のとき、下りと上り（2日間の様子）の表から、所要時間の比と速さの比を調べてみる。

	1日目の下り	1日目の上り	2日目の下り	2日目の上り
岸から見た速さ	35＋5＝40 [km/時]	35－5＝30 [km/時]	35＋15＝50 [km/時]	35－15＝20 [km/時]
時間	3時間	4時間	2時間24分	6時間
距離	120km	120km	120km	120km

　所要時間の比は、3時間：4時間：2時間24分：6時間＝180分：240分：144分：360分だが、12で割れば、15：20：12：30である。一方、速さの逆比は、$\frac{1}{40}:\frac{1}{30}:\frac{1}{50}:\frac{1}{20}$だが、600倍することで、15：20：12：30となり、所要時間の比と一致する。したがって、確かに、**所要時間と速さが逆比の関係**になっている。

例題 1-10

　A、Bの2地点間を川が流れており、ボートでA地点からB地点まで行くのに50分、B地点からA地点まで行くのに30分かかる。静水時でのボートの速さが毎時20kmであるとき、川の流速として正しいのはどれか。ただし、川の流速は常に一定であるとする。

1 毎時 3 km
2 毎時 4 km
3 毎時 5 km
4 毎時 6 km
5 毎時 7 km

正解へのプロセス

　本問は流れのある川の上を進むボートに関する速さの問題であるので、「流水算」の問題である。　**テーマの把握**

　流水算では、「岸から見た速さ」を基準に考える。　**解法のポイント**　**基準**

　川の流速を x[km/時]とおくと、（岸から見た下りの速さ）＝（静水時の速さ）＋（流速）、（岸から見た上りの速さ）＝（静水時の速さ）－（流速）より、（岸から見た下りの速さ）＝$20+x$[km/時]、（岸から見た上りの速さ）＝$20-x$[km/時]である。

目標　**公式**

　問題文によると、所要時間が50分、30分とあり、川下りの方が川上りに比べて短時間で到着するため、30分の方が川下り、50分の方が川上りである。

　以上より、川下り、川上りの**速さの3要素を表に整理**すると、以下のようになる。　**表**

	川下り	川上り
速さ（は）	$20+x$	$20-x$
時間（じ）	30	50
距離（き）	y	y

　移動距離(AB間の距離)が川下りと川上りで一致するので、解答の方針として次の2つが考えられる。

［解法1］ 速さの3公式を用いて、連立方程式を立てて解く

　移動距離(AB間の距離)＝y［km］とおく。このとき、川下りと川上りで(距離)
＝(速さ)×(時間)の等式が2つ立式でき、未知数はxとyの2つあるので、連立方
程式でxを求めることができる。

［解法2］ 比を用いて解く

　川下りと川上りで移動距離が等しく、速さの3要素のうち一致する要素が1つあ
るので、残りの2要素間に比例式を立てて解くことができる。

　つまり、速さと時間は逆比の関係になる。　**解法のポイント**

解説

［解法1］ 速さの3公式を用いて解く

　流速をx［km/時］、移動距離(AB間の距離)をy［km］とすれば、**目標** 岸から見
たボートの速さは川下りでは20＋x［km/時］で、川上りでは20－x［km/時］であ
る。

　30分＝$\dfrac{30}{60}$時間、50分＝$\dfrac{50}{60}$時間より、**移動距離について立式**すれば、川下りにつ

いて、$y＝(20＋x)×\dfrac{30}{60}$であり、川上りについて、$y＝(20－x)×\dfrac{50}{60}$である。**公式**

　2式を連立し、yを消去すれば、$(20＋x)×\dfrac{30}{60}＝(20－x)×\dfrac{50}{60}$となり、$(20＋$

$x)×3＝(20－x)×5$より、これを解けば$x＝5$［km/時］である。

［解法2］ 比を用いて解く

　流速をx［km/時］とすれば、岸から見たボートの速さは川下りでは20＋x［km/
時］で、川上りでは20－x［km/時］である。**目標**

　川下りと川上りの移動距離が等しいため、川下り、川上りの速さの比はそれぞれ
の所要時間の逆比であるから、**解法のポイント** 50：30＝5：3である。よって、$(20$
$＋x)：(20－x)＝5：3$が成り立つ。

　(外項の積)＝(内項の積)より、$(20＋x)×3＝(20－x)×5$が成り立つので、こ
れを解けば$x＝5$［km/時］である。

正解 **③**

❺ 通過算

1 通過算

　これまでの速さの問題では、移動するものの長さを考慮してこなかった。しかし、列車などの長いものが移動する場合、短時間であれば、移動する物体の長さを考慮する場合がある。

　移動するものの長さを考慮に入れた速さの問題を「通過算」という。通過算では列車の他に、自動車や行列などが移動するものとして定番である。**問題の設定や状況を読みながら、移動する物体の長さを考慮すべきか考える**ようにしたい。

> **例14** 時速72kmで走る列車が目の前を通過するのに、10秒かかった。この列車の長さはいくらだろうか。

　「列車が目の前を通過する」とは、列車の先頭が目の前を通過し始めてから、列車の最後尾が目の前を通過し終わるまで列車が移動することである。そこで、下図のように、列車の先頭に定点(赤線)を書き込み、「目の前」の位置を破線で表せば、**列車の移動距離は列車の長さに一致する**ことがわかる。

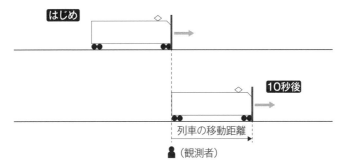

　時速72kmの単位を[m/秒]に変換する。72 [km/時]＝72×1000÷60÷60＝20 [m/秒]である。したがって、(列車の長さ)＝(列車の移動距離)＝(列車の速さ)×(時間)＝20×10＝<u>200 [m]</u>である。

一般に、列車の移動距離を考えるときは、次の図のように先頭の移動距離を調べればよい。このように、**通過算で移動距離を調べる場合は、定点(列車であれば先頭)を基準として移動距離を測定する**とよい。

2 2つの列車のすれ違いと追い抜き

通過算でよく出題される状況として、2つの列車のすれ違いや追い抜きがある。この場合も、2つの列車の先頭の定点の移動に着目して考えていく。ここでは、一般的に考え、2つの列車A、Bの速さをそれぞれ a [m/秒]、b [m/秒]として考える。

① 逆方向に進むとき

AとBがすれ違う(2つの列車が互いに逆向きに進む)とき、列車の長さは無視できないので**通過算**でもあり、互いに逆向きに進むので**出会い算**でもある。

先頭どうしが出会ってから最後尾どうしがすれ違うまでの時間を t [秒]とする。A、Bの先頭に付けた定点(赤線)の移動距離を測定すると、出会い算であるからAとBの移動距離の和に着目すれば、(2つの列車の移動距離の和)$= at + bt = (a + b) t$ [m]となり、これは下図のように、AとBの長さの和になる。

したがって、$(a + b) t =$(2つの列車の長さの和)…①が成り立つ。

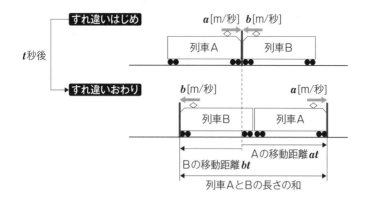

② 同じ方向に進むとき

AがBを追い抜く（2つの列車が同じ向きに進む）ときを考える。Aの方がBより速いので、$a > b$が成り立つことに注意したい。この場合も、列車の長さは無視できないので通過算でもあり、互いに同じ向きに進むので追いかけ算でもある。

Aの先頭とBの最後尾が出会ってからAの最後尾とBの先頭がすれ違うまでの時間をt［秒］とする。Aの先頭の定点（赤線）と、Bの最後尾に付けた定点（黒線）の移動距離を測定すると、追いかけ算であるからAとBの移動距離の差に着目すれば、（2つの列車の移動距離の差）$= at - bt = (a - b) t$［m］となり、これは下図のように、AとBの長さの和になる[5]。したがって、$(a - b) t =$（2つの列車の長さの和）…②が成り立つ。

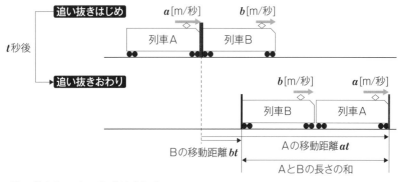

①、②より、次の公式が成り立つ。

2つの列車のすれ違い・追い抜きの公式

❶【2つの列車のすれ違いの公式】
（2つの列車の速さの和）×（すれ違いに要する時間）＝（2つの列車の長さの和）
❷【2つの列車の追い抜きの公式】
（2つの列車の速さの差）×（追い抜きに要する時間）＝（2つの列車の長さの和）

※　すれ違いの場合は出会い算であるから「速さの和」が、追い抜きの場合は追いかけ算であるから「速さの差」が公式の速さの項に現れるが、いずれの場合も、移動距離の項は「2つの列車の長さの和」になっていることに注意する。

5　「2つの列車の追い抜き」の場合は、一方の列車の最後尾の定点を測定するとわかり易い。このように、列車の先頭ばかりではなく、最後尾にも定点を付ける場合がある。

ある列車が360mのトンネルに入り始めてから通過し終わるまでに28秒かかり、216mの鉄橋を渡り始めてから渡り終わるまでに20秒かかった。

(1) この列車の秒速と長さの組合せとして正しいのはどれか。

	秒速	長さ
❶	秒速18m	144m
❷	秒速18m	156m
❸	秒速20m	156m
❹	秒速20m	144m
❺	秒速24m	144m

(2) この列車が長さ150m、時速86.4kmの列車とすれ違い始めてからすれ違い終わるまでに何秒かかるか。

❶ 3秒　　❷ 4秒　　❸ 5秒　　❹ 6秒　　❺ 7秒

正解へのプロセス

以下に、小問ごとに **問題の読み方** と **状況把握** を示す。

(1)

「トンネルに入り始めてから通過し終わる」とは、列車の先頭がトンネルに入り始めてから、列車の最後尾がトンネルを通過し終わる（出終わる）まで移動することである。したがって、列車の先頭に移動の基準となる定点（赤線）を付けて、移動距離を測定すると下図のようになることである。 **作図** **基準**

列車の長さを x[m] とおくと、 **目標** 先頭に着目すれば、 **解法のポイント** この28秒間の移動距離は $360+x$[m] である。

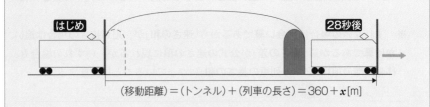

(移動距離)＝(トンネル)＋(列車の長さ)＝$360+x$[m]

　「鉄橋を渡り始めてから渡り終える」とは、列車の先頭が鉄橋を渡り始めてから、列車の最後尾が鉄橋を通過し終わるまで移動することである。したがって、**列車の先頭に移動の基準となる定点(赤線)を付けて、移動距離を測定すると下図のようになることである。** `作図` `基準`

　先頭に着目すれば、 `解法のポイント` この20秒間の移動距離は216+x[m]である。

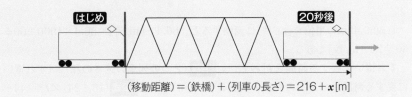

(移動距離)＝(鉄橋)＋(列車の長さ)＝216+x[m]

(2)

　2つの列車が「すれ違い始めてからすれ違い終わるまでに何秒かかるか」を問われている。本編で説明したように、先頭の移動距離を作図して定点観測してもよいが、**公式を使って素早く求められるようにしたい。** `公式`

解説

(1)

[解法1]　速さの3公式を用いて解く

　列車の長さをx [m]、速さをy [m/秒]とおくと、`目標` 先頭に着目すれば、トンネルを通過する28秒間の移動距離は360+x [m]である。このとき、(距離)＝(速さ)×(時間)より、360+x＝y×28…①が成り立つ。

　先頭に着目すれば、 `解法のポイント` 鉄橋を渡る20秒間の移動距離は216+x [m]である。このとき、(距離)＝(速さ)×(時間)より、216+x＝y×20…②が成り立つ。

　①と②を連立すれば、①−②より、8y＝144となり、y＝18 [m/秒]を得る。これを①に代入して、x＝144 [m]を得る。

[解法2]　比を用いて解く

　列車の長さをx [m]とする。`目標`

　トンネルを通過する際と、鉄橋を渡る際の**速さが等しい**ので、距離と時間の比が正比の関係になる。`解法のポイント` したがって、(360+x):(216+x)＝28:20＝7:5が成り立つ。

（内項の積）＝（外項の積）より、方程式7×（216＋x）＝5×（360＋x）が成り立つので、整理すると2x＝288となり、これを解けば、x＝144 ［m］を得る。

この結果を用いれば、この列車の速さは、$\dfrac{216＋x}{20}＝\dfrac{360}{20}＝18$ ［m/秒］である。

正解 **1**

(2)

時速86.4kmの単位を［m/秒］に変換すると、86.4 ［km/時］＝86.4×1000÷60÷60＝24 ［m/秒］である。

すれ違いに要する時間をt［秒］とし、**目標**（2つの列車の速さの和）×（すれ違いに要する時間）＝（2つの列車の長さの和）を用いれば、**公式**（18＋24）×t＝144＋150より、通過時間は$t＝\dfrac{294}{42}＝7$ ［秒間］である。

正解 **5**

6 ダイヤグラム

1 ダイヤグラム

　速さの問題では、タテ軸に位置（距離）、ヨコ軸に時刻（時間）をとったグラフを慣例的に「ダイヤグラム」と呼んでいる[6]。

　これまで、速さの状況把握には道のりの図を使ってきた。速さの3要素である速さ・時間・距離のうち最も視覚化しやすい距離に着目した作図法が道のりの図だからである。一方、ダイヤグラムを用いると距離だけでなく時間や速さも可視化できる（後述）。したがって、ダイヤグラムを使えば、移動の様子を視覚的に整理して理解でき、動きの複雑な速さの問題や抽象的な速さの問題がわかり易く理解できる。ダイヤグラムは、状況把握に便利な道具である。

例15　2地点P、Qを結ぶ一本の道路があり、AがPからQへ向かって、BがQからPへ向かって、この道路をそれぞれ同時に歩き始めた。Aは分速50mで、Bは分速40mで歩いたところ、2人が出会うまで20分かかった。PQは何mか。

　旅人算で考えた 例1 をダイヤグラムを描いて考えてみたい。まず、縦軸（道のりの図に相当）、横軸（時間軸）を描き、縦軸にAとBを定める。そして、AとBを通り、時間軸に平行に直線を引く（Pを縦軸の下におけば、Pは横軸そのものになるので、Pを通る直線を引く必要はない）。

　AとBは一定の速さで進むので、A、Bの移動の様子は直線のグラフとして表現できる。また、Aの方がBよりも速いので、同時に出発した場合、到着時刻はAの方が早いことに注意すれば、直線の傾斜（傾きの大きさ）はAの方がBより大きい。交点●はA、Bが同時刻に同位置にいるので「出会い」を表していることに注意すれば、出会うまでにかかった「20分」は図のように書き込める。

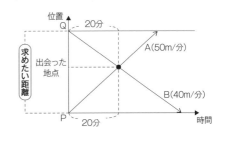

　PQはAの移動距離である交点●の高さと交点●からQを通る横軸に平行な直線までの高さの和になり、旅人算

---

[6] 厳密には、ダイヤグラム（diagram）とは「図表」を表し、特に列車やバスなどの運行図表のことである。これを由来として、速さの問題に登場する位置（距離）と時刻（時間）の関係を示すグラフのことを、慣例的に「ダイヤグラム」と呼んでいる。

の[例9]で示したように、Aの移動距離は50×20＝1000［m］、Bの移動距離は40×20＝800［m］であるから、PQ＝1000＋800＝<u>1800［m］</u>である。

以上より、ダイヤグラムの性質として、次のことが成り立つ。

ダイヤグラムの性質

❶ 一定の速さで進むとき、移動の様子は直線のグラフとして表現できる。

❷ グラフの交点は同時刻に同位置にいること(出会いや追いつき)を表す。

❸ グラフの傾きの大きさは速さを表している。したがって、グラフの傾きの大きさが大きいほど速く、小さいほど遅い。

2 ダイヤグラムの用法

　ダイヤグラム上のグラフの交点は同時刻に同位置にいることを表していることから、特に旅人算で威力を発揮し、3人以上登場する旅人算、往復を繰り返しながら何回も出会ったり追い越したりする旅人算や、条件として速さの3要素のうち**時間の情報しか与えられていないような旅人算に有効**である。

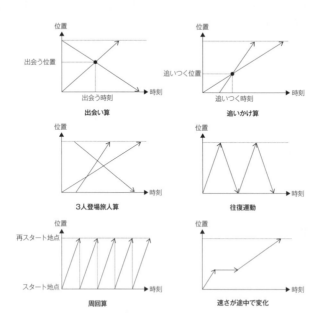

例題 1-12

太郎君は自動車でP町からQ町に向かって、花子さんは自転車でQ町からP町に向かって同時に出発し、一定の速さで同じ道を通った。2人が出会ってから、太郎君は12分後にQ町へ、花子さんは27分後にP町に着いた。このとき、2人が同時に出発してから出会うまでにかかった時間として、正しいのはどれか。

❶ 10分

❷ 12分

❸ 14分

❹ 16分

❺ 18分

正解へのプロセス

① 問題の読み方

本問は、本文中に「2人が出会ってから」とあるので、「旅人算(出会い算)」の問題である。 **テーマの把握**

求めるものが「2人が同時に出発してから出会うまでにかかった時間」であるから、太郎君と花子さんが同時に出発してから出会うまでの時間を x [分] とする。 **目標**

次に本問の条件をもとに速さの3要素を表に整理する。 **表** 太郎君の速さを u [km/分]、花子さんの速さを v [km/分]、P町から出会う地点までの距離を a [km]、出会う地点からQ町までの距離を b [km] とすれば、次表のようになる。

	太郎君(出会うまで)	花子さん(出会うまで)	太郎君(出会った後)	花子さん(出会った後)
速さ(は)	u[km/分]	v[km/分]	u[km/分]	v[km/分]
時間(じ)	x[分]	x[分]	12分	27分
距離(き)	a[km]	b[km]	b[km]	a[km]

数値がわかっているのは出会った後の太郎君と花子さんの所要時間である12分と27分であり、これでは未知数(文字)が多過ぎる。このように、速さの3要素のうち時間情報のみしか与えられていない旅人算では、文字が多くなることがわかる[7]。このようなときは、ダイヤグラムを描くと簡単に解ける。 **解法のポイント**

---

7 例題1-8も「時間情報しかない出会い算」であり、ダイヤグラムを描いて解くことができる。本問を習得後、余力のある読者はダイヤグラムを描いて考えてみてもよいのではないだろうか。

なお、ダイヤグラムを使わず、比を使って解くこともできるので、解説には別解として掲載しておく。

② ダイヤグラムを描く

　太郎君と花子さんの2人の速度は一定であるから、移動を表すグラフは直線となり、ダイヤグラムを描くと下図のようになる。本編で紹介した例のように描いていけばよい。描く際は、グラフの傾きの大きさが大きいほど速く、小さいほど遅いことに留意しながら、グラフの交点は出会いを表すことに注意する。

解法のポイント　作図

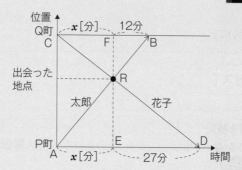

③ ダイヤグラムを用いた立式

　ダイヤグラムで解く場合は、速さの3公式の他に、グラフ上の図形の相似比を用いて立式することがある。 解法のポイント
　△AERと△BFRが相似であることと、△DERと△CFRが相似であることを用いる。相似については第9節で詳しく述べるが、ダイヤグラムでは次の図形に着目してみてもらいたい。
　出会い算では、2人の移動を表す2直線に挟まれた**左下と右上および右下と左上**の直角三角形が相似である。
　※　現段階では、相似を学んでいないので、ダイヤグラムの問題には別解を付けておく。第9節で相似を学んだあとで、もう一度詳しく読み直してもらいたい。

解説

　太郎君と花子さんが同時に出発してから出会うまでの時間をx[分]とする。 目標
このとき、2人の移動を表すダイヤグラムを描くと、前述の 正解へのプロセス のよ

うになる。**作図**

　△AERと△BFRが相似であるからER：RF＝x：12…①であり、△DERと△CFRが相似であるからER：RF＝27：x…②である。さらに①と②の左辺は、ER：RFが一致することから、x：12＝27：xが成り立つ。**解法のポイント**

　（外項の積）＝（内項の積）より、$x^2＝12×27$…③となり、これを解けば、$x＝18$［分］を得る。

　※　式③は簡単な2次方程式であるから、解は選択肢を代入し、1つずつ検討してもよい。

［別　解］　比を用いて解く

　太郎君と花子さんが同時に出発してから出会うまでの時間をx［分］とする。**目標**
　Pから2人が出会った地点までの同じ距離を、太郎君はx［分］、花子さんは27分かけて進み、Qから2人が出会った地点までの同じ距離を、太郎君は12分、花子さんはx［分］かけて進んでいる。

　2人が同じ距離を移動するとき、時間と速さは逆比の関係である。また、2人の速さは一定であるから、2人が出会う前後で2人の速さの比が変わらないことより、（太郎君の速さ）：（花子さんの速さ）＝x：27＝12：xが成り立つ。

　（外項の積）＝（内項の積）より、$x^2＝27×12$となり、これを解けば、$x＝18$［分］を得る。

正解　**5**

7 仕事算

1 仕事算

仕事の速さに関する問題で、**全体量の変化しない仕事を処理する問題を「仕事算」**という。

例16 AさんとBさんが、ある仕事を2人で一緒にすることになった。Aさんはこの仕事を1人だけで3日かけて完了し、Bさんはこの仕事を1人だけで6日かけて完了するという。このとき、2人で一緒に仕事をすると何日で完了することができるか。

仕事算の問題では、**仕事の全体量を1とする**。これは、仕事の定量化であり、私たちが普段から「仕事が半分終わった」などと、**仕事の進み具合を割合（分数）で表現**することからも理解できる。

Aさんはこの仕事を1人だけで3日かけて完了するので、1日あたり $\frac{1}{3}$ の仕事を行う。速さとは単位時間あたりの変化量であるから、この「1日あたり $\frac{1}{3}$ の仕事」はAさんの仕事の速さを表している。Bさんはこの仕事を1人だけで6日かけて完了するので、Bさんの仕事の速さは「1日あたり $\frac{1}{6}$ 」である。

2人で一緒に仕事をすると、1日あたり $\frac{1}{3} + \frac{1}{6} = \frac{2}{6} + \frac{1}{6} = \frac{1}{2}$ の仕事を行う。仕事の全体量が1であり、「1日あたり $\frac{1}{2}$ の仕事を行う」ということは、$1 \div \frac{1}{2} = \underline{2}$ [日]で完了することがわかる[8]。

---

[8] 当たり前だが、仕事を2人で行えば、仕事の所要日数は1人で行うときに比べて短縮する。2人で仕事を行うからといって、2人の仕事の所要日数を3+6=9[日]と単純に足してはいけない。

2 ▶ 仕事算の公式

例16 からもわかるように、**仕事算は割合の一種**であると考えることもできる。そこで、**2人で仕事をするときは、線分図を描いて考える**とわかりやすい。

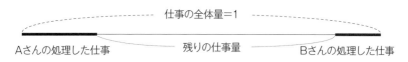

上図からもわかるように、仕事算は次のように立式するとよい。

仕事算の公式

❶ （仕事の全体量）を1とすれば、仕事の速さが一定のとき、

$$（仕事の速さ）＝\frac{1}{（仕事を終えるのにかかる時間）}$$

が成り立つ。

❷ （仕事の全体量）－（各人の全日程で処理した仕事の和）＝（残りの仕事量）
　特に、仕事を完遂するとき、（残りの仕事量）は0になり、
　　　　（各人の全日程での仕事の和）＝（仕事の全体量）＝1

である。

※1　仕事の速さを考えるとき、「1時間あたり」か「1日あたり」かなどの、速さの単位に気をつけなくてはならない。

※2　❷式は「旅人算の公式」（はじめの2人の距離）－（縮まった距離）＝（おわりの2人の距離）と同型であり、線分図上の2人の進行方向が逆向きであることから、**仕事算は出会い算の一種**とも捉えることができる。

　　ある仕事を仕上げるのに長崎君1人で15日かかり、佐賀君1人で10日かかる。この仕事を2人で一緒に行うことにしたが、途中で佐賀君が病気で5日休んだ。この仕事が完成するのにかかった日数として、正しいのはどれか。

❶ 7日

❷ 8日

❸ 9日

❹ 10日

❺ 11日

正解へのプロセス

まずは仕事の全体量を1とする。 `基準`

そして、各人の仕事の速さを割合（分数）で表す。 `解法のポイント`

この仕事を終えるのに、長崎君は1人で15日かかり、佐賀君は1人で10日かかるので、彼らの1日あたりの仕事の速さは、長崎君、佐賀君それぞれ $\dfrac{1}{15}$、$\dfrac{1}{10}$ である。 `公式`

このとき、この仕事の完成日数を x[日]とすれば、 `目標` 長崎君はこの x[日]の間休まず仕事を行うが、佐賀君は5日休んだため、佐賀君の仕事の実働日数は $x-5$[日]である。

このとき、完了までの間で進む2人の仕事の進み具合を線分図に表せば次のようになる。 `解法のポイント` `作図`

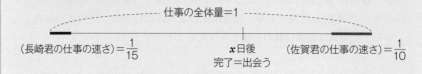

仕事の全体量＝1

（長崎君の仕事の速さ）＝$\dfrac{1}{15}$　　　x日後
完了＝出会う　　　（佐賀君の仕事の速さ）＝$\dfrac{1}{10}$

仕事算における（各人の仕事の進み具合）＝（線分の長さ）が速さの3要素における距離に対応する。そこで、長崎君、佐賀君の2人の速さの3要素を表に整理すると、下表のようになり、**要素に一致するものがないことがわかる**。したがって、本問は比を用いて解くことはできない。

	長崎君	佐賀君
速さ(は)	$\dfrac{1}{15}$	$\dfrac{1}{10}$
時間(じ)	x［日］	$x-5$［日］
距離(き)	$\dfrac{1}{15}x$	$\dfrac{1}{10}(x-5)$

　仕事算は、割合の一種であるが、出会い算でもあるので、距離の和である「2人の線分の長さ(仕事の進み具合)の和」に着目して立式すればよい。結果的には、仕事算の公式の❷を用いることと同じである。 公式

解説

　この仕事の完成日数をx［日］とする。 目標

　問題の条件で仕事を行うとき、長崎君はx［日］仕事を行うが、佐賀君は5日休んだため、佐賀君の仕事の実働日数は$x-5$［日］である。仕事算の公式の❷である(各人の全日程での仕事の和)＝(仕事の全体量)＝1より、 公式

$$\frac{1}{15}x+\frac{1}{10}(x-5)=1$$

が成り立つ。

　これを解けば、$x=9$［日］である。

正解 ❸

8 ニュートン算

1 ニュートン算

　仕事や処理の速さに関する問題で、**全体量が変化する場合の仕事や処理の問題を**「**ニュートン算**」という。ニュートン算では仕事に限らず、様々な量が登場する。

例17

　ある牧草地に草が360本生えている。この牧草地に草を食べる牛を3頭入れると12日で草がなくなり、牛を4頭入れると8日で草がなくなる。この牧草地に牛を5頭入れると草は何日でなくなるか。ただし、草は一定の割合で生え、どの牛も1日に食べる草の量は一定であるものとする[9]。

　草が1日で生える量を x ［本］、牛1頭が1日で食べる草の量を y ［本］とする。3頭の牛が12日間で食べた草の量は $y \times 3 \times 12 = 36y$ ［本］であり、これははじめに生えていた360本と、新たに生えてきた $x \times 12$ ［本］を合わせた $360 + 12x$ ［本］に一致する。したがって、$360 + 12x = 36y \cdots$ ①が成り立つ。

　同様に、4頭の牛が8日間で食べた草の量は $y \times 4 \times 8 = 32y$ ［本］であり、これははじめに生えていた360本に、新たに生えてきた $x \times 8$ ［本］を合わせた $360 + 8x$ ［本］に一致するので、$360 + 8x = 32y \cdots$ ②が成り立つ。

　①と②を連立すれば、$x = 15$ ［本］、$y = 15$ ［本］となる。5頭の牛に草が食べ尽くされる日数を t ［日］とおけば、5頭の牛が t ［日］で食べた草の量は $15 \times 5 \times t = 75t$ ［本］であり、これははじめに生えていた360本に、新たに生えてきた $15 \times t = 15t$ ［本］を合わせた $360 + 15t$ ［本］に一致する。よって、$360 + 15t = 75t \cdots$ ③となり、$t = \underline{6}$ ［日］である。

　①、②、③は次のように考えてもよい。

　　　（はじめに生えていた草）＋（新たに生えてきた草）－（牛が食べた草）
　　　　　　　　　　　　　　　　　　　　　　　　　　　＝（残っている草）

と考えれば、食べ尽くされてしまえば、（残っている草）＝0なので、①は $360 + 12x - 36y = 0$、②は $360 + 8x - 32y = 0$、③は $360 + 15t - 75t = 0$ である。つまり、（はじめの量）＋（増加の速さ）×（時間）－（減少の速さ）×（時間）＝（おわりの量）で立式すればよい。

9　牧草と牛の問題は、物理学者ニュートンの著書に出てきた問題例であり，「ニュートン算」という呼び名はこのことに由来する。

2 ニュートン算の公式

　上の 例17 からもわかるように、ニュートン算では次式が成り立つ。覚えるというより次の図をイメージをしながら理解したい。

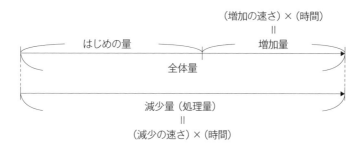

ニュートン算の公式

　（はじめの量）＋（増加の速さ）×（時間）－（減少の速さ）×（時間）＝（おわりの量）
特に、処理が終了するときは、（おわりの量）＝0であり、

　（はじめの量）＋（増加の速さ）×（時間）－（減少の速さ）×（時間）＝0
が成り立つ。

※1　（増加の速さ）および（減少の速さ）は単位時間あたりの量である。
※2　例17 の後半で取り上げた考え方によれば、上の公式は（はじめの量）－｛（減少の速さ）－（増加の速さ）｝×（時間）＝（おわりの量）となる。これは、「旅人算の公式」（はじめの2人の距離）－（縮まった距離）＝（おわりの2人の距離）と同型であり、線分図上では、増加と減少（処理）の進む方向（矢印）が互いに同じ向きであることから、ニュートン算は追いかけ算の一種と捉えることができる。

ある遊園地では、開園前に行列が300人以上できた場合には、時間を繰り上げて開園することにしている。その日は開園前から入園希望者が毎分20人の割合で並び始めたので、開園前に行列が300人となり、その時点で開園した。開園後も同様の割合で行列に加わる者が続いたが、入場口を1つだけ開けたところ、15分で行列が解消した。入場口を2つ開けて開園していたとき、行列が解消する時間として、正しいのはどれか。

1 3分

2 5分

3 7分

4 9分

5 11分

正解へのプロセス

　本問は、入り口に滞った人を入場口が捌く**処理の速さ**の問題であり、入り口には時々刻々人が流れ込むため、**全体量が増加**することがわかる。したがって、本問は「ニュートン算」の問題である。 テーマの把握

　ニュートン算では公式を使って立式していけばよい。 解法のポイント

　本問は「行列が解消する」ことから、処理が終了するので、

　　(はじめの量)＋(増加の速さ)×(時間)－(減少の速さ)×(時間)＝0

を用いる。 公式

　そこで、ニュートン算の公式に対応する量を問題文を読みながら確認していく。

　「その日は開園前から入園希望者が毎分20人の割合で並び始めた」より、(増加の速さ)＝20［人/分］である。「開園前に行列が300人となり、その時点で開園した」より、「その時点」がこの問題の処理のスタート(「はじめ」)になるので、(はじめの量)＝300［人］である。「入場口を1つだけ開けたところ」、「入場口を2つ開けて」とあるので、入場口が「処理」を行っており、入場口が複数ある。このように、処理するものが複数あるときは、1つあたりで処理できる量を考えると立式がうまくいく。つまり、(入場口1つあたりの処理(減少)の速さ)＝x［人/分］とおけば、「入場口を1つだけ開けたところ」の(処理(減少)の速さ)＝x［人/分］であり、2つ開けると2倍の速さで処理できることより、「入場口を2つ開けて開園していたとき」の(処理(減少)の速さ)＝$2x$［人/分］と表せる。

　そして、「入場口を2つ開けて開園していたとき、行列が解消する時間」＝t［分］

とおく。 **目標**

次に、状況把握のために、問題文の様子を図に描けば、次のようになる。 **作図**

はじめの量

処理（減少）の速さ×窓口数×時間

増加の速さ×時間

　未知数はxとtの２つあり、「入場口を１つだけ開けたところ、15分で行列が解消した」、「入場口を２つ開けて開園していたとき、行列が解消する時間（＝t［分］）として、正しいのはどれか」と**条件が２つ**あるので、**公式を２式立てて連立**する。なお、公式１つ目では（時間）＝15［分］、公式２つ目では（時間）＝t［分］である。

公式

　このように、ニュートン算では原則的に未知数について文字を複数おき、条件の数だけニュートン算の公式を立て、連立方程式を解いていけばよい。

解説

　300人並んでから毎分20人ずつ増えている状態で入場口を１つ開けたとき、行列が15分で解消したので、入場口１つに１分あたりに入場できる人数をx［人/分］とすれば、

　　（はじめの量）＋（増加の速さ）×（時間）－（減少の速さ）×（時間）＝0

より、 **公式** $300+20\times15-x\times15=0$が成り立つ。これを解けば、$x=40$［人］である。つまり、入場口１つに１分あたりに入場できる人数は40人である。

　この入場口を２つ開けると２倍の速さ（１分あたり40×2＝80［人］）で処理できる。これに気を付けて、行列が解消する時間をt［分］とおけば、 **目標** ニュートン算の公式より、$300+20\times t-(40\times2)\times t=0$が成り立つ。これを解けば、$t=5$［分］である。つまり、300人の行列は入場口を２つ開けると５分で解消する。

正解 **2**

問題1

　あるランナーは、通常、平坦な道24kmを2時間40分で走る。このランナーが、ある山の頂上から麓まで12kmの道のりを下り、折り返して頂上まで12kmの道のりを上る全長24kmのコースを走った。下りの平均速度は通常の速度（平坦な道での平均速度）より6km/h速く、上りの平均速度は通常の速度より6km/h遅かった。このコースを完走するのに要した時間はいくらか。

国家専門職2010

1　2時間08分

2　2時間24分

3　2時間40分

4　3時間45分

5　4時間48分

解説

「速さ」の問題である。**テーマの把握**

特に本問では、速さの3公式や単位換算を見ていきたい。**公式** **解法のポイント**

下り、上りで速さが異なるので、かかった時間も分けて求めなければならない。そこで、まずは通常の速度を求める。

24kmの道のりを2時間40分$=2+\dfrac{1}{60}\times40$［時間］$=\dfrac{8}{3}$［時間］で走るので、（速さ）＝（距離）÷（時間）より$24\div\dfrac{8}{3}=9$［km/h］である。これをもとに、下りの所要時間、上りの所要時間をそれぞれ求める。

下りに進んだ距離は12kmで、下りの平均速度は$9+6=15$［km/h］であるので、下りの所要時間は（時間）＝（距離）÷（速さ）より$12\div15=\dfrac{12}{15}$［時間］$=\dfrac{4}{5}$［時間］である。

上りに進んだ距離は12kmで、上りの平均速度は$9-6=3$［km/h］であるので、上りの所要時間は（時間）＝（距離）÷（速さ）より$12\div3=4$［時間］である。

よって、完走するのに要した時間は、（下りの所要時間）＋（上りの所要時間）＝$\dfrac{4}{5}+4$［時間］$=4$［時間］$+60\times\dfrac{4}{5}$［分］$=4$時間48分である。

5km離れた2地点A、B間を同じ経路で、兄はオートバイで、弟は自転車でそれぞれ走って一往復することになり、13時に弟が地点Aを出発した。その32分後に兄が地点Aを出発し、地点Bの手前1kmの地点で弟を追い越した。その後、復路を走る兄が弟とすれ違う時刻として、正しいのはどれか。ただし、兄弟が走る速さはそれぞれ一定であり、兄は弟の3倍の速さで走った。

東京都Ⅰ類2011

1　13時44分

2　13時54分

3　14時04分

4　14時14分

5　14時24分

解説

正解 **2**

「旅人算」の問題である。 **テーマの把握**

「兄は弟の3倍の速さで走った」とあるので、兄の速さ：弟の速さ＝3：1として、比を用いて解く。 **解法のポイント**

まず、地点Bの手前1kmの地点の兄と弟の通過時刻を求める。そこで、この地点までの兄の所要時間をx［分］とおく。 **目標** このとき、弟の所要時間は$x+32$［分］であり、移動距離は兄、弟ともに5－1＝4［km］である。移動距離（＝4km）が一致しているので、速さと時間が逆比の関係になる。 **解法のポイント**

兄の速さ：弟の速さ＝3：1より、兄が弟を追い越した4km進んだ地点までの所要時間の比は、速さの逆比であり、兄の所要時間：弟の所要時間＝1：3が成り立つ。したがって、$x:(x+32)=1:3$である。（外項の積）＝（内項の積）より、$x \times 3=(x+32) \times 1$より$x=16$［分］である。ゆえに、13時32分の16分後の13時48分に兄は弟に追いつく。ここまでを線分図に描くと、下のようになる。 **作図**

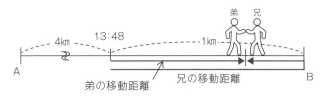

弟の移動距離　兄の移動距離

兄は4km＝4000mを$x=16$［分］で走っているので、兄の速さは$\dfrac{4000}{16}=250$［m/分］となる。弟の速さはこの$\dfrac{1}{3}$倍であるから$\dfrac{250}{3}$［m/分］である。 **具体化**

兄が弟を13時48分に追い越してからすれ違うまでにy［分］かかったとする。 **目標** 兄と弟の移動距離の和に着目すると、図より、2人の移動距離の和が1kmの往復分の2km＝2000mに相当する。 **解法のポイント**

（2人の移動距離の和）＝$250 \times y+\dfrac{250}{3} \times y=2000$［m］となり、これを解けば、$y=6$［分］である。

よって、復路を走る兄が弟とすれ違う時刻は13時48分の6分後の13時54分である。

　A、B2台の自動車が、1周5kmのコース を同一地点から同じ向きに同時に走り出すと、Aは15分ごとにBを追い越し、逆向きに同時に走り出すと、AとBは3分ごとにすれ違う。このとき、Aの速さはどれか。

特別区Ⅰ類2005

1　　0.8km/分

2　　0.9km/分

3　　1.0km/分

4　　1.1km/分

5　　1.2km/分

解説

「周回算」の問題である。 **テーマの把握**

AとBの速さをそれぞれ x [km/分]、**目標** y [km/分] とする。

AとBが同じ向きに同時に走り出すと、Aは15分ごとにBを追い越すので、Aの方がBより速く $x>y$ であり、(2人の速さの差)×(追い抜きの周期)＝(周の長さ) より、**公式** $(x-y)×15＝5…①$ が成り立つ。

AとBが逆向きに同時に走り出すと、AとBは3分ごとにすれ違うので、(2人の速さの和)×(すれ違いの周期)＝(周の長さ) より、**公式** $(x+y)×3＝5…②$ が成り立つ。

①の両辺を5で割って整理すれば、結局、次の連立方程式を解けばよいことがわかる。

$$3x-3y＝1$$
$$3x+3y＝5$$

求めたいのは x であるから、2式を足して、$6x＝6$ を得る。よって、$x＝1.0$ [km/分] である。

ある川に沿って、20km離れた上流と下流の2地点間を往復する船がある。今、上流を出発した船が、川を下る途中でエンジンが停止し、そのまま24分間川を流された後、再びエンジンが動き出した。この船が川を往復するのに、下りに1時間、上りに1時間を要したとき、川の流れる速さはどれか。ただし、静水時における船の速さは一定とする。

特別区Ⅰ類2014

1　5 km/時

2　6 km/時

3　7 km/時

4　8 km/時

5　9 km/時

「流水算」の問題である。　テーマの把握

下りでは、途中でエンジンが停止してしまったため船自身の速度が変化している。速度が一定でない限り、「速さと時間が逆比」という関係を単純に使うことはできない。したがって、下りと上りで速さの3公式から2式を立てて、連立方程式で解けばよい。

下りと上りの距離が「20km」と問題に与えられていることに着目すれば、距離について式を立てるとよい、と考えたい。

まずは、静水時での船の速度を x [km/時]、川の流速を y [km/時] とおく。　目標

下りは、船自身の速度が変化しているので、それぞれにかかった時間を考えると、エンジンが停止している時間は24分＝$\frac{1}{60}\times24$時間＝$\frac{2}{5}$時間で、この間は（岸から見た下りの速さ）＝（静水時の速さ）＋（流速）＝$0+y=y$ [km/時] で移動する。　公式

エンジンが動いている時間は $1-\frac{2}{5}=\frac{3}{5}$ [時間] で、（岸から見た下りの速さ）＝（静水時の速さ）＋（流速）＝$x+y$ [km/時] で移動する。　公式

このとき、下りの距離は $y\times\frac{2}{5}+(x+y)\times\frac{3}{5}$ [km] と表せ、この値が「20km」であるので、次の式が成り立つ。

$$y\times\frac{2}{5}+(x+y)\times\frac{3}{5}=20\cdots①$$

一方、上りについては、（岸から見た上りの速さ）＝（静水時の速さ）－（流速）＝$x-y$ [km/時] で移動する。　公式

このとき、上りの距離についても下りの距離と同様に次式が成り立つ。

$(x-y)\times1=20\cdots②$

①の両辺に5を掛けると、$2y+3(x+y)=100$より、$3x+5y=100\cdots③$である。②より $x=20+y$ となり、③に代入すると、$y=5$ [km/時] である。

直線の道路を走行中の長さ18mのトラックを、トラックと同一方向に走行中の長さ2mのオートバイと長さ5mの自動車が、追い付いてから完全に追い抜くまでに、それぞれ$\frac{8}{3}$秒と$\frac{46}{5}$秒かかった。オートバイの速さが自動車の速さの1.4倍であるとき、オートバイの時速として、正しいのはどれか。ただし、トラック、オートバイ、自動車のそれぞれの速さは、走行中に変化しないものとする。

東京都Ⅰ類2020

1   45km/時

2   54km/時

3   63km/時

4   72km/時

5   81km/時

解説

「長さ18mのトラック」、「長さ2mのオートバイ」、「長さ5mの自動車」とあるので、移動する物体の長さを考慮に入れる速さの問題であることがわかり、「通過算」の問題であることがわかる。

さらに、「トラックと同一方向に走行中の長さ2mのオートバイと長さ5mの自動車が、追い付いてから完全に追い抜くまでに、それぞれ$\frac{8}{3}$秒と$\frac{46}{5}$秒かかった」とあるので、「2つの列車の追い越し」の問題であることがわかる。**テーマの把握**

「2つの列車の追い越し」の問題では公式、

（2つの列車の速さの差）×（追い抜きに要する時間）＝（2つの列車の長さの和）

を利用して解くとよい。**公式**

自動車の速さをx［m/秒］、トラックの速さをy［m/秒］とおくと、オートバイの速さは1.4x［m/秒］とおける。**目標**

長さ18mのトラックを長さ2mのオートバイが完全に追い抜くまでに$\frac{8}{3}$秒かかったので、**公式より**、$(1.4x-y)\times\frac{8}{3}=18+2\cdots$①が成り立つ。

同様に、長さ18mのトラックを長さ5mの自動車が完全に追い抜くまでに$\frac{46}{5}$秒かかったので、**公式より**、$(x-y)\times\frac{46}{5}=18+5\cdots$②が成り立つ。

①を変形すると$1.4x-y=20\div\frac{8}{3}=\frac{15}{2}\cdots$③、②を変形すると$x-y=23\div\frac{46}{5}=\frac{5}{2}\cdots$④となる。③－④より、$0.4x=\frac{10}{2}=5$より、$x=\frac{5}{0.4}=\frac{50}{4}=\frac{25}{2}=12.5$［m/秒］で、オートバイの速さは$1.4x=1.4\times12.5=17.5$［m/秒］である。

単位変換をすれば、17.5［m/秒］＝$17.5\times60\times60\div1000=63$［km/時］であるから、オートバイの時速は、63km/時である。

問題6　X区役所とY区役所を結ぶ道がある。この道路を、Aは徒歩でX区役所からY区役所へ向かい、BはAの出発の10分後に自転車でY区役所を出発してX区役所へと向かった。2人が出会った時点から、Aは25分後にY区役所に到着し、Bは8分後にX区役所に到着した。2人が出会ったのは、AがX区役所を出発した時点から何分後か。ただし、2人の速度は一定とする。

特別区Ⅰ類2011

1　15分後

2　20分後

3　25分後

4　30分後

5　35分後

解説

時間情報しか与えられていない「旅人算」の問題であるから、ダイヤグラムを描いて考えていく。 **テーマの把握** **作図**

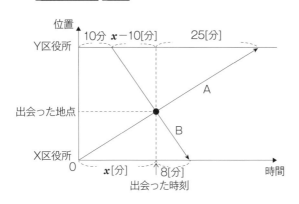

AがX区役所を出発してBと出会うまでの時間を x [分後] とする。 **目標**

2人の速度は一定であるから、AとBの移動を表すグラフは直線となり、2人の出発時刻が異なることに注意すれば、この問題のダイヤグラムは上図のようになる。BはAの出発の10分後に自転車でY区役所を出発してX区役所へと向かったので、BはAと出会うまでに $x-10$ [分] かかることになる。

出会い算では、2人の移動を表す2直線に挟まれた左下と右上および右下と左上の直角三角形が相似であることから、相似比を考えることで、次の比例関係を得る。 **解法のポイント**

$$x : 25 = 8 : (x-10)$$

（外項の積）＝（内項の積）より、2次方程式 $x \times (x-10) = 25 \times 8 \cdots ①$ となり、展開して整理すれば、$x^2 - 10x - 200 = 0$ となり、$(x-20)(x+10) = 0$ と因数分解できる。これを解けば、$x = 20, -10$ である。x は時間であるから正であり、$x = 20$ [分後] である。

したがって、2人が出会ったのはAがX区役所を出発した時点から20分後である。

※ 2次方程式について詳しくは巻末の付録を参照されたいが、2次方程式①を展開や因数分解できなくても、選択肢を①に代入し、1つずつ検討すれば、正

解を見つけ出すことはできる。

[別　解]　比を用いて解く

　AがX区役所を出発してからx分後に2人が出会うとすると、X区役所から2人が出会った地点までの同じ距離を、Aはx分間、Bは8分間かけて進み、Y区役所から2人が出会った地点までの同じ距離を、Aは25分間、Bは$x-10$[分間]かけて進んでいる。

　2人が同じ距離を移動するとき、時間と速さは逆比の関係になる。

解法のポイント

　また、2人の速さは一定であるから、出会う前後で2人の速さの比が変わらないことより、（Aの速さ）：（Bの速さ）＝8：x＝$(x-10)$：25となり、これを解けば、$x=20$[分後]である。

問題7 　ある作業をＡ、Ｂ、Ｃの３名で行う。１日に行う仕事量の割合がＡ：Ｂ：Ｃ＝３：３：２であり、３名が休まずに仕事をすると30日で終了することがわかっている。今、作業の終了までにＡが５日、Ｂが３日、Ｃが４日休むとき、この作業に要する日数はどれか。

1 　33日

2 　34日

3 　35日

4 　36日

5 　37日

解説

　全体量の変化しない仕事を処理する問題であるから、本問は「仕事算」の問題である。 テーマの把握

　仕事の全体量を１とする。 解法のポイント

　１日に行う仕事量の割合がＡ：Ｂ：Ｃ＝３：３：２であるから、

$$\begin{cases} 1日に行うAの仕事の割合＝3k \\ 1日に行うBの仕事の割合＝3k \\ 1日に行うCの仕事の割合＝2k \end{cases}$$

とおく。 具体化

　したがって、３名で仕事をすれば、１日あたり$3k+3k+2k=8k$の仕事が進む。３名が休まずに仕事をすると30日で終了するので、仕事の全体量が１であることより、$8k \times 30 = 1$が成り立ち、これを解けば$k = \dfrac{1}{240}$となる。

　実際に仕事を終えるのに要する日数をx[日]とすれば、 目標 作業の終了までにＡが５日、Ｂが３日、Ｃが４日休むので、Ａ、Ｂ、Ｃの実働日数はそれぞれ$x-5$[日]、$x-3$[日]、$x-4$[日]である。この実働日数で、全体量１の仕事を終える。

（Ａの仕事量）$= 3k \times (x-5) = \dfrac{1}{80}(x-5)$、（Ｂの仕事量）$= 3k \times (x-3) = \dfrac{1}{80}(x-3)$、（Ｃの仕事量）$= 2k \times (x-4) = \dfrac{1}{120}(x-4)$であり、（各人の全日程での仕事の和）＝（仕事の全体量）＝１より、 公式 （Ａの仕事量）＋（Ｂの仕事量）＋（Ｃの仕事量）＝（仕事の全体量）＝１であるから、次式が成り立つ。

$$3 \times \frac{1}{240}(x-5) + 3 \times \frac{1}{240}(x-3) + 2 \times \frac{1}{240}(x-4) = 1$$

　これを解けば、$x = 34$[日]である。

ある施設に設置されたタンクには、常に一定の割合で地下水が流入しており、このタンクにポンプを設置して排水すると、3台同時に使用したときは21分、4台同時に使用したときは15分でそれぞれタンクが空となる。この場合、このタンクを7分で空にするために必要なポンプの台数として、正しいのはどれか。ただし、排水開始前にタンクに入っていた水量はいずれも等しく、ポンプの毎分の排水量はすべて等しくかつ一定である。

東京都Ⅰ類2011

1 6台

2 7台

3 8台

4 9台

5 10台

解説

「ポンプで排水する」という処理の速さの問題であり、「タンクには、常に一定の割合で地下水が流入」とあるので、仕事の全体量が増加する問題である。したがって、本問は「ニュートン算」の問題である。 **テーマの把握**

ニュートン算では原則的に未知数について文字を複数おき、条件の数だけニュートン算の公式を立て、連立方程式を解いていけばよいので、問題文を読みながら、未知数に対し、必要な文字を設定していく。まずは、ニュートン算の公式、

(はじめの量)＋(増加の速さ)×(時間)－(減少の速さ)×(時間)＝(おわりの量)

を確認しておく。 **公式**

本問では、最終的に「タンクを空にする」という条件しか出てこないので、(おわりの量)＝0としてよい。(はじめの量)は「排水開始前にタンクに入っていた水量」が対応する。(増加の速さ)は「常に一定の割合で流入する地下水」が対応する。また、本問は、ポンプが排水という「処理」を行っており、ポンプが複数台あるので、ポンプ1台あたりが1分間に排水する量を考えると立式がうまくいく。このとき、(減少の速さ)＝(ポンプ1台あたりが1分間に排水する量)×(台数)である。

解法のポイント

そこで、排水前にタンクに入っていた水量をa、1分間に流入する地下水の量をx、1台のポンプで1分間に排水する量をyとおく[10]。

まず、「ポンプを3台同時に使用したときは21分でタンクが空になる」ので、(減少の速さ)＝$y \times 3$であり、ニュートン算の公式より、次の式が成り立つ。

$$a + x \times 21 - (y \times 3) \times 21 = 0 \quad \Leftrightarrow \quad a + 21x = 63y \cdots ①$$

次に、「ポンプを4台同時に使用したときは15分でタンクが空になる」ので、(減少の速さ)＝$y \times 4$であり、ニュートン算の公式より、次の式が成り立つ。

$$a + x \times 15 - (y \times 4) \times 15 = 0 \quad \Leftrightarrow \quad a + 15x = 60y \cdots ②$$

さらに、「タンクを7分で空にする」ために必要なポンプの台数をn[台]とおくと、 **目標** (減少の速さ)＝$y \times n$であり、ニュートン算の公式より、次の式が成り立つ。

$$a + x \times 7 - (y \times n) \times 7 = 0 \quad \Leftrightarrow \quad a + 7x = 7ny \cdots ③$$

①、②、③は未知数a、x、y、nの連立方程式である。

---

10 水の量の単位［L］は問題に記載がなかったので、解説でも付けなかったが、［L］を付けても一般性は失われない。一般に、単位は付けた方が具体的であるので、理解の助けになるならば、［L］を付けてもよい。

これを解くために、①－②を計算すれば、$y=2x$…④が得られ、④を①に代入すると、$a=105x$…⑤となる。これら④と⑤を③に代入すると、次の式が得られる。

　　　$105x+7x=7n×2x$…⑥

　$x≠0$より、⑥の両辺をxで割ると、$105+7=14n$となり、nについて解くと、$n=8$〔台〕である。

※　厳密にいえば、①、②、③は式が3つに対し、未知数が4つあるので、連立**不定**方程式である。したがって、a、x、yの値は不定であり、具体的には求められない。

整数の性質

整数に関する問題も数的処理では頻繁に登場します。公務員試験では、整数の性質を利用して解いていく問題が多く出題されます。小学校から学んできた整数であるものの、あいまいな知識があるかもしれません。ここは「学び直し」のつもりで、整数に関する知識を改めて整理しながら、様々な整数に関する定義や性質を身につけていきましょう。

1 倍数と約数

1 整数と自然数

① 整 数

0，±1，±2，±3，±4，±5，…などの数を整数という[1]。

※　数直線上には数が連続的に、無数に並んでいる。一方、整数は離散的に並んだ数であるため、ある範囲に限ることがわかれば、いくつかの値に絞り込める。公務員試験の整数問題において、「絞り込み」は常套手段であり、選択肢の絞り込みにも使える。

> **例1**
>
> $3.2 \leqq x < 7$ を満たす整数 x は、$x = 4$、5、6の3つである。

② 自然数

正の整数；1，2，3，4，5，…を自然数という。

③ 位

自然数について、数字の置かれた位置を「位」という。**最高位に0は置けない。**

1　小学校の算数では整数は0、1、2、3、…で定義されているが、中学校以上の数学では、−1、−2、−3、…も整数に含める。本書では整数を上記のように中学以上の数学に則って定める。

④ 桁数（桁）

自然数について、置かれた数の個数を「桁数」あるいは「桁」という。

例2
1203の一の位は3、十の位は0、百の位は2、千の位は1である。
また、1203について、「桁数は4である」、「4桁の数である」という。

例3
1桁の数は1から9までの自然数、2桁の数は10から99までの自然数、3桁の数は100から999までの自然数である。

2 割り算

① 商と余り

0以上の整数（負でない整数）aを自然数bで割ったとき、aの中にbが何個入っているかを割り算の「商」といい、aからbを商の個数だけ取り除いたとき、aの残りがどれくらいあるかを割り算の「余り（剰余）」という。このときの余りは0、1、2、…、$(b-1)$のb通りを取り得る。また、余りが0のとき、「aはbで割り切れる」または「aはbで約せる」という。

※1 　aを「割られる数」、bを「割る数」という。
※2 　0で割ることはできない。したがって、割る数bに0は適用できない[2]。「0が何個入っているか」という問いに答えることができないため、定義から除外すると考えてもらってよい[3]。

---

2 日本では慣例として、割り算の表記を$a \div b = \dfrac{a}{b}$と表す（本書でも割り算の表記は同一視している）ため、違いが意識されることは少ないが、割り算は厳密には2種類ある。「$a \div b$」で表現される割り算は、aからbを引けなくなるまで逐次引いていき、何回引いたかを数える「累次（逐次）減法」としての割り算であり、分数「$\dfrac{a}{b}$」で表現される割り算は、「掛け算（乗法）の逆演算」としての割り算である。累次減法の商は「回数（個数）」を表すため、必然的に「0以上の整数」を用いる。このように、商や余りが定義される累次減法には、整数という制限を設ける必要が生じる。そこで、割られる数aには「0以上の整数」、割る数bには（0を含めないので）「自然数」という制限が課せられる。

3 「0の逆数が存在しない」ことも理由であるが、ここでは深入りしない。

例4 7÷3の商と余りを上記の定義によって求める。

7から3を引くと4、さらに4から3を引くと1となり、この1からは3が引けなくなる。このとき、3を引いた回数2が割り算7÷3の商であり、残った数1を割り算7÷3の余りという。

なお、商と余りの筆算との対応は右図のようになる。

$$3 \overline{)7} \quad ②—商$$
$$\underline{6}$$
$$①—余り$$

例5 0以上の整数 x に対し、$x÷5$ の余りとして、取り得る値は0、1、2、3、4の5通りある。x から5を逐次取り除いたとき、残りが5以上の数であれば、まだ5が取り除けるため、余りが5以上になることはない。したがって、余りは割り切れるときの0以外に1、2、3、4の場合がある。

② 偶数・奇数

❶ 偶数とは「2で割り切れる数」である[4]。

0, 2, 4, 6, 8, 10, 12, …

❷ 奇数とは「2で割り切れない数（2で割ると1余る数）」である。

1, 3, 5, 7, 9, 11, …

3 倍数・約数

① 倍 数

n を自然数とするとき、$(0,)$ n、$2n$、$3n$、…のように、n を自然数倍（0を含める場合は0以上の整数倍）した数を「nの倍数」という。倍数は無限に存在する。

※ nの倍数を「nで割り切れる数」と定めれば、0を含めるのが自然である。

倍数には0を含めない定義と含める定義があり、小学校で学ぶ算数では含めず、中学校以上の数学では含めるため、$(0,)$と括弧付きで表した。

公務員試験の「倍数」が登場する問題は、0を含めるか含めないかで答えが変わるような問題は出題されない。

---

[4] 偶数に0を含めるか否かには議論の余地はあるが、偶数を「2で割り切れる数」と定めると、偶数は「割られる数」でなければならず、0を含めなければならない。そこで、本書では偶数に0を含める。

例6	❶ 2の倍数(偶数);(0,)2, 4, 6, 8, 10, 12, …

❶ 2の倍数(偶数);(0,)2, 4, 6, 8, 10, 12, …
❷ 5の倍数;(0,)5, 10, 15, 20, 25, 30, …

② 1桁の数の倍数の判定法

1と7を除く1桁の数の倍数には次のような性質がある。**知識として覚えておき**たい。なお、ここでの倍数には0を含めている。また、7の倍数には簡単な判定法がない。

❶ 2の倍数	一の位の数が2の倍数である数
❷ 3の倍数	各位の数の和が3の倍数である数
❸ 4の倍数	下2桁が4の倍数である数
❹ 5の倍数	一の位の数が0または5である数
❺ 6の倍数	2の倍数かつ3の倍数である数
❻ 8の倍数	下3桁が8の倍数である数
❼ 9の倍数	各位の数の和が9の倍数である数

例7

[178] 一の位の数が2の倍数であるので、178は2の倍数

[123] 1+2+3=6は3の倍数であるので、123は3の倍数

[3516] 下2桁の16は4の倍数であるので、3516は4の倍数

[6705] 一の位の数が5であるので、6705は5の倍数

[132] 一の位の数が2の倍数で、1+3+2=6は3の倍数であるので、132は6の倍数

[12264] 下3桁の264は8の倍数であるので、12264は8の倍数

[6507] 6+5+0+7=18は9の倍数であるので、6507は9の倍数

③ 約 数

ある自然数に対し、「約数」とは「その自然数を約せる(割り切ることができる)自然数」のことである[5]。

---

5 中学以上の数学では、「整数 a が $b×c$(b、c は整数)と表せるとき、b と c を a の約数」と定めるため、約数には負の数も現れるが、本書では正の約数に限るものとする。

例8　48の約数を具体的に書き出して求める。例えば、48＝6×8と表すと、6と8は48の約数である。このように、**自然数aが$b × c$（b、cは自然数）と表せるとき、bとcはaの約数である。$a = b × c$を用いて**[6]、**aの約数b、cを下図のように、bとcの積aが48になるようにして書き出すと**、48＝1×48＝2×24＝3×16＝4×12＝6×8と表せるので、48の約数は1、2、3、4、6、8、12、16、24、48である。

※　自然数a、bに対し、aがbで割り切れるとき、bはaの約数、aはbの倍数である。したがって、約数から見れば、元の自然数は約数の倍数になる。

例9　48の約数は1、2、3、4、6、8、12、16、24、48であり、48は1、2、3、4、6、8、12、16、24、48の倍数である。

---

4 ▷ 指　数

① 指数表記

aのn個の積をa^nで表す。　　　$a^n = \underbrace{a × a × \cdots × a}_{n個の積}$

② 指数法則

指数表記の定義より、次のことが成り立つ。

❶ $a^m × a^n = a^{m+n}$	例：$a^3 × a^2 = a^{3+2} = a^5$	❸ $(a^m)^n = a^{mn}$	例：$(a^3)^2 = a^{3×2} = a^6$
❷ $a^m ÷ a^n = a^{m-n}$	例：$a^5 ÷ a^2 = a^{5-2} = a^3$	❹ $(ab)^m = a^m × b^m$	例：$(ab)^3 = a^3 × b^3$

※　さらに、❺$a^0 = 1$であり、これも覚えておきたい。なお、❺は❷で$m = n$とすれば導出できる。

6　このように、難易度が上がってくると、整数問題の中には因数分解をして解くものもある。

③ 平方数

「平方数」とは、「整数の2乗(平方)」となる数であり、具体的に(整数)^{2}を計算すれば次のようになる。

0, 1, 4, 9, 16, 25, 36, 49, 64, 81, 100, …

5 素数と素因数分解

① 素　数

約数を1と自分自身の2つのみしか持たない自然数を「素数」という。素数を小さい順に示していくと、次のようになる。

2, 3, 5, 7, 11, 13, 17, 19, 23, 29, 31, 37, 41, 43, 47, …

※　1は約数が1のみで、約数を1つしか持たない。よって、1は素数ではない。

② 素数の求め方（エラトステネスのふるい）

素数は小さい順に少なくとも10個(2から29まで)は覚えておきたい。なお、素数の求め方に「エラトステネスのふるい」と呼ばれる次のようなものがある。覚えきれないときに利用してもよい。

❶　一番小さい素数2から始めて、2を除く2の倍数4、6、8、…を削除する(×を付ける)。

❷　次に×の付いていない数字のうち、一番小さな3から始めて、3を除く3の倍数について6、9、12、…のうち、残っているものを削除する(×を付ける)。次に×の付いていない数字のうち、一番小さな5から始めて、5を除く5の倍数について10、15、20、…のうち、残っているものを削除する(×を付ける)。

❸　上記❷を繰り返す。1から50まででこの手順を行うと、次のようになる。

	2	3	4	5	6	7	8	9	10
11	12	13	14	15	16	17	18	19	20
21	22	23	24	25	26	27	28	29	30
31	32	33	34	35	36	37	38	39	40
41	42	43	44	45	46	47	48	49	50

③ 素因数分解

2以上の自然数を**素数の積に因数分解**して表すことを「**素因数分解**」という。下のように、「**はしご算（すだれ算）**」を用いて実行する。因数分解して現れる素数を「**素因数**」という。同じ素因数が複数含まれる場合は、**指数を用いて表す**。

例10

450の素因数分解をはしご算を用いて実行する。

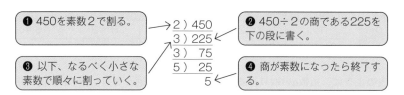

割った素数は2が1回、3が2回、5が1回あり、これらは450の素因数である。一番下の5も素因数に含まれるので、素因数5は全部で2つある。よって、450を素因数分解すると$450 = 2^1 \times 3^2 \times 5^2$となる。

※　「水＝H_2O」と表すように、化学では物質の特徴や性質を知るために元素に分解するが、これと同じ理由で、**整数の特徴や性質を知るために、整数の問題ではしばしば素因数分解を行う**。なお、素数は整数の元素に相当する。

④ 約数の個数

例8 より、48の約数は1、2、3、4、6、8、12、16、24、48であった。したがって、48の約数の個数は10個である。この約数の個数を公式を使って求める。

約数の個数

自然数nが$p^a \times q^b \times r^c \times \cdots$（$p$、$q$、$r$、$\cdots$は素数）のように素因数分解されれば、約数の個数は、次のように「**（指数＋1）の積**」で求められる。

$$(a+1) \times (b+1) \times (c+1) \times \cdots \text{[個]}$$

48の正の約数の個数を求めよ。

　素因数分解すると、$48 = 2^4 \times 3^1$より、約数の個数は、**(指数＋1)の積**を計算して、$(4 + 1) \times (1 + 1) = 10$［個］である。

　約数の個数の公式は、次のように理解できる。48の約数1、2、3、4、6、8、12、16、24、48はすべて$2^a \times 3^b$の形で表せる。実際に、約数12は$2^2 \times 3^1$であり、約数1は$2^0 \times 3^0$である。したがって、約数は下表にまとめることができる。

b＼a	0	1	2	3	4
0	1	$2 = 2^1$	$4 = 2^2$	$8 = 2^3$	$16 = 2^4$
1	$3 = 3^1$	$6 = 2^1 \times 3^1$	$12 = 2^2 \times 3^1$	$24 = 2^3 \times 3^1$	$48 = 2^4 \times 3^1$

　表のように、指数aの取り得る値が0を含めて5通りあり、指数bの取り得る値が0を含めて2通りある。ゆえに、約数は$5 \times 2 = 10$　［個］である[7]。

6 公倍数・公約数

① 公倍数・最小公倍数

　「公倍数」とは共通の倍数のことである。0を除き、公倍数の中で最小のものを**最小公倍数**という。

② 公約数・最大公約数

　「公約数」とは共通の約数のことである。公約数の中で最大のものを**最大公約数**という。

　※　「公」とは「共通の」という**意味**で使われている。

7　5［通り］×2［通り］の計算は、第7節で紹介する場合の数の「積の法則」の考え方を用いているが、表の網掛けを除いた部分の「欄の数」が「約数の個数」に対応しているという理解でもよい。

例12 24と36の公倍数および最小公倍数を求めよ。

24の倍数は、(0、) 24、48、**72**、96、120、**144**、168、192、**216**、240、264、**288**、…と無限個存在する。36の倍数も、(0、) 36、**72**、108、**144**、180、**216**、252、**288**、…と無限個存在する。

共通する倍数は、(0、) 72、144、216、288、…と無限個存在し、これらが24と36の**公倍数**である。

公倍数の中で、**0を除く一番小さい公倍数72**が、24と36の**最小公倍数**である。

例13 24と36の公約数および最大公約数を求めよ。

24と36のそれぞれについて、**約数の個数**を公式を用いて予め計算し、数え漏れがないようにした上で、約数を**具体的に書き出す**。そして、共通の約数である**公約数**を求める。

24を素因数分解すれば、$24 = 2^3 \times 3^1$であり、約数の個数は「(指数＋1)の積」より、$(3 + 1) \times (1 + 1) = 8$［個］ある。具体的に書き出してみれば、$24 = 1 \times 24 = 2 \times 12 = 3 \times 8 = 4 \times 6$と約数どうしの積で表せるので、24の約数は、1、2、3、4、6、8、12、24の8個ある。

36を素因数分解すれば、$36 = 2^2 \times 3^2$であり、約数の個数は「(指数＋1)の積」より、$(2 + 1) \times (2 + 1) = 9$［個］ある。具体的に書き出してみれば、$36 = 1 \times 36 = 2 \times 18 = 3 \times 12 = 4 \times 9 = 6 \times 6$と約数どうしの積で表せるので、36の約数は、1、2、3、4、6、9、12、18、36である。

共通する約数は、1、2、3、4、6、12であるから、これらが**公約数**である。

公約数の中で、**一番大きな公約数12**が**最大公約数**である。

③ 互いに素

どんな数の組に対しても、1は必ず公約数に含まれるが、**公約数が1のみの自然数の組**を「**互いに素**」という。

例14　12と25は互いに素である。

　確かに、12（$=2^2 \times 3^1$）の約数は1、2、3、4、6、12の6個であり、25（$=5^2$）の約数は1、5、25の3個であるから、公約数は1のみである。

---

④ 公倍数・公約数の性質

次の性質がある。

❶　公倍数は最小公倍数の倍数である。
❷　公約数は最大公約数の約数である。

　例12、例13より、24と36の公倍数は（0、）72、144、216、288、…であり、これらはすべて、**最小公倍数である72の倍数**であることがわかる。

　また、24と36の公約数は1、2、3、4、6、12であり、これらはすべて、**最大公約数である12の約数**である。

⑤ 最大公約数・最小公倍数の性質

　対象となる自然数を素因数分解して素因数ごとにみたとき、次の性質がある。

❶　**最大公約数**：共通する素因数の個数（指数）が最小となる素因数の積
❷　**最小公倍数**：共通する素因数の個数（指数）が最大となる素因数の積

　例12、例13より、24と36の最小公倍数は72、最大公約数は12であるが、これらは次のように求めることもできる。

　24と36をそれぞれ素因数分解すれば、$24 = 2^3 \times 3^1$、$36 = 2^2 \times 3^2$である。24では素因数2の個数（指数）が3、素因数3の個数（指数）が1であり、36では素因数2の個数（指数）が2、素因数3の個数（指数）が2である。

　$24 = 2^3 \times 3^1$と$36 = 2^2 \times 3^2$を比べると、素因数2の個数（指数）のうち最小は2であり、その素因数は2^2である。また、素因数3の個数（指数）のうち最小は1であり、その素因数は3^1である。**最大公約数は共通する素因数の個数（指数）が最小となる素因数の積**で計算できる。したがって、最大公約数は$2^2 \times 3^1 = 12$である。

　同様に、$24 = 2^3 \times 3^1$と$36 = 2^2 \times 3^2$を比べると、素因数2の個数（指数）のうち最大は3であり、その素因数は2^3である。また、素因数3の個数（指数）のうち最大は2であり、その素因数は3^2である。**最小公倍数は共通する素因数の個数（指数）が最大となる素因数の積**で計算できる。したがって、最小公倍数は$2^3 \times 3^2 = 72$である。

※　最大公約数については「共通の素因数の積」でも計算できる。上の例では、$24 = 2^3 \times 3^1$ と $36 = 2^2 \times 3^2$ の共通の素因数は 2 が 2 個と 3 が 1 個であり、これらの積 $2^2 \times 3^1 = 12$ が最大公約数である。

例15　45と48と75の最大公約数と最小公倍数を求めよ。

$45 = 3^2 \times 5^1$、$48 = 2^4 \times 3^1$、$75 = 3^1 \times 5^2$ であり、素因数は 2 、 3 、 5 が現れるので、あらかじめ、$45 = 2^0 \times 3^2 \times 5^1$、$48 = 2^4 \times 3^1 \times 5^0$、$75 = 2^0 \times 3^1 \times 5^2$ と**各素因数の個数がわかるように指数 0 を用いて表す**とよい（$a^0 = 1$ であることに注意したい）。

このように表せば、45と48と75を比べると素因数 2 の個数（指数）のうち最小は 0 であり、素因数 3 の個数（指数）のうち最小は 1 であり、素因数 5 の個数（指数）のうち最小は 0 である。**最大公約数は共通する素因数の個数（指数）が最小である素因数の積で計算できる。**したがって、$2^0 \times 3^1 \times 5^0 = \underline{3}$ である。

また、45と48と75を比べると素因数 2 の個数（指数）のうち最大は 4 であり、素因数 3 の個数（指数）のうち最大は 2 であり、素因数 5 の個数（指数）のうち最大は 2 である。**最小公倍数は共通する素因数の個数（指数）が最大である素因数の積で計算**できる。したがって、最小公倍数は $2^4 \times 3^2 \times 5^2 = \underline{3600}$ である。

7 ▷ 最大公約数・最小公倍数の速算法

次のように、**連除法(連結はしご算)**を用いれば、最大公約数および最小公倍数を素早く求めることができる。

例16
　450と600の最大公約数と最小公倍数を求めよ。

　下のように450と600を並べてはしご算を連結し、並んだ2数に共通する素因数で割っていく。共通の素因数の積は、左側の破線の長方形の囲みの中にある素因数の積$2 \times 3 \times 5^2 = 150$になり、450と600の最大公約数は<u>150</u>である。

　2数に共通する素因数で割れない数はそのまま下に書き並べる。このとき、最下段の2数は互いに素になっている。そして、左端及び最下段に並んだ数の積(**赤い**
L字型の破線に含まれる数の積)が最小公倍数である[8]。これは、$(2 \times 3 \times 5^2) \times 3 \times 4 = 1800$であり、450と600の最小公倍数は<u>1800</u>である。

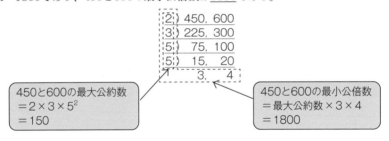

450と600の最大公約数
$= 2 \times 3 \times 5^2$
$= 150$

450と600の最小公倍数
＝最大公約数×3×4
＝1800

---

8 英語で最小公倍数はLeast Common Multipleといい、Leastの頭文字「L」と覚えるとよい。なお、最大公約数はGreatest Common Divisorである。

例17 450と600と720の最大公約数と最小公倍数を求めよ。

　下のように450と600と720を並べてはしご算を連結し、並んだ3数に共通する素因数で割っていく。共通の素因数の積は、左側の黒い破線の長方形の囲みの中にある素因数の積2×3×5＝30になり、450と600と720の最大公約数は<u>30</u>である。

　次に、3数に共通する素因数で割れない数はそのまま下に書き並べ、このうち互いに素でない2数があれば、この2数に共通する素因数で割っていく。そのとき、割れない数(実線の囲みの数)はそのまま下に書き下ろす。最終的に最下段のどの2数も互いに素になっている。そして、左端及び最下段に並んだ数の積(赤いL字型の破線に含まれる数の積)が最小公倍数である。これは、$(2 \times 3 \times 5) \times 2^2 \times 3 \times 5 \times 1^2 \times 2 = 3600$より、450と600と720の最小公倍数は<u>3600</u>である。

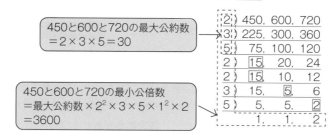

450と600と720の最大公約数
＝2×3×5＝30

450と600と720の最小公倍数
＝最大公約数×2^2×3×5×1^2×2
＝3600

```
2) 450, 600, 720
3) 225, 300, 360
5)  75, 100, 120
2) [15]   20,  24
2) [15]   10,  12
3)  15,   [5],   6
5)   5,    5,  [2]
     1,    1,   2
```

　なお、例17の連結はしご算における作業は、次図の「ベン図」と呼ばれる「輪の図」と対応させるとイメージしやすい[9]。ベン図の3つの輪はそれぞれ450、600、720を生成する(素)因数の集まりを表し、各輪の(素)因数の積が450、600、720を表す。また、3つの輪の交わり(中央の領域)が最大公約数2×3×5＝30を、輪全体が最小公倍数$(2 \times 3 \times 5) \times 2^2 \times 3 \times 5 \times 1^2 \times 2 = 3600$を表している。

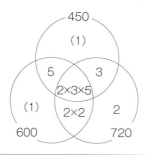

450

(1)

5　　3

2×3×5

(1)　　2×2　　2

600　　　720

9 ベン図は「集まり(集合)」を表す図である。第2章第2節で詳しく学ぶ。なお、ベン図の中の1は素因数ではないので書かなくてもよいが、連結はしご算に現れるために括弧を付けて記載してある。

150にできるだけ小さい正の整数**n**を掛けて、ある正の整数の3乗になるようにしたい。このような**n**の約数の個数として、正しいのはどれか。

❶ 12個

❷ 15個

❸ 16個

❹ 18個

❺ 24個

正解へのプロセス

目標である正の整数**n**がどんな性質を持っているか調べていく。 **目標**

整数の性質を知るには、素因数分解をするとよい。 **解法のポイント**

そこで、150を素因数分解すると、$150=2^1×3^1×5^2$となるので、「$2^1×3^1×5^2×n$」が、ある正の整数の3乗になればよい。

素因数ごとに着目して考える。素因数2は1つあるので、**素因数2があと2つあ**れば$2^1×2^2=2^3$となる。素因数3も1つあるので、**素因数3があと2つあれば**$3^1×3^2=3^3$となる。素因数5は2つあるので、**素因数5があと1つあれば**$5^2×5^1=5^3$となる。

そこで、**n**として、$2^2×3^2×5^1$を取れば、$2^1×3^1×5^2×n$は下図のように「正の整数の3乗」になる。

$$2^1×3^1×5^2×\overset{}{\underset{\underset{2^2×3^2×5^1}{↑}}{(n)}} \implies \begin{aligned}&2^1×3^1×5^2×2^2×3^2×5^1\\&=2^3×3^3×5^3\\&=(2×3×5)^3\end{aligned}$$

解説

$150=2^1×3^1×5^2$より、150に掛けて正の整数の3乗になる、できるだけ小さな正の整数**n**は$n=2^2×3^2×5^1$である。この**n**の約数の個数は、**約数の個数の公式**より、$(2+1)×(2+1)×(1+1)=18$［個］となる。 **公式**

正解 **❹**

例題 1-16

小さい順に16、x、42の3つの自然数があり、これらの最小公倍数が1680である。このようなxの個数はどれか。

① 2個

② 3個

③ 4個

④ 5個

⑤ 6個

正解へのプロセス

問題文の読み方を以下に示す。

❶ 「最小公倍数」の問題である。 **テーマの把握**

　目標はxの個数である。 **目標** 選択肢を見ると、高々6個であるから、xの値を全て求めるのも1つの方法である。 **選択肢**

❷ 最小公倍数の問題であるが、連除法は未知数xを含むため実行できない。そこで、改めて原理的に考えていく。

　整数の問題では、それぞれの整数の特徴や性質を知るために素因数分解を行うことが多い。 **解法のポイント**

　まずは、16、42、1680をそれぞれ素因数分解すると、$16 = 2^4$、$42 = 2^1 \times 3^1 \times 7^1$、$1680 = 2^4 \times 3^1 \times 5^1 \times 7^1$となり、最小公倍数$1680 = 2^4 \times 3^1 \times 5^1 \times 7^1$には、必ず16、$x$、42の全ての素因数が含まれている。16は素因数として2が4つから構成され、42は素因数として2が1つ、3が1つ、7が1つから構成される。最小公倍数1680は素因数として2が4つ、3が1つ、5が1つ、7が1つから構成されている。16にも42にも素因数5は含まれないので、この素因数5はxに由来する素因数であることがわかる。

　したがって、xは5を素因数に持つ、つまり、xは5の倍数であることがわかる。

❸ 整数問題では範囲の絞り込みを行う。

　「小さい順に16、x、42の3つの自然数があり」と書かれているので、$16 < x < 42$である。❷を用いれば、xは16より大きく42より小さい5の倍数であることがわかる。 **解法のポイント**

解説

それぞれの数を素因数分解して比較する。$16 = 2^4$、$42 = 2^1 \times 3^1 \times 7^1$、$1680 = 2^4 \times 3^1 \times 5^1 \times 7^1$ となり、素因数ごとにみたときに、最小公倍数は共通する素因数の個数（指数）が最大となる素因数の積で計算できる。**解法のポイント** 1680を構成している「2^4」は16から、「3^1」は42から、「7^1」は42から、それぞれ選んできたことがわかる。しかし、1680を構成している「5^1」は、16にも42にも含まれていないので、xから選んだことになる。

したがって、xは16より大きく42より小さい5の倍数であることがわかる。つまり、$x = 20$、25、30、35、40の5個に絞り込める。**解法のポイント**

しかし、$x = 25 = 5^2$の場合、最小公倍数の因数として5^2を含まなくてはならず、最小公倍数が$2^4 \times 3 \times 5^2 \times 7$となり矛盾する。残りの4数の20、30、35、40であれば、最小公倍数が$1680 = 2^4 \times 3^1 \times 5^1 \times 7^1$である。**場合分け**

よって、xを満たすのは20、35、40の4個である。

正解 **3**

❷ 剰余の問題

剰余の問題とは、割り算の「余り」に関する問題である。例19、例20で問題の型を見ていく。

⌈1⌋ 割り算の等式

xをaで割ったときの商をq、余りをrとするとき、割り算は、

$$x = aq + r$$

と表せる。

- ※1　余りrは$r = 0$、1、…、$(a-1)$に限る。下の例19の波線のように、問題によっては、この条件が隠れていることもあるので注意したい。
- ※2　上記の式とは別に、割り算を便宜上「$x \div a = q \cdots r$」で表すこともある。ただし、この表記では、両辺が量的に等しいことを表しているわけではないため、式として自由に変形ができない[10]。そこで、割り算を、$x = aq + r$で表すと、式変形を自由に行うことができる。

例18

❶　7を2で割ると、商が3、余りが1であるから、$7 = 2 \times 3 + 1$と表せる。

❷　ある数xを2で割ると余りが1になるとき、商をqとすれば、

$$x = 2q + 1 = (2の倍数) + 1$$

と表せる。

⌈2⌋ 剰余の問題

「剰余」の問題とは、❶「～を割ると…余る」や❷「～で割ると…余る」という型の問題である。「～を(で)割ると…余る」という「剰余に関する条件」が問題文中に複数与えられ、全ての条件(性質)を満たす数について問われる。

まず、❶「～を割ると…余る」という型の問題を見ておく。

---

10 等式「A＝B」は数学では「AとBが量として等しい」ことを表す記号である。

例19　40を割ると4余り、61を割ると1余る自然数はいくつあるか。

　40を割ると4余り、61を割ると1余る自然数を**x**とし、商をそれぞれ**a**、**b**とすれば、割り算の等式を用いて、40 ＝ **ax** ＋ 4、61 ＝ **bx** ＋ 1と表すことができる。

　右辺の定数項を左辺に移項すれば、**ax** ＝ 36、**bx** ＝ 60となり、**x**は36、60の公約数であることがわかる。36と60を素因数分解すれば、36 ＝ $2^2 \times 3^2$、60 ＝ $2^2 \times 3^1 \times 5^1$より、36、60の最大公約数は$2^2 \times 3^1 ＝ 12$であることがわかる（勿論、連除法で計算して求めてもよい）。**公約数は最大公約数の約数**より、**x**は12の約数であることがわかる。

　12の約数は全部で$(2 ＋ 1) \times (1 ＋ 1) ＝ 6$［個］あり、具体的に書き出せば1、2、3、4、6、12である。「**x**で割ると4余り」、「**x**で割ると1余り」とあるので、割る数**x**は5以上である。これに該当するのは1、2、3、4、6、12の中で6と12の2つである。

　次に、❷「～で割ると…余る」という型の剰余の問題を見ておく。

　この型の問題はさらに3タイプに分類される。1タイプ目は次の 例20 で見ていき、残り2タイプは例題1-17および例題1-18で具体的に見ていきたい。

例20　3で割ると2余り、5で割ると2余る2桁の自然数はいくつあるか。

［解法1］

　「3で割ると2余り、5で割ると2余る（2桁の）自然数」を**具体的に書き出してみ**る。2桁にこだわらず、1桁の数も具体的に書いていけば、

　　　3で割ると2余る数；2, 5, 8, 11, 14, 17, 20, 23, 26, 29, 32, …
　　　5で割ると2余る数；2, 7, 12, 17, 22, 27, 32, 37, 42, 47, 52, …

であり、**両方の条件を満たす数は、2、17、32、47、…であることがわかる**。余り2が共通であるから、商が0のときの2は当然含まれる。この数列には**規則性**があり、右に進むにつれて15ずつ増えていく[11]。そこで、この規則性を用いて、2桁の数をすべて書き出せば17、32、47、62、77、92の6つがあることがわかる。

　「～で割ると…余る」という型の剰余の問題は、このように全て具体的に書き出

11　この数列を，公差15の等差数列という。等差数列については後述する。

し、規則性に着目すれば必ず解ける。しかし、公務員試験では、「〜で割ると…余る」という条件が１つの問題中に３つ以上登場したり、条件を満たす「３桁の自然数」を問われたりするなど、具体的に書き出して処理するのが、時間的にも作業的にも厳しくなる問題が出題される。

そこで「〜で割ると…余る」という型の剰余の問題は、 例19 のように割り算の等式を用いて解いていくと処理しやすい。

[解法２]

　３で割ると２余り、５で割ると２余る自然数をxとし、商をそれぞれa、bとすれば、割り算の等式を用いて、$x=3a+2$、$x=5b+2$と表すことができる。右辺の定数項を左辺に移項すれば、$x-2=3a$、$x-2=5b$となり、$x-2$は３の倍数かつ５の倍数であることがわかる。公倍数は最小公倍数の倍数であり、３と５は互いに素であるから、３と５の最小公倍数は$3×5=15$であり、$x-2$は15の倍数である。つまり、$x-2=$（15の倍数）と表せるので、xは１つの式にまとめられる。

　　$x=$（15の倍数）$+2$

ここで、（15の倍数）$=15n$と表すと、２桁の自然数が10以上99以下の整数であることに注意して、２桁の自然数になる場合を具体的に書き出せば、

・$n=1$のとき、$15×1+2=17$
・$n=2$のとき、$15×2+2=32$
・$n=3$のとき、$15×3+2=47$
・$n=4$のとき、$15×4+2=62$
・$n=5$のとき、$15×5+2=77$
・$n=6$のとき、$15×6+2=92$

の６つである。

改めて[解法２]をみれば、複数の余りに関する条件「xを３で割ると２余り」、「xを５で割ると２余る」を１つの式にまとめて、

　　$x=$（３と５の公倍数）$+2=${（３と５の最小公倍数）の倍数}$+2$
　　　　　　　　　　　　　　　　　　　　　$=$（15の倍数）$+2$

としたことが確認できる。

このように、「〜で割ると…余る」という型の剰余の問題では、複数の余りに関する条件を１つの式にまとめて、全ての条件を満たす数を求めることが、解法の大きな流れであることを知っておきたい。

3 ▷ 余りの特徴

「～で割ると…余る」という型の剰余の問題は、余りの特徴に着目して解くとよい。

以下の①、②-❶、②-❷の３パターンに分類される。

① ２つの条件の余りが同じとき

既に紹介した $\boxed{例20}$ がこのタイプに属する。

「x を『a_1 で割ると余りが r』であり、『a_2 で割ると余りが r』$(a_1 \neq a_2)$」のとき、２つの条件を満たす x は、２つの余りに関する条件を１つの式にまとめて、次のように表せる。

$$x = (a_1 と a_2 の公倍数) + r = \{(a_1 と a_2 の最小公倍数)の倍数\} + r$$

② ２つの条件の余りが異なるとき

次の例題1-17および例題1-18がこのタイプに属する。

「x を『a_1 で割ると余りが r_1』であり、『a_2 で割ると余りが r_2』$(a_1 \neq a_2、r_1 \neq r_2)$」のときであり、さらに、

❶ 割る数と余りの差(不足分)が一致するとき $(a_1 - r_1 = a_2 - r_2 のとき)$

❷ 割る数と余りの差(不足分)が異なるとき $(a_1 - r_1 \neq a_2 - r_2 のとき)$

のそれぞれで、２つの余りに関する条件の１つの式へのまとめ方が変わる。

例題 1-17 5で割ると3余り、7で割ると5余る3桁の自然数はいくつあるか。

① 25個
② 26個
③ 27個
④ 28個
⑤ 29個

正解へのプロセス

「〜で割ると…余る」という型の「剰余」の問題である。

求めるものは「5で割ると3余り、7で割ると5余る3桁の自然数」である。これを x とおく。 **目標**

余りの特徴に着目すると「余りが異なるとき」だが、割る数と余りの差である $5-3=7-5=2$ が一致しており、「あと2あれば5でも7で割り切れる」ので、この「2」は「不足分」と解釈できる。したがって、本問は❶「割る数と余りの差（不足分）である2が一致する」タイプの問題である。 **テーマの把握**

2つの余りに関する条件「xを5で割ると3余り」、「xを7で割ると5余る」を1つの式にまとめて、2つの条件を満たす数 x を求めていく。 **解法のポイント**

x は、「あと2あれば5でも7で割り切れる」ので、$x+2＝$（5と7の公倍数）である。2を移項すれば、$x＝$（5と7の公倍数）$-2＝$ ｛（5と7の最小公倍数）の倍数｝$-2＝$（35の倍数）-2 より、

$$\therefore x＝（35の倍数）-2$$

として解いていくとよい。

選択肢を見れば、該当する3桁の自然数はかなり多くあることがわかる。 **選択肢** このようなときは、該当する自然数を具体的に書き出すより、解説のように不等式を使って解いた方が早く求めることができる。

5で割ると3余り、7で割ると5余る自然数をxとし、**目標** 商をそれぞれa、bとすれば、

$$x = 5a + 3 \cdots ①$$
$$x = 7b + 5 \cdots ②$$

と表すことができる。①と②の両辺に割る数と余りの差（不足分）である2を加えると、**解法のポイント**

$$x + 2 = 5a + 3 + 2 = 5(a + 1)$$
$$x + 2 = 7b + 5 + 2 = 7(b + 1)$$

となるので、$x + 2$は5の倍数かつ7の倍数である。

公倍数は最小公倍数の倍数であり、5と7は互いに素であるから、5と7の最小公倍数は$5 \times 7 = 35$である。よって、$x + 2$は35の倍数である。つまり、$x + 2 = (35$の倍数$)$と表せるので、xについての❶、❷は1つの式にまとめることができる。

解法のポイント

$$x = (35の倍数) - 2$$

ここで、$(35$の倍数$) = 35n$と表すと、$x = 35n - 2$と表せる。このとき、xが3桁の自然数になるnを具体的に書き出していくと手間がかかる。そこで、**不等式を利用**すると、3桁の自然数の範囲は100以上999以下であるから、次の③のように表すことができる。このとき、③の各辺に2を加え、35で割ると④となる。

$$100 \leqq 35n - 2 \leqq 999 \cdots ③ \quad \Leftrightarrow \quad \frac{102}{35} \leqq n \leqq \frac{1001}{35} \cdots ④$$

$\dfrac{102}{35} \fallingdotseq 2.9$、$\dfrac{1001}{35} = 28.6$であるから、④の範囲を満たす自然数$n$は3、4、5、…、28の26個ある。

よって、求める3桁の自然数の個数は26個である。

この範囲のnの個数は$28 - 2 = 26$[個]

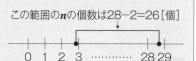

正解 **②**

例題 1-18

5で割ると2余り、9で割ると1余る3桁の自然数はいくつあるか。

① 16個
② 17個
③ 18個
④ 19個
⑤ 20個

正解へのプロセス

① 具体的に書き出して1つの式にまとめる

「〜で割ると…余る」という型の「剰余」の問題である。

求めるものは「5で割ると2余り、9で割ると1余る3桁の自然数」である。これをxとおく。 **目標**

余りの特徴に着目すると「余りが異なるとき」だが、割る数と余りの差（不足分）も$5-2＝3$と$9-1＝8$で一致しないので、本問は❷「割る数と余りの差（不足分）が異なる」タイプの問題である。 **テーマの把握**

解法の流れとしては、2つの余りに関する条件「xを5で割ると2余り」、「xを9で割ると1余る」を1つの式にまとめて、2つの条件を満たす数xを求めていくのだが、余りも一致しなければ、不足分も一致しない。

「〜で割ると…余る」という型の剰余の問題は、**具体的に書き出し、規則性に着目すれば必ず解ける**。そこで、規則性を見つけるために、具体的に書き出してみる。 **解法のポイント**

3桁にこだわらず、1桁や2桁の数から具体的に書いていけば、 **具体化**

5で割ると2余る数；2, 7, 12, 17, 22, 27, 32, **37**, 42, 47, …

9で割ると1余る数；1, 10, 19, 28, **37**, 46, 55, 64, 73, **82**, …

であり、両方の条件を満たすものは、**37**、**82**、…であることがわかる。

「5で割ると2余る数」の列は5ずつ増え、「9で割ると1余る数」の列は9ずつ増えるので、両方の条件を満たすものは「5の倍数かつ9の倍数」ずつ増える。（5の倍数かつ9の倍数）＝（5と9の公倍数）＝{（5と9の最小公倍数）の倍数}＝（45の倍数）であるから、**両方の条件を満たすものは45ずつ増える**。実際$82-37$の差は45である。したがって、両方の条件を満たすものは、37、82、127、172、217、

262、…である[12]。

これを、1つの式にまとめれば、$x = 37 +$(45の倍数)と表せる。 解法のポイント

② 適切な数を加えて1つの式にまとめる

上とは別の方法を紹介する。

5で割ると2余り、9で割ると1余る自然数をxとし、商をそれぞれa、bとすれば、

$$x = 5a + 2 = (5の倍数) + 2 \cdots ①$$
$$x = 9b + 1 = (9の倍数) + 1 \cdots ②$$

と表すことができる。

①、②の両辺に1、2、3、4、5、6、7、8、…と足していく。例えば、両辺に3を足せば、①は、

$$x + 3 = (5の倍数) + 2 + 3 = (5の倍数) + 5 = (5の倍数)$$

であり、$x + 3$は5で割り切れる(5の倍数になる)が、②は、

$$x + 3 = (9の倍数) + 1 + 3 = (9の倍数) + 4$$

であり、$x + 3$は9で割り切れない(9の倍数でない)。

そこで、①、②の両辺に8を加えると、次のようになる。

$$x + 8 = (5の倍数) + 2 + 8 = (5の倍数) + 10 = (5の倍数)$$
$$x + 8 = (9の倍数) + 1 + 8 = (9の倍数) + 9 = (9の倍数)$$

$x + 8$は(5の倍数かつ9の倍数)であるので、$x + 8$は(45の倍数)である。よって、2つの条件(性質)「5で割ると2余る」と「9で割ると1余る」を1つの式にまとめて、2つの条件を満たす数xを求めると、次のようになる。 解法のポイント

$$x + 8 = (45の倍数) \quad \Leftrightarrow \quad x = (45の倍数) - 8$$

※ ①と②で得られた式は一見すると異なる式に見えるが、$x = 37 +$(45の倍数)$=$(45の倍数)$- 8$である。

解説

5で割ると2余り、9で割ると1余る自然数をxとし、 目標 商をそれぞれa、bとすれば、

$$x = 5a + 2 \cdots ①$$
$$x = 9b + 1 \cdots ②$$

---

12 これは、初項37、公差が45の等差数列である。

と表すことができる。①、②の両辺に1、2、3、4、…と足していく。8を加えると、

$$x+8=5a+2+8=5a+10=5(a+2)\ \cdots①'$$
$$x+8=9b+1+8=9b+9=9(b+1)\ \cdots②'$$

である。①'、②'より、$x+8$は5の倍数かつ9の倍数であるので、$x+8$は45の倍数である。よって、①'と②'を1つの式にまとめて、2つの条件を満たす数xを求めると、次のようになる。 **解法のポイント**

$$x=（45の倍数）－8$$

ここで、（45の倍数）$=45n$と表すと、$x=45n-8$と表せる。このとき、3桁の自然数になるnの個数を具体的に書き出していくと手間がかかる。そこで、**不等式を利用する**と、3桁の自然数の範囲は100以上999以下であるから、次の③のように表すことができる。このとき、③の各辺に8を加え、45で割ると④となる。

$$100\leqq45n-8\leqq999\cdots③\quad\Leftrightarrow\quad\frac{108}{45}\leqq n\leqq\frac{1007}{45}\ \cdots④$$

$\dfrac{108}{45}=\dfrac{12}{5}=2.4$、$\dfrac{1007}{45}≒22.4$であるから、④の範囲を満たす自然数$n$は3、4、5、…、22の20個ある。

よって、求める3桁の自然数の個数は20個である。

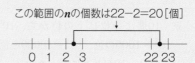

この範囲のnの個数は22−2＝20［個］

正解

❸ 位取り記数法と N 進法

1 位取り記数法

　数を表すのに、例えば1000が3個、100が2個、10が5個、1が7個ということを、私たちは何気なく「3257」と書いている。同時に、「3257」は$1000 \times 3 + 100 \times 2 + 10 \times 5 + 1 \times 7$という数であることも認識している。このように、**数の置かれた位置（位取り）で数を表現する方法を「位取り記数法」という**[13]。

① 10進法

　「10進法」とは、0、1、…、9の10種類の数字を用いて、数を位取り記数法で表す方法である。

例21

$$35201 = 10000 \times 3 + 1000 \times 5 + 100 \times 2 + 10 \times 0 + 1 \times 1$$
$$= 10^4 \times 3 + 10^3 \times 5 + 10^2 \times 2 + 10^1 \times 0 + 10^0 \times 1$$

　※　10進法の位は下の位から、$10^0 = 1$の位、$10^1 = 10$の位、$10^2 = 100$の位、$10^3 = 1000$の位、$10^4 = 10000$の位、…のように、「10の累乗の位」の形になっており、10が基準になったのは、我々人類がものの個数を数えるときに10本の指を使っていたためである。しかし、数を数える基準は10である必要はない。そこで、基準をNに変えた「N進法」も考えることができる。

② N 進法

　「N進法」とは、0、1、…、$(N-1)$までのN種類の数字を用いて、数を位取り記数法で表す方法である。N進法の位は下の位から、$N^0 = 1$の位、N^1の位、N^2の位、N^3の位、N^4の位、…のように、「Nの累乗の位」の形になっており、Nが基準になっている。

　10進法を除き、N進法で表された数は、それがN進法であることがわかるように数字の右下に添え字として(N)を付けて表記するのが一般的である。

$$\begin{array}{ccc} 2 & 3 & 5 \\ \uparrow & \uparrow & \uparrow \\ 10^2 & 10^1 & 10^0 \end{array} \quad \begin{array}{l} \text{添え字のない数字は} \\ \text{原則10進法} \\ \leftarrow \text{位} \end{array} \qquad \begin{array}{ccc} 2 & 3 & 5_{(6)} \\ \uparrow & \uparrow & \uparrow \\ 6^2 & 6^1 & 6^0 \end{array} \quad \begin{array}{l} \leftarrow \text{6進法という意味} \\ \leftarrow \text{位} \end{array}$$

13　「兆」や「京」を超える日常で使用しないような非常に大きな数であっても、数を表現することが可能である。

2 表記の変換

① N 進法表記の数の10進法表記への変換

例22
2進法で表された数10111を10進法で表す。

10111は2進法表記であるから(以下では10111$_{(2)}$と表す)、位取り記数法に従うと、左から右へ順に2^4の位、2^3の位、2^2の位、2^1の位、2^0の位であり、各位に置かれた数字は左から右へ順に1、0、1、1、1である。したがって、10111$_{(2)}$は10進法では次のように表せる。

$$10111_{(2)} = 1 \times 2^4 + 0 \times 2^3 + 1 \times 2^2 + 1 \times 2^1 + 1 \times 2^0 = 23$$

よって、10111$_{(2)} = \underline{23}$である。

※ 2進法で表された数10111$_{(2)}$は、0と1の2種類の数字を用いて表されている。

例23
4進法で表された数2031を10進法で表す。

2031は4進法表記であるから(以下では2031$_{(4)}$と表す)、位取り記数法に従うと、左から右へ順に4^3の位、4^2の位、4^1の位、4^0の位であり、各位に置かれた数字は左から右へ順に2、0、3、1である。したがって、2031$_{(4)}$は10進法では次のように表せる。

$$2031_{(4)} = 2 \times 4^3 + 0 \times 4^2 + 3 \times 4^1 + 1 \times 4^0 = 141$$

よって、2031$_{(4)} = \underline{141}$である。

※ 4進法で表された数2031$_{(4)}$は、0、1、2、3の4種類の数字を用いて表されている。

② 10進法表記の数の N 進法表記への変換

はしご算（すだれ算）を用いて、10進法表記の数字をNより小さくなるまでNで割り続ける。

例24 10進法で表された数58を5進法で表すといくらか。

下図のように、はしご算で10進法表記の58を5より小さくなるまで5で割り続ける。このとき、右端に「…（余り）」を書き並べ、**最後の商と並べた余りを矢印に沿って下から読む**と、それが5進法表記になっている。

なお、右下図のように商が0になるまで割り続ければ、最後の商0は位取り記数法の最高位には置けないことから、**並べた余りだけを矢印に沿って下から読んでも**よい。

よって、$58 = \underline{213}_{(5)}$である。

```
 5 ) 58              5 ) 58
 5 ) 11  …3 ↑        5 ) 11  …3 ↑
      2  …1           5 )  2  …1
                            0  …2
```

例題 1-19

4進法で表された133と5進法で表された213の積を、6進法で表した数として、正しいのはどれか。

① 12114
② 12124
③ 12134
④ 12144
⑤ 12154

正解へのプロセス

N進法で表記された数は使い慣れていない数字である。そこで、まずは、使い慣れた10進法に変換するとよい。 **解法のポイント**

10進法で処理したのち、最後にはしご算を用いて、再びN進法表記に変換する。

解説

目標を式で表せば、$133_{(4)} \times 213_{(5)} = \boxed{}_{(6)}$ となり、$\boxed{}$ に入る数字を考えればよい。 **目標**

$133_{(4)}$ と $213_{(5)}$ をそれぞれ10進法表記に変換すると、次のようになる。

解法のポイント

$$133_{(4)} = 1 \times 4^2 + 3 \times 4^1 + 3 \times 4^0 = 31$$
$$213_{(5)} = 2 \times 5^2 + 1 \times 5^1 + 3 \times 5^0 = 58$$

$133_{(4)} \times 213_{(5)} = 31 \times 58 = 1798$ であり、1798を下図のように、はしご算を用いて6進法表記に変換すると、$1798 = 12154_{(6)}$ である。 **解法のポイント**

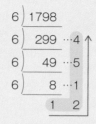

正解 **⑤**

問題1 a、bが正の整数であり、$a+b=4$を満たすとき、整数$2^2 \times 3^a \times 4^b$の正の約数の個数のうち、最小となる個数はどれか。

特別区Ⅰ類2020

1 17個

2 18個

3 19個

4 20個

5 21個

解説

「約数の個数」の問題である。 テーマの把握

4は素数でないので、整数$2^2 \times 3^a \times 4^b$はこの段階では素因数分解されていないことに注意したい。

$4 = 2^2$より、指数法則を用いて計算すれば、$4^b = (2^2)^b = 2^{2b}$となる。 公式

よって、この整数は$2^2 \times 3^a \times 4^b = 2^2 \times 3^a \times 2^{2b} = 2^{2b+2} \times 3^a$に素因数分解される。したがって、この整数の約数の個数は「(指数＋1)の積」より、$(2b+2+1) \times (a+1)$である。 解法のポイント 公式

条件$a+b=4$より、aを消去して、変数を減らす(1文字消去する)。$a=4-b$より、

$$(2b+2+1) \times (a+1) = (2b+3)(5-b)$$

となる。a、bが正の整数であり、$a+b=4$を満たすので、bの取り得る値は1、2、3に絞り込める。 解法のポイント

よって、それぞれの場合において、下のように表に整理してから、約数の個数を求める。 表 場合分け

b	$(2b+3)$	$(5-b)$	約数の個数
1	5	4	20
2	7	3	21
3	9	2	18

表より、約数の個数が最小となるのは、$b=3$のときであり、約数の個数は18個である。

瞬時に点灯する7種類のランプがあり、それぞれ3秒、4秒、5秒、6秒、7秒、8秒、9秒に1回の周期で点灯する。今、午後6時ちょうどに全部のランプを同時に点灯させたとき、同日の午後11時45分ちょうどに点灯するランプは何種類か。

特別区Ⅰ類2017

---

1 3種類

2 4種類

3 5種類

4 6種類

5 7種類

解説

例えば、3秒周期で点灯するランプは3秒後、6秒後、9秒後、12秒後、15秒後、…に点灯する。これは（3の倍数）［秒後］である。このように読み取れれば、本問は「倍数」の問題である。 **テーマの把握**

具体的に考えていく。 **具体化**

7種類のランプの点灯状況の一部を表に書いて整理すると、次のようになる。 **表**

	3秒後	4秒後	5秒後	6秒後	7秒後	8秒後	9秒後	10秒後
3秒に1回点灯	○			○			○	
4秒に1回点灯		○				○		
5秒に1回点灯			○					○
6秒に1回点灯				○				
7秒に1回点灯					○			
8秒に1回点灯						○		
9秒に1回点灯							○	

冒頭に述べたように、3秒に1回の周期で点灯するということは、3秒ごとに点灯、つまり、**3の倍数秒ごとに点灯する**ということである。よって、n秒に1回点灯するランプは、nの倍数秒経過したときに点灯していることになる。

午後6時ちょうどから同日の午後11時45分までの経過時間は、5時間45分であり、これを秒数にすると、$5 \times 60 \times 60 + 45 \times 60 = 20700$［秒］である。

よって、「午後11時45分ちょうどに点灯するランプは何種類か」という問いに答えるには、「20700が何の倍数か」を調べ、その種類数を数えればよいことになる。つまり、「**20700秒が各周期で割り切れるか**」を1桁の数の倍数の判定法などを使いながら検討していく。 **目標** **解法のポイント**

・3の倍数；各位の数字の和は$2+0+7+0+0=9$より、3の倍数であるので、**20700は3の倍数**である。
・4の倍数；20700の下2桁は00であるから、**20700は4の倍数**である。
・5の倍数；20700の一の位は0であるから、**20700は5の倍数**である。
・6の倍数；20700は偶数であり、かつ、3の倍数であるから、**20700は6の倍数**である。
・7の倍数；実際に20700を7で割っても割り切れないので、20700は7の倍数ではない。
・8の倍数；20700の下3桁は700であり、700は8で割り切れないので8の倍数

ではない。よって、20700は8の倍数ではない。

・9の倍数；各位の数字の和は2＋0＋7＋0＋0＝9より、9の倍数であるので、**20700は9の倍数**である。

したがって、20700秒経過時には、3秒、4秒、5秒、6秒、9秒に1回の周期で点灯する5種類のランプが点灯する。

　1000より小さい正の整数のうち、4で割ると3余り、かつ5で割ると4余る数の個数として、正しいのはどれか。

東京都Ⅰ類2015

1　50個

2　51個

3　52個

4　53個

5　54個

解説

　「4で割ると3余り」かつ「5で割ると4余る」ので、余りは3と4で異なるが、不足分が4−3＝1、5−4＝1で一致する。したがって、本問は、「余りが異なり、『割る数と余りの差（不足分）が1で一致する』」タイプ（P.140の②-❶）の「剰余」の問題である。**テーマの把握**

　4で割ると3余り、5で割ると4余る自然数をxとし、**目標** 商をそれぞれa、bとすれば、

$$x = 4a + 3 \cdots ①$$
$$x = 5b + 4 \cdots ②$$

と表すことができる。①と②の両辺に割る数と余りの差（不足分）である1を加えると、**解法のポイント**

$$x + 1 = 4a + 3 + 1 = 4(a + 1)$$
$$x + 1 = 5b + 4 + 1 = 5(b + 1)$$

となり、$x + 1$は4の倍数かつ5の倍数である。

　公倍数は最小公倍数の倍数であり、4と5は互いに素であるから、4と5の最小公倍数は$4 \times 5 = 20$であるから、$x + 1$は20の倍数である。つまり、$x + 1 = （20$の倍数$）$と表せるので、xについて1つの式にまとめることができる。

解法のポイント

$$x = （20の倍数）- 1$$

　ここで、$（20$の倍数$）= 20n$と表すと、$x = 20n - 1$と表せる。このとき、xは「1000より小さい正の整数」という条件より、次の不等式が成り立つ。

$$0 < 20n - 1 < 1000 \cdots ③$$

　③の各辺に1を加え、20で割ると、④となる。

$$\frac{1}{20} < n < \frac{1001}{20} \cdots ④$$

$\frac{1}{20} = 0.05$、$\frac{1001}{20} = 50.05$より、④を満たす自然数nは1、2、3、…50の50個ある。よって、求めるxの個数は50個である。

　2進法では10101と表す10進法の数をXとし、3進法では201と表す10進法の数をYとするとき、X＋Yの値を6進法で表した数として、正しいのはどれか。

東京都Ⅰ類2009

1　　100

2　　101

3　　102

4　　103

5　　104

解説

「N進法」の問題である。 **テーマの把握**

$10101_{(2)}$ と $201_{(3)}$ をそれぞれ10進法表記に変換すると、次のようになる。

解法のポイント

$$10101_{(2)} = 1 \times 2^4 + 0 \times 2^3 + 1 \times 2^2 + 0 \times 2^1 + 1 \times 2^0 = 21$$
$$201_{(3)} = 2 \times 3^2 + 0 \times 3^1 + 1 \times 3^0 = 19$$

$X = 21$、$Y = 19$より、$X + Y = 40$であり、40をはしご算を用いて6進法表記に変換すれば $104_{(6)}$ である（下図）。 **解法のポイント**

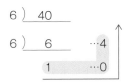

6 様々な整数の問題

この節では、前節の整数の性質を応用した、公務員試験で取り上げられる定番のテーマを中心に学んでいきます。

❶ 数列と規則性

1 数 列

　一列に並んだ数の列を「**数列**」といい、並んだ数を「**項**」という。第1項を「**初項**」といい、第 n 項を「**一般項**」という。例えば、第5項目は一般項の n に5を代入すれば求められる。また、数列が有限個の項からなるとき、最後の項を「**末項**」という。公務員試験でよく出題される数列を以下に示す。

① 等差数列

　隣り合う項の差 (公差) が一定の数列を「**等差数列**」という。

> **例1**
>
> ❶　自然数の列；1, 2, 3, 4, …, n, …
> は初項1、公差1の等差数列である。
>
> ※1　n は自然数の列の一般項である。
>
> ❷　5の倍数の列；(0,) 5, 10, 15, 20, 25, 30, …
> は公差5の等差数列である。
>
> ※2　m の倍数の列は公差 m の等差数列である。
>
> ❸　2で割ると1余る数 (奇数の列)；1, 3, 5, 7, …, $2n-1$, …
> は初項1、公差2の等差数列である。
>
> ※3　$2n-1$ は2で割ると1余る数 (奇数の列) の一般項である。

❹　5で割ると2余る数；2，7，12，17，22，27，32，37，42，47，52，…
は初項2、公差5の等差数列である。

※4　「aで割ってb余る数」は、初項b、公差aの等差数列になる。

② 等比数列

隣り合う項の比（公比）が一定の数列を「等比数列」という[1]。

例2
❶　1から倍々で増える数列；1，2，4，8，…，2^{n-1}，…
は初項1、公比2の等比数列である。

※1　2^{n-1}は1から倍々で増える数列の一般項である。

❷　＋1と－1が交互に並ぶ数列；1，－1，1，－1，…，$(-1)^{n-1}$，…
は初項1、公比－1の等比数列である。

※2　$(-1)^{n-1}$は＋1と－1が交互に並ぶ数列の一般項である。

③ 階差数列

隣り合う項の差（階差）からなる数列を元の数列の「階差数列」という。元の数列より階差数列の方が規則性を見つけやすいときに、階差を計算する。

例3
❶　1, 2, 4, 7, 11, …
　　　1, 2, 3, 4, …
の階差数列は、初項1、公差1の等差数列（自然数列）である。

❷　2, 5, 14, 41, 122, …
　　　3, 9, 27, 81, …
の階差数列は、初項3、公比3の等比数列である。

1　「公；共通の」であり、公差は「共通の差」、公比は「共通の比」という意味である。

④フィボナッチ数列

　第3項目以降が、直前の2つの項の和が次の項となって生成される数列を「フィボナッチ数列」という。

例4

　　1，1，2，3，5，8，13，…

はフィボナッチ数列である。第1項（初項）、第2項がそれぞれ1のとき、第3項以降は、（第3項）＝（第1項）＋（第2項）＝1＋1＝2、（第4項）＝（第2項）＋（第3項）＝1＋2＝3、（第5項）＝（第3項）＋（第4項）＝2＋3＝5、（第6項）＝（第4項）＋（第5項）＝3＋5＝8、（第7項）＝（第5項）＋（第6項）＝5＋8＝13、…となっている。

2　等差数列の和

等差数列の和の公式

❶　(等差数列の和)＝$\dfrac{\{(初項)＋(末項)\}×(項数)}{2}$　　（項数＝並んでいる項の数）

❷　特に、自然数の和；$1＋2＋3＋\cdots＋n＝\dfrac{(1＋n)×n}{2}$ は使用頻度が高い。

例5

　　1から100までの7の倍数の和を求めよ。

　$100÷7＝14\cdots2$より、**割り算の等式**を用いれば、$100＝7×14＋2$と表せる。**7×14は7の倍数**であり、$7×14＝100－2＝98$となるので、1から100までのうち、最も大きな7の倍数は98である。よって、1から100までの7の倍数は、7、14、21、…、98である。これは、**公差が7の等差数列**であり、**初項は7、末項は98**である。

　末項の98は$98＝7×14$より、14番目の項であるから、1から100までの7の倍数は14項ある。したがって、項数は14である。

　よって、1から100までの7の倍数の和は、等差数列の和の公式より、$\dfrac{(7＋98)×14}{2}$

$＝\underline{735}$である。

---

3 数列の項の求め方

規則性を見つけ出して、書き出しながら求めるのも一手だが、前から遠い項の場合は計算で求められるようにしたい[2]。そこで、等差数列、等比数列、階差数列の一般項は次のように計算する[3]。

例6　初項5、公差4の等差数列である、

　5，9，13，17，…

の第20項はいくらか。

第2項（②）「9」=5（+4）
第3項（③）「13」=5（+4+4）

第2項は4を1回、第3項は4を2回足している。これより、第20項は5に4を19回足せばよいことがわかる。よって、（第20項）＝ $5 + (4 \times 19) = 81$ である。

例7　初項3、公比2の等比数列である、

　3，6，12，24，…

の第12項はいくらか。

<table>
<tr><td>①</td><td>②</td><td>③</td><td>④</td><td>…</td><td>⑪</td><td>⑫</td><td>← 項</td></tr>
<tr><td>3</td><td>6</td><td>12</td><td>24</td><td>…</td><td></td><td>?</td><td></td></tr>
<tr><td>×2</td><td>×2</td><td>×2</td><td></td><td></td><td>×2</td><td></td><td></td></tr>
</table>

第2項（②）「6」=3（×2）
第3項（③）「12」=3（×2×2）

第2項は2を1回、第3項は2を2回掛けている。これより、第12項は3に2を11回掛ければよいことがわかる。よって、（第12項）＝ $3 \times 2^{11} = 6144$ である。

---

2 フィボナッチ数列の一般項は数学的に高度であるから、具体的に書き出すのが無難である。

3 数学では数列の一般項の公式が説明されることも多いが、数的処理では各項を具体的に計算して求められるようになることが重要である。

例8 階差数列である、

1，3，7，13，…

の第20項はいくらか。

階差は「＋2」＝2×1、「＋4」＝2×2、「＋6」＝2×3と表せるので、第4項は「13」＝1＋（2×1）＋（2×2）＋（2×3）＝1＋2×（1＋2＋3）である。

よって、（第20項）＝1＋2×（1＋2＋3＋…＋19）で求めることができる。

括弧の中は自然数の列の和であるから、等差数列の和の公式

$$自然数の和；1＋2＋3＋4＋5＋…＋n＝\frac{(1+n)\times n}{2}$$

を用いれば、$1＋2＋3＋4＋5＋…＋19＝\dfrac{(1+19)\times 19}{2}＝190$である。

$$（第20項）＝1＋2×（1＋2＋3＋…＋19）＝1＋2×190＝\underline{381}$$

である。

※　階差の2、4、6、…、（2×19）が初項2、公差2、末項（2×19）、項数19の等差数列であるから、

$$（第20項）＝1＋\{2＋4＋6＋…＋（2×19）\}＝1＋\frac{(2+2\times 19)\times 19}{2}＝\underline{381}$$

としてもよい。

---

4 その他の数列

ここでは、一見しただけでは判断しにくい規則性をもつ数列を考えていく。このような数列の規則性を見つけるには、**具体的に計算して書き出す**、または**特徴的な数字に着目する**などを行う。

① 周期性（規則性）

すべてを計算するのではなく、数列から**必要な一部を取り出して計算**して、いくつかの数の**周期性（規則性）**を見つける。

例9 7^{102}の一の位の数はいくらか。

「7^nの一の位」の数列を、$n = 1$, 2, 3, 4, …と順にいくつか計算して、具体的に書き出す。

$7^1 = 7$, $7^2 = 49$の一の位の数はすぐ求められるが、7^3の一の位の数は7^2の一の位だけ取り出して計算するとよい。つまり、(7^2の一の位の数) $\times 7 = 9 \times 7 = 63$より$3$である。$7^4$の一の位も、($7^3$の一の位の数) $\times 7 = 3 \times 7 = 21$より$1$である。これを繰り返せば、

　　7, 9, 3, 1, 7, 9, 3, 1, 7, …

と [7, 9, 3, 1] の4つが1セットとなり周期的（規則的）に並ぶ。102番目の項は$102 \div 4 = 25 \cdots 2$であるから、[7, 9, 3, 1] がちょうど25セット出てきた後のすぐ2つ目の項であることがわかる。これは<u>9</u>である。

例10 4^{1000}を12で割ったときの余りはいくらか。

「4^nの12で割った余り」の数列を、$n = 1$, 2, 3, 4, …と順にいくつか計算して、具体的に書き出す。

$4^1 = 4$より、$4 \div 12 = 0 \cdots 4$より、「4^nを12で割った余り」の数列の初項は4である。次に、$4^2 = 16$より、$16 \div 12 = 1 \cdots 4$より、（第2項）$= 4$である。次に、$4^3 = 64$より、$64 \div 12 = 5 \cdots 4$より、（第3項）$= 4$である。

このように、「4^nを12で割った余り」の数列は、

　　4, 4, 4, …

となり、一定値4を取り続けると予想できるので[4]、第1000項である4^{1000}を12で割ったときの余りは<u>4</u>である。

② 行（段）と列状に並んだ数列

今までの数列のように、数が一列に並んでいるだけでなく、上下左右（行と列状）に並ぶ場合もある。この場合、数字が置かれている行（段）や列と数との規則性を見つける。

---

4 第3項目まで調べただけであるから、第1000項の値が4であることは、あくまで予想であり、数学であれば証明をしなければならないが、数的処理ではそこまでする必要はない。

例題 1-20

200までの自然数において、6で割り切れない自然数の和として、正しいのはどれか。

1 16626

2 16662

3 16698

4 16734

5 16770

正解へのプロセス

「6で割り切れない数」を具体的に書き出して、（6で割り切れない数の和）＝1＋2＋3＋4＋5＋7＋8＋9＋10＋11＋…＋199＋200を直接計算で求めようとしても、**項数が多く、規則も見つけにくい**。

一方、（全体）＝（6で割り切れる数（6の倍数））＋（6で割り切れない数）であり、6の倍数；6、12、18、24、30、…は初項6、公差6の等差数列であるから、規則性を捉えやすい。そこで、（6で割り切れない数の和）＝（全体の和）−（6で割り切れる数（6の倍数）の和）で求めると考えたい。 **解法のポイント**

（全体の和）は「1～200の自然数の和」であり、このうち、6の倍数も等差数列であるから、等差数列の和の公式を用いて計算することができる。 **公式**

解説

1から200までの自然数のうち、

（6で割り切れない数の和）＝（全体の和）−（6で割り切れる数（6の倍数）の和）

で求める。 **目標**

まず、（全体の和）＝1＋2＋3＋…＋200は、初項1、末項200、項数200の等差数列であるから、これを等差数列の和の公式で求めればよい。 **公式**

$$（全体の和）＝\frac{(1+200)\times200}{2}=20100$$

次に、1から200までの自然数のうち、6の倍数を並べた数列；6,12,18,24,30,…は、初項が6であり、200÷6＝33…2より33項ある。200＝6×33＋2より、末

> 6＝6×1、12＝6×2、…、
> 198＝6×33より、
> 項数は33となる、と考えてもよい。

項は200 − 2（＝6 × 33）＝198である。

　したがって、（6で割り切れる数の和）＝6 ＋ 12 ＋ 18 ＋ … ＋ 198は、初項6、末項198、項数33の等差数列であり、これを**等差数列の和の公式**で求めればよい。

公式

$$（6で割り切れる数の和）＝\frac{(6 + 198) \times 33}{2} ＝ 3366$$

よって、（6で割り切れない数の和）は、20100 − 3366 ＝ 16734である。

正解 ❹

例題 1-21　6^{794}の十の位の数として、正しいのはどれか。

① 1
② 3
③ 5
④ 7
⑤ 9

正解へのプロセス

6^{794}はもちろん直接計算できない(天文学的数になってしまう)。そこで、6^nの下 2 桁の<u>み</u>を、$n = 1, 2, 3, 4, \cdots$ と順にいくつか計算して、具体的に書き出し、規則性を探っていく。 具体化

$6^1 = 6$、$6^2 = 36$、$6^3 = 216$まではすぐ出せるが、6^4の下 2 桁は(6^3の下 2 桁)$\times 6$ $= 16 \times 6 = 96$である。6^5の下 2 桁は(6^4の下 2 桁)$\times 6 = 96 \times 6 = 576$より76である。$6^6$の下 2 桁は($6^5$の下 2 桁)$\times 6 = 76 \times 6 = 456$より56である。これを繰り返せば、

　　(6^nの下 2 桁);06, 36, 16, 96, 76, 56, 36, 16, $\cdots$

より、十の位は [36, 16, 96, 76, 56] の 5 つが 1 セットとなり、周期的 (規則的) に並ぶ。

したがって、本問は「周期性(規則性)が現れる数列」の問題である。 テーマの把握

5 つ周期になっているが、

　　06, [36, 16, 96, 76, 56], [36, 16, $\cdots$

よりはじめに例外が 1 つあることに気を付ければ、あらかじめ794項からはじめの 1 項を取り除き、$(794 - 1) \div 5 = 158 \cdots 3$であるから、商の「158」は [36, 16, 96, 76, 56] が158セットでき、余りの「3」は「セット内の前から 3 番目」を表していることがわかる。 解法のポイント

解説

（6^nの下2桁）を、$n = 1$, 2, 3, 4, …と順にいくつか計算していくと、

06, [36, 16, 96, 76, 56], [36, 16, …

となり、十の位の数は、次のように[3, 1, 9, 7, 5]を1セットとして周期的に並ぶことがわかる。

$6^1 = 6$には十の位がないので、例外として扱う。6^2から6^{794}までの793個について、下2桁の周期である（1セットに含まれる）5個で割ると、$793 \div 5 = 158 \cdots 3$より、158セットできて3個余ることがわかる。

よって、6^{794}の十の位は、セット内の前から3番目の9である。

正解 **5**

② その他の整数問題

1 虫食い算・覆面算

　足し算、引き算、掛け算、割り算の計算式の中で、□やアルファベットでいくつかの数が隠されている問題である。同じアルファベットには同じ数が入り、異なるアルファベットA、Bには異なる数が入る。虫食い算・覆面算は、次の点に着目しながら解いていくとよい。

① 桁数に着目する

　桁数が異なる数は大小が判定できる(例えば、(4桁の数)＞(2桁の数)など)。

② 繰り上がり・繰り下がり

　繰り上がり、繰り下がりの有無を確認する(有無で場合分けをして考える場合もある)。

　※　2つの数の足し算の繰り上がりは「1」、掛け算の繰り上がりは「1〜8」

③ 両端の位に着目する

　両端の位(最高位、最低位)の計算は判断しやすいケースが多い。また、最高位に0は置けない。

④ 場合分け

　□やアルファベットに入る数が何パターンかに絞り込めたら、場合分けをする。

　※　公式などで解法をパターン化できないので、実際の受験の際は時間をかけすぎないように注意したい。

例11　次の計算式を完成しなさい。ただし、□には0〜9の数が入る。

$$
\begin{array}{r}
1\ \square\ \square \\
\times\qquad 8\ \square \\
\hline
\square\ \square\ \square\ \square \\
\square\ \square\ \square \\
\hline
\square\ \square\ \square\ \square \\
\end{array}
$$

　右のように□に①〜⑥の番号を振り、計算式を上から1段目〜5段目とする。

　桁数に着目すれば、2段目の数が2桁、**最高位には0は入らない**ので、1段目と4段目の数が3桁、3段目と5段目の数が4桁である。3桁＜4桁より、(4段目の数)＜(3段目の数)であり、(4段目の数)＝(1段目の数)×8、(3段目の数)＝(1段目の数)×③であるから、8＜③である。③は1桁の数であるから、8より大きな数は9しかない。したがって、③＝9であり、2段目の数は89である。

　次に、(1段目の百の位の数)＝1と(2段目の十の位の数)＝8がわかっているので、**わかっている数や確定しやすい数から考える**。⑤は1×8＝8または繰り上がりで9が考えられるが、⑤を9にすると、④は0でないので1以上の数が入り、⑥に当てはまる数がなくなってしまう(5段目が5桁になってしまう)。したがって、⑤は8、④は1であり、⑥は9となる。

　全体を俯瞰しながら考える。1段目は3桁の数で百の位が1であり、2段目は89である。①に着目すると①は1である。なぜなら、1段目を109とすると、3段目は109×9＝981となり、4桁にならない。よって、1段目は109より大きい数である。また、1段目を120とすると、4段目は120×8＝960となり、百の位が8にならない。よって、1段目は120より小さい数である。1段目は109より大きく120より小さい数に**絞り込む**ので、①は1に決定する。

　②の数に0、1、2、…、9と代入して調べていけば、②＝2しか条件に合わないことがわかる。よって、この計算は、次のようになる。

$$
\begin{array}{r}
1\ 1\ 2 \\
\times\qquad 8\ 9 \\
\hline
1\ 0\ 0\ 8 \\
8\ 9\ 6 \\
\hline
9\ 9\ 6\ 8 \\
\end{array}
$$

2 魔方陣

① 魔方陣とは

　下図のように、正方形上のマス目に数が書かれており、縦(列)、横(行)、斜め(対角線)の数の和がすべて等しいものを「魔方陣」という。

　公務員試験では4×4のマス目の魔方陣である四方陣が最も多く出題される。

16	3	2	13
5	10	11	8
9	6	7	12
4	15	14	1

6	12	7	9
15	1	14	4
10	8	11	5
3	13	2	16

② 四方陣の特徴

　以下では、1 ～ 16の数が入る魔方陣を考える。

(ア) 数字の和が34になる組合せ

　縦・横・斜めの数の和は34である。

　四方陣のマス目の数の総和は$1 + 2 + \cdots + 16 = \dfrac{(1+16) \times 16}{2} = 136$であり、これはちょうど4行分の和と一致する。$136 \div 4 = 34$より、縦・横・斜めの数の和は34である。

　※　次図の網掛け部分のマス目の数の和も34である。

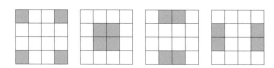

（イ）対称な位置にあるマス目の和

　前掲した左の魔方陣のように、中央の点（対角線の交点）に対して、対称な位置にあるマス目の２つの数の和は17であることが多い。

　公務員試験で出題される四方陣では、この知識を仮定して解くとよい。そして、１組でも２つの数の和が17である組が与えられていれば、必ずこの性質を持つ。

　※　対称な位置にあるマス目の２つの数の和は17とならないものもある（前掲した右の魔方陣）。１組でも２つの数の合計が17となっていなければ、他の対称な位置にあるマス目の数の和も17にならない。

例題 1-22 次のような割り算を行ったとき、アとイに当てはまる数の差として、正しいのはどれか。

ただし、□には 0 ～ 9 の整数が入る。

```
                2 □ 7
       □ ア )□ □ □ 1 3
            □ □
            1 8 1
            □ □ 7
              イ □ 3
              □ □ 3
                  0
```

① 2

② 3

③ 4

④ 5

⑤ 6

正解へのプロセス

「虫食い算・覆面算」の問題である。 **テーマの把握**

わかっている数や、確定しやすい数から考える。 **解法のポイント**

図 1 のように、□に①～③の番号を振る。

まず、① = 11 − 7 = 4 であり、② ≠ 0 であるから、② = 1 である。（商の一の位）の 7 と（割る数の一の位）の ア を掛けると（割られる数の一の位）の 3 になるので、7 × ア = □ 3 になる数アは、7 × 1 = 7、7 × 2 = 14、7 × 3 = 21、7 × 4 = 28、7 × 5 = 35、7 × 6 = 42、7 × 7 = 49、7 × 8 = 56、7 × 9 = 63 より、ア = 9 である。ここまで、わかったことを反映したものが図 2 である。

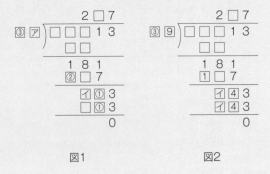

図1　　　　　図2

解説

正解へのプロセス で示したように、わかっている数や、確定しやすい数から考える。

③9×7＝イ43より、③に当てはまる数を1から9まで順に調べていけば、
場合分け ③＝4しかなく、③9×7＝イ43は49×7＝343となり、イ＝3となる
（図3）。

よって、アとイの差は9－3＝6である。

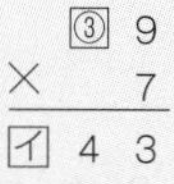

$$
\begin{array}{r}
③\,9 \\
\times \quad 7 \\
\hline
イ\,4\,3 \\
\end{array}
$$
図3

なお、残りの□は次のようにして求めることができる。まずわかっていることを
書き込むと図4のようになる。図4の□に、新たに番号④、⑤を振る。

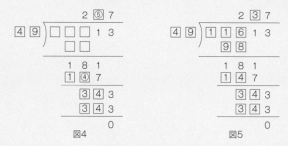

図4   図5

181－1④7＝34より、④＝4である。すると、49×⑤＝147より、⑤＝3となる。これで、割る数49と商237と余り0がわかったので、（割られる数）＝237×49＝11613となる。よって、図5のようになる。

正解 ❺

問題1　次の数列の空欄A〜Dに当てはまる4つの数の和として、正しいのはどれか。ただし、この数列の数は一定の規則で並んでいる。

東京都Ⅰ類2017

1, 1, 2, 3, [　A　], 8, 13, [　B　], [　C　], 55, [　D　], 144, 233, …

1 　114

2 　132

3 　149

4 　167

5 　184

解説

正解 ③

　始めの4項について、1＋1＝2、1＋2＝3が成り立つので、この数列はフィボナッチ数列と予想できる。 **テーマの把握**

　この予想のもとで、A＝2＋3＝5、B＝8＋13＝21、C＝13＋B＝34、D＝C＋55＝89であれば、この数列は確かにフィボナッチ数列の規則性を満たす。 **解法のポイント** **規則性**

　したがって、A＋B＋C＋D＝149となる。

5を13で割った値の小数第100位にあたる数と第105位にあたる数の和として、妥当なものはどれか。

警視庁Ⅰ類2006

1 6

2 7

3 8

4 10

5 12

解説

　実際に割り算をすると、$5 \div 13 = 0.38461538\cdots$であり、**具体化** 小数に周期性（規則性）が現れる[5]。したがって、本問は、「周期性（規則性）が現れる数列」の問題である。**テーマの把握** **規則性**

　上記の計算結果より、小数は上の位から、[3, 8, 4, 6, 1, 5]の6つが1セットとして周期的に並ぶことがわかる。

　100を6で割ると$100 \div 6 = 16\cdots4$であり、小数第100位は上位から数えて16セットと4つ目の位である。したがって、小数第100位は6である。

　また105を6で割ると$105 \div 6 = 17\cdots3$であり、小数第105位は上位から数えて17セットと3つ目の位である。したがって、小数第105位は4である。

　ゆえに、2つの位の数の和は$6 + 4 = 10$である。

5 　整数／整数を有理数といい、有理数は小数に直すと有限小数または循環小数になる。なお、有理数の語源は「理（規則）の有る数」である。

　下図のように、長方形を順次積み重ねて行き、図中の
ように番号を上の長方形から順にふっていった場合、上
から4段目の左から3番目の数字は12である。それでは、
上から32段目の左から23番目の数字はいくつか。

警視庁Ⅰ類2008

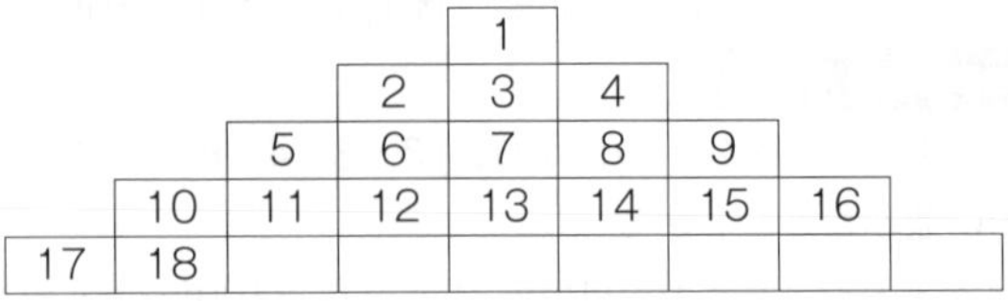

			1			
		2	3	4		
	5	6	7	8	9	
10	11	12	13	14	15	16
17	18					

1 982

2 983

3 984

4 985

5 956

解説

　各段の右端の数字に着目すると、1段目の右端の数字は$1 = 1^2$、2段目の右端の数字は$4 = 2^2$、3段目の右端の数字は$9 = 3^2$、4段目の右端の数字は$16 = 4^2$と平方数になっているので、n段目の右端の数字はn^2である。このように考えれば、段数と右端の数字に共通する規則が見つかる。したがって、本問は「規則性」の問題である。 **テーマの把握** **規則性**

　31段目の右端の数字は$31^2 = 961$であり、32段目の左端から1番目の数字は1増えた962であるので、32段目の左端から23番目の数字は23増えた$961 + 23 =$ 984である。

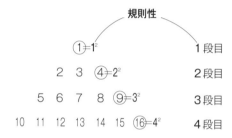

問題4　次の図のように、1～16までのそれぞれ異なる整数をマス目に入れて、縦、横、対角線の数の和がいずれも等しくなるように配置したとき、AとBのマス目の数の積はどれか。

特別区Ⅰ類2015

1	8	A	
			3
	11	7	
4	B	9	

① 10

② 20

③ 30

④ 60

⑤ 90

解説

「魔方陣」の問題である。 **テーマの把握**

すでに中央の点を基準にして対称の位置に8と9のマスが埋まっており、8＋9＝17であるから、対称の2マスの和が17である性質が使える問題だと判断できる。

解法のポイント

そこで、他に数値がわかる部分を埋めていくと下のようになる。1～16を入れる4×4の魔方陣の場合、縦・横・斜めの和は34であるから、**解法のポイント** ここからAとBの数値を求める。一番上の行より1＋8＋A＋13＝34であるので、A＝34－13－8－1＝12である。一番下の行より4＋B＋9＋16＝34であるので、B＝34－16－9－4＝5である。

よって、AとBの積は12×5＝60である。

1	8	A	13
	10	6	3
14	11	7	
4	B	9	16

7 場合の数

公務員試験における「場合の数」の出題頻度は，次節の「確率」より低いですが、確率の土台の分野であるだけでなく、「ものを効率的に数える方法」を学ぶ意味でも重要な分野です。原理的には、起こる場合をすべて具体的に書き出せば、場合の数は必ず求められますが、場合の数が膨大であると、書き出すのに時間がかかってしまい、現実的ではありません。そこで、この節では「ものを効率的に数える方法」を学びます。

なお、場合の数には公式が多く登場しますが、単純な暗記だけでは使いこなせません。公式の意味や使い方を、具体例を通して、しっかりと理解しましょう。

1 数え上げ

1 数え上げ方の基本

場合の数の解法を大別すると、「数え上げ」と「公式を用いる方法」がある。ここでは、数え上げ方の基本をまとめておく。

① 具体化する、順序を付ける

例えば、次のように書き出す。

なお、順序付けて書き出すことを「辞書式に書き出す」という。

例1 5人から2人選ぶとき、選び方は全部で何通りあるか。

5人にそれぞれ、A、B、C、D、Eと名前を付けて具体化するとよい。

❶ Aを選ぶとき、AB、AC、AD、AEの4通りある。
❷ 上記以外で、Bを含むとき、BC、BD、BEの3通りある。
❸ 上記以外で、Cを含むとき、CD、CEの2通りある。
❹ 上記以外で、Dを含むとき、DEの1通りある。

合わせて、$4+3+2+1=10$ [通り]ある。

このように、具体化、順序付けすることで、数え漏れが防げる。

---

② 規則性を見つける

上記の 例1 の波線のように、具体的に順序を付けて数え上げていくと、規則性が見つかる場合がある。例1 では、❶、❷と調べていけば、❸、❹はそれぞれ2通り、1通りと気づくこともでき、**数え上げや計算を省略できる**。

③ 1対1対応させて（紐づけて）数え上げる

上記の 例1 のように、「5人の人から2人選ぶ」ことは、「アルファベットのA〜Eの5文字から2文字を選ぶ」ことと同じである。このように、実際に人を選ばなくても、1対1に対応したアルファベットを選ぶだけで、求めたい場合の数を数え上げることができる。

④ 選択肢を見る

公務員試験ならではの方法であるが、選択肢を見て、場合の数が40通り程度で収まるのであれば、すべて書き出すのも一手である。後ほど紹介する公式を用いる方法が使えない（思いつかない）ときなどに有効である。

2 場合の数の計算の基本

場合の数を計算で求める方法は、原理的には「和の法則」と「積の法則」の2つである。後述する公式もすべて、和の法則と積の法則で説明できる。

① 和の法則

和の法則

2つの事柄A、Bがあって、これらが同時には起こらないとき、Aの起こり方がa［通り］、Bの起こり方がb［通り］あれば、AまたはBの起こる場合は、$a+b$［通り］である。

※　AとBが同時に起こる場合は、重複して数え上げてしまった「**重複分**」を引く必要がある。このとき、AまたはBの起こる場合は、$a+b-$（重複分）［通り］である。

次図のように、和の法則は、ベン図（輪で集合を表した図）をイメージするとわかりやすい。

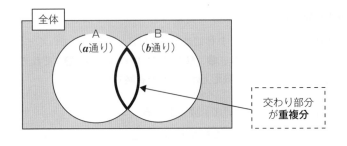

全体

A
(*a*通り)

B
(*b*通り)

交わり部分
が**重複分**

例2　　1から20までの自然数の中に、2の倍数と3の倍数は合わせて何個ある
か。

　具体的に数え上げることで、和の法則を理解してもらいたい。

❶　2の倍数は小さい順に2、4、**6**、8、10、**12**、14、16、**18**、20の10個あ
る。

❷　3の倍数は小さい順に3、**6**、9、**12**、15、**18**の6個ある。

　❶、❷の中で、重複して数え上げた分として、太字の❸ **6**、**12**、**18**の3個あり、
これらは2と3の公倍数である**6の倍数**である。このことに気を付けながら、1か
ら20までの自然数の中から、2の倍数と3の倍数を書き出してみれば、2、3、
4、**6**、8、9、10、**12**、14、15、16、**18**、20の13個ある。これは、❶＋❷－
❸であり、**計算で求めると**、$10 + 6 - 3 = \underline{13}$ ［個］である。

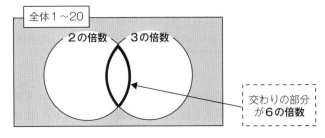

全体1〜20

2の倍数　　3の倍数

交わりの部分
が**6の倍数**

② 積の法則

積の法則

　2つの事柄A、Bがあって、Aの起こり方がa［通り］あり、その各々に対して、Bの起こり方がb［通り］あるとすれば、Aが起こりさらにBが起こる場合は、$a \times b$［通り］ある。

　次図のように、**積の法則は、樹形図をイメージする**とわかりやすい。

例3　Tシャツが赤、白、黄の3枚とズボンが黒と青の2本ある。着こなし方は全部で何通りあるか。

　Tシャツよりズボンの方が少ないので、ズボンで場合分けをして考える。

　ズボンは、黒を選ぶとき、Tシャツの選び方は赤、白、黄の3通り、青を選ぶときも、Tシャツの選び方は赤、白、黄の3通りあり、$3+3=3\times2=6$［通り］の着こなし方がある。これは、ズボン2通りの各々に対して、Tシャツの選び方が3通りずつあるので、$2\times3=6$［通り］としてよいことがわかる。

例題 1-23　1と書かれたカードが1枚、2と書かれたカードが2枚、3と書かれたカードが3枚、計6枚ある。これらのカードの中から3枚取り出して並べ、3桁の自然数をつくると、全部で何通りできるか。

① 15通り

② 17通り

③ 19通り

④ 21通り

⑤ 23通り

正解へのプロセス

① 辞書式（小さい順）に書き出す

アルファベットであれば辞書式に書き出せばよいが、本問のカードには数字が書かれているので、小さい順に書き出す。 具体化

122、123、132、133、212、213、221、223、231、232、233、312、313、321、322、323、331、332、333の19通りである。

② 樹形図を描く

下図のように、樹形図を描いて数える。 作図

このとき、場合の数は末枝（一の位の枝）の総数を数えるとよい。

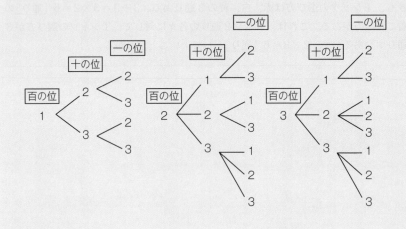

※　なお、本問の場合、末枝の本数に規則性がないため、積の法則は使えない。

解説

正解へのプロセス のように、カードの枚数に注意しながら、具体的に数え漏れがないように書き出せば、19通りある。

正解 **3**

❷ 場合の数の基本公式

1 順列と組合せの違い

　一般的には、数え上げるときに、順序を考慮しなければならない人やものの集まりを「順列」といい、順序を考慮しなくてよい（順序不問の）人やものの集まりを「組合せ」という。

　例えば、位取り記数法で表された数「123」と順序を入れ替えた数「231」は異なる数であり、「いか」と文字の順序を入れ替えた「かい」は異なる意味の言葉(単語)である。このように、私たちが普段使っている**数字や文字は順列**である。

　一方、例えば「3人の日直を選ぶ」ときは、日直の3人として(A，B，C)を選んだ場合と(C，B，A)の3人を選んだ場合は同じ組合せである。このように、日直の3人には、順番が考慮されないので組合せと考えてよい。このように、数え上げることを目的とする場合の数の観点で見れば、世の中の集まりは順列と組合せの2つに分類される。

　以下では、基本的な順列と組合せについて説明し、それぞれの場合の数の公式やその使い方を、具体例を通して見ていきたい。

2 順　列

① 順列の公式

> **順列の公式**
>
> 　異なるn［個］のものから、重複を許さずr［個］を選び出して一列に並べるとき、この順列の総数を$_n\mathrm{P}_r$で表し[1]、この総数について、次式が成り立つ。
> $$_n\mathrm{P}_r = n \times (n-1) \times (n-2) \times \cdots \times \{n-(r-1)\}\,［通り］$$

例4　A、B、C、D、Eの5人から3人を選び出して一列に並べるとき、3人の並べ方は全部で何通りあるか。

1　この記号$_n\mathrm{P}_r$は「順列」の英語表記「permutation」の頭文字に由来する。

　3人の位置［左，中，右］に対し、左にはA〜Eの5通りを配置でき、この各々に対し中には左の人以外の4通り配置できる。さらに、この各々に対し右には左、中の人以外の3通り配置できる（下図）。**積の法則**より、並べ方は全部で5×4×3＝60［通り］できる。

左　　　　　　　中　　　　　　　右

A〜Eの5通り　　左以外の4通り　　左、中以外の3通り

　確認のためにこれを公式で解いてみる。順列の公式に**n＝5、r＝3**を代入すれば、${}_5P_3＝5×(5-1)×(5-2)＝5×4×3＝60$ ［通り］と求めることができる。

※1　このように、順列の公式の成り立ちの背景には、積の法則（樹形図）がある。
※2　人は区別がつくので「異なるもの」として考える。

例5　　5人の中から、委員長、副委員長、書記の3役を選出するとき、3役の選び方は全部で何通りあるか。ただし、1人で2つ以上の役職の兼任はできないものとする。

　5人をA〜Eとする。（委員長，副委員長，書記）＝（A，B，C）と（委員長，副委員長，書記）＝（C，D，E）は選ばれた3人が異なる時点で「異なる選び方」であるが、（委員長，副委員長，書記）＝（A，B，C）と（委員長，副委員長，書記）＝（B，A，C）も異なる選び方になる。つまり、選んだ3人が「誰か？」だけでなく、「どの役職に就くか？」も区別した上で異なる選び方として数えなければならない。
　そこで、例4の［左，中，右］のように、［委員長，副委員長，書記］を一列に並べ、役職のそれぞれに人を配置する。委員長には5通りの人を配置でき、この各々に対し副委員長には委員長に配置した人以外の4通りの人を配置できる。さらに、この各々に対し書記には委員長、副委員長に配置した人以外の3通りの人を配置できる。**積の法則**より、配置の仕方（選び方）は全部で5×4×3＝60［通り］である。
　これを公式で解くと、3役の選び方は、「（異なる）5人から**重複を許さず**3人を選び出して役職に**配置する**」ので、順列の公式で**n＝5、r＝3**として、この順列の総数は${}_5P_3$で表される。よって、${}_5P_3＝5×4×3＝60$ ［通り］と求めることができる。

② 階　乗

次の記号は、場合の数や確率で用いる記号である。定義を覚えておきたい。

階乗の定義

「nの階乗」$n!$を次式で定める。

$$n! = n \times (n-1) \times (n-2) \times \cdots \times 2 \times 1$$

※　なお、${}_n\mathrm{P}_n = n \times (n-1) \times (n-2) \times \cdots \times 2 \times 1$ より、$n! = {}_n\mathrm{P}_n$ であり、${}_n\mathrm{P}_n$ が「異なるn［個］のものからn［個］選び出して並べた順列の総数」であるから、$n!$ は「異なるn個のものを全て並べた順列の総数」と解釈できる。

3 > 重複順列

重複順列の公式

異なるn［種類］のものから、重複を許してr［個］を選び出し、一列に並べた順列を「重複順列」といい、この総数について、次式が成り立つ。

$$n^r = \underbrace{n \times n \times n \times \cdots \times n}_{r\text{個}} \,[\text{通り}]$$

※　異なるn［種類］のものから、重複を許してr［個］選び出し、一列に並べた順列の総数を${}_n\Pi_r$と書き表すこともある。したがって、${}_n\Pi_r = n^r$ ［通り］である。

例6

A、B、C、D、Eの5種類の文字から、重複を許して3つを選び出し、3文字の文字列を作るとき、全部でいくつの文字列ができるか。

文字列は順序を考慮するので順列であるが、人間と異なり重複が許されることに注意する。並べ方は[左, 中, 右]に対し、左にはA〜Eの5通り配置でき、この各々に対し中にはA〜Eの5通り配置でき、さらにこの各々に対し右にもA〜Eの5通り配置できる（下図）。つまり、重複を許しているので、例4の順列のときのように1つずつ減らす必要はない。積の法則より、3文字の文字列の並べ方は5×5×5＝125 ［通り］できる。

A〜Eの5通り　　A〜Eの5通り　　A〜Eの5通り

　確認のために、これを公式で解いてみる。重複順列の公式に$n=5$、$r=3$を代入すれば、この順列の総数は$_5\Pi_3=5^3=5\times5\times5=\underline{125\ [通り]}$と求めることができる。

> ※　人は重複が許されないが、ものを並べるときは重複が許されるか許されないかを、問題文をよく読んで判断しなければならない。

---

4 同じものを含む順列

同じものを含む順列の公式

　n［個］のもののうち、p［個］、q［個］、r［個］、…はそれぞれ同じもの（区別がつかないもの）であるとき、これらを一列に並べた順列を「同じものを含む順列」といい、この総数について、次式が成り立つ。

$$\frac{n!}{p!q!r!\cdots}\ [通り]$$

ただし、$p+q+r+\cdots=n$である。

例7　　Aを2個、Bを3個使い、5文字を並べて文字列を作る。全部でいくつの文字列ができるか。

　具体的に並べた文字列を書き出してみれば、［AABBB］、［ABABB］、［ABBAB］、［ABBBA］、［BAABB］、［BABAB］、［BABBA］、［BBAAB］、［BBABA］、［BBBAA］の$\underline{10通り}$ある。
　これは、次のように数えることができる。
　いったんAをA_1、A_2、BをB_1、B_2、B_3と5文字全てを区別できたとして並べると、異なる5個のものの並べ方は$5!=120$［通り］である。しかし実際は、並べ方として［A_1、A_2］と［A_2、A_1］の$2!=2\times1=2$［通り］は同一の並べ方であり、［B_1、B_2、

$[B_3]$、$[B_1$、B_3、$B_2]$、$[B_2$、B_1、$B_3]$、$[B_2$、B_3、$B_1]$、$[B_3$、B_1、$B_2]$、$[B_3$、B_2、$B_1]$ の$3! = 3 \times 2 \times 1 = 6$ [通り]は同一の並べ方である。

　例えば、並び方$[AABBB]$について考えてみる。2つのA、3つのBを区別すれば、$[A_1A_2B_1B_2B_3]$、$[A_2A_1B_1B_2B_3]$、$[A_1A_2B_1B_3B_2]$、$[A_2A_1B_1B_3B_2]$、$[A_1A_2B_2B_1B_3]$、$[A_2A_1B_2B_1B_3]$、$[A_1A_2B_2B_3B_1]$、$[A_2A_1B_2B_3B_1]$、$[A_1A_2B_3B_1B_2]$、$[A_2A_1B_3B_1B_2]$、$[A_1A_2B_3B_2B_1]$、$[A_2A_1B_3B_2B_1]$の並べ方は区別され、$2! \times 3! = 2 \times 6 = 12$ [通り]となるが、実際は2つのA、3つのBを区別しないため、これらの並べ方は同一である[2]。

　このように、いったんAをA_1、A_2、BをB_1、B_2、B_3と5文字全てを区別できたとして並べた順列は$5!$ [通り]できるが、実際は2つのA、3つのBを区別しないため、$5!$ [通り]の中には$2! \times 3!$ [通り]ずつの同一の並べ方が含まれている。ゆえに、（求める順列の総数）$= \dfrac{5!}{2!3!} = \underline{10}$ [通り]である。これが同じものを含む順列の公式の成り立ちの背景である。

　確認のために、これを公式で解いてみる。**同じものを含む順列の公式に**$n = 5$、$p = 2$、$q = 3$を代入すれば、$\dfrac{5!}{2!3!} = \underline{10}$ [通り]と求めることができる。

---

5 円順列

異なるn [個]のものを、重複を許さず等間隔に円形に並べる。

　円形に並べた順列のうち、**回転して同じ並びになる配置を同一視して「1通り」と数える順列を円順列という。**円順列の総数の求め方は、後述のように方法1と方法2の2つの方法がある。

　　[方法1]　回転しないように1つを固定して、残り$n - 1$ [個]のものを順に並べていくことで$(n - 1)!$ [通り]と求める。

　　[方法2]　いったんn [個]のものを一列に並べれば$n!$ [通り]の順列ができるが、この両端をつなげて輪を作ると、**n [通り]ずつが同じ並びになる**ので、円順列は$= \dfrac{n!}{n} = (n - 1)!$ [通り]できる[3]。

　いずれの方法でも次のようにまとめることができる。

2　同一の並べ方である$2! \times 3! = 6$ [通り]を「重複度」という。一般に、同一の並べ方が出てくるとき、重複度で割ることで、場合の数が計算できる。

3　このn [通り]も「重複度」である。

円順列の公式

　異なる **n**［個］のものを、重複を許さず等間隔に円形に並べる。このとき、円順列の総数について、次式が成り立つ。

$$(\boldsymbol{n}-1)!\,[通り]$$

　※　円順列の公式が使えるのは、「異なるもの」を並べるときに限る。したがって、同じものを含むときは使えない。

例8　A、B、C、Dの4人が円卓を囲んで等間隔に着席する。このとき、座り方(席順)は順列であるが、図1の4つの順列はそれぞれ90°回転すると重なる(一致する)。この4つを、同じ着席の仕方とみなす場合、この順列は円順列である。この円順列における着席の仕方は全部で何通りあるか考えてみる。

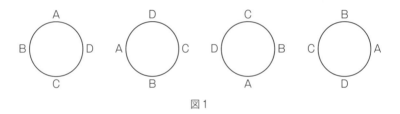

図1

[方法1]　回転しないように1人の席を固定する

　A、B、C、Dは対等であるから、誰を固定してもよい。そこで、アルファベットの先頭の文字であるAを固定する。すると、Aに対して、 右隣り席 、 正面席 、 左隣り席 が定まる(図2)。このとき、Aの 右隣り席 にはB、C、Dの3通りの人が着席でき、この各々に対して 正面席 には 右隣り席 以外の2通りの人が着席でき、さらにこの各々に対して 左隣り席 には 右隣り席 、 正面席 以外の1通りの人が着席できる。

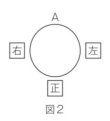

図2

したがって、着席の仕方(円順列)は3×2×1＝6［通り］ある。

なお、具体的に描いてみれば、図3のように6通りでき、どれもが回転して重ならない配置であることを確認してもらいたい。

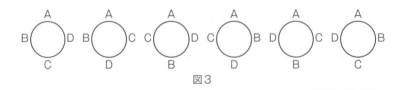

図3

※　Aに対して「右隣り席」とは、Aが円卓を向いて座っていることを前提に、「Aの右手側の席」のことである。同様に、Aに対して「左隣り席」は「Aの左手側の席」のことである。

［方法2］　いったん座席に人を配置して、回転して同じ並び方になる配置は合わせて「1通り」とカウントする

図4のように、座席番号を付ける。①にはA、B、C、Dの4通りの人が着席でき、この各々に対し、②には①に着席した人以外の3通りの人が着席でき、この各々に対し、③には①、②に着席した人以外の2通りの人が着席でき、④には①、②、③に着席した人以外の1通りの人が着席できる。このとき、全部で4×3×2×1＝24［通り］の着席の仕方がある。

しかし、この24通りのうち、図1のような**4通りずつの着席の仕方は「同じ配置」とみなせる**。つまり、円順列としてカウントする際は、上記の24通りの順列のうち4通りずつを同一視して「1通り」とカウントしなければならない。したがって、円順列としての着席の仕方は$\frac{24}{4}＝6$［通り］である。

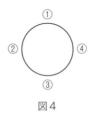

図4

いずれの方法でも、結果は同じである。確認のために、これを公式で解いてみる。**円順列の公式に$n＝4$を代入すれば**、この順列の総数は$(4-1)!＝3!＝3×2×1＝6$［通り］と求めることができる。

※　円形に並べなくても円順列になる場合がある。例えば、正方形のテーブルの周りに4人を着席させる場合は円順列になる（図5）。**回転して同じ並び方になる配置を同一視して「1通り」とカウントするものはすべて円順列である。**

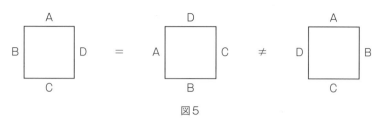

図5

6 ▷ 数珠順列

異なるn個のものを、重複を許さず等間隔に円形に並べる。

円形に並べた順列のうち、「回転して同じ並び方になる配置は同じ並べ方」とするだけでなく、「裏返して重なる配置も同じ並べ方」とする順列を「数珠順列」という。つまり、**数珠順列は表裏の区別のない円順列のことである**[4]。

そこで、$(n-1)!$［通り］の円順列のうち、表裏の区別のない「表裏の2通り」を同一視して「1通り」とカウントするので、数珠順列の総数は次の公式により求めることができる[5]。

数珠順列の公式

異なるn［個］のものを、**重複を許さず**等間隔に円形に並べ、**裏返しを許す**とき、この並べ方の総数について、次式が成り立つ。

$$\frac{(n-1)!}{2}[通り]$$

※　数珠順列の公式が使えるのは、円順列と同様、「異なるもの」を並べるときに限る。同じものを含むとき、この公式は使えない。

4　並び順が時計回りか反時計回りかを区別するのが円順列、区別しないのが数珠順列である。

5　この「2通り」も重複度である。

例9 　赤、青、黄、緑の4色のビーズを1つずつ全色使って、ブレスレットを作る。ブレスレットの色の配置は全部で何通りできるか。

　ブレスレットの色の配置では、回転して重なる配置は同じ並べ方とみなせるだけでなく、**ブレスレットは裏返しも可能であるため、表裏の区別がなく、裏返して重なる配置も同じ並べ方とみなせる。**したがって、ブレスレットの色の配置は数珠順列である。

　下の図は赤、青、黄、緑の4色のビーズをいったん円順列として並べたものを具体的に書き出したものである。円順列の公式より、$(4-1)! = 6$ ［通り］できるので、これら6つの配置を①～⑥と名付ける。

　裏返して一致する並べ方のペアは、①＝⑥、②＝④、③＝⑤であるので、これら3組については、数珠順列では、1通りとカウントしなければならない。したがって、ブレスレットの色の配置（数珠順列）は $\dfrac{6}{2} = \underline{3 ［通り］}$ である。

　確認のために、これを公式で解いてみる。**数珠順列の公式に** $n = 4$ を代入すれば、この順列の総数は、$\dfrac{(4-1)!}{2} = \dfrac{3!}{2} = \dfrac{3 \times 2 \times 1}{2} = \underline{3 ［通り］}$ と求めることができる。

7 ▷ 組合せ

① 組合せの公式

組合せの公式

　異なるn［個］のものから、**重複を許さず**r［個］選び出して**組**を作る。この組合せの総数を$_nC_r$で表し[6]、この総数について、次式が成り立つ。

$$_nC_r = \frac{_nP_r}{r!} = \frac{n \times (n-1) \times (n-2) \times \cdots \times \{n-(r-1)\}}{r \times (r-1) \times (r-2) \times \cdots \times 2 \times 1} \text{［通り］}$$

例10

　A、B、C、D、Eの5人から3人を選び出して組を作るとき、その組合せは全部で何通りできるか。

　ここで、**例4**の「A、B、C、D、Eの5人から3人を選び出して一列に並べるとき、並べ方は$_5P_3$［通り］である」ことを思い出してもらいたい。**例4**の順列を、「A、B、C、D、Eの5人から3人を組合せとして選び、この選んだ3人を 左, 中, 右 に順番に並べる」のように、**2段階に分けて考えれば**、5人から組合せで3人を選ぶと$_5C_3$［通り］の組合せができ、その各々に対して、 左, 中, 右 に選んだ3人を並べる方法は3!［通り］ある。

　積の法則より、$_5C_3 \times 3! = _5P_3$［通り］が成り立つ。これより、$_5C_3 = \dfrac{_5P_3}{3!} = \dfrac{5 \times 4 \times 3}{3 \times 2 \times 1} = \underline{10}$［通り］である[7]。

　確認のために、これを公式で解いてみる。**組合せの公式に**$n = 5$、$r = 3$を代入すれば、$_5C_3 = \dfrac{_5P_3}{3!} = \dfrac{5 \times 4 \times 3}{3 \times 2 \times 1} = \underline{10}$［通り］と求めることができる。

---

6 この記号$_nC_r$は「組合せ」の英語表記「combination」の頭文字に由来する。

7 この式に出てくる3!も、組合せをいったん順列とみなしたときの「重複度」に相当する。

例11 　5人の中から、3人の委員を選出する。3人の組合せは全部で何通りあるか。ただし、3人には序列がない（対等な関係である）ものとする。

　5人をA〜Eとする。3人の委員として選んだ（A，B，C）と（C，D，E）は「異なる選び方」であるが、（A，B，C）と（B，A，C）は**同じ選び方**になる。つまり、組合せでは選んだ3人が「誰か？」だけ考えればよく、3人の**順序は不問**である。したがって、3人の委員の組合せは「（異なる）**5人から重複を許さず3人を選び出した組合せ**」なので、**組合せの公式に$n=5$，$r=3$を代入**すれば、$_5C_3 = \dfrac{5 \times 4 \times 3}{3 \times 2 \times 1} = \underline{10}$［通り］と求めることができる。

② 組合せの性質

　例11 の「5人の中から、3人の委員を選出する」とき、**落選者の2人を選ぶ**ことで、3人の委員を選ぶこともできる。実際に落選者の選び方は、$_5C_2 = \dfrac{5 \times 4}{2 \times 1} = 10$［通り］となり、$_5C_3$と一致する。

組合せの性質 I

　異なるn［個］のものから、重複を許さずr［個］選んで組を作るとき、**残りの$n-r$［個］を選ぶ**ことで、r［組］の組を作ることができる。これより、組合せの総数について、次式が成り立つ。

$$_nC_r = {}_nC_{n-r}$$

例12 ○を3個、×を2個並べる方法は、同じものを含む順列の公式を用いれ

ば、$\dfrac{5!}{3!2!} = \underline{10}$［通り］であるが、「○×の入る5か所を $\boxed{①}$, $\boxed{②}$, $\boxed{③}$, $\boxed{④}$, $\boxed{⑤}$

として○×を配置する」と考えると次のように数えることができる。

　例えば［○，○，○，×，×］の場合、○の入る場所の番号は（①，②，③）であ

り、番号（②，①，③）を選んだときも同じ並び［○，○，○，×，×］になる。つま

り、「5つある場所に対応した番号①～⑤から○の入る3つを選ぶ」とは「異なる5

つのものから**順序不問で3つを選ぶ**」ことに他ならず、これは組合せとして計算で

きる。したがって、この並びは $_5C_3 = \dfrac{5 \times 4 \times 3}{3 \times 2 \times 1} = \underline{10}$［通り］と求めることもでき

る。

　※　もちろん、「5か所の並べる場所から×の入る2か所を選ぶ」ことで、$_5C_2 =$

　　$\dfrac{5 \times 4}{2 \times 1} = \underline{10}$［通り］としてもよい。

組合せの性質Ⅱ

　○を r［個］、×を $n-r$［個］並べるとき、その順列の総数は「同じものを含む順列」
の公式で計算できるが、「nか所から○の入る場所を rか所選ぶ」あるいは「nか所か
ら×の入る場所を $(n-r)$か所選ぶ」と考えることで、「同じものを含む順列」の公式
と「組合せ」の公式の間に次式が成り立つ。

$$\frac{n!}{(n-r)!r!} = {}_nC_r = {}_nC_{n-r}$$

　※　結果的に、**組合せの性質Ⅱ**が理解できれば、**組合せの性質Ⅰ**も成り立つこと
　　がわかる。

8 > 重複組合せ

① 重複組合せの公式

重複組合せの公式

異なるn［種］のものから、**重複を許して**r［個］を選び出して**組**を作るとき、この組合せを「**重複組合せ**」といい、重複組合せの総数を$_nH_r$で表す。このとき、重複組合せの総数について、次式が成り立つ。

$$_nH_r = \frac{(n+r-1)!}{r!(n-1)!} \text{［通り］}$$

例13 柿、梨、リンゴが4個以上あり、この中から合わせて4個を自由に取って詰め合わせを作る。このとき、全部で何通りの詰め合わせができるか。ただし、この4個を取って詰め合わせる順序は考えなくてよい。

（柿）＋（梨）＋（リンゴ）＝ 4［個］となる個数の内訳は、下図左の15通りある。

（柿, 梨, リンゴ）　←1対1対応→　○4つ、| （仕切り）2本の並べ方
① (0, 0, 4)　←——————→　| | ○○○○
② (0, 1, 3)　←——————→　| ○ | ○○○
③ (0, 2, 2)　←——————→　| ○○ | ○○
④ (0, 3, 1)　←——————→　| ○○○ | ○
⑤ (0, 4, 0)　←——————→　| ○○○○ |
⑥ (1, 0, 3)　←——————→　○ | | ○○○
⑦ (1, 1, 2)　←——————→　○ | ○ | ○○
⑧ (1, 2, 1)　←——————→　○ | ○○ | ○
⑨ (1, 3, 0)　←——————→　○ | ○○○ |
⑩ (2, 0, 2)　←——————→　○○ | | ○○
⑪ (2, 1, 1)　←——————→　○○ | ○ | ○
⑫ (2, 2, 0)　←——————→　○○ | ○○ |
⑬ (3, 0, 1)　←——————→　○○○ | | ○
⑭ (3, 1, 0)　←——————→　○○○ | ○ |
⑮ (4, 0, 0)　←——————→　○○○○ | |

　上図を見ればわかるように、内訳である左側の「柿、梨、リンゴの4個の重複組合せ」が、○4つと｜（仕切り）2本の「並べ方」に1対1対応して（紐づけされて）いる。この考え方を用いれば、重複組合せの総数は○と仕切りの並べ方で計算することができる。ここで、注意すべきは柿、梨、リンゴの3種を仕切る仕切りの本数は3－1＝2［本］と「種類の数」から1つ減らすことである。

　このとき、○4つと仕切り2本の合計6つの並べ方の総数は、同じものを含む順列の公式より、$\dfrac{6!}{4!2!}＝15$［通り］である。

　確認のために、これを公式で解いてみる。「柿、梨、リンゴの異なる3種のものから重複を許して4個選び出した組合せ（詰め合わせ）」の総数であるから、重複組合せの公式に$n＝3$、$r＝4$を代入すれば、${}_3H_4＝\dfrac{(3+4-1)!}{4!(3-1)!}＝\dfrac{6!}{4!2!}＝15$［通り］と求めることができる。

---

② 重複組合せの性質

　例13 は、組合せの性質Ⅱより、○4つと仕切り2本の合計6つの並べ方の総数を「6か所の並べる場所から仕切りの入る2か所を順序不問で選ぶ」と考えて、${}_6C_2＝\dfrac{6×5}{2×1}＝15$［通り］と求めることもできる。

重複組合せの性質

　異なるn［種］のものから、重複を許してr［個］選び出した重複組合せの総数${}_nH_r$は、○をr［個］、｜（仕切り）を$n-1$［本］の合計$n+r-1$［個］の並べ方と1対1対応していると考えることができる。組合せの性質Ⅱより、これを、「$(n+r-1)$か所から○の入る場所をrか所選ぶ」あるいは「$(n+r-1)$か所から仕切りの入る場所を$(n-1)$か所選ぶ」と考えることで、次式が成り立つ。

$$ {}_nH_r＝\dfrac{(n+r-1)!}{r!(n-1)!}＝{}_{n+r-1}C_r＝{}_{n+r-1}C_{n-1}\text{［通り］} $$

　※　重複組合せが○と仕切りの並べ方に1対1対応していることが理解できれば、重複組合せの総数は同じものを含む順列の公式として求めればよい。

ABBCCCの6文字をすべて一列に並べるとき、その並べ方について次の問いに答えよ。

(1)　異なる並べ方は何通りあるか。

❶　30通り

❷　36通り

❸　60通り

❹　120通り

❺　360通り

(2)　少なくとも2個のCが隣り合うような並べ方は何通りあるか。

❶　12通り

❷　20通り

❸　24通り

❹　36通り

❺　48通り

正解へのプロセス

① どの公式を使うか

　本編で見てきた通り、場合の数には公式がたくさんある。したがって、場合の数や確率の問題を解くときは、どの公式を使えばよいかを判断できるようにしなければならない。 公式

　本問(1)は「一列に並べるとき、その並べ方について」を問われているので、組合せでなく順列の問題である。順列の問題では、順列、重複順列、同じものを含む順列、円順列、数珠順列の公式があるが、このうちどれを使えばよいかを考える。「一列に並べる」ので、円順列や数珠順列ではない。並べるものはABBCCCの6つであり、Bは2つ、Cは3つずつ同じものがあり、それぞれは区別がつかない。したがって、本問は「同じものを含む順列」の問題である。 テーマの把握

　よって、同じものを含む順列の公式を使って解くことを考える。 公式

② 「少なくとも」の問題

　本問(2)は「少なくとも２個のＣが隣り合う」順列の総数を求めるのであるが、これ
を直接計算する公式は存在しないので、工夫して数えるしかない。**目標**

　アイディアの１つとして、ＣＣの２つをひとかたまりと考えて、Ａ、Ｂ、Ｂ、 CC 、
Ｃの５つを並べると考えてみる。しかしこの場合、 CC とＣを区別して考えて、
順列としては、ABB CC ＣとABBC CC が区別されてしまうが、実際には CC とＣ
の区別はなく、どちらもABBCCCであり、重複して数えてしまっている。

　そこで、別のアイディアとして「Ｃが隣り合わない」順列を考えてみる。これは、
全体の順列（同じものを含む順列）から「少なくとも２個のＣが隣り合う」順列を引い
たものである。つまり「少なくとも２個のＣが隣り合う」順列は、全体の順列（同じ
ものを含む順列）から「Ｃが隣り合わない」順列を引くことで得られる。

　続く第８節(確率)でも説明するが、「少なくとも（２個のＣが隣り合う）」という条
件を見たら、条件の外側（確率ではこれを「余事象」という）を考える、という解法の
ポイントを知っておくとよい。**解法のポイント**

解説

(1)

　Ａを１個、Ｂを２個、Ｃを３個の合計６個のものを並べるので、同じものを含む
順列の公式を用いると、$\dfrac{6!}{1!2!3!} = 60$ [通り] である。**テーマの把握** **公式**

正解 **③**

(2)

　Ｃが隣り合わない場合を考えて、全体 ((1)より60通りある) から引く。

解法のポイント

　Ｃが隣り合わない順列は、Ｃ以外のＡ１個とＢ２個を並べた順列の４つのすき間
に３つのＣを入れていくと作ることができる。例えば、下図のＡ、Ｂ、Ｂの順列に
対しては、４か所の矢印(↑)からＣの入る３か所を順序不問（＝組合せ）で選べばよ
い。

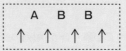

よって、A 1 個と B 2 個を並べた順列が $\dfrac{3!}{1!2!}=3$［通り］でき、矢印（↑）から C

の入る 3 か所を選ぶのが、${}_4C_3=\dfrac{4\times3\times2}{3\times2\times1}=4$［通り］あるので、C が隣り合わな

い順列は、**積の法則**により、$3\times4=12$［通り］である。

　したがって、求める順列は $60-12=48$［通り］である。

正解 **⑤**

例題 1-25

次のような外形が正五角形および正方形の図形A、Bがあり、それぞれ5つの区画に分けられている。これら2つの図形A、Bをそれぞれ異なる5色をすべて用いて塗り分ける方法を考えるとき、それぞれ何通りずつあるか。ただし、回転させて同一になるものは、同じ塗り分けとする。

	A	B
①	24通り	24通り
②	24通り	30通り
③	30通り	30通り
④	30通り	36通り
⑤	36通り	24通り

A   B

正解へのプロセス

① どの公式を使うか

「回転させて同一になるものは、同じ塗り分けとする」とあるので、これは円順列である。では、この円順列は裏返しは可能であるか、つまり数珠順列として数えるかどうかを考えていく。

「色を塗る」ので、A、Bは裏返し可能であると判断できそうであるが、色の塗り分け「方」を問われていることに注意したい。2つの図形は透明なガラスでできているとは書かれておらず、裏返したところで色が透き通るわけではない。したがって、塗り分け方としてみれば、この順列は数珠順列でなく、単なる円順列である。したがって、円順列の公式を使って計算していく。 テーマの把握 公式

② 場合分け

Aの塗り分け方の場合の数は円順列の公式を適用すればよい。 公式

Bの場合の数はどのように数えればよいか考えてみる。

Bの5区画のうち、周囲4区画は回転すれば重なる。したがって、周囲4区画の領域の塗り分け方の数の計算には円順列の公式を適用すればよい。

一方、中央の区画は周囲のどの区画とも重ねることができない。したがって、中央の区画の塗り分け方には円順列の公式を適用できない。このような場合、中央の区画を別個に考えていく必要がある。

具体化するために、塗り分ける5色を①〜⑤とする[8]。 具体化

　このとき、中央の区画に①を塗るとき、周囲4区画には、残り②〜⑤の4色を塗ればよく、円順列の公式より$(4-1)!=3!=3\times2\times1=6$［通り］の塗り方がある。中央の区画に②を塗るとき、残り①と③〜⑤の4色を塗ればよく、周囲4区画には円順列の公式より$(4-1)!=3!=3\times2\times1=6$［通り］の塗り方がある。同様に考えれば、中央の区画に③、④、⑤を塗ったときもすべて6通りずつの塗り方があることがわかる。中央の区画に塗る色で5通りの場合分けがあるので、積の法則より、Bの塗り分け方は$6\times5=30$［通り］と計算できる。 場合分け

　このように、公式が直ちに適用できない場合も、具体的に場合分けをして数えていけばよい。

解説

　Aの塗り分け方は「5か所に異なる色（もの）を円形に並べる」ことと同じであるから、円順列の公式により、Aの塗り分け方は$(5-1)!=24$［通り］ある。 公式

　Bの中央は周囲の4区画のように回転して重ねることはできない。そこで、中央から考えていく。

　中央の色の選び方は5通りで、 場合分け このそれぞれに対し、周囲の4区画には残りの4色を塗る（円形に並べる）ので、周囲の4区画の塗り分け方は、円順列の公式より、$\dfrac{4!}{4}=(4-1)!=6$［通り］ある。 公式

　よって、積の法則より、Bの塗り分け方は全部で$5\times6=30$［通り］ある。

正解 ❷

8　具体化するからといって、5色を「赤、青、黄、緑、白」などにするのは得策ではない。もちろん、書き出すのが大変なのもその理由ではあるが、それより、順序付けされていないと数え漏れが防げなくなる。

例題 1-26 男子 5 人、女子 4 人のグループの中から 3 人の代表を選ぶとき、次の問いに答えよ。

(1) 特に男女の区別なく選ぶ組合せは何通りあるか。

❶ 48通り

❷ 60通り

❸ 72通り

❹ 84通り

❺ 96通り

(2) 代表の中に必ず男女両方を選ぶ組合せは何通りあるか。

❶ 30通り

❷ 40通り

❸ 50通り

❹ 60通り

❺ 70通り

正解へのプロセス

① どの公式を使うか

(1)は男女の区別なく 9 人から 3 人の代表を選ぶ。例えばこの 9 人を A～I として、3 人の代表として、(A, B, C)を選んだ場合と(B, A, C)を選んだ場合は同じである。 **具体化**

つまり、**代表のメンバーの順序は不問であるから、代表の選び方は組合せである**。また、9 人は言うまでもなく人間であるから、選んだ 3 人に、(A, A, B)のような選び方は含まれないので**重複は許されない**。したがって、**組合せの公式**を用いて、$_9C_3$［通り］として計算すればよい。 **公式**

② 場合分け

(2)は(1)の代表の中に必ず男女が含まれる場合の数を求める問題である。(1)のように公式だけでは計算できないので、具体的に考えてみる。 **具体化**

3人の代表の中に必ず男女が含まれるのは、①(男，男，女)または②(男，女，女)の場合である。 **場合分け**

　①(男，男，女)のとき、男性5人(A〜Eとする)から2人の男性を選ぶ場合、(男，男)=(A，B)と(B，A)は同じであるので、順序不問である。もちろん、選んだ2人の重複は許されないので、男性5人から2人の男性を選ぶ場合の数は$_5C_2$[通り]である。この男性2人の組合せ$_5C_2$[通り]の**各々**に対し、女性の選び方は4人から1人を選べばよいので、$_4C_1 = 4$[通り]**ずつ**ある。したがって、①の場合の数は、**積の法則**により、$_5C_2 \times 4$[通り]ある。②の場合の数も同様に考えればよい。

　(1)を踏まえれば、全体である$_9C_3$[通り]から**条件に合わない場合を除いて数え上げる**こともできる。条件に合わないものとは、③3人の代表が男性のみの場合または④3人の代表が女性のみの場合である。 **場合分け**

　③の場合、男性5人から3人の男性(男，男，男)を選べばよいので、$_5C_3$[通り]である。④の場合、女性4人から3人の女性(女，女，女)を選べばよいので、$_4C_3$[通り]である。したがって、$_9C_3 - (_5C_3 + _4C_3)$[通り]として計算できる。

解説

(1)

　9人から3人を組合せで選べばよいので、**組合せの公式**より、$_9C_3 = \dfrac{9 \times 8 \times 7}{3 \times 2 \times 1}$
$= 84$[通り]ある。 **公式**

正解 **④**

(2)

[解法1]　該当する場合の数を直接計算する

　代表の中に必ず男女両方が選ばれる組合せは、(男子2人，女子1人)または(男子1人，女子2人)の場合である。 **場合分け**

　男子5人から2人を選ぶ組合せは$_5C_2 = \dfrac{5 \times 4}{2 \times 1} = 10$[通り]、女子4人から1人を選ぶ組合せは$_4C_1 = \dfrac{4}{1} = 4$[通り]であるので、(男子1人，女子2人)の選び方は$10 \times 4 = 40$[通り]である。

男子 5 人から 1 人を選ぶ組合せは $_5C_1 = \dfrac{5}{1} = 5$ [通り]、女子 4 人から 2 人を選

ぶ組合せは $_4C_2 = \dfrac{4 \times 3}{2 \times 1} = 6$ [通り]であるので、(男子 2 人，女子 1 人)の選び方は、

積の法則より、$5 \times 6 = 30$ [通り] である。

よって、(男子 2 人，女子 1 人)または(男子 1 人，女子 2 人)選ぶ場合の数は、**和の法則**より、$40 + 30 = 70$ [通り]である。

[解法 2]　全体の場合の数から，該当しない場合を除いて計算する　**解法のポイント**

代表が男子だけの場合、その組合せは $_5C_3 = 10$ [通り]、代表が女子だけの場合、その組合せは $_4C_3 = 4$ [通り]ある。**場合分け**

よって、代表に男女両方が含まれる場合は $84 - (10 + 4) = 70$ [通り]である。

正解　**5**

問題1 1から100までの整数のうち、2または3の倍数である整数の和はいくつか。

裁判所一般職2002

1 3217

2 3417

3 3528

4 4233

5 4321

解説

前節の「倍数と等差数列の和」および本節の「和の法則」の問題である。

テーマの把握

本問を用いて、和の計算をする上でどのような点に注意しなければならないかを説明する。

例えば、1から20までの「2または3の倍数」を具体的にベン図に描いてみると、下図のようになる。 **具体化** **作図**

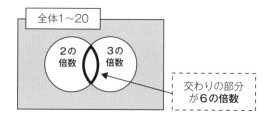

（2または3の倍数の和）を求めるとき、単純に（2の倍数の和）と（3の倍数の和）を単純に足してしまうと、（2の倍数に含まれる6の倍数）と（3の倍数に含まれる6の倍数）を2回足してしまうことになる（下図）。

《2の倍数》
2、4、**6**、8、10、**12**、14、16、**18**、20
＋
《3の倍数》
3、**6**、9、**12**、15、**18**
⇦
6の倍数である「6、12、18」を2回足している

よって、1回多く足されている6の倍数を除けばよく、

（2または3の倍数の和）＝

（2の倍数の和）＋（3の倍数の和）－（6の倍数の和）

と計算すればよい。 **解法のポイント**

全体を本問の1から100までの整数に戻す。等差数列の和の公式より、次のように計算する。 **公式**

$$（2の倍数の和）＝2＋4＋6＋\cdots＋100＝2\times(1＋2＋3＋\cdots＋50)$$
$$＝2\times\frac{50\times(1＋50)}{2}＝2550$$

$$（3の倍数の和）= 3 + 6 + 9 + \cdots + 99 = 3 \times (1 + 2 + 3 + \cdots + 33)$$

$$= 3 \times \frac{33 \times (1 + 33)}{2} = 1683$$

$$（6の倍数の和）= 6 + 12 + 18 + \cdots + 96 = 6 \times (1 + 2 + 3 + \cdots + 16)$$

$$= 6 \times \frac{16 \times (1 + 16)}{2} = 816$$

したがって、2または3の倍数の和は、$2550 + 1683 - 816 = 3417$である。

黄、赤、青、緑、白色の5個の玉を次の条件で横一列に並べるとき、並べ方は何通りあるか。

国家専門職2013

○ 黄色の玉は端に置く。

○ 赤色の玉と青色の玉は隣り合うように置く。

○ 緑色の玉は中央（左右それぞれの端から三つ目）に置かない。

1 16

2 20

3 24

4 28

5 32

解説

　異なる5色の玉を重複なく一列に並べる順列の問題であるが、これだけ条件（制約）があるので、場合の数の公式を適用することはできない。**選択肢**を見れば、高々40通り以内に収まっており、具体的に数え上げていく。 選択肢 具体化

　したがって、本問は「数え上げ」の問題である。 テーマの把握

　しかし、闇雲に数えるとカウントミスが発生する恐れがある。並べる玉の位置を左から右へ順に ①②③④⑤ とナンバリングして、改めて条件をみると、1つ目の条件の黄玉が置き方の制約が大きく、黄②③④⑤ と ①②③④黄 の2パターンに限定できることに気づく。そこで、以下のように、黄玉が左端①・右端⑤の場合で場合分けする。 場合分け

〈⑴　黄玉を①に置いた場合　黄②③④⑤ 〉

　2つ目の条件より、赤色と青色の置き方は②③、③④、④⑤の3パターンある。これについて、さらに分類して場合分けすれば、次のようになる。 場合分け

❶　赤玉、青玉を②または③に置く場合

　赤玉、青玉の置き方は 赤青 と 青赤 の2通りあり、さらに緑玉の置き方は④と⑤の2通りずつあり、さらに白玉は残る1か所に置くので、置き方は1通りである。よって、この場合の置き方は**積の法則**により、$2 \times 2 \times 1 = 4$［通り］ある。

❷　赤玉、青玉を③または④に置く場合

　赤玉、青玉の置き方は 赤青 と 青赤 の2通りあり、さらに緑玉の置き方は②と⑤の2通りずつあり、さらに白玉は残る1か所に置くので、置き方は1通りである。よって、この場合の置き方は**積の法則**により、$2 \times 2 \times 1 = 4$［通り］ある。

❸　赤玉、青玉を④または⑤に置く場合

　赤玉、青玉の置き方は 赤青 と 青赤 の2通りあり、さらに緑玉の置き方は3つ目の条件より②の1通りであり、さらに白玉は残る1か所（③）に置くので、置き方は1通りである。よって、この場合の置き方は**積の法則**により、$2 \times 1 \times 1 = 2$［通り］ある。

❶～❸の３通りはまったく別の置き方であるから、各々は同時には起こらない「または」の関係である。そこで、(1)の場合の数は、**和の法則**より $4+4+2=10$ ［通り］である。 <kbd>解法のポイント</kbd>

〈(2)　黄色の玉を右端に置いた場合　　①②③④黄〉

　赤玉と青玉の置き方は①②、②③、③④の３パターンある。検討の流れは(1)と全く同じであるから、**規則性 (対称性)** より、(2)の場合の数は(1)と同じ**10通り**である。

　(1)と(2)は同時には起こらないので、全体の場合の数は**和の法則**より {(1)の場合の数} $+$ {(2)の場合の数} $= 10+10=20$ ［通り］である。 <kbd>解法のポイント</kbd> <kbd>規則性</kbd>

　　A～Hの友人グループ8人が旅行に出かけた。宿泊所では、2人まで泊まることのできる「松の間」、3人まで泊まることのできる「竹の間」と「梅の間」の3つの部屋に分かれて泊まることになった。このとき、AとBの2人が必ず同じ部屋に泊まる部屋割りは何通りあるか。

国家一般職2003

1 　120通り

2 　130通り

3 　140通り

4 　150通り

5 　160通り

　例えば、竹の間の3人が（A，B，C）であっても（C，B，A）であっても部屋割りは同じである。つまり、部屋に入る人の**順序は不問**であり、部屋に入る人が「誰か？」だけを考えればよい。また、人間は当然重複が許されないので、「組合せ」の問題である。　**テーマの把握**

　条件「AとBの2人が必ず同じ部屋に泊まる」は制約が強い。そこで、以下の(1)〜(3)のように場合分けして考える。　**場合分け**

〈(1)　A、Bが松の間に泊まる場合〉

　竹の間にはC〜Hの6人から3人を選んで入れて、梅の間には残りの3人を入れればよい。竹の間に入る3人の選び方**それぞれ**に対し、梅の間に入る3人の選び方が対応するので、**積の法則**より、これは $_6C_3 \times _3C_3 = \dfrac{6 \times 5 \times 4}{3 \times 2 \times 1} \times 1 = 20$ [通り] ある。

〈(2)　A、Bが竹の間に泊まる場合〉

　竹の間にはA、B以外にあと1人入ることができるので、C〜Hの6人から1人を選んで入れる。そして、松の間には残りの5人から2人を選んで入れればよく、最後に梅の間には残りの3人を入れればよい。(1)と同様に考えれば、$_6C_1 \times _5C_2 \times _3C_3 = \dfrac{6}{1} \times \dfrac{5 \times 4}{2 \times 1} \times 1 = 60$ [通り] ある。

〈(3)　A、Bが梅の間に泊まる場合〉

　検討の流れは(2)と全く同じであるから、**規則性（対称性）**より、(3)の場合の数は(2)と同じであり、$_6C_1 \times _5C_2 \times _3C_3 = \dfrac{6}{1} \times \dfrac{5 \times 4}{2 \times 1} \times 1 = 60$ [通り] である。　**規則性**

　(1)、(2)、(3)は同時には起こらないので、全体の場合の数は和の法則により $20 + 60 + 60 = 140$ [通り] ある。　**解法のポイント**

8 　確　率

確率は割合の一種であり、場合の数を基礎としています。したがって、学習上は場合の数を学んでから確率に進むのが一般的ですが、難易度は場合の数より高くありません。また、確率の方が場合の数より出題頻度が高いので、確率までしっかり取り組んでおきましょう。

1 確率の基礎

1 確率用語

① 試　行

　繰り返し行うことができる操作のことを試行という。「コインを投げる」、「サイコロを振る」、「くじを引く」、「カードを抜く」などが試行にあたる。

② 事　象

　試行の結果を事象という。試行によって生じる「ある事柄や状態」と考えてよい。

（ア）全事象

　事象の全体のことを全事象という。例えば、コインを1枚投げたとき、全事象は「表が出る」と「裏が出る」の2通りある。

　また、全事象（全体）の確率は1（＝100%）である。

　以下では説明を簡単にするために全事象を「全体」と呼ぶことにする。

（イ）余事象

　全体から事象Aを取り除いたものを余事象Ａという（右図）。

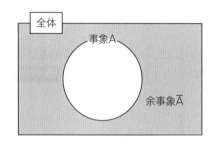

2 確率の定義

確率は次式で定められる。

$$確率 = \frac{該当する場合の数}{全ての場合の数}$$

① 確率の考え方Ⅰ

全体の場合の数が N ［通り］である中で、Aが起こる場合が a ［通り］あるとき、Aの起こる確率は「全体の中でAの起こる割合」であり、$\dfrac{a}{N}$ で定められる。確率では割合と同様、「全体」を考えることが重要になる。

② 確率の考え方Ⅱ

一般に、確率では、区別のつかないものであっても区別をつけることで、全体をなるべく細かく分けて考える。これは、全体を構成する要素が互いに等確率になるようにするためである[1]。

例1

例えば、当たりとはずれが同数でないくじから1本引くとき、「当たる」か「はずれる」かの2通りしかないからといって、当たる確率は $\dfrac{1}{2}$ としてはならない。これは、当たりくじとはずれくじの本数が同じでないため、**当たる確率とはずれる確率が同じではないからである**。そこで、**確率を考えるときは、全体を細かく分け、それぞれが等確率になるようにする**。この 例1 では、たとえ全く見分けのつかないくじであったとしても、区別をつけて考える必要がある。くじ以外の確率でも同じことがいえる。

---

[1] 確率論では全事象（全体）を構成する要素を「根元事象」という。根元事象は「同様に確からしい」こと（等確率で起こること）が前提となって確率論が構築される。

[3] 確率の計算の基本

確率を計算で求める方法の基礎は場合の数と同様、「和の法則」と「積の法則」である。

例2

ここでは、一般的な「正六面体(立方体)に 1〜6 の数字が書かれたサイコロ」を投げる場合を考える[2]。以下、この節では、特に断りのない限り、サイコロといえば「正六面体(立方体)に 1〜6 の数字が書かれたもの」とし、数字をサイコロの「目」とする。

このとき、出た目(上面の数字)が 2 または 3 の倍数となる確率はいくらか。

全体の場合の数は 6 通りあり、2 の倍数の目は 2、4、6 の 3 通り、3 の倍数の目は 3、6 の 2 通りある。**6 が重複している**ことに注意すれば、出た目が 2 または 3 の倍数となるのは、2、3、4、6 の 4 通りであり、これは、**場合の数の「和の法則」**に従えば、(2 の倍数の場合の数) + (3 の倍数の場合の数) - (6 の倍数の場合の数) = 3 + 2 - 1 = 4 [通り]である。よって、(出た目が 2 または 3 の倍数となる確率) = $\frac{4}{6}$ = $\frac{2}{3}$ である。これを確率の立場で計算すれば次のようになる。

(出た目が 2 または 3 の倍数となる**確率**) = (2 の倍数となる**確率**) +

(3 の倍数となる**確率**) - (6 の倍数となる**確率**)

$$= \frac{3}{6} + \frac{2}{6} - \frac{1}{6} = \frac{4}{6} = \frac{2}{3}$$

これを、**確率の「和の法則」**という。

例3

3 枚のコインを投げるとき、3 枚とも表が出る確率はいくらか。

「コイントス」の問題であり、投げ方(試行)としては、

❶ 3 枚同時に(いっぺんに)投げる

❷ 1 枚ずつ 3 枚(3 回に分けて)投げる

---

2 広い意味での「サイコロ」であり、これに対して狭い意味での「サイコロ」とは、正六面体 (立方体) の各面に黒い点で「目」が書かれており、目の個数が「数」を表し、さらに平行な 2 面の目の和が 7 であるものを指す。なお、「より広義な『サイコロ』」として、世界には正四面体や正八面体のものなど様々なサイコロがある。

の2タイプが考えられ、投げ方で計算の仕方は変わるが、計算結果である確率は一致する。

❶ 3枚同時に（いっぺんに）投げる

1枚のコインを投げるとき、コインは表か裏の2通りの出方がある。

3枚のコインを同時に投げる場合、例1にあるように、確率では3枚のコインをA、B、Cのように区別をつけて考えなくてはならない。各コインの出方は表か裏の2通りずつあるので、3枚のコインの出方は$2 \times 2 \times 2 = 2^3 = 8$［通り］ある。これが全体の場合の数である。この中で「全て表」なのは$(A，B，C) = (表，表，表)$の1通りあるので、その確率は$\dfrac{1}{8}$である。

> ※ n枚のコインを同時に投げるときも、n枚のコインに区別をつけて考えなくてはならない。したがって、2^n［通り］の出方が起こりうるので、全体の場合の数は2^n［通り］である。

❷ 1枚ずつ3枚（3回に分けて）投げる

n枚のコインを1枚ずつ投げる（または、1枚のコインをn回投げる）とき、各コインの表裏が出る確率はともに$\dfrac{1}{2}$である。この場合は、1枚目（1回目）、2枚目（2回目）、…と順番に表裏の出方を考えなくてはならない。このとき、順番に、表→表→表と出ればよいので、表か裏の出方は1通りである。

1枚目（1回目）が表である確率は$\dfrac{1}{2}$である。続いて、2枚目（2回目）が表である確率も$\dfrac{1}{2}$である。さらに、3枚目（3回目）が表である確率も$\dfrac{1}{2}$である。確率を割合と考えれば、3枚（3回）とも表なのは、$\dfrac{1}{2} \times \dfrac{1}{2} \times \dfrac{1}{2} \times 1 = \dfrac{1}{8}$である。この$\dfrac{1}{2} \times \dfrac{1}{2} \times \dfrac{1}{2}$の計算を確率の「積の法則」という。

確率の和の法則・積の法則

❶ 和の法則

2つの事象A、Bがあって、これらが同時には起こらないとき、Aの起こる確率がp、Bの起こる確率がqであれば、AまたはBの起こる確率は、$p+q$となる。

※　AとBが同時に起こる場合は、重複して足してしまった「重複分」を引く必要がある。このとき、AまたはBの起こる確率は、$p+q-$（重複分の確率）である。

確率においても、「和の法則」は次のようなベン図をイメージするとわかりやすい。

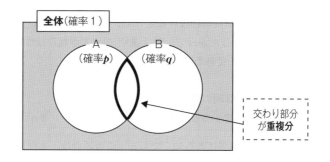

❷ 積の法則

2つの事象A、Bがあって、Aの起こる確率がp、その後のBの起こる確率がqであれば、Aが起こり、続いてBが起こる確率は、$p \times q$である。

積の法則は、時系列に確率（割合）の流れをイメージするとわかりやすい（下図）。

4 余事象の確率

確率pで事象Aが起こるとき、Aが起こらない確率(余事象$\overline{\text{A}}$の確率)は$1-p$である。

「少なくとも(…が起こる確率を求めよ)」という問題では、余事象を考えるとよい。

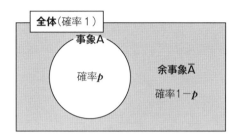

※　余事象の様子をイメージしにくい場合は、上図のように、ベン図を描いて考えるとわかり易くなる。

立方体の各面に数字 1 ～ 6 が書かれた 2 個のサイコロを振るとき、出た目の和が 3 の倍数になる確率として正しいのはどれか。

1 $\dfrac{1}{9}$

2 $\dfrac{1}{6}$

3 $\dfrac{1}{4}$

4 $\dfrac{1}{3}$

5 $\dfrac{1}{2}$

正解へのプロセス

① 2個のサイコロを振る（以下「サイコロ振り」と呼ぶ）とき

投げ方（試行）としては、

❶ 2個同時に（いっぺんに）振る

❷ 1個ずつ 2 回に分けて振る

の2タイプが考えられる。サイコロ振りでも、コイントスと同じように、投げ方で計算の仕方は変わるが、計算結果である確率は一致する。 **解法のポイント**

❶ 2個同時に（いっぺんに）振る

1個のサイコロを振るとき、サイコロの目は 1 ～ 6 の 6 通りの出方がある。2 個のサイコロを同時に振るとき、確率では 2 個のサイコロに区別をつけて考えなくてはならない。したがって、全体の場合の数は $6 \times 6 = 36$ ［通り］ある。 **解法のポイント**

※ n個のサイコロを同時に振るとき、確率を考えるときは n 個のサイコロに区別をつけなくてはならない。したがって、**全体では 6^n［通り］の目の出方が起こりうる。**

❷ 1個ずつ2回に分けて振る

n個のサイコロを1個ずつ振る（または、1個のサイコロをn回振る）とき、各サイコロは1〜6の目が、それぞれ$\frac{1}{6}$の確率で出る。この場合は、1個目（1回目）、2個目（2回目）、…と時系列（振る順番）に目の出方を考えなくてはいけない。

② 2個のサイコロの目の出方全体と表

なお、2個のサイコロを振る（または、1個のサイコロを2回振る）ときは、次のように、表を書いて考えるとわかりやすい。表には、該当するものに〇をつけたり、目の和や積の値などの数値を書き込んだりするとよい。具体的な書き方については、解説を見てもらいたい。**表**

	1	2	3	4	5	6
1						
2						
3						
4						
5						
6						

解説

「2個のサイコロ振りの確率」の問題である。**テーマの把握**

［解法1］ サイコロを同時に振ると考える

この場合、2個のサイコロの状態は、各サイコロの状態が1〜6の目の6通りずつあるので、$6×6=36$［通り］ある。**2個のサイコロを振るときは表を書いて考える。解法のポイント 表**

出た目の和が3の倍数になるということは、出た目の和が3の場合、6の場合、9の場合、12の場合を考えればよい。**次の表より、出た目の和が3の倍数となる目の出方は12通りある。よって、その確率は$\frac{12}{36}=\frac{1}{3}$である。**

	1	2	3	4	5	6
1		○			○	
2	○			○		
3			○			○
4		○			○	
5	○			○		
6			○			○

[解法2] サイコロを1個ずつ振ると考える

場合分けして考える。 **場合分け**

例えば、「1個目（1回目）に3、2個目（2回目）に3が出る」とき、出た目の和は

6である。このときの確率は積の**法則**より、$\dfrac{1}{6} \times \dfrac{1}{6} = \dfrac{1}{36}$である。 **解法のポイント**

このような、出た目の和が3の倍数である目の出方は、**上表より12通りある**（12

通りの場合分けがある）ので、その確率は$\dfrac{1}{36} \times 12 = \dfrac{1}{3}$である。

正解 **4**

例題 1-28

中身の見えない袋の中に赤球4個と白球6個が入っている。この袋の中から3個の球を取り出すとき、赤球が少なくとも1個は取り出される確率として、正しいのはどれか。

① $\dfrac{7}{12}$

② $\dfrac{2}{3}$

③ $\dfrac{3}{4}$

④ $\dfrac{5}{6}$

⑤ $\dfrac{11}{12}$

正解へのプロセス

① くじ引き、球取りの確率

本問は、「球を取り出す」確率の問題(以下「球取りの確率」と呼ぶ)であり、赤球を当たりくじ、白球をはずれくじと対応させれば、「くじ引き」と同じタイプの問題である。 **テーマの把握**

くじ引きの確率でも球取りの確率でも、くじや球はすべてに区別をつけて考えなくてはならない。例えば、本問では、赤球4個と白球6個が登場するが、確率では、「赤$_1$、赤$_2$、赤$_3$、赤$_4$、白$_1$、白$_2$、白$_3$、白$_4$、白$_5$、白$_6$」と区別しなければならない。 **解法のポイント**

また、「くじ引きや球取りの確率」では、引き方(取り出し方)に注意する[3]。以下に、3パターンの引き方を「くじ引き」の例で説明しておく。

❶ n [本]のくじから同時にr [本]のくじを引く

同時に取り出すので、くじを重複して引くことはできない。したがって、全体は「異なるn [本]のくじから、重複を許さずr [本]取り出す」事象(または場合の数)

---

[3] コイントスもサイコロ振りもくじ引き(球取り)も試行によって確率の計算方法が変わる。

と考えて、全体の場合の数は$_nC_r$［通り］である。

❷　n［本］のくじから、元に戻さず1本ずつr［回］くじを引く

　1回目の全体の場合の数はn［通り］、2回目の全体の場合の数は$n-1$［通り］、3回目の全体の場合の数は$n-2$［通り］、…、r回目の全体の場合の数は$n-(r-1)$［通り］と各回の全体の場合の数が1ずつ減っていく。

❸　n［本］のくじから、毎回元に戻しながら1本ずつr［回］くじを引く

　1回目の全体の場合の数はn［通り］、2回目の全体の場合の数はn［通り］、3回目の全体の場合の数はn［通り］、…、r回目の全体の場合の数はn［通り］と各回の全体の場合の数はn［通り］のまま変わらない。

　※　❷や❸で確率を計算するときは、「1回目当たり、2回目はずれ、3回目はずれ、…」のように、「何回目に何を引くか？」という「順序」を考慮して計算しなければならない。

❹　くじ引きの公平性

　一般に、❶と❷の引き方で計算した確率は等しくなる。解説最後の※で確認しておく。

② 余事象の確率

　本問は「赤球が少なくとも1個は取り出される確率」を求めるのであるから、**目標**「余事象の確率」を考えるとよい。**テーマの把握**　**解法のポイント**

　事象「少なくとも1個は赤球が取り出される」の余事象は、ベン図を描いて考えてみれば、「赤球が1個も取り出されない」であり、「白球を3個取り出す」である（次図）。**作図**

　このように、余事象の確率では、「全体（全事象）－事象」が表すベン図の「外側の部分」を考えなければならない。

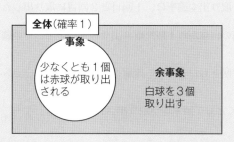

解説

「球取りの確率」および「余事象の確率」の問題である。 **テーマの把握**

[解法1] 袋から「同時に3個取り出す」と考える

　このとき、袋の中の（異なる）10個の球から3個の球を同時に（重複を許さず）取り出す方法は、全体で$_{10}C_3$［通り］ある。

　「少なくとも1個は赤球が取り出される」の余事象は「赤球が1個も取り出されない」であるので、「3個とも白球を取り出す」確率を考えればよい。 **解法のポイント**

　これは、袋の中の6個の白球から3個の白球を取り出す場合の数を考えればよく、全部で$_6C_3$［通り］ある。

　したがって、「3個とも白球を取り出す」確率は$\dfrac{_6C_3}{_{10}C_3} = \dfrac{\dfrac{6 \times 5 \times 4}{3 \times 2 \times 1}}{\dfrac{10 \times 9 \times 8}{3 \times 2 \times 1}} = \dfrac{1}{6}$である。

　よって、「少なくとも1個は赤球が取り出される」確率は、$1 - \dfrac{1}{6} = \dfrac{5}{6}$である。

[解法2] 袋から「1個ずつ元に戻さず3回球を取り出す」と考える

　「3個とも白球を取り出す」確率を考える。

　このとき、球の色だけを見れば、白球→白球→白球の順に取り出せばよい。1回目に白球を取り出す確率は、赤$_1$〜赤$_4$、白$_1$〜白$_6$の10個から白$_1$〜白$_6$のいずれか1個を取り出せばよいので、その確率は$\dfrac{6}{10}$である。

　2回目に白球を取り出す確率は、1回目に取り出した白球を除く9個のうち、残りの5個の白球から1個を取り出せばよいので、その確率は$\dfrac{5}{9}$である。

3回目に白球を取り出す確率は、1回目と2回目に取り出した白球を除く8個のうち、残りの4個の白球から1個を取り出せばよいので、その確率は$\dfrac{4}{8}$である。

　積の法則より3回とも白球である確率は$\dfrac{6}{10} \times \dfrac{5}{9} \times \dfrac{4}{8} = \dfrac{1}{6}$である。　**解法のポイント**

　よって、「少なくとも1個赤球が取り出される」確率は、$1 - \dfrac{1}{6} = \dfrac{5}{6}$である。

※　[**解法1**]および[**解法2**]のいずれの方法で解いても、確率が等しくなる(く じ引きの公平性)。これは、引いたくじを元に戻さなければ、どのようなくじ の引き方でも当たりくじを引く確率は変わらず、公平性が保証されることを意 味している。

正解　**4**

2 反復独立試行の確率

「コイントス」、「サイコロ振り」を何回か行う場合や「引いたくじを毎回元に戻しながら何回か引く」などの反復試行は、各回がはじめの状態に戻るので、確率的に各回は互いに影響しない試行である。このような試行を「**反復独立試行**」といい、その確率を「反復独立試行の確率」という。

例4 サイコロを4回振ったとき、1の目が2回出る確率はいくらか。

1回サイコロを振るごとに、1の目が出るのは $\dfrac{1}{6}$、出ない確率は $\dfrac{5}{6}$ である。4回中1の目が2回出る事象を、1の目が出るときを「〇」、出ないときを「×」で表すと以下のようになる。

	1回目	2回目	3回目	4回目
①	〇	〇	×	×
②	〇	×	〇	×
③	〇	×	×	〇
④	×	〇	〇	×
⑤	×	〇	×	〇
⑥	×	×	〇	〇

この①〜⑥の「6通り」は、〇2つ、×2つの並べ方の総数であると考えることができ、これは「**同じものを含む順列の公式**」により、$\dfrac{4!}{2! \times 2!} = 6$［通り］として得ることができる。あるいは**組合せの性質Ⅱ**より、（1回目, 2回目, 3回目, 4回目）の4か所から、〇の入る場所2か所を選ぶ組合せを考えて、${}_4\mathrm{C}_2 = \dfrac{4 \times 3}{2 \times 1} = 6$［通り］としてもよい。

①〜⑥が起こる確率はそれぞれ $\left(\dfrac{1}{6}\right)^2 \times \left(\dfrac{5}{6}\right)^2$ で変わらないから、サイコロを4回振って、1の目が2回出る確率は和の法則より、①または②または…または⑥の

$$\left(\dfrac{1}{6}\right)^2 \times \left(\dfrac{5}{6}\right)^2 + \left(\dfrac{1}{6}\right)^2 \times \left(\dfrac{5}{6}\right)^2 + \cdots + \left(\dfrac{1}{6}\right)^2 \times \left(\dfrac{5}{6}\right)^2 = \left(\dfrac{1}{6}\right)^2 \times \left(\dfrac{5}{6}\right)^2 \times 6 = \underline{\dfrac{25}{216}}$$

である。

反復独立試行の確率の公式

1回の試行で、事象Aの起こる確率がpのとき、この試行をn［回］行ったとき、Aがちょうどr［回］起こる確率は、次式で求められる。

$$\frac{n!}{r!(n-r)!}p^r(1-p)^{n-r}={}_nC_r\,p^r(1-p)^{n-r}$$

Aの起こる場合を○で、起こらない場合を×で表現したとき、n［回］中Aがちょうどr［回］起こる事象が、$\dfrac{n!}{r!(n-r)!}={}_nC_r$［通り］あることを意味している。これは、**組合せの性質Ⅱ**で示したように、○をr［個］、×を$n-r$［個］並べた「同じものを含む順列」の総数$\dfrac{n!}{r!(n-r)!}$［通り］が、nか所から○の置く場所をr［個］選ぶ方法である「組合せ」の総数${}_nC_r$［通り］と一致することによる。

※ 公式として示したが、丸暗記して(当てはめて)解けるものではない。しっかり、公式の意味を理解できるようにしたい。

例題 1-29

2から6までの自然数が1つずつ記入された、合計5枚のカードがある。このカードの中から1枚取り出して記入されている自然数を確認し、元に戻す作業を5回行うとき、偶数のカードが3回だけ取り出される確率として、正しいのはどれか。

1 $\dfrac{216}{625}$

2 $\dfrac{222}{625}$

3 $\dfrac{228}{625}$

4 $\dfrac{234}{625}$

5 $\dfrac{48}{125}$

正解へのプロセス

「このカードの中から1枚取り出して記入されている自然数を確認し、元に戻す」という試行を繰り返すので**反復試行**である。また、「元に戻す」ことで、状態もはじめに戻る（毎回リセットされる）ため、**各回の試行結果が互いに影響せず独立である**こともわかる。したがって、本問は「反復独立試行の確率」の問題である。

テーマの把握

反復独立試行の確率の問題では、**試行結果を具体的に書き出す**とわかり易い。これは次のように行うとよい。 **具体化** **作図**

偶数のカードを引くことを「偶」で表し、偶数のカードを引かない（奇数のカードを引く）ことを「奇」で表すことにすれば、5回中3回偶数を引くのは、①偶偶偶奇奇、②偶偶奇偶奇、…などの場合があることがわかる。

くじ引きの確率では、元に戻しながら引く場合、何回目に何を引くかという**順序を考慮して計算**しなければならなかった。したがって、①や②以外に、どのような場合があるか考えると、「偶」3つ、「奇」2つを並べる場合の数だけ起こりうることがわかる。これが何通り起こるかを確認するには、**すべて書き出して数え上げる**、**計算する**、の2つの方法がある。解説で見ていきたい。

　2、3、4、5、6の5枚のカードの中に、偶数のカードは3枚入っているので、1枚引くときに偶数のカードが取り出される確率は$\frac{3}{5}$である。奇数のカードは2枚入っているので、奇数のカードが取り出される確率は$\frac{2}{5}$である。

　偶数のカードを引くことを「偶」で表し、偶数のカードを引かない（奇数のカードを引く）ことを「奇」で表すことにすれば、5回中3回偶数を引くのは、**全ての場合を具体的に書き出すと、以下の①～⑩の10通りのケースがあり、これらはすべて、**$\left(\frac{3}{5}\right)^3 \times \left(\frac{2}{5}\right)^2$の確率で起こる。 **具体化** **場合分け**

①「偶偶偶奇奇」のとき、確率は$\frac{3}{5}\times\frac{3}{5}\times\frac{3}{5}\times\frac{2}{5}\times\frac{2}{5}$となる。

②「偶偶奇偶奇」のとき、確率は$\frac{3}{5}\times\frac{3}{5}\times\frac{2}{5}\times\frac{3}{5}\times\frac{2}{5}$となる。

③「偶偶奇奇偶」のとき、確率は$\frac{3}{5}\times\frac{3}{5}\times\frac{2}{5}\times\frac{2}{5}\times\frac{3}{5}$となる。

④「偶奇偶偶奇」のとき、確率は$\frac{3}{5}\times\frac{2}{5}\times\frac{3}{5}\times\frac{3}{5}\times\frac{2}{5}$となる。

⑤「偶奇偶奇偶」のとき、確率は$\frac{3}{5}\times\frac{2}{5}\times\frac{3}{5}\times\frac{2}{5}\times\frac{3}{5}$となる。

⑥「偶奇奇偶偶」のとき、確率は$\frac{3}{5}\times\frac{2}{5}\times\frac{2}{5}\times\frac{3}{5}\times\frac{3}{5}$となる。

⑦「奇偶偶偶奇」のとき、確率は$\frac{2}{5}\times\frac{3}{5}\times\frac{3}{5}\times\frac{3}{5}\times\frac{2}{5}$となる。

⑧「奇偶偶奇偶」のとき、確率は$\frac{2}{5}\times\frac{3}{5}\times\frac{3}{5}\times\frac{2}{5}\times\frac{3}{5}$となる。

⑨「奇偶奇偶偶」のとき、確率は$\frac{2}{5}\times\frac{3}{5}\times\frac{2}{5}\times\frac{3}{5}\times\frac{3}{5}$となる。

⑩「奇奇偶偶偶」のとき、確率は$\frac{2}{5}\times\frac{2}{5}\times\frac{3}{5}\times\frac{3}{5}\times\frac{3}{5}$となる。

よって、求める確率は「①または②または…または⑩」の確率であり、和の法則よ

り、

$$\left(\frac{3}{5}\right)^3 \times \left(\frac{2}{5}\right)^2 + \left(\frac{3}{5}\right)^3 \times \left(\frac{2}{5}\right)^2 + \cdots + \left(\frac{3}{5}\right)^3 \times \left(\frac{2}{5}\right)^2 = \left(\frac{3}{5}\right)^3 \times \left(\frac{2}{5}\right)^2 \times 10$$

で求めることができる。この10通りのケースは、「偶」3つ、「奇」2つの並べ方の総数であり、「同じものを含む順列の公式」により、$\frac{5!}{3! \times 2!} = 10$［通り］としても得ることができる。 **公式**

　あるいは、（1回目，2回目，3回目，4回目，5回目）の5か所のうち「偶」の入る場所3か所の選び方の総数は、5つの回数から3つを順序不問で選ぶ「組合せの公式」で計算できると考えて、$_5C_3 = \frac{5 \times 4 \times 3}{3 \times 2 \times 1} = 10$［通り］としてもよい。 **公式**

　①〜⑩のように、すべて書き出すのも一手だが、同じものを含む順列や組合せの公式を用いて計算で求める方が、速くて書き漏れも起きない。

　よって、求める確率は、$\left(\frac{3}{5}\right)^3 \times \left(\frac{2}{5}\right)^2 \times 10 = \frac{216}{625}$ である。

正解 **1**

問題1　　　1から99の数字のうち1つを選んだとき、その数字が3の倍数になるかいずれかの桁に3を含む確率として最も妥当なのはどれか。

東京消防庁Ⅰ類2011

1 $\dfrac{1}{2}$

2 $\dfrac{1}{3}$

3 $\dfrac{7}{15}$

4 $\dfrac{6}{13}$

5 $\dfrac{5}{11}$

数え上げを行う「確率」の問題である。 **テーマの把握**

1から99の数字のうち1つを選ぶので、選び方は**全体で99通り**ある。

そこで、この1〜99の中に3の倍数およびいずれかの桁に3を含む数が何個あるか考える。 **解法のポイント**

1から99の数字のうち3の倍数である数字は、99÷3＝33…0より、33個ある。

また、**3の倍数ではなく、いずれかの桁に3を含む数字**は、13、23、31、32、34、35、37、38、43、53、73、83の12個ある。 **具体化**

よって、3の倍数かいずれかの桁に3を含む数字は、**和の法則**により、33＋12＝45［個］あり、 **公式** 求める確率は$\frac{45}{99}＝\frac{5}{11}$である。

30本のくじの中に、1等の当たりくじが1本、2等の当たりくじが2本、3等の当たりくじが7本入っている。ここから同時に4本を引いたとき、1等、2等及び3等の当たりくじがそれぞれ1本のみ含まれている確率として、正しいのはどれか。

東京都 I 類2014

1 $\dfrac{2}{3915}$

2 $\dfrac{4}{3915}$

3 $\dfrac{8}{3915}$

4 $\dfrac{2}{783}$

5 $\dfrac{8}{783}$

解説

「くじ引きの確率」の問題である。 **テーマの把握**

「同時に4本を引いたとき」とあるので、次の[解法1]で解くのが自然だが、「くじ引きの公平性」を考慮し、解法を2つ載せておく。 **解法のポイント**

[解法1] 「同時に4本引く」と考える

30本の中から同時に4本を引くすべての引き方は$_{30}C_4 = \dfrac{30 \times 29 \times 28 \times 27}{4 \times 3 \times 2 \times 1} = 5 \times 29 \times 7 \times 27$[通り]である[4]。

引いた4本のくじに1等、2等及び3等の当たりくじがそれぞれ1本のみ含まれる引き方は、1等の当たりくじ1本から1本、2等の当たりくじ2本から1本、3等の当たりくじ7本から1本、はずれくじ20本から1本を引けばよいので、$_1C_1 \times _2C_1 \times _7C_1 \times _{20}C_1 = 1 \times 2 \times 7 \times 20$[通り]である。

よって、求める確率は$\dfrac{1 \times 2 \times 7 \times 20}{5 \times 29 \times 7 \times 27} = \dfrac{8}{783}$である。

[解法2] 「30本のくじから、元に戻さず4本引く」と考える

例えば、1本目で1等を引く確率は$\dfrac{1}{30}$、2本目で2等を引く確率は$\dfrac{2}{29}$、3本目で3等を引く確率は$\dfrac{7}{28}$、さらに4本目ではずれを引く確率は$\dfrac{20}{27}$であるから、この確率は$\dfrac{1}{30} \times \dfrac{2}{29} \times \dfrac{7}{28} \times \dfrac{20}{27}$である。しかし、これは「1等→2等→3等→はずれ」の順番で引く場合であり、他の順番も考えられる。 **場合分け**

他の引き方のパターンは、全4回に「1等」「2等」「3等」「はずれ」の順列を考えればよいので、$_4P_4 = 4 \times 3 \times 2 \times 1 = 24$[通り]である。

よって、求める確率は$\dfrac{1}{30} \times \dfrac{2}{29} \times \dfrac{7}{28} \times \dfrac{20}{27} \times 24 = \dfrac{8}{783}$である。

---

4 このように全体の場合の数が大きくなった場合は、確率の計算では分母と分子で約分することが多いので、積の計算は敢えて行わず、あとで約分しながら計算処理したい。

問題3

　　あるサッカー選手が、ゴールから一定の位置にあるボールを1回蹴るとき、ボールがゴールに入る確率は $\frac{1}{3}$ である。この選手が同じ位置からボールを4回蹴るとき、ボールが2回以上ゴールに入る確率はいくらか。

東京都Ⅰ類2009

1　$\dfrac{1}{9}$

2　$\dfrac{7}{27}$

3　$\dfrac{11}{27}$

4　$\dfrac{7}{81}$

5　$\dfrac{13}{81}$

解説

「ボールを4回蹴る」とあるので、**反復試行**である。各回は互いに影響しないと考えてよいので、**独立試行**である。したがって、本問は「反復独立試行の確率」の問題である。 **テーマの把握**

さらに、「ボールが（少なくとも）2回以上ゴールに入る確率」を求めるので、「**余事象の確率**」でもあることに注意したい。 **テーマの把握**

したがって、まずは、余事象である「ボールが1回以下しかゴールに入らない」確率を求めていく。 **目標**

「ボールが1回以下しかゴールに入らない場合」には、❶ボールが1回のみゴールに入る場合と❷ボールが1回もゴールに入らない場合とがあり、これらで場合分けをする。 **場合分け**

❶ ボールが1回のみゴールに入る場合

ボールがゴールに入る確率は$\dfrac{1}{3}$であるから、入らない確率は$1-\dfrac{1}{3}=\dfrac{2}{3}$である。ボールを4回蹴って、ボールが1回目にゴールに入り、2〜4回目に入らない確率（下の①の確率）は$\dfrac{1}{3}\times\dfrac{2}{3}\times\dfrac{2}{3}\times\dfrac{2}{3}=\dfrac{8}{81}$である。

しかし、ボールがゴールに入るタイミングは条件になく、実際にはどのタイミングでもよい。そこで、**ボールがゴールに入るタイミングを○で、入らないタイミングを×で表せば**、下のようになる。 **具体化** **作図**

	1回目	2回目	3回目	4回目
①	○	×	×	×
②	×	○	×	×
③	×	×	○	×
④	×	×	×	○

つまり、4回のうち1回のみゴールに入るパターンは「○が1つ、×が3つ」の並べ方で求められ、これは「同じものを含む順列の公式」を用いれば、$\dfrac{4!}{1!\times 3!}=4$〔通り〕として得ることができる。あるいは、4回のうち1回ゴールに入る「回」の選び方が順序不問であるから、組合せの公式より${}_4C_1=4$〔通り〕ある、と考えても

よい。

①～④の確率はそれぞれ $\dfrac{1}{3} \times \dfrac{2}{3} \times \dfrac{2}{3} \times \dfrac{2}{3} = \dfrac{8}{81}$ であるから、ボールが1回のみ

ゴールに入る確率は $\dfrac{8}{81} \times 4 = \dfrac{32}{81}$ である。

❷ ボールが1回もゴールに入らない場合

1回もゴールに入らないのは下の⑤の1通りである。

	1回目	2回目	3回目	4回目
⑤	×	×	×	×

したがって、ボールが1回もゴールに入らない確率は $\dfrac{2}{3} \times \dfrac{2}{3} \times \dfrac{2}{3} \times \dfrac{2}{3} \times 1 =$

$\dfrac{16}{81}$ である。

和の法則より、**余事象の確率**は（「**❶**または**❷**」の確率）$= \dfrac{32}{81} + \dfrac{16}{81} = \dfrac{48}{81} = \dfrac{16}{27}$ で

あり、（**全体の確率**）は1（$= 100\%$）であるから、求める確率は、

（**全体の確率**）$-$（**余事象の確率**）$= 1 - \dfrac{16}{27} = \dfrac{11}{27}$

である。

9 平面図形

図形も数的処理で必ず出題されるテーマの一つです。数的処理にとって、数学的な知識である公式や定理は問題を解くための道具ですが、図形の問題であっても、定理や公式などの知識を道具として複合的に使います。図形を学習する上で重要なことは、定理や公式などの知識を確実に身に付けることです。道具である公式や定理が身に付いていないと、目標に到達する道筋が見えません。

そこで、この節では図形に関する公式や定理を整理します。公式や定理の多い分野ではありますが、丁寧に図を描けば、理解できる公式や定理ばかりなので、しっかり覚えましょう。

---

① 多角形の性質

① 三角形の基本性質

① 内角と外角

辺と辺のなす角を「内角」、辺と[辺の延長線]のなす角を「外角」という（図1-1）。よって、次式が成り立つ[1]。

（内角）＋（外角）＝180°

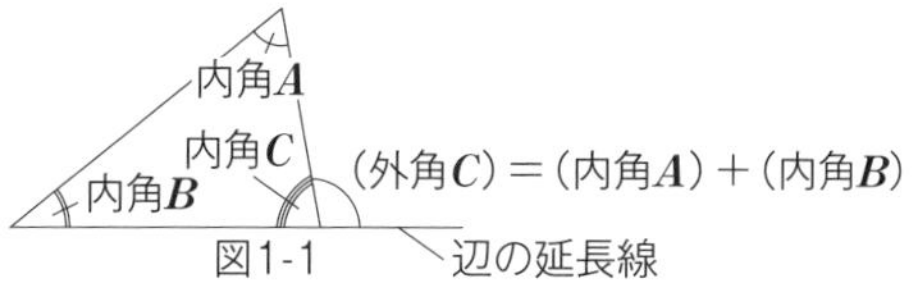

（外角C）＝（内角A）＋（内角B）

内角A
内角C
内角B
図1-1　辺の延長線

三角形の内角と外角

❶ （三角形の内角の和）＝180°

図1-1では、$A + B + C = 180°$が成り立つ。

❷ （三角形の外角）＝（隣り合わない内角の和）

図1-1では、（外角C）＝（内角A）＋（内角B）が成り立つ。

---

1 本文のように、辺と[辺の延長線]のなす角で外角を定義しても公務員試験においてはほとんど問題はないが、内角が180°を超える場合、本文の定義では外角が定義できない。そこで、正確には「外角」を「（内角）＋（外角）＝180°となる角（内角の補角）」として定める。こちらで外角を定義すれば、内角が180°を超えるとき、外角は負の角になる。

② 三角形の面積

三角形の面積

$$(\text{三角形の面積}) = \frac{1}{2} \times (\text{底辺}) \times (\text{高さ})$$

図1-2では、三角形の面積 $S = \frac{1}{2} ah$ である。

高さ h

底辺 a

図1-2

③ 三平方の定理

（ア）三平方の定理

三平方の定理

直角三角形の各辺の長さについて、次式が成り立つ[2]。

$$(\text{底辺})^2 + (\text{高さ})^2 = (\text{斜辺})^2$$

図1-3では、$a^2 + b^2 = c^2$ である。

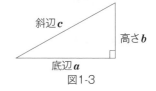

斜辺 c

高さ b

底辺 a

図1-3

※　直角三角形の辺のうち、2辺の長さがわかれ
ば、残り1辺の長さは、上式で求めることがで
きる。長さを問われたとき、直角に着目することで、この公式が適用できる。

（イ）平方根

三平方の定理を用いるとき、計算上「2乗」や「$\sqrt{}$（ルート）」が頻繁に登場する。
「2乗して a となる数」を「a の平方根」という。このうち、**負でない方の数**を $\sqrt{a}$ で表
す。$\sqrt{a}$ は2乗すると a になるので、

$$(\sqrt{a})^2 = a$$

である。つまり、$\sqrt{}$ は2乗すれば外れる。

2　数字での「定義」は用語や記号の「約束事」であり、「定理」は定義から導かれた（証明された）性質の
　ことである。定義や定理のうち式で表されたものを「公式」ということもある。

例1 9の平方根は2乗して9となる数であるから、3と−3の2つである。このうち負でない方の数は3なので、$\sqrt{9}=3$である。

※ $-3=-1\times3=-1\times\sqrt{9}=-\sqrt{9}$である。

例2 $\sqrt{0}=0$、$\sqrt{1}=1$、$\sqrt{4}=2$、$\sqrt{9}=3$、$\sqrt{16}=4$、$\sqrt{25}=5$、…である。

以下の数値は頻出なので、覚えておきたい。

覚えておきたい$\sqrt{}$の概算値

❶ $\sqrt{2}$の概算値

2乗して2となる数は$\pm\sqrt{2}$の2つあり、このうち、負でない方の数が$\sqrt{2}$である。$\sqrt{2}$の概算値は、$\sqrt{2}=1.414\cdots$である。覚え方は「一夜一夜」である。

❷ $\sqrt{3}$の概算値

2乗して3となる数は$\pm\sqrt{3}$の2つあり、このうち、負でない方の数が$\sqrt{3}$である。$\sqrt{3}$の概算値は、$\sqrt{3}=1.732\cdots$である。覚え方は「人並みに」である。

❸ $\sqrt{5}$の概算値

2乗して5となる数は$\pm\sqrt{5}$の2つあり、このうち、負でない方の数が$\sqrt{5}$である。$\sqrt{5}$の概算値は、$\sqrt{5}=2.236\cdots$である。覚え方は「富士山麓」である。

④ 二等辺三角形の性質

二等辺三角形の性質

図1-4の二等辺三角形において、∠Aを「**頂角**」、∠B、∠Cを「**底角**」という。このとき、次の性質が成り立つ。

❶ 二等辺三角形では**底角が等しい**。図1-4では∠B＝∠Cである。

❷ 頂角から対辺へ下ろした垂線は対辺の**垂直二等分線**である。

図1-4

⑤ 重要な三角形の性質

数的処理で頻出の三角形をまとめておく。

（ア）正三角形

正三角形とは、3辺の長さの等しい三角形である。

図1-5-1のように、1辺の長さを a とすると次の性質が成り立つ。

正三角形の性質

❶ 3辺の長さの比　　$1:1:1$

❷ 内角　　　　　　全て60°

❸ 高さ　　　　　　$\dfrac{\sqrt{3}}{2}a$

❹ 面積　　　　　　$\dfrac{1}{2} \times a \times \dfrac{\sqrt{3}}{2}a = \dfrac{\sqrt{3}}{4}a^2$

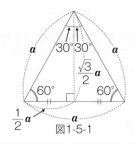

図1-5-1

（イ）直角二等辺三角形

直角二等辺三角形とは、直角三角形でもあり、二等辺三角形でもある三角形である。

図1-5-2のように、（底辺）＝（高さ）＝a とすると、次の性質が成り立つ。

直角二等辺三角形の性質

❶ 3辺の長さの比　　$1:1:\sqrt{2}$

　※ （等辺）：（斜辺）＝$1:\sqrt{2}$ と覚えるとよい。

❷ 内角　　　　　　$45°$、$45°$、$90°$

❸ 斜辺　　　　　　$\sqrt{2}a$

❹ 面積　　　　　　$\dfrac{1}{2} \times a \times a = \dfrac{1}{2}a^2$

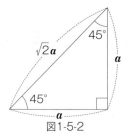

図1-5-2

（ウ）内角が30°、60°、90°の直角三角形

内角が30°、60°、90°の直角三角形について、図1-5-3のように、高さを b とする。このとき、次の性質が成り立つ。

内角が30°、60°、90°の直角三角形の性質

❶ 3辺の長さの比 　$1 : 2 : \sqrt{3}$

❷ 内角 　　　　　　$30°$、$60°$、$90°$

❸ 面積 　　　　　　$\dfrac{1}{2} \times \sqrt{3}b \times b = \dfrac{\sqrt{3}}{2}b^2$

※ 正三角形の頂点から対辺の中点に引いた線分
（中線）で正三角形を2分割した直角三角形である。

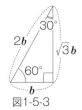

図1-5-3

（エ）ピタゴラスの三角形の性質

図1-5-4の三角形は三平方の定理$3^2 + 4^2 = 5^2$を満た
すので直角三角形である[3]。

このような辺の長さの比が自然数比の直角三角形を
「ピタゴラスの三角形」という[4]。

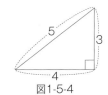

図1-5-4

※ 三平方の定理（別名ピタゴラスの定理）$x^2 + y^2 = z^2$を満たす3つの自然数の
組$(x,\ y,\ z)$を「ピタゴラス数」という。ピタゴラス数は$(3,\ 4,\ 5)$を単純に自
然数倍したもの（例えば2倍した$(6,\ 8,\ 10)$）や、$(5,\ 12,\ 13)$、$(8,\ 15,\ 17)$、$(7,\ 24,\ 25)$、$(20,\ 21,\ 29)$などと、これらを単純に自然数倍したも
の（例えば$(5,\ 12,\ 13)$を2倍した$(10,\ 24,\ 26)$）などがある。

⑥ 角の二等分線と辺の比

角の二等分線と辺の比

△ABCにおいて、∠Aの二等分線と対辺BCとの交
点をDとするとき、次式が成り立つ（図1-6-1）。

BD : DC ＝ AB : AC

※ 角の二等分線に関する多くの問題でこの公式を
使う。

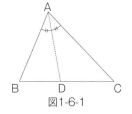

図1-6-1

---

3 三平方の定理は逆の論理「3辺の長さa、b、cの三角形が$a^2 + b^2 = c^2$ならば、この三角形は長さcの
辺の対角が90°の直角三角形である」も成り立つ。

4 三平方の定理の別名である「ピタゴラスの定理」に由来する。なお、ピタゴラスとは紀元前の古代ギ
リシャの哲学者の名前である。

例3 図1-6-2のように、AB＝8、BC＝9、CA＝10の△ABCにおいて、Aの二等分線と対辺BCとの交点をDとするとき、BDおよびDCの長さはいくらか。

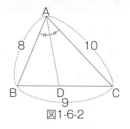

図1-6-2

BD：DC＝AB：AC＝8：10＝4：5より、BCを4：5に比例配分する。BCを4＋5＝9［等分］すれば、BD＝$9 \times \dfrac{4}{4+5}$＝<u>4</u>、DC＝$9 \times \dfrac{5}{4+5}$＝<u>5</u>である。

---

⑦ 中線定理

中線定理

　三角形の頂点から対辺の中点に引いた線分を「**中線**」という。
　△ABCにおいて、頂点Aから対辺BCの中点Mへ引いた中線AMに対し、

$$AB^2 + AC^2 = 2(AM^2 + BM^2)$$

が成立する（図1-7）。

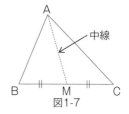

図1-7

---

⑧ 三角形の三心

　三角形において、重心、内心、外心を「**三角形の三心**」という。

（ア）重　心
　三角形の中線は1点Gで交わる。
　この中線の交点Gを「**重心**」という（図1-8-1）。

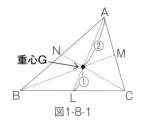

図1-8-1

三角形の重心

　重心は各中線を2：1に内分する。

（イ）内　心

　　三角形の内接円の中心を「内心」という。

　　内心に関して、次の性質が成り立つ。

三角形の内心

❶　三角形の3つの内角の二等分線は1点Iで交わる。この交点Iが三角形の内心となる（図1-8-2）。

※　内接円と三角形の接点、内心を結ぶ線分は内接円の半径であり、辺と垂直に交わる。

❷　内接円の半径の公式

$$（三角形の面積）= \frac{1}{2} ×（周の長さ）×（内接円の半径）$$

$BC = a$、$CA = b$、$AB = c$、$\triangle ABC$の面積をS、内接円の半径をrとすれば、図1-8-2より、$\triangle ABC$ $= \triangle IBC + \triangle ICA + \triangle IAB$であるから、$S = \frac{1}{2}ar$ $+ \frac{1}{2}br + \frac{1}{2}cr$である。ゆえに、$S = \frac{1}{2}(a+b+c)$ rが成立する。

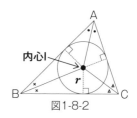

内心I

図1-8-2

※　この公式は、導出過程を理解すれば覚えやすい。具体例については例題1-30を見てもらいたい。

（ウ）外　心

　　三角形の外接円の中心を「外心」という（図1-8-3）。

三角形の外心

　　3辺の垂直二等分線は、1点Oで交わる。この交点Oが外心となる。

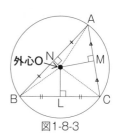

外心O

図1-8-3

正三角形は重心、内心、外心の三心が一致する（図1-8-4）。

例4 正三角形の1辺の長さをaとする。内接円と外接円の半径をそれぞれ、r、Rとするとき、r、Rはaの何倍か。

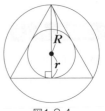

図1-8-4

図1-8-4より、$r + R = （高さ） = \dfrac{\sqrt{3}}{2}a$であり、（内心）＝（外心）＝（重心）であるから、$R : r = 2 : 1$である。よって、（高さ）を2：1に比例配分すれば、$r = （高さ）\times \dfrac{1}{2+1} = \dfrac{\sqrt{3}}{6}a$、$R = （高さ）\times \dfrac{2}{2+1} = \dfrac{\sqrt{3}}{3}a$である。

2 三角形の基本性質の応用

① 等積変形

図2-1のように、△ABCの底辺ABに対し、頂点CをC′へ平行に移動しても、高さは変わらないので、面積も変わらない。このように、面積を変えないように図形を変形することを「等積変形」という。

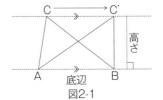

図2-1

② 三角形の面積比

2つの三角形の面積比について以下が成立する。

高さが等しい三角形の面積比

❶ 底辺の比が$a : b$で、高さの等しい三角形の面積比はそれぞれ$a : b$である。つまり、高さが共通の三角形の面積比は底辺の比に一致する。

❷ 基準とする三角形に対して、高さが一致するが、底辺がp倍の三角形の面積は、基準の三角形の面積のp倍である。したがって、基準の三角形との面積比は$1 : p$である。

底辺が等しい三角形の面積比

❶ 底辺は等しく、高さの比が$c:d$の三角形の面積比はそれぞれ$c:d$である。つまり、**底辺が共通の三角形の面積比は高さの比に一致する。**

❷ 基準とする三角形に対して、底辺が一致するが、高さがq倍の三角形の面積は、基準の三角形の面積のq倍である。したがって、**基準の三角形との面積比は1：qである。**

一般の場合の三角形の面積比

❶ 底辺の比が$a:b$、高さの比が$c:d$の三角形の面積比はそれぞれ$ac:bd$である。つまり、**三角形の面積比は「底辺と高さの比の積の比」に一致する。**

❷ 基準の三角形に対し、底辺がp倍、高さがq倍の三角形の面積は、基準の三角形のpq倍になる。したがって、**基準の三角形との面積比は1：pqである。**

等しい角度をもつ三角形の面積比

❶ 等しい角度を挟む三角形の2つの辺の長さについて、図2-2-1のように、一方の辺の長さの比が$e:f$、他方の辺の長さの比が$g:h$のとき、三角形の面積比はそれぞれ$eg:fh$である。

❷ 図2-2-2のように、基準の三角形に対し、等しい角度を挟む一方の辺の長さがs倍、他方の辺の長さがt倍になると、面積はst倍になる。したがって、**基準の三角形との面積比は1：stである。**

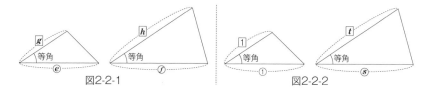

図2-2-1　　　　　　　　　図2-2-2

※ 等しい角度が1つでもある三角形どうしであれば、相似でなくてもこの公式が使える。

例5　下の２つの三角形は∠A＝∠Dである。AB：DE＝1：2、AC：DF＝2：5のとき、△ABCと△DEFの面積比は(AB×AC)：(DE×DF)＝(1×2)：(2×5)＝1：5である。

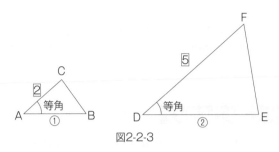

図2-2-3

③ チェバの定理、メネラウスの定理

△ABCの辺または延長上にない点をPとする。頂点A、B、Cと点Pを結ぶ直線が3直線BC、CA、ABと交わる点をそれぞれD、E、Fとする。

このとき、以下の2つの定理が成立する。

チェバの定理、メネラウスの定理

❶　チェバの定理

$$\frac{AF}{FB} \times \frac{BD}{DC} \times \frac{CE}{EA} = 1 \quad （図2-3-1）$$

❷　メネラウスの定理

$$\frac{AF}{FB} \times \frac{BC}{CD} \times \frac{DP}{PA} = 1 \quad （図2-3-2）$$

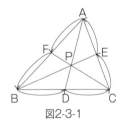

図2-3-1

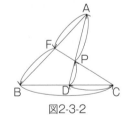

図2-3-2

※　各公式の左から**分子→分母→分子→分母→分子→分母**の順につなげると、Aからスタートすれば、図の矢印の方向に進み一巡してAに戻ってくる。この性質を**公式を覚える一助**にするとよい。

④ ヘロンの公式

ヘロンの公式

3辺の長さがa、b、cの三角形の面積Sは、$l=\dfrac{1}{2}(a+b+c)$として、

$$S=\sqrt{l(l-a)(l-b)(l-c)}$$

で計算できる（図2-4）。

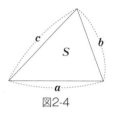

図2-4

※ 3辺の長さがわかっているときの三角形の面積を

求める公式である。$l=\dfrac{1}{2}(a+b+c)$は三角形の周

の長さの半分（半周の長さ）である。

※ 各辺の長さa、b、cの値に$\sqrt{}$を含むとき、ヘロンの公式の$\sqrt{}$の中にさらに

$\sqrt{}$が入ってしまう（二重根号）。したがって、ヘロンの公式はa、b、cの値に

$\sqrt{}$が含まれないときに有効である。

⑤ 三角形の成立条件

三角形の成立条件

三角形の3辺の長さについて、

（短い2辺の和）＞（一番長い辺）

のとき、三角形が成立する。

例6

図2-5のように、長さが1、2、3の線分では三角形は作れないが、長さ

が2、3、4の線分であれば三角形を作ることができる。

 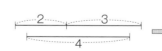 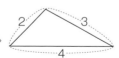

短い2辺の和が一番長い辺
と同じ長さのとき三角形は
できない

短い2辺の和が一番長い辺より長いので「へ」の字
に傾けて両端を合わせることで三角形が成立する

図2-5

3 多角形の性質

多角形とは三角形、四角形、五角形、六角形、…などの総称であり、n を 3 以上の整数とすれば、多角形は「n 角形」と表すこともできる。

n が 4 以上の整数である n 角形が、三角形と大きく異なる点は、**対角線を持つ**ことである。原則的に n が 4 以上の多角形では、対角線を引いて三角形に分割すれば、複数の三角形の問題に変換できる。

$n = 3$ の場合は [1]、[2] にまとめたので、以下では、特に断りがない限り、n が 4 以上の整数である n 角形を中心にまとめていく。

① 対角線

頂点と頂点を結んだ線分のうち、辺でないものを「**対角線**」という（図3-1）。

図3-1

② 多角形の内角の和

多角形の内角の和

$$(n\text{角形の内角の和}) = 180° \times (n-2)$$

※　下の [例7] のように、**対角線を引いて、三角形に分割**すれば、この式を使わなくても内角の和は求められる。

例7

（五角形の内角の和）
　　　= (三角形が 3 つ分)
　　　= $180° \times 3 = 540°$

（六角形の内角の和）
　　　= (三角形が 4 つ分)
　　　= $180° \times 4 = 720°$

③ 多角形の外角の和

多角形の外角の和

どんな多角形においても、次式が成立する[5]。

（外角の和）＝360°

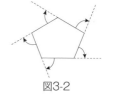

図3-2

図3-2のように、どんな多角形も外角の分だけ矢印の方向に回せば、一回転する。よって、（外角の和）＝360°である。

④ 多角形の対角線の本数

多角形の対角線の本数

$$(n\text{角形の対角線の本数}) = \frac{n \times (n-3)}{2}[\text{本}]$$

n角形の対角線は、異なる n［個］の頂点から２つ選んで結べばよい。ただし、n［本］の辺は除かなければならないので、次のようになる。

$$_{n}C_{2} - n = \frac{n \times (n-1)}{2 \times 1} - n = \frac{n \times (n-3)}{2}[\text{本}]$$

これは、１個の頂点から隣り合う２つの頂点を除く$n-3$［個］の頂点に対角線を引くことができるので、対角線は延べ$(n-3) \times n$［本］引くことができるが、すべての対角線は２回ずつ重複しているので２で割る、と理解してもよい。

例8

六角形に対角線は$_{6}C_{2} - 6 = \frac{6 \times 5}{2 \times 1} - 6 = 9$［本］引くことができる。

あるいは、各頂点から３本ずつ、６つの頂点から延べ$3 \times 6 = 18$［本］対角線を引くことができるが、すべての対角線は２回ずつ重複しているので２で割ることで、$18 \div 2 = 9$［本］であると理解してもよい。

---

5 前の脚注でも示したが、内角が180°を超える凹みのある多角形（凹多角形）であっても、（外角）＝180°－（内角）と定めれば、凹みの外角が「負の角」となり、（外角の和）＝360°が成立する。

⑤ 重要な四角形の性質

台 形

❶ 1組の対辺（上底と下底）が平行である。

　このうち、底辺の両端の内角が互いに等しいものを「等脚台形」（図3-3-1）という。このとき、もう1組の対辺の長さは等しくなる（等脚）。

❷ （台形の面積）＝ $\dfrac{1}{2}$ ×｛（上底）＋（下底）｝×（高さ）

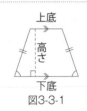

図3-3-1

平行四辺形

❶ 2組の対辺が平行である。

❷ 対辺の長さが等しい。

❸ 対角線が互いに中点で交わる。

❹ 向かい合う2つの内角がそれぞれ等しい。

❺ （平行四辺形の面積）＝（底辺）×（高さ）

図3-3-2

ひし形

❶ 2組の対辺が平行である。

❷ 4辺の長さが等しい。

❸ 2本の対角線が互いに中点で直角に交わる。

❹ 向かい合う2つの内角がそれぞれ等しい。

図3-3-3

❺ （ひし形の面積）＝ $\dfrac{1}{2}$ ×（縦の対角線の長さ）×（横の対角線の長さ）

長方形

❶ 2組の対辺が平行である。

❷ 対辺の長さが等しい。

❸ 対角線が互いに中点で交わる。

❹ 内角が全て直角である。

❺ 対角線の長さが等しい。

図3-3-4

❻ （長方形の面積）＝（縦の辺の長さ）×（横の辺の長さ）

正方形

❶ ２組の対辺が平行である。
❷ ４辺の長さが等しい。
❸ 対角線が互いに中点で直角に交わる。
❹ 内角が全て直角である。
❺ 対角線の長さが等しい。
❻ 正方形の面積＝（１辺の長さ）^{2}

図3-3-5

---

4 正多角形の性質

① 正多角形

全ての辺の長さとすべての内角が等しい多角形を「正多角形」という。

例9

正方形、正五角形、正六角形、正八角形は下のような図形である。

---

② 正 n 角形の内角

n角形の内角の和をn等分すればよい。または、$180° -$（外角）で計算してもよい。したがって、次式が成り立つ。

正 n 角形の内角

$$（正 n 角形の内角）= \frac{180° \times (n-2)}{n}$$

または、

$$（正 n 角形の内角）= 180° -（外角）= 180° - \frac{360°}{n}$$

※ （n角形の外角の和）$= 360°$より、（外角）$= \dfrac{360°}{n}$である。

例10
$$（正八角形の内角）= \frac{180° \times 6}{8} = 135° である。$$

③ 正多角形の性質

正三角形も含め、正多角形の性質をまとめると下表のようになる。

正n角形	正三角形	正方形	正五角形	正六角形	正八角形	公式
n	3	4	5	6	8	
内角の和	180°	360°	540°	720°	1080°	$180° \times (n-2)$
内角	60°	90°	108°	120°	135°	$\dfrac{180° \times (n-2)}{n} = 180° -（外角）$
外角	120°	90°	72°	60°	45°	$\dfrac{360°}{n}$
対角線の本数	0	2	5	9	20	$\dfrac{n(n-3)}{2}$［本］

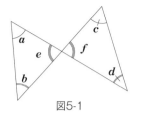

5 特殊な図形

① リボン

図5-1において、$a+b=180°-e$、$c+d=180°$
$-f$だが、対頂角の関係$e=f$より[6]、$a+b=c+d$が
成立する。

図5-1

（左側の二角の和）＝（右側の二角の和）

② 星形（五芒星）

図5-2-2のように、CDに補助線を引いて、BDCEにリボンを作る。このとき、
$∠A+∠B+∠C+∠D+∠E=∠A+∠C+∠D+(∠B+∠E)=∠A+∠C+$
$∠D+(∠B'+∠E')=$［三角形ACDの内角の和］$=180°$である。したがって、次式
が成立する。

（星の先端の角の和）＝$180°$

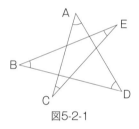

図5-2-1

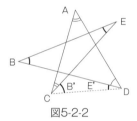

図5-2-2

---

6 次の相似のところ（ **2** ）で扱うが、平行でない2直線が交わるときの向かい合う角のペアを「対頂角」
といい、角度は互いに等しい。

∠C = 90°、BC = 12、CA = 9の直角三角形ABCに内接する円の半径として、正しいのはどれか。

① 2
② 3
③ 4
④ 5
⑤ 6

正解へのプロセス

「直角三角形と内接円の半径」の問題である。 **テーマの把握**

三角形の内接円の半径を問われているので、「内接円の半径の公式」(三角形の面積) = $\frac{1}{2}$ × (周の長さ) × (内接円の半径)をまずは思い浮かべたい。 **目標** **公式**

では、この公式を用いて(内接円の半径)を求めるにはどうすればよいだろうか。それは、(三角形の面積)と(周の長さ)を求める、と考えればよい。このように、公式を用いる場合には、目標から逆にたどって考えるようにしたい。

(三角形の面積)は(底辺)と(高さ)が与えられており、容易に求めることができる。

(周の長さ)を求めるには、3辺の長さをすべて求めておかなければならないが、本問の三角形は直角三角形であり、2辺の長さが与えられているので、残りの1辺は三平方の定理を用いて求めればよい、と考える。なお、この直角三角形はピタゴラスの三角形である。

本問は図形の特徴に着目して解くこともできる。「③ 円と扇形」でも述べるが、円とその接線は接点で半径と垂直に交わる。これを、足掛かりに解くこともできる。また円が出てきたら中心と半径に、接線が出てきたら接点に着目するとよい。

解法のポイント

このような基本的な図形の性質は作図すれば理解できる。 **作図** 作図しながら考えることで、知識を引き出すことができる。

解説

［解法1］　公式を用いる

三平方の定理により、 公式 $AB = \sqrt{9^2 + 12^2} = 15$ であるので、この直角三角形の三辺の長さは9、12、15である。（$9 : 12 : 15 = 3 : 4 : 5$ より、この直角三角形はピタゴラスの三角形である）また、$\triangle ABC$ の面積は $\frac{1}{2} \times 12 \times 9 = 54$ である。

内接円の半径を r として、内接円の半径の公式を用いれば、$54 = \frac{1}{2}(12 + 9 + 15)r$ が成り立ち、これを解けば、$r = 3$ である。 公式

※　この公式は次のように導出できる。導出過程をそのまま解答にしても解きやすい。

内接円の中心を I とすれば、（$\triangle IBC$ の面積）$= \frac{1}{2} \times 12 \times r$、（$\triangle ICA$ の面積）$= \frac{1}{2} \times 9 \times r$、（$\triangle IAB$ の面積）$= \frac{1}{2} \times 15 \times r$、から、$\triangle ABC = \triangle IBC + \triangle ICA + \triangle IAB$ であり（図1）、$54 = \frac{1}{2} \times 12 \times r + \frac{1}{2} \times 9 \times r + \frac{1}{2} \times 15 \times r = \frac{1}{2}(12 + 9 + 15)r$ が成り立つ。

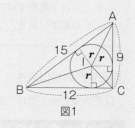

図1

［解法2］　図形の性質を利用する

内接円の中心を I、内接円との接点を図2のように P、Q、R とおく。円外の点から接点までの距離がそれぞれ等しいことより[7]、$AQ = AR$、$CP = CQ$、$BP = BR$ が成り立ち、$\angle C = 90°$ より、四角形 $IPCR$ は正方形であることがわかる。 作図

よって、$AQ = AR = 9 - r$、$BP = BR = 12 - r$ より、斜辺 AB に着目すれば、$(9 - r) + (12 - r) = 15$ より、$r = 3$ である。

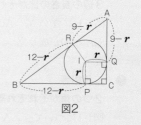

図2

正解

---

[7]　円と接線の性質の一つであり、❸ 2 -③で後述する。

② 相　似

1 相　似

対応する各辺の長さの比が等しく、対応する内角もすべて等しい多角形どうしを「互いに相似である」という(図1-1)。直感的には、**サイズが拡大縮小しただけの「形の同じ図形どうし」**と考えればよい。

例11
- ❶ 正三角形どうしは相似である。
- ❷ 正方形どうしは相似である。
- ❸ 一般に、正 **n** 角形どうしは相似である。

> ※　円は多角形ではないが、サイズが拡大・縮小しただけであるため、円どうしも相似である。

---

① 三角形の相似条件

以下の条件を1つ以上満たせば「2つの三角形は互いに相似である」といえる。

三角形の相似条件

❶ 三辺比相等

3辺の長さの比がそれぞれ等しい。

図1-1について、$AB : DE = BC : EF$ $= CA : FD$ が成り立つ。

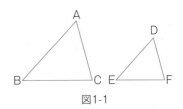

図1-1

❷ 二角相等

2つの角がそれぞれ等しい(結果的に3つの角がすべて等しい)。

図1-1について、$\angle A = \angle D$、$\angle B = \angle E$ が成り立つ(結果的に $\angle C = \angle F$ も成り立つ)。

❸ 二辺比夾角相等

2辺の長さの比とその間の角がそれぞれ等しい。

図1-1について、$AB : DE = BC : EF$、$\angle B = \angle E$ が成り立つ。

---

② 相似比

相似な図形どうしで、**対応する長さ**(多角形ならば辺、円ならば半径)の比を相似比という。図1-1において、相似比はAB：DE＝BC：EF＝CA：FDである。

相似平面図形の面積比

2つの平面図形が相似であり、相似比が$a：b$のとき、面積比はそれぞれ$a^2：b^2$である。

$$(相似平面図形の面積比)＝(相似比)^2$$

例12 図1-2の正方形において、相似比は1：2であるから、面積比は$1^2：2^2＝$1：4である。

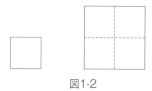

図1-2

例13 図1-3において、2つの直角三角形は角度が全て等しいので相似な三角形である。対応する辺の比は$4：6＝2\sqrt{3}：3\sqrt{3}＝2：3$より、単純な比で表せば相似比は2：3である。また、面積比は相似比の2乗であるから、$2^2：3^2＝4：9$である。

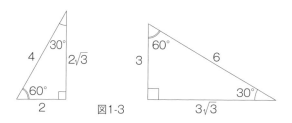

図1-3

[参 考] 相似立体図形の体積比

下巻で扱う立体図形の内容であるが、次のこともこのタイミングで知っておくとよい。2つの立体図形が相似であり、相似比が$a：b$のとき、体積比はそれぞれ$a^3：b^3$である。

$$(相似立体図形の体積比)＝(相似比)^3$$

例14 図1-4の立方体において、相似比は1：2であるから、体積比は$1^3 : 2^3 = 1 : 8$である。

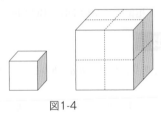

図1-4

③ 合 同

相似比が1：1の図形どうしを「互いに合同」という。直感的には、「形もサイズも同じ図形どうし」と考えればよい。

④ 三角形の合同条件

以下の条件を1つ以上満たせば「2つの三角形は互いに合同である」といえる。

三角形の合同条件

❶ 三辺相等　さんぺんそうとう

3辺の長さがそれぞれ等しい。

❷ 二辺夾角相等　にへんきょうかくそうとう

2辺とその間の角がそれぞれ等しい。

❸ 一辺両端角相等　いっぺんりょうたんかくそうとう

1辺とその両端の角がそれぞれ等しい。

図1-5

2 平 行

① 平行線と角度

(ア) 対頂角

　平行でない2直線が交わるときの向かい合う2つの角を「**対頂角**」といい、角度は互いに等しい(図2-1-1)。

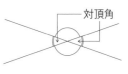

図2-1-1

(イ) 同位角、錯角

　図2-1-2のように、平行線に交わる直線が作る2つの角を「**同位角**」および「**錯角**」といい、角度は互いに等しい。

図2-1-2

② 平行線によって区分される線分

　図2-2のように、2本の直線が3本の平行線によって線分に区分されるとき、$a:b=c:d$ が成り立つ。

　つまり、平行線で区分される線分の長さの比は等しい。

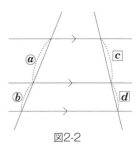

図2-2

③ 平行線と相似な三角形

　図2-3のように、平行線に交わる2直線が作る三角形どうしは相似である。

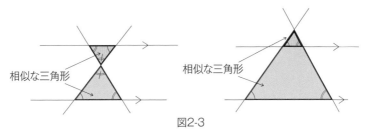

図2-3

　※　平行線周りに着目すると相似な三角形を見つけやすい。また、相似な三角形を作るには平行線を引くとよい。

例題 1-31 図1の円に内接する正三角形の面積と、図2の円に外接する正三角形の面積の比として、正しいのはどれか。

なお、図1と図2の円の半径の長さは同じである。

❶ 1:2
❷ 1:3
❸ 1:4
❹ 1:5
❺ 1:6

図1

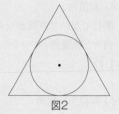
図2

正解へのプロセス

「正三角形の面積比」の問題である。 `テーマの把握`

面積比の問題は、相似か相似でないかで大きく方針が変わる。正三角形どうしは相似であるから、(面積比)＝(相似比)^2 を用いるとよい。 `公式`

なお、相似でないときは、「三角形の面積比」(**❶** `2` ②)を使って考えていくとよい。 `解法のポイント`

解説

[解法1]

図2の接点を結んで考えてみる。 `作図`

すると、図3のように、図1の円に内接する正三角形を半回転した逆三角形であることがわかる。

辺の比(相似比)が1:2であるから、(面積比)＝(相似比)^{2}より、 `公式` 面積比は$1^2:2^2＝1:4$であることがわかる。

図3

[解法2]

図1、図2それぞれの正三角形において、正三角形は重心、内心、外心の三心が一致するので、それぞれの重心が円の中心であることがわかる。重心は中線を2:1に内分することから、 `公式` 円の半径をrとすれば、図1の正三角形の高さは$r+\dfrac{1}{2}r$

$=\dfrac{3}{2}r$、図2の正三角形の高さは$2r+r=3r$であるので、高さの比は(図1の高さ)：(図2の高さ)$=\dfrac{3}{2}r:3r=1:2$であり、相似比は$1:2$である。よって、面積比は$1^2:2^2=1:4$であることがわかる。

図1

図2

正解

例題 1-32 右図の正方形ABCDにおいてAE：EO＝2：1であるとき、△AFE の面積：△ABOの面積として、正しいのはどれか。

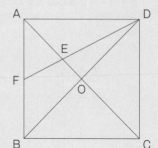

❶ 1：2
❷ 2：5
❸ 1：3
❹ 2：7
❺ 1：4

正解へのプロセス

「三角形の面積比」の問題である。　**テーマの把握**

△AFEと△ABOは相似でないが、∠FAEと∠BAOが一致している。等しい角度 をもつ2つの三角形は、その角を挟む一方の辺の長さの比がe：f、他方の辺の長さ の比がg：hのとき、三角形の面積比はそれぞれeg：fhで計算できる。　**公式**

正方形の性質を用いることを念頭に入れながら、平行な2直線がある場合や、問 題文に比が与えられたら、平行線周りの相似な三角形を探すことで、相似比を求め ていく。　**解法のポイント**

解説

正方形の対角線の交点は対角線の中点である。　**解法のポイント**

したがって、AE：EO：OC＝2：1：(2＋1)＝2：1：3より、AE：EC＝2：(1 ＋3)＝1：2である。

また、△AFEと△CDEは相似であるから、相似比はAE：EC＝1：2よりAF： CD＝1：2となり、CD＝ABよりAF：AB＝1：2である。

あるいは、△ABDに着目すると、AOは中線であり、EはAOを2：1に内分する 点であるから、△ABDの重心である。Eを通るDFは中線になり、FはABの中点

である、と考えてもよい⁸。

よってAE：AO＝2：3より、（△AFEの面積）：（△ABOの面積）＝（AF × AE）：（AB × AO）＝（1 × 2）：（2 × 3）＝1：3である。

正解 **❸**

---

8 三角形において「重心は中線を2：1に内分する」だけでなく、逆の論理である「中線を2：1に内分する点は重心である」も成り立つ。

③ 円と扇形

1 円の性質

① 円の定義

定点からの距離が一定の点の集合を「円」という（図1-1）。

（ア）中心・半径

定点を円の「中心」、中心と円周上の一点との
距離を「半径」という。

（イ）弦・直径・弧

円周上の2点を結ぶ線分を「弦」といい、中心
を通る弦を「直径」という。このとき、

(直径)＝(半径)×2

が成り立つ。

また、円周上の2点によって区切られた円周の2つの部分を「弧」（または「円弧」）
という。2つの弧のうち長い方の弧を「優弧」、短い方の弧を「劣弧」という。

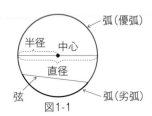

図1-1

② 円周と円周率

円周の長さは直径に比例する。この比例定数を「円周率」といい、円周率はπとい
う文字で表す[9]。

> **円周と円周率**
>
> ❶ 円周率の定義
>
> $$(円周率) = \frac{(円周)}{(直径)} \; ; \; \pi = 3.1415\cdots$$
>
> ❷ (円周) ＝ (円周率) × (直径) ＝ 2 × (円周率) × (半径)
>
> 半径をrとすると、(円周) ＝ $2\pi r$である。

---

9 πはギリシャ文字である。

③ 円の面積

円の面積

$$（円の面積）＝（円周率）×（半径）^2$$

半径をrとすると、（円の面積）$＝\pi r^2$である。

④ 扇形の弧長と面積

円の中心と弧の両端を結んでできる図形を扇形という。

扇形の弧の両端を通る２つの半径のなす角を「**中心角**」という（図1-2）。

次の扇形の弧長や面積は円を基準にして求めるとよい。

扇形の弧長と面積

❶ （扇形の弧長）$＝$（円周）$×\dfrac{（中心角）}{360°}$

$\quad＝\{2×（円周率）×（半径）\}×\dfrac{（中心角）}{360°}$

中心角

図1-2

❷ （扇形の面積）$＝$（円の面積）$×\dfrac{中心角}{360°}$

$\quad＝\{（円周率）×（半径）^2\}×\dfrac{中心角}{360°}$

※ $\dfrac{（中心角）}{360°}$は「円の中心角全体（$＝360°$）に対する**扇形の中心角の割合**」である。

⑤ 円周角

円周上の相異なる３点をA、B、Cとする。

$\angle$ACBを弧ABの「**円周角**」という（図1-3）。

C

円周角

中心

中心角

A　　B

図1-3

円周角の定理

同じ半径の円において、弧長が一致すれば、円周上の1点の取り方によらず、円周角は変わらない。これを「円周角の定理」という（図1-4）。

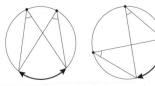

円周角（図では4つ）がすべて等しい

同じ半径の円で弧長も同じ
図1-4

中心角と円周角の関係

中心角と円周角の間に次式が成り立つ。

$$（中心角）＝（円周角）×2$$

特に、中心角が180°のとき、円周角は90°になる（図1-5）。

図1-5

※ 円周角・中心角は弧の長さと比例するので、例えば、弧の長さが1：2のとき、円周角や中心角も1：2である（図1-6）。

図1-6　弧長が1:2

⑥ 円に内接する四角形

4点A、B、C、Dを図1-7のように円周上に取る。弧ABをDを通るように取るとき（弧ADB）、弧ADBの円周角は∠ACBであり、弧ABをCを通るように取るとき（弧ACB）、弧ACBの円周角は∠ADBである。このとき、

$$∠ACB＋∠ADB＝180°$$

が成り立つ。ゆえに、円に内接する四角形の対角の和は180°である。

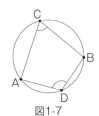

図1-7

2 円と接線

① 円と接線

円の接線は、接点と中心を結んだ線分(半径)と垂直に交わる(図2-1)。

図2-1

接弦定理

図2-2のように、Tを接点とし、円上の2点A、Bに対し、「弧TAの円周角」と「Tにおける接線と弦TA」のなす角は一致する。また、「弧TBの円周角」と「Tにおける接線と弦TBのなす角」は一致する。

※　図2-2においてはbとaである[10]。

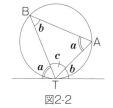

図2-2

② 円と平行でない直線

方べきの定理

点Pを通る平行でない2直線と円との交点をそれぞれA、BおよびC、Dとするとき、図2-3-1、図2-3-2のいずれの場合も、△PACと△PDBが相似であるから、PA:PC＝PD:PBとなり、次式が成り立つ。

$$PA \times PB = PC \times PD$$

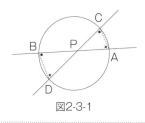

図2-3-1

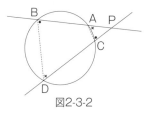

図2-3-2

10　接点Tの周りにある角度の和に着目すれば、$a+c+b＝180°$となり、「三角形の内角の和が180°である」ことと整合する。

③ 円外の点から引いた2接線とそのなす角

図2-4のように、円外の点Pから接線を2本引く。接点をS、Tとすると、**PS＝PT**が成り立つ。よって、**円外の点から引いた2接線の接点までの長さは等しい**ことがわかる。

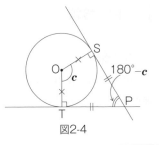

図2-4

また、中心をOとし、弧STの中心角をcとする。このとき、四角形PSOTの内角の和が360°であることより、∠SPT＝$180° - c$である。

　※　△OSPと△OTPにおいて、∠OSP＝∠OTP＝90°より直角三角形であり、(半径)＝OS＝OT、(斜辺)＝OPが共通なので、三平方の定理から、PS＝PTが成り立つ。

例題 1-33 　図のように、半径が1の大円4つをそれぞれ両隣の大円に接するように置く。この4つの大円すべてと接するように小円を配置したとき、この小円の半径の長さはいくらか。

① $\sqrt{2}-1$

② $\dfrac{1}{2}$

③ $2-\sqrt{2}$

④ $\dfrac{\sqrt{2}}{2}$

⑤ $2\sqrt{2}-2$

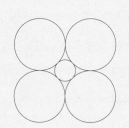

正解へのプロセス

「円と接点」に関する問題である。　**テーマの把握**

円と接点(接線)の問題では、中心、半径、接点に着目する。　**解法のポイント**

本問は複数の円が外接しているので、円の中心と接点どうしを結ぶ。すると自然に正方形や直角二等辺三角形が出現する。そこで、正方形や直角二等辺三角形の性質に着眼してみる。

解説

右図のように外側の大円の中心を結んで正方形を描き、内側の小円の中心を通るように、この正方形に対角線を引く。すると、2つの直角二等辺三角形に分割することができる。直角二等辺三角形の(等辺):(斜辺)=$1:\sqrt{2}$より、(斜辺)=(等辺)$\times\sqrt{2}$が成り立つことに注意する。　**公式**

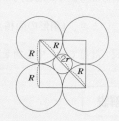

このとき、小円と大円の半径をそれぞれ r、R とすれば、　**目標** 右図より、(斜辺)$=2r+2R$、(等辺)$=2R$となり、$2r+2R=\sqrt{2}\times2R$が成り立つ。

$R=1$より、$2r+2=2\sqrt{2}$となり、これをrについて解くと、$r=\sqrt{2}-1$である。

正解 **①**

例題 1-34　直径AB = 4である半円を、右図のように点A、Bが中心Oと重なるよう折り返した。このとき、太線で囲まれた部分の面積として、正しいのはどれか。

❶ $\sqrt{3} - \dfrac{2}{3}\pi$

❷ $2\sqrt{3} - \dfrac{2}{3}\pi$

❸ $3\sqrt{3} - \dfrac{2}{3}\pi$

❹ $2\sqrt{3} - \dfrac{4}{3}\pi$

❺ $3\sqrt{3} - \dfrac{4}{3}\pi$

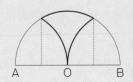

正解へのプロセス

円弧で囲まれた図形を「**円弧図形**」という。したがって、「**円弧図形の面積**」が本問のテーマである。　**テーマの把握**

円弧図形が出てきたら扇形を作るとよい。扇形の他に、三角形などの図形と組み合わせながら、面積が計算できる図形に分割して求積していく。具体的には、円弧図形の面積では扇形を作り、三角形を足したり引いたりしながら面積を計算していけばよい。

扇形は円弧の両端と円の中心を結ぶことで作図できる。　**作図**

このとき、(扇形の面積) = (円周率) × (半径)² × $\dfrac{(中心角)}{360°}$ より、扇形の面積や弧長の計算では、中心角を求めておく必要がある。　**公式**

解説

まず、面積の計算ができる図形に等積変形をしていく。図1のように円弧上にC、Dをとる。OA = OB、OC = AC、OD = BDであり、これらはすべて半径2である。

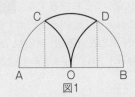

図1

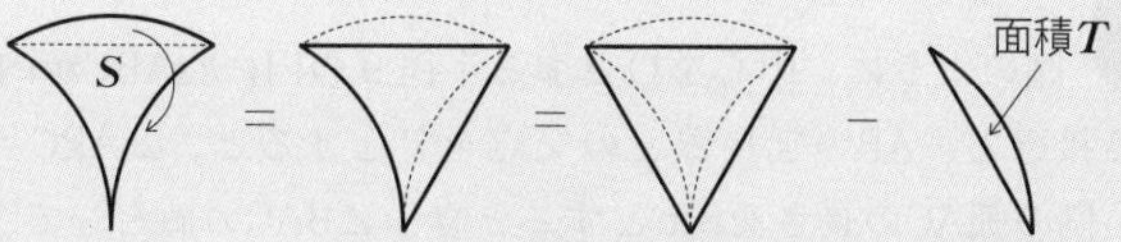

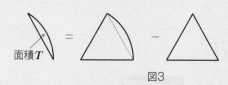

図2

図2の右辺の第1項目の逆三角形は正三角形である。よって、図2のように計算すれば、

（求める円弧図形の面積S）＝（正三角形の面積）－

（弧と弦で囲まれた部分の面積T）

で求められる。

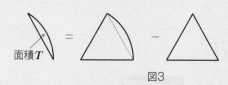

図3

また、（弧と弦で囲まれた部分の面積T）＝（扇形の面積）－（正三角形の面積）は図3のようにして求めることができる。正三角形は内角がすべて60°であるから、図3の扇形の中心角も60°である。

（扇形の面積）＝（円周率）×（半径）^{2}×$\dfrac{（中心角）}{360°}$

（正三角形の面積）＝$\dfrac{\sqrt{3}}{4}$×（一辺の長さ）^{2}

より、　公式（求める円弧図形の面積S）は次のように計算すればよい。

$$S=\frac{\sqrt{3}}{4}\times2^2-\left(2\times2\times\pi\times\frac{60°}{360°}-\frac{\sqrt{3}}{4}\times2^2\right)=2\sqrt{3}-\frac{2}{3}\pi$$

正解 ❷

図のように、中心をOとする半径9の円に△ABCが内接している。点Cで接する接線と、ABの延長線との交点をPとすると、∠APC＝40°である。Bを含まない側の弧ACの長さを8πとするとき、∠BACの値として、正しいのはどれか。ただし、円周率はπとする。

1 30°
2 35°
3 40°
4 45°
5 50°

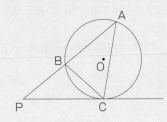

正解へのプロセス

「円と角度」の問題である。**テーマの把握**

円の問題で、角度が問われたときに、まず考えてもらいたいのは「円周角の定理」である。また、弧長が与えられた場合、角度は扇形の中心角に現れる。さらに、円周角と中心角は、（中心角）＝（円周角）×2という関係でつながる。**解法のポイント**

公式

円と接線が出てきたとき、「接弦定理」は思い出してもらいたい定理である。また、円の接線は、接点と中心を結んだ線分（半径）と垂直に交わることも使うことが多い。**公式**

これらを使って問題の角度を求められないかを考えてもらいたい。

解説

∠BAC＝**x**とする。**目標**

CPが接線であるから、接弦定理より∠BCP＝**x**である。**公式** また、弧ACの長さが8π、円周の長さが2π×9＝18πより、扇形OACの中心角は $8\pi = 18\pi \times \dfrac{(中心角)}{360°}$ より、**公式**

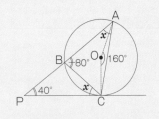

$360° \times \dfrac{8\pi}{18\pi} = 160°$ である。

よって、弧ACの円周角は中心角の半分の80°である。**公式** ゆえに、∠ABC＝

80°である。

 ∠ABC＝∠BPC＋∠BCPより、80°＝40°＋*x*となり、*x*＝40°である。

正解 ❸

第1章

数的推理

❹ 平面図形の問題の解法

　例題を通して、いろいろな問題を見てきたが、平面図形の問題では、**公式や定理が数多く登場する**。計算でも、**ルート($\sqrt{}$)や有理化、展開公式**など様々なものが用いられてきた。このような計算の詳細は巻末の付録にあるので参照してもらいたい。そこで、最後に図形の問題を解く上で留意する点をまとめておく。もう一度確認をしてもらい、このあとの過去問に取り組んでもらいたい。

図形の問題の解法

(1)　**目標を明確にする。**図形の問題は、目標から逆にたどって考えることが多い。何を問われているかによって、使う公式や定理が変わってくる。

(2)　**公式は確実に覚える。**公式を1つだけでなく複合的に使う。そのため、図形の特徴を見ながら、どの公式を使えばよいかを考えていく。

　また、各論になるが、次の方法がある。整理してもらいたい。

(3)　図形の問題では、次のように補助線を引いたり、性質を見つけ出したりしながら解いていく。

　❶　**直角**が出てきたら「**三平方の定理**」が使えないか検討する。つまり、**直角三角形**が周りにないか探す。

　❷　**角の二等分線**が出てきたら、「**角の二等分線と辺の比**」の公式が使えないか検討する。

　❸　**中点や中線**が出てきたら、相似図形（合同な図形）や三角形の重心を探してみる。「**中線定理**」を使うこともある。

　❹　**多角形**が出てきたら、対角線を引いて三角形に分割する。

　❺　**平行線**があれば、その周りに相似図形を探す。あるいは、平行線がなくても、平行線を引いて、相似図形を作り出す。なお、見た目で似ていると判断できる図形どうしは、ほぼ間違いなく相似である[11]。

　❻　**三角形の面積**は「$\frac{1}{2} \times$（底辺）$\times$（高さ）」か「**ヘロンの公式**」で求めるが、面積比であれば、底辺や高さの比に着目するか、角が一致する三角形を探す。相似な三角形であれば、（面積比）＝（相似比）^{2}で求められる。

11　人間の目は正確に見抜くものである。数学とは異なり、証明は不要であるから、自分の目を信じて、「相似」とみなして議論を進めるとよい。

❼ 円が出てきたら、**中心と半径に着目**する。特に、**接点**や**接線**が出てきたら、中心と接点を結べば、これは**半径**である。また、**半径は接線と直交**する。

❽ **円と角度**が出てきたら、**弧を1つずつ取り出し**、それぞれの弧に対し、**円周角**および**中心角**を調べる。円周角が同じであれば、これを足掛かりに相似図形が見つかる場合もある。

❾ **円と接線が伴う角度**の問題は「**接弦定理**」を検討する。

❿ **円弧図形の面積**の問題では、弧の両端と中心を結んで半径を書き、この2つの半径と弧と囲んで**扇形**を作る。

問題1 図のように、縦24cm、横32cmの長方形ABCDを対角線BDで折って、点Cの移った点を点C'とする。辺ADと辺BC'の交点をPとしたとき、線分APの長さはいくらか。

国家一般職2016

1 6 cm

2 $4\sqrt{3}$cm

3 7 cm

4 8 cm

5 $5\sqrt{3}$cm

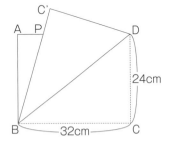

解説

「直角三角形と長さ」の問題である。 **テーマの把握**

下図のようにPDに直線を引き、△ABPと△C'DPに着目する。∠BAP = ∠DC'P = 90°、対頂角より∠BPA = ∠DPC'であるから、残る1つの内角も∠ABP = ∠C'DPである。また、AB = C'D = 24 [cm] であることから「1辺とその両端の角が等しい」ので、△ABPと△C'DPは合同な三角形であることがわかる。したがって、AP＝C'Pである。

AP = C'P = x [cm] とおいて、 **目標** △ABPまたは△C'DPに着目する。これらは直角三角形であることから、三平方の定理より $(32-x)^2 = 24^2 + x^2$ が成り立つ。

解法のポイント **公式**

展開公式 $(x+y)^2 = x^2 + 2xy + y^2$ を用いて左辺を展開し、 **公式** 整理すれば、

$$24^2 + x^2 = x^2 - 64x + 32^2 \Leftrightarrow 64x = 32^2 - 24^2$$

となり、これを解くと $x = 7$ [cm] である。

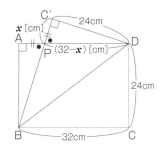
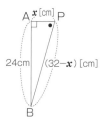

次の図のように、直角三角形ABCの∠BACの二等分線と辺BCとの交点をDとする。ABを2、BDを1とするとき、直角三角形ABCの面積はどれか。

特別区Ⅰ類2012

1 $\dfrac{11}{3}$

2 $\dfrac{10}{3}$

3 3

4 $\dfrac{8}{3}$

5 $\dfrac{7}{3}$

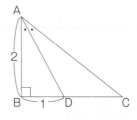

解説

「直角三角形の面積と角の二等分線」の問題である。 **テーマの把握**

ADは∠BACの二等分線であるから、「角の二等分線と辺の比」の公式よりAB：AC＝BD：CDである。 **公式**

そこで、CD＝xとすると、 **目標** AB＝2、BD＝1より、2：AC＝1：xが成り立つ。（内項の積）＝（外項の積）より、この式を解くと、AC＝$2x$と表せる。

△ABCが直角三角形であることより、三平方の定理を用いれば、 **解法のポイント** $AB^2 + BC^2 = AC^2$であるので、$2^2 + (1+x)^2 = (2x)^2$が成り立つ。 **公式**

この式を展開公式$(x+y)^2 = x^2 + 2xy + y^2$を用いて整理すると、$3x^2 - 2x - 5 = 0$である。

これを「たすき掛けの公式」$acx^2 + (ad+bc)x + bd = (ax+b)(cx+d)$を用いて変形しながら計算すると、 **公式** $(3x-5)(x+1) = 0$であるので、$x = -1$、$\dfrac{5}{3}$を得るが、辺の長さがマイナスになることはあり得ないので、$x = \dfrac{5}{3}$である。

よって、直角三角形ABCの面積は$\left(1 + \dfrac{5}{3}\right) \times 2 \times \dfrac{1}{2} = \dfrac{8}{3}$である。

※ 「たすき掛けの公式」などの2次方程式の因数分解や解については、巻末の付録を参照してもらいたい。

問題3 次の図のような、AB＝5、BC＝7、CA＝6とする三角形ABCの面積はどれか。

特別区Ⅰ類2013

1 　3

2 　$3\sqrt{6}$

3 　$6\sqrt{6}$

4 　$\dfrac{21}{\sqrt{2}}$

5 　$\dfrac{35\sqrt{3}}{4}$

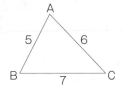

解説

「三角形の面積」の問題である。 **テーマの把握**

［解法1］　3辺の長さがわかっている三角形の面積を求めるので、ヘロンの公式を利用する

$l = \dfrac{5+6+7}{2} = 9$として、ヘロンの公式により、$S = \sqrt{9(9-5)(9-6)(9-7)} = 6\sqrt{6}$である。 **公式**

［解法2］　補助線を引き、三平方の定理を利用する

（三角形の面積）$= \dfrac{1}{2} \times$（底辺）$\times$（高さ）より、（高さ）を求めればよい。そこで、右図のようにAからBCへ下ろした垂線の交点をHとする。 **作図** そして、AH$=x$、 **目標** BH$=y$とおけば、HC$=7-y$となり、△ABHと△ACHに三平方の定理を用いて、 **公式**

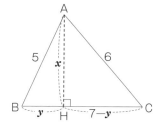

$\quad$△ABH；$x^2 + y^2 = 5^2$ …①

$\quad$△ACH；$x^2 + (7-y)^2 = 6^2$ …②

$\quad$②−①；$(7-y)^2 - y^2 = 6^2 - 5^2$ …③

ここで、**公式**$x^2 - y^2 = (x+y)(x-y)$を用いて、 **公式** ③式を変形すれば、

$\quad \{(7-y)+y\}\{(7-y)-y\} = (6+5)(6-5)$

より、$7(7-2y) = 11$となり、$y = \dfrac{19}{7}$を得る。なお、**公式**$(x+y)^2 = x^2 + 2xy + y^2$を用いて、③式を変形すれば、$49 - 14y + y^2 - y^2 = 36 - 25$より、$y = \dfrac{19}{7}$を得ることもできる。

$\quad$これを①に代入すると、$x = \sqrt{5^2 - \left(\dfrac{19}{7}\right)^2} = \dfrac{\sqrt{(7\times5)^2 - 19^2}}{7} = \dfrac{\sqrt{(35+19)\times(35-19)}}{7} = \dfrac{\sqrt{54\times16}}{7} = \dfrac{12\sqrt{6}}{7}$である。ここでも、公式$x^2 - y^2 = (x+y)(x-y)$を用いて変形しながら計算した。

$\quad$したがって、△ABCの面積Sは$S = \dfrac{1}{2} \times 7 \times x = 6\sqrt{6}$である。

次の図において、四角形ABCDはAD∥BCの台形であり、P、Qはそれぞれ辺AB、対角線ACの中点である。また、RはACとPDの交点である。

AD＝6cm、BC＝16cmのとき、RQ：QCの値として正しいものはどれか。

裁判所一般職2018

1 　7：8

2 　3：4

3 　5：7

4 　5：8

5 　4：7

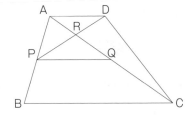

解説

「図形の長さの比」の問題である。 **テーマの把握**

　P、Qがそれぞれ辺AB、対角線ACの中点であることより、AP：AB＝AQ：ACであり、相似条件である二辺比夾角相等より△ABCと△APQは相似である。

解法のポイント

　相似比はAB：AP＝AC：AQ＝2：1より、BC：PQ＝2：1を用いてPQ＝BC×$\frac{1}{2}=\frac{1}{2}×16=8$〔cm〕となる。

　平行線周りの三角形に着目すると、

解法のポイント AD∥BC、PQ∥BCよりAD∥PQであり、△RDAと△RPQは相似である。対応する平行線の長さがAD＝6〔cm〕とPQ＝8〔cm〕であるから、△RDAと△RPQの相似比は6：8＝3：4である。ゆえに、AR：RQ＝3：4である。

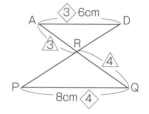

　AQ：QC＝1：1、AR：RQ＝3：4で、AQ＝AR＋RQだから、AR：RQ：AQ＝3：4：7である。よって、RQ：QC＝4：7である。

問題5　次の図のような平行四辺形ABCDにおいて、辺BCを1：1に内分する点をP、辺CDを1：2に内分する点をQとし、線分AQと線分PDの交点をRとする。このとき、平行四辺形ABCDの面積と三角形QDRの面積の比として正しいものはどれか。

東京消防庁Ⅰ類2007

1　5：1

2　7：1

3　9：1

4　10：1

5　12：1

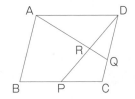

解説

「面積比」の問題である。 **テーマの把握**

平行四辺形であるから平行線（平行な辺の組）が2組ある。平行線周りの相似な三角形を探していく。 **解法のポイント**

図1、図2のようにAQを延長して、BCの延長線と交わる点をSとする。 **作図**

すると太線で囲んだ相似な図形が2組見つかる。

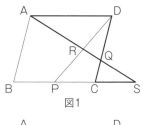

図1

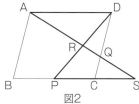

図2

図1より、△AQDと△SQCの相似比はDQ：QC＝2：1であり、AD：CS＝2：1とわかる。AD＝BCおよびPがBCの中点であることより、AD＝PSである。よって、図2の太枠三角形、△ARDと△SRPは合同である。ゆえに、DR＝RPである。

△QDRと△DPCは∠QDRを共有するので、等しい角をもつ三角形の面積比は、その角を挟む辺の長さの積の比で計算できる。 **公式**

DQ：DC＝2：3、DR：DP＝1：2より、△QDR：△DPC＝$(2 \times 1) : (3 \times 2)$＝1：3である。そこで、△QDRの面積を1とすれば、 **基準** △DPC＝△QDR×3＝3である。

図3の破線のように補助線を入れれば、 **作図** （平行四辺形ABCDの面積）＝3×4＝12となり、求める面積比は12：1である。

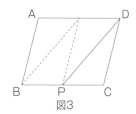

図3

図のように、半径2の円に内接する正方形の対角線上に、互いに接するように等しい大きさの小円を三つ並べ、かつ、両端の円が正方形の二辺に接するように描くとき、この小円の半径として正しいのはどれか。

国家一般職2011

1 　$2\sqrt{2}-2$

2 　$\dfrac{2}{3}$

3 　$\dfrac{4-\sqrt{2}}{4}$

4 　$2-\sqrt{2}$

5 　$\dfrac{2-\sqrt{2}}{2}$

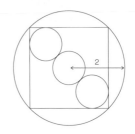

解説

「円と接点（接線）」の問題である。 **テーマの把握**

内接円や外接円の問題では、円の中心から接点に向かって線分を引くとよい。この線分は**半径**であることに注意したい。 **解法のポイント**

小円の半径をrとして、 **目標** 外接円の中心から正方形の１つの接点である頂点Aまで直線を引くと、図のようになる。 **作図** このとき、45°、45°、90°の**直角二等辺三角形**（図中のグレー部分）は、（等辺）：（斜辺）＝$1:\sqrt{2}$であるので、 **公式** 左上にある小円の中心とAの間の長さは$\sqrt{2}r$であることがわかる。

AOが半径2であることに着目すると、以下の式が成り立つ。

$$2＝\sqrt{2}r＋r＋r \quad\Leftrightarrow\quad 2＝r(2＋\sqrt{2})$$

これをrについて解けば、$r＝\dfrac{2}{2＋\sqrt{2}}$となる。

選択肢を見ると、 **選択肢** 小円の半径rの分母は有理化する必要がある。有理化では、$(\sqrt{a})^2＝a$と公式$(x＋y)(x－y)＝x^2－y^2$を用いて$\sqrt{}$を外す。 **公式**

$$r＝\frac{2}{2＋\sqrt{2}}＝\frac{2(2－\sqrt{2})}{(2＋\sqrt{2})(2－\sqrt{2})}$$

$$＝\frac{4－2\sqrt{2}}{4－2}＝\frac{4－2\sqrt{2}}{2}$$

$$＝2－\sqrt{2}$$

となり、正解は$2－\sqrt{2}$である。

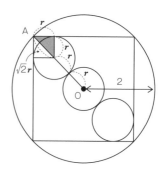

※　有理化については、巻末の付録を参照してもらいたい。

図のように、半径6cmの2つの円がそれぞれの中心を通るように交わっているとき、斜線部分の面積はどれか。ただし、円周率はπとする。

特別区Ⅰ類2009

1 12π

2 18π

3 $12\pi - 9\sqrt{3}$

4 $24\pi - 18\sqrt{3}$

5 $24\pi + 18$

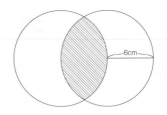

解説

「円弧図形の面積」の問題である。 **テーマの把握**

複数の円が出てくるので、円の中心や交点を線分で結んでみる。また、円弧図形の面積の問題では扇形を作り、三角形を足したり引いたりしながら面積を計算していけばよい。 **解法のポイント**

円の中心どうしおよび交点を結ぶと、右のようになる。三角形が2つできるが、どちらも3辺が半径6cmの長さであるから正三角形であり、内角は60°である。そうすると、右図の網掛けの図形は半径6cm、中心角120°の扇形であることがわかる。

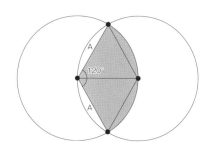

問題の斜線部分は、この扇形に円弧図形A（以下Aと呼ぶ）を2つ合わせたものである。また、円弧図形A2つ分は図の網掛けの扇形から、（1辺の長さ）＝(円の半径)＝6[cm]の正三角形2つを引いたものである。

網掛けの扇形の面積は$\pi \times 6^2 \times \dfrac{120°}{360°} = 12\pi$ [cm^2] である。 **公式**

1辺の長さが6cmの正三角形の面積は、$\dfrac{\sqrt{3}}{4} \times 6^2 = 9\sqrt{3}$ [cm^2] である。 **公式**

よって、（斜線部分の面積）＝（扇形の面積）＋{（扇形の面積）－（正三角形の面積）×2} ＝ $12\pi + (12\pi - 9\sqrt{3} \times 2) = 24\pi - 18\sqrt{3}$ [cm^2] である。

第 2 章

判断推理

　判断推理は、主に文章を読みながら情報を整理して解答する分野です。したがって、今まで学校などで学習しなかった形式の問題も多く、論理的思考力と文章読解力が要求されます。しかし、このような力は問題を解くことで身につけることが可能です。

判断推理の基本

この節の内容は、判断推理の問題を解くための主な作業の流れをまとめたものです。必ずしもすべての問題に対応する作業ではありませんが、特に、第4節〜第8節では頻繁にこの作業が必要となります。それぞれの具体的な作業は各節で説明をしているので、そちらを参照してください。

また、**組合せ** ➡ **新情報** ➡ **組合せ** ➡ **新情報** のように、いくつかの作業は繰り返すこと、そして、テーマによって、公式を使うなどの特有の作業もあることを、実際の問題に触れることで考察してください。

1 表作成・図作成

テーマに適した表または図を作成する。 **表作成** **図作成**

判断推理の多くの問題は、表または図を作成して、表または図の中で解いていくことになる。そのためには、どのような表または図でもよいわけではなく、必ずその問題のテーマを判断して、テーマに適した表または図を作成する必要がある。

2 確定情報

確定している情報は、表または図に書き入れる。

条件の一部には、例えば、「Aは釣りを趣味としている」や「Bは1位である」などの、確定している情報が与えられることがあり、そのような情報は、**表または図に書き入れる。** **確定情報**

また、この確定している情報や選択肢の内容から適した表または図の作成を判断することもできる。**選択肢も大切な情報の一つである。**

3 条件整理

表または図に書き入れることができない条件は、余白などに整理しておく。

すべての条件が、すぐに表または図に書き入れられるわけではない。そのような条件をうまく読み取るためには、**余白に整理しておくとよい。**整理なので、そのまま条件を書き写しても意味はなく、自分で理解できる範囲で簡素化しておくとよ

い。 条件整理

　また、**簡素化できない条件もある**ので、そのような条件は、問題文中にアンダーラインなどを引いて、「まだ使っていない条件」として際立たせておくとよい。

4 組合せ

　整理した条件やまだ使っていない条件を組み合わせて新しい情報を引き出す。

　別々に書かれている情報を組み合わせることで、新しい情報、つまり、<u>確定する情報</u>、<u>限定できる情報</u>を見つけていく。 組合せ

5 新情報

　新しく<u>確定した情報</u>を表または図に書き入れていく。

　新しく確定した情報を表または図に書き入れると、その情報から、表または図内でさらに新しく確定する情報が生じる。 新情報

　以上のことから、判断推理の問題を解く際の作業イメージは、「表または図に書き入れる」と「条件整理・条件の組合せ」の繰り返し作業をすることで、表または図を完成させることになる。

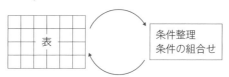

6 場合分け

　さらに<u>新しく限定された情報</u>を表または図に当てはめていくが、これ以上確定しなければ、限定された情報を当てはめて、**場合分け**をする。 場合分け

　また、場合分け前の時点で正解が決まることもあり、**選択肢を確認しておくことも大切**である。仮に、この時点で正解が決まれば、この場合分け作業は無駄となる。

7 「確実にいえるのはどれか」と「あり得るのはどれか」

場合分けをすると、条件に矛盾しない表または図が複数通り成立することがある。 **複数通り成立**

もちろん、条件に矛盾する表または図ができることもあり、そのような表または図は選択肢検討の対象外となる。

条件に矛盾しない表または図は、すべて選択肢検討の対象となり、検討のし方は、解答要求事項によって変わる。

例えば、次のように、条件を満たすA〜Eの5人の成績順が2通り成立したとする。

順位	1	2	3	4	5
人物	A	B	C	D	E

表1

順位	1	2	3	4	5
人物	B	A	C	E	D

表2

実際の問題では、「確実にいえるのはどれか」と問われるケースと「あり得るのはどれか」と問われるケースがあり、これらが求めていることは次のように異なっている。

「確実にいえる」とは、どの場合においても必ずいえている内容のことであり、「あり得る」とは、1つの場合においていえていればよい内容のことである。したがって、「Cは3位である」は、表1、2の両方の場合でいえている内容であるので、**確実にいえる内容**となる。また、「Bは2位である」は表1ではいえて表2ではいえていない内容なので、確実にいえる内容ではなく、**あり得る内容**となる。このように、「確実にいえる」と「あり得る」は正確に把握しておく必要がある。

2 集 合

集合は、公務員試験全般で出題頻度の高いテーマの1つです。解くための図表としては、ベン図とキャロル表の2つがあり、それぞれに特徴があります。ベン図は方程式の立て方に着目し、キャロル表は数値の書き入れ方に着目します。これらをマスターすれば、必ず得点源の1つになるテーマなので、しっかりと学習していきましょう。

❶ ベン図

「集合」とは、ものの集まりのことであり、集合を構成するものを「要素」という。集合の問題は、3集合がほとんどであり、集合の表現方法としては、**ベン図、キャロル表、線分図**がある。ここでは、ベン図についての情報の整理や条件の読み取りについての要点を以下に紹介していく。

1 ベン図で情報を整理する

① ベン図とは

ベン図[1]とは、複数の集合の関係や集合の範囲を視覚的に図式化したもので、**集合を輪などで囲うようにして表す**。

(ア) 集合と補集合

全体に対して、集合Aを輪の内側とし、輪の外側を**補集合$\overline{A}$**と定める(図1-1)。

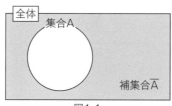

図1-1

---

[1] イギリスの数学者ジョン・ベン (John Venn) によって導入されたためベン図と呼ばれる。

例1 クラスの中で、**宿題を忘れなかった生徒**を集合Aとすると、宿題を忘れた生徒は補集合$\overline{A}$となる。

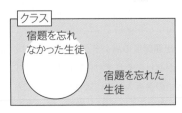

（イ）和集合

　AとBを合わせた部分を**和集合**といい、ベン図では図1-2の**赤着色部分**である。和集合は「AまたはB」（A∪B）と表現し、「または」とは「**少なくとも一方**」という意味であり、「**どちらか一方のみ**」という意味ではない。

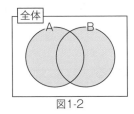

図1-2

（ウ）積集合

　AとBの共通部分を**積集合**といい、ベン図では図1-3の**赤着色部分**である。積集合は「AかつB」（A∩B）と表現し、「かつ」とは**両方を満たす**という意味である。

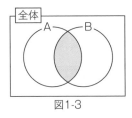

図1-3

② 3集合のベン図

　例えば、「赤色を好き」と「好きではない」、「青色を好き」と「好きではない」、「黄色を好き」と「好きではない」にそれぞれ分け、「**好きではない**」を補集合とすると、3つの集合のベン図は図2のようになる。

図2

③ 数値の書き入れ方

　ベン図は数値を書き入れるにはあまり適していないが、数値が書き入れられる部分にはなるべく数値を書き入れておくと情報が整理しやすくなる。よって、1つの領域を示す数値はその領域の●の位置に数値を書き入れるとよい。

赤色のみ好き

青色のみ好き

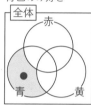

黄色のみ好き

赤色と青色のみ好き

青色と黄色のみ好き

黄色と赤色のみ好き

3色すべて好き

3色すべて好きではない

しかし、「赤色が好きな人は31人いる」のような場合、左下の図より「赤色が好き」は赤色に塗られた**４つの領域**である。よって、●の位置に「31」と書き入れたいが、見間違う可能性があるので、**外側に（　）を使って**、「**(31)**」と書き入れるとよい。

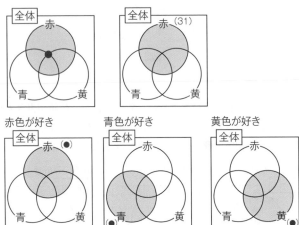

　同様に、「赤色と青色が好きな人は18人いる」のような場合、左下の図より「赤色と青色が好き」は赤色に塗られた**２つの領域**である。よって、●の位置に（　）を使って「**(18)**」と書き入れるとよい。この場合は、特に見間違う可能性はないが、不安であれば、**外側に（　）を使って**「**(18)**」と書き入れても構わない。

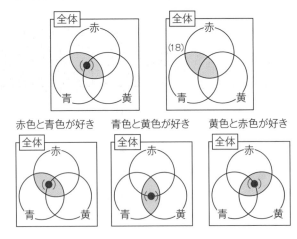

注意「のみ/だけ」という限定詞がつく場合とつかない場合では、大きく意味が異なるので読み落とさないようにしたい。

赤色と青色が好き　　　赤色と青色のみ好き

例2　50人に対して行った赤色、青色、黄色についてのアンケートにおいて、次のことがわかった。

・赤色が好きな人は31人である。
・赤色のみ好きな人は5人である。
・赤色と青色が好きな人は18人である。

「赤色が好きではない」、「青色が好きではない」、「黄色が好きではない」を補集合としたベン図を作成する。

❶ 「50」、「31」、「5」、「18」をベン図に書き入れる。

❷ 「赤色と黄色のみ好きな人」の人数は、31－（5＋18）＝8［人］となる。

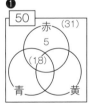　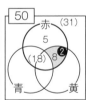

2 条件の読み取り

「〜のa倍」、「〜よりb人多い/少ない」、「〜の和はc人である」、「$d:e$」などのような条件は、**文字式で表してベン図に書き入れる**とよい。その際には、**文字の種類をなるべく少なくする**とよい。そして、これらの文字の値を求めるためには方程式を立てることになるが、この**方程式の立て方が最も重要**となる。

例3

❶ 「青色のみ好きな人は黄色のみ好きな人の２倍である。」
  ⇨ 黄色のみ好きな人をa[人]とおくと、青色のみ好きな人は$2a$[人]となる。

❷ 「赤色が好きな人は黄色が好きな人より４人少ない。」
  ⇨ 黄色が好きな人をb[人]とおくと、赤色が好きな人は$(b-4)$[人]となる。

❸ 「３色とも好きな人と３色とも好きではない人の和は21人である。」
  ⇨ ３色とも好きな人をc[人]とおくと、３色とも好きではない人は$(21-c)$[人]となる。

❹ 「赤色と黄色のみ好きな人と赤色と青色のみ好きな人の人数の比は８：７である。」
  ⇨ 赤色と黄色のみ好きな人を$8d$[人]、赤色と青色のみ好きな人を$7d$[人]とおく。

① 1つのベン図に着目する

1つのベン図に着目して**方程式を立てる**ことができるケースがある。

例4　50人に対して行った赤色、青色、黄色についてのアンケートにおいて、次のことがわかった。

・黄色が好きな人は35人である。
・黄色のみ好きな人と赤色と黄色のみが好きな人の人数の比は3：4である。
・青色と黄色が好きな人は21人である。

❶　ベン図を作成し、「50」、「35」、「21」をベン図に書き入れる。

❷　「黄色のみ好きな人と赤色と黄色のみが好きな人の人数の比は3：4」より、それぞれの人数を**文字式で表す**と、「黄色のみ好きな人」が$3x$〔人〕、「赤色と黄色のみが好きな人」が$4x$〔人〕となり、「$3x$」、「$4x$」をベン図に書き入れる。

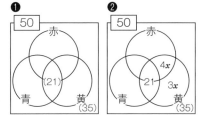

❸　赤枠を見ると、黄色が好きな人は、
$21+4x+3x=21+7x$〔人〕であり、これは35人と等しい。よって、次の式が成り立つ。

$$21+7x=35$$

これを解くと、$x=2$となる。

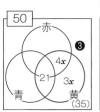
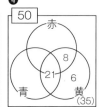

❸ $21+4x+3x=35$
解くと、$x=2$

❹　「黄色のみ好きな人」が$3×2=6$〔人〕、「赤色と黄色のみが好きな人」が$4×2=8$〔人〕となる。

② 全体に着目する

全体に着目して**方程式を立てる**ことができるケースがある。

例5 50人に対して行った赤色、青色、黄色についてのアンケートにおいて、次のことがわかった。

　・赤色が好きな人は31人である。
　・青色と黄色のみ好きな人と3色とも好きではない人の人数は同じである。
　・青色のみ好きな人と黄色のみ好きな人の人数の和は9人である。

❶ ベン図を作成し、「50」、「31」をベン図に書き入れる。

❷ 「青色と黄色のみ好きな人と3色とも好きではない人の人数は同じ」より、それぞれをx［人］とおく。また、「青色のみ好きな人と黄色のみ好きな人の人数の和は9人」より、「青色のみ好きな人」をy［人］とおくと、「黄色のみ好きな人」は$(9-y)$［人］となる。

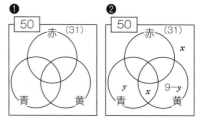

❸ 黒枠を見ると、赤色が好きな人は31人である。このことから、全体は$31+x+y+x+(9-y)=40+2x$［人］となり、これは**50人**と等しい。よって、次の式が成り立つ。

　　　$40+2x=50$

　　　これを解くと、$x=5$となる。

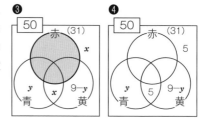

❹ 「青色と黄色のみ好きな人」が5人、「3色とも好きではない人」が5人となる。しかし、これだけの条件では、yの値は決まらない。

例題 2-1

高校生200人を対象に、現代文、数学、英語の3科目のうち好きな科目についてアンケートを行ったところ、次のア〜オのことがわかった。

ア　数学を好きと答えた者は65人だった。

イ　英語を好きと答えた者は75人だった。

ウ　現代文と英語の2科目だけを好きと答えた者は21人だった。

エ　数学と英語の2科目を好きと答えた者、現代文だけを好きと答えた者、3科目とも好きではないと答えた者の人数の比は、2：3：4だった。

オ　英語だけを好きと答えた者の人数と、現代文と数学の2科目だけを好きと答えた者の人数は等しかった。

　以上のことから判断して、いずれか1科目だけを好きと答えた者の人数の合計として、正しいのはどれか。

1 73人

2 74人

3 75人

4 76人

5 77人

正解へのプロセス

図作成　3つの集合とその補集合があることを確認して、**補集合についての条件が少ない場合はベン図を作成する。**

確定情報　確定している数値および文字はベン図に書き入れる。

新情報　方程式を立てて、文字が表す値を求める。

解説

　「現代文を好き」、「数学を好き」、「英語を好き」を集合とすると、補集合の「好きではない」についての条件は少ない。よって、次のようなベン図[2]を作成する。

図作成

2　なぜ「ベン図」で解くかは **2** **5** を参照するとよい。

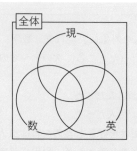

　（ア）「数学を好きと答えた者は65人」、（イ）「英語を好きと答えた者は75人」、（ウ）「現代文と英語の2科目だけを好きと答えた者は21人」の数値はそのままベン図に書き入れる。（エ）は比であるので、それぞれを文字式で表すと、「数学と英語の2科目を好きと答えた者」を$2x$［人］、「現代文だけを好きと答えた者」を$3x$［人］、「3科目とも好きではないと答えた者」を$4x$［人］とおく。さらに、（オ）「英語だけを好きと答えた者の人数と、現代文と数学の2科目だけを好きと答えた者の人数は等しい」ので、それぞれをy［人］とおき、ベン図に書き入れたものが図1となる。

確定情報

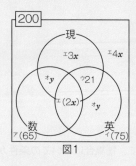

図1

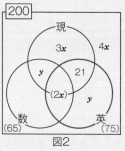

図2

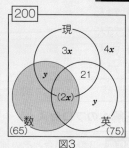

図3

　ここまでで文字はx、yの2種類であるので、方程式が2つ成り立てば、これ以上の文字の種類は不要である。

　図2より、英語を好きと答えた人数に着目すると、$21+2x+y$［人］であり、これは75人と等しい。よって、次の式が成り立つ。

　　$21+2x+y=75 \quad \Leftrightarrow \quad 2x+y=54 \cdots ①$

　また、図3より、数学を好きと答えた人数は65人であるので、全体は、$3x+4x+21+y+65=86+7x+y$［人］となり、これは200人と等しい。よって、次の式が成り立つ。

　　$86+7x+y=200 \quad \Leftrightarrow \quad 7x+y=114 \cdots ②$

> 2文字の2式が成り立ったので、これ以上の文字は不要であることがわかる。

　①、②の連立方程式を解けばよいので、②－①より、$5x = 60$となり、$x = 12$［人］となる。そして、これを①に代入すると$y = 30$［人］となる。よって、これらを反映したものが図4となる。**新情報**

　図4より、いずれか1科目だけを好きと答えた者の人数の合計は、（現代文だけを好き）＋（数学だけを好き）＋（英語だけを好き）であるので、36＋11＋30＝77［人］となる。

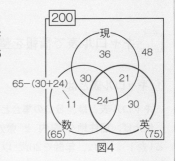

図4

正解

2 キャロル表

ここでは、キャロル表を使った情報の整理や条件の読み取りについての要点を紹介していく。

1 キャロル表で情報を整理する

① キャロル表とは

キャロル表とは、3つの集合と補集合の要素をまとめるための表である。

例えば、**居住地**を「**県内**」と「**県外**」に分け、表の上側を「県内」、下側を「県外」とする（表1）。次に、**年齢**を20歳「**以上**」と「**未満**」に分け、表の左側を「以上」、右側を「未満」とする（表2）。最後に、**性別**を「**女性**」と「**男性**」に分け、表の内側を「女性」、外側を「男性」とする（表3）。

表3を見ると、区切られた**領域が8つ**でき、居住地、年齢、性別をそれぞれ2つに分けた[3] 8通りの要素をすべて表すことができる。

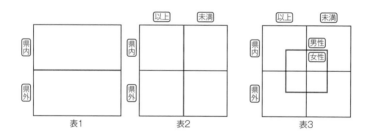

表1　表2　表3

② 数値の書き入れ方

キャロル表で最も重要なのは、**数値の書き入れ**である。例えば、「県内で20歳以上の男性が5人いる」のような場合、次の左の表より、「**県内で20歳以上の男性**」は赤色に塗られた領域であるので、●の位置に「5」と書き入れるとよい。

---

3 「居住地」、「年齢」、「性別」に対して、「県内」、「以上」、「女性」を集合A、B、Cとすると、「県外」、「未満」、「男性」は補集合$\overline{A}$、$\overline{B}$、$\overline{C}$となる。

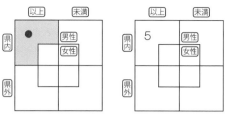

（ア）各領域に書き入れる数値

　このように**居住地、年齢、性別**で表される要素の数値は、各領域に書き入れるとよい。

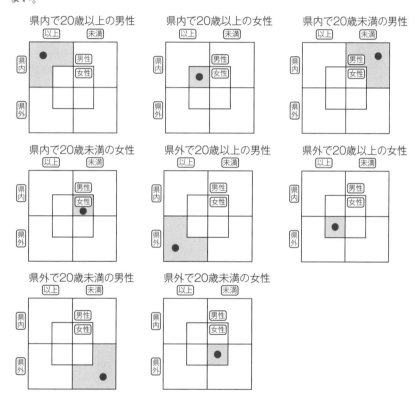

（イ）線分上・交点上に書き入れる数値

　しかし、「県内に住む男性は13人である」のような**居住地と性別のみ**で表される要素の数値（の計）や「女性は30人である」のような**性別のみ**で表される要素の数値（の計）もキャロル表に書き入れなければならない。このような数値（の計）は次の場所に書き入れるとよい。

・（居住地と性別）、（居住地と年齢）、（性別と年齢）が表す数値（の計）は、それぞれ2つの領域にまたがるので、**線分上に書き入れる**とよい。

・（居住地）、（性別）、（年齢）が表す数値（の計）は、それぞれ4つの領域にまたがるので、**交点上に書き入れる**とよい。

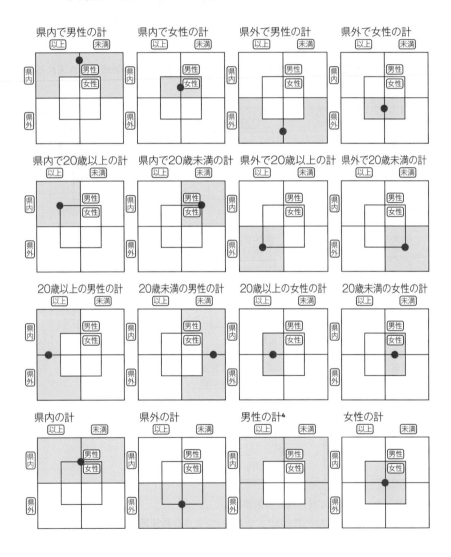

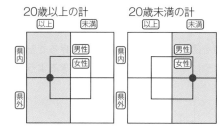

③ 全体・外側の計を利用する

　キャロル表には、「全体(総計)」と「外側の計」を書き入れる場所がない。しかし、これらの数値は2か所に分けて表現できるので、2か所のうち一方の数値がわかっていると他方の数値も引き算で求めることができる。

例6　50人に対して行ったアンケートにおいて、次のような属性がわかった。
　・女性は30人である。
　・20歳以上の者は35人である。
　・県内に住む男性は13人である。

「県内・県外」を上下、20歳「以上・未満」を左右、「女性・男性」を内外に分けたキャロル表を作成する。

❶ 「30」、「35」、「13」をキャロル表に書き入れる。

❷ (20歳未満)＝(全体)－(20歳以上)である。よって、「20歳未満」は50－35より15人とわかる。さらに、(男性の計)＝(全体)－(女性の計)である。よって、「男性の計」は50－30より20人とわかる。

❸ (県外に住む男性)＝(男性の計)－(県内に住む男性)である。よって、「県外に住む男性」は20－13よ

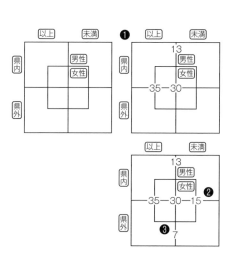

り、7人とわかる。

このように、「全体」や「外側の計」の数値を使って、新しい数値を見つけることができるケースもある。一般的には、次のようになり、**機械的に作業ができるように**しておきたい。

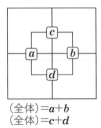
（全体）＝$a+b$
（全体）＝$c+d$

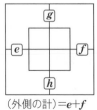
（外側の計）＝$e+f$
（外側の計）＝$g+h$

④ 3つ並んだ数値の関係から残りの数値を求める

表中において3つ並んだ数値は、真ん中の数値が隣の2つの数値の和となる。この「3つ並んだ数値の関係」を利用して、3つのうち2つの数値がわかっている並びでは、残りの1つの数値を引き算や足し算で求めることができる。

例7 50人に対して行ったアンケートにおいて、次のような属性がわかった。

・女性は30人である。

・県内に住む20歳以上の女性は13人である。

・県外に住む20歳以上の者は10人であり、そのうち男性は5人である。

❶ キャロル表を作成し、「30」、「13」、「10」、「5」を書き入れる。

❷ （県外に住む20歳以上の女性）＝（県外に住む20歳以上）－（県外に住む20歳以上の男性）である。よって、「県外に住む20歳以上の女性」は10－5より5人とわかる。

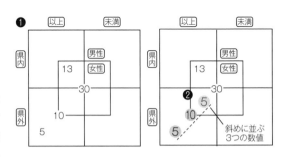

斜めに並ぶ3つの数値

❸ （20歳以上の女性）＝
（県内に住む20歳以上の
女性）＋（県外に住む20
歳以上の女性）である。
よって、「20歳以上の女
性」は13＋5より18人と
わかる。

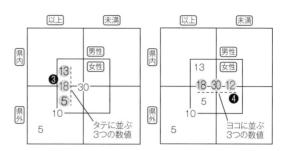

❹ （20歳未満の女性）＝（女性の計）－（20歳以上の女性）である。よって、「20歳
未満の女性」は30－18より12人とわかる。

注意 3つ並んだ数値のうち、次の配置においては、2つの●の数値の和が●と
はならない（●≠●＋●）ので注意してほしい。

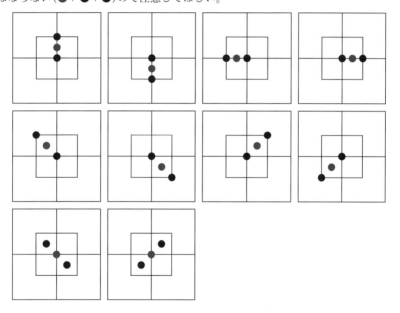

2 › 条件の読み取り

「～の**a**倍」、「～より**b**人多い/少ない」、「～の和は**c**人である」、「**d**：**e**」のような条件は、文字式で表してキャロル表に書き入れるとよい。その際には、文字の種類をなるべく少なくするようにするとよい。そして、「3つ並んだ数値の関係」を利用して方程式を立て、文字の値を求めるとよい。

例8

50人に対して行ったアンケートにおいて、次のような属性がわかった。
・20歳未満の者は15人である。
・20歳未満の女性は20歳未満の男性の4倍の人数である。
・県内に住む男性は20歳未満の女性より1人多い。

❶ キャロル表を作成し、「15」を書き入れる。

❷ 「20歳未満の女性は20歳未満の男性の4倍の人数」より、「20歳未満の男性」を**x**[人]とおくと、「20歳未満の女性」は4**x**[人]と表せる。

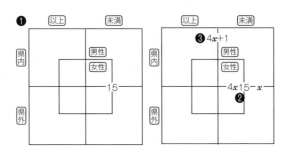

❸ 「県内に住む男性は20歳未満の女性より1人多い」ので、「20歳未満の女性」が4**x**人より、「県内に住む男性」は(4**x**+1)[人]と表せる。

❹ 「3つ並んだ数値の関係」より、4**x**+**x**=15が成り立つ。

❺ これを解くと**x**=3[人]となり、4**x**=12[人]、4**x**+1=13[人]となる。

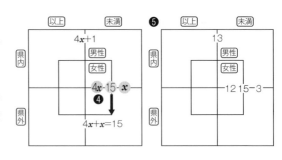

例題 2-2

男女あわせて40人のクラスにおいて、英語と数学のテストを行った。次のア〜エのことがわかっているとき、英語・数学ともに70点以上の男子の人数として、正しいのはどれか。

ア　男子は22人で、そのうち英語が70点以上の者が7人いる。

イ　数学が70点以上の者は13人で、そのうち女子が6人いる。

ウ　英語が70点以上で数学が70点未満の女子が5人いる。

エ　英語が70点未満の者が25人、そのうち数学も70点未満の者が19人いる。

1　2人

2　3人

3　4人

4　5人

5　6人

正解へのプロセス

表作成　3つの集合とその補集合があることを確認して、**補集合についての条件が多い場合はキャロル表を作成する。**

確定情報　確定している数値はキャロル表に書き入れる。また、「全体」や「外側の計」を利用して、数値が求められる場合は、求められた数値も書き入れておく。

新情報　「3つ並んだ数値の関係」を利用して数値を書き入れる。

解説

性別、英語のテスト、数学のテストにおいて、「男子」、「英語70点以上」、「数学70点以上」を集合とすると、補集合の「女子」、「英語70点未満」、「数学70点未満」についての条件が多い。よって、次のようなキャロル表[5]を作成する。　**表作成**

5　なぜ「キャロル表」で解くかは<u>S</u>を参照するとよい。

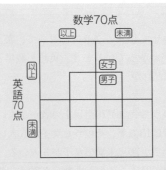

（ア）「男子は22人で、そのうち英語が70点以上の者が7人いる」、（イ）「数学が70点以上の者は13人で、そのうち女子が6人いる」、（ウ）「英語が70点以上で数学が70点未満の女子が5人いる」、（エ）「英語が70点未満の者が25人、そのうち数学も70点未満の者が19人いる」の数値をそれぞれキャロル表に書き入れると表1のようになる。

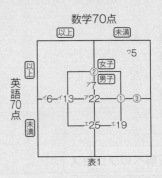

全体の40人を使う。数学が70点以上の者が13人いるので、「数学が70点未満の者」は40－13＝27［人］となり、これを表1の①に書き入れる。また、英語が70点未満の者が25人いるので、「英語が70点以上の者」は40－25＝15［人］となり、これを②に書き入れる。さらに、女子の計は、（全体）－（男子の計）より、40－22＝18［人］であり、この女子の計を使う。数学が70点以上の女子は6人であるので、「数学が70点未満の女子」は18－6＝12［人］となり、これを③に書き入れる。ここまでが表2となる。　確定情報

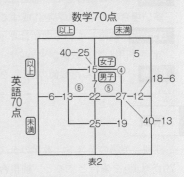

あとは、「3つ並んだ数値の関係」を使って、どんどん数値を書き入れていく。表2の④から見ていく。④は「英語が70点以上で数学が70点未満の者」であるので、（数学が70点未満の者）－（英語が70点未満で数学が70点未満の者）で求められ、④＝27－19＝8［人］となる（表3）。

実際は、言葉で確認しながら考えるのではなく、数値の並びから機械的に新しい数値を書き入れていくようにしたい。

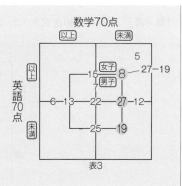

表3

次に、表2の⑤は「英語が70点以上で数学が70点未満の男子」であるので、（英語が70点以上で数学が70点未満の者）－（英語が70点以上で数学が70点未満の女子）で求められ、⑤＝8－5＝3［人］となる（表4）。

表4

さらに、表2の⑥は「英語が70点以上で数学が70点以上の男子」なので、（英語が70点以上の男子）－（英語が70点以上で数学が70点未満の男子）より求められ、⑥＝7－3＝4［人］となる。 新情報

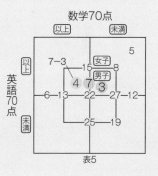

表5

正解 ❸

[参 考] すべて数値を書き入れると次のようになる（赤数字が新規）。

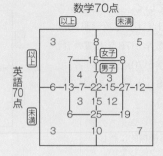

3 ベン図とキャロル表の使い分け

　3集合のベン図とキャロル表には数値を書き入れる領域がともに8か所あるので、本質的には同じである。しかし、**ベン図**は「**Aである**」集合に**着目**するのに対して、**キャロル表**は「**Aである**」集合と、その補集合の「**Aではない**」、例えば、「**男子である**」集合とその補集合「**男子ではない**」＝「**女子である**」を**対等**に扱う点が異なる。

　したがって、**1つの方針**として、補集合についての条件が少ない問題は「**ベン図**」、補集合についての条件が多い場合の問題は「**キャロル表**」と、使い分けることが有効であると考える。

③ 線分図

ここでは、**線分図を使った情報の整理**についての要点を紹介していく。

　集合の要素の数が1つに決まらず、要素の幅を考える問題、特に要素の最大値や最小値を求める問題では、集合の表現として**線分図**が有効である。例えば、クラス全体の中で、「水泳と書道がともに得意な生徒」である積集合(水泳∩書道)の人数を考える場合、水泳が得意である生徒と書道が得意である生徒の人数をそれぞれ線分で表す。そして、この**2つの線分をどのようにスライドさせて重ねれば、「水泳∩書道」の人数の最大値や最小値を求めることができるか**を考える。

［1］ 積集合の最大値

　線分図を使って**積集合の最大値**を求めるには、2つの線分を、**重なる部分がなるべく長くなるように配置**する。そのためには、**2つの線分を両方とも同側に寄せて配置**すればよい。

　設問で「**最多で何人いるか**」などと問われた際に、この積集合の最大値を求めればよい。

例9
　クラスの児童が35人で、そのうち水泳が得意な児童が20人、書道が得意な児童が17人いる。このとき2つとも得意な児童は最多で何人いるか。

　まず、**全体であるクラスの児童35人**を線分で表す。

　全体の線分の下に、「水泳が得意な児童20人」の線分と「書道が得意な児童17人」の線分の両方を**左側に寄せて**上下に並べて配置する。

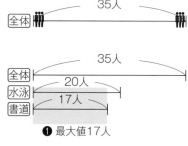

❶ 最大値17人

❶ 「水泳の線分」と「書道の線分」が重なる部分(水泳∩書道)が最大値となるので、2つとも得意な児童は**最多で17人**いることがわかる。

2 ▸ 積集合の最小値

　積集合の最小値を求めるには、2つの線分を、重なる部分がなるべく短くなるように配置する。そのためには、2つの線分の一方を左側に寄せて、もう一方を右側に寄せて配置すればよい。

　設問で「少なくとも何人いるか」などと問われた際に、この積集合の最小値を求めればよい。

例10　クラスの児童が35人で、そのうち水泳が得意な児童が20人、書道が得意な児童が17人いる。このとき2つとも得意な児童は少なくとも何人いるか。

　全体の線分の下に、「水泳が得意な児童20人」の線分を**左側**に寄せて、「書道が得意な児童17人」の線分を**右側**に寄せて配置すればよい。

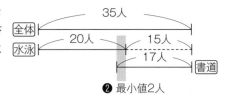

❷ 最小値2人

❷　「水泳の線分」と「書道の線分」が重なる部分（水泳∩書道）が最小値となるので、2つとも得意な児童は<u>少なくとも2人</u>いることがわかる。

例題 2-3

海外旅行の経験について50人を対象に調査したところ、アジアへ行ったことのある者が45人、アメリカへ行ったことのある者が32人、ヨーロッパへ行ったことのある者が29人いた。このとき、アジア・アメリカ・ヨーロッパのすべてに行ったことのある者は少なくとも何人いるか。

1 2人
2 3人
3 4人
4 5人
5 6人

正解へのプロセス

図作成 「少なくとも何人いるか」と問われていれば、線分図を描いて考える。

組合せ アジアの線分、アメリカの線分、ヨーロッパの線分の３つの線分の重なる部分がなるべく短くなるようにそれぞれの線分を配置する。

解説

「少なくとも何人いるか」と問われているので、線分図を描いて考える。 **図作成**

まず、「アジアへ行ったことのある者45人」と「アメリカへ行ったことがある者32人」の２つの線分を、重なる部分がなるべく短くなるように配置する。つまり、アジアの線分を左側に寄せ、アメリカの線分を右側に寄せて描く（図1）。

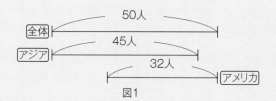

図1

そして、ここに「ヨーロッパへ行ったことのある者29人」の線分を、３つの線分の重なる部分がなるべく短くなるように配置する。まず、アジアへ行ったことがない5人の部分に「ヨーロッパへ行ったことのある者」の線分の一部を描き、次に、アメリカへ行ったことのない18人の部分に「ヨーロッパへ行ったことのある者」の線分の一部を描くと、29−5−18＝6［人］分の線分が残る。この6人分の線分はど

こに描いても「アジアとアメリカの両方へ行ったことがある者」の線分と重なる（図2）。 組合せ

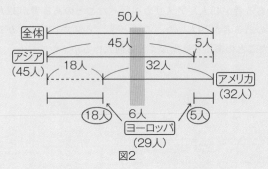

図2

　よって、アジア・アメリカ・ヨーロッパのすべてに行ったことがある者は少なくとも6人いることがわかる。

正解 ❺

特別区Ⅰ類2019

問題1 あるクラスの児童40人に、イヌ、ネコ、メダカを飼っているかを尋ねた。今、次のア～クのことが分かっているとき、確実にいえるのはどれか。

ア　イヌを飼っている人は9人いた。
イ　ネコを飼っている人は10人いた。
ウ　メダカを飼っている人は10人いた。
エ　どれも飼っていない人は21人いた。
オ　すべてを飼っている人は2人いた。
カ　ネコとメダカを飼っている人は4人いた。
キ　イヌだけ、メダカだけを飼っている人は同数であった。
ク　ネコだけを飼っている人は5人いた。

❶ イヌを飼っていてメダカを飼っていない人は4人である。

❷ イヌとネコを飼っている人は5人である。

❸ イヌとネコを飼っている人と、イヌとメダカを飼っている人は同数である。

❹ イヌとネコだけを飼っている人は1人もいない。

❺ メダカだけを飼っている人はイヌとネコだけを飼っている人の2倍である。

「イヌを飼っている」、「ネコを飼っている」、「メダカを飼っている」を集合とすると、**補集合の**「飼っていない」についての**条件は少ない**。よって、ベン図を作成し、確定している数値を整理すると、図1のようになる。なお、(キ)「イヌだけ、メダカだけを飼っている人は同数」より、それぞれ人数をx［人］とおく。

図1より、「ネコとメダカのみ飼っている人（❶）」は、$4-2=2$［人］となるので、「イヌとネコのみ飼っている人（❷）」は、$10-(5+2+2)=1$［人］となる（図2）。

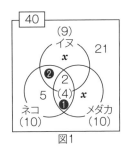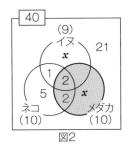

図2より、メダカを飼っている人は10人であるので、全体は、$21+x+1+5+10=37+x$［人］となり、これは40人と等しい。よって、次の式が成り立つ。

$$37+x=40$$

xについて解くと、$x=3$［人］となり、これを反映して、残りの領域の数値を書き入れたものが図3である。

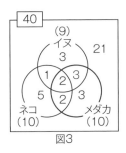

図3を見ながら選択肢を検討する。

① ◯　イヌを飼っていてメダカを飼っていない人は3＋1＝4［人］である。

② ✕　イヌとネコを飼っている人は1＋2＝3［人］である。

③ ✕　イヌとネコを飼っている人は3人で、イヌとメダカを飼っている人は2＋3＝5［人］なので、同数ではない。

④ ✕　イヌとネコだけを飼っている人は1人である。

⑤ ✕　メダカだけを飼っている人は3人で、イヌとネコだけを飼っている人は1人なので、2倍ではない。

ある学習塾に通う男子及び女子の児童336人について、通学時間により30分以上と30分未満とに、居住地により市内と市外とに分けて人数を調べたところ、次のア〜オのことが分かった。

ア　男子児童は、178人であった。

イ　通学時間が30分以上の女子児童は、64人であった。

ウ　市内に居住している男子児童は、通学時間が30分以上、かつ、市外に居住している男子児童よりも68人多かった。

エ　通学時間が30分未満、かつ、市内に居住している女子児童の人数は、通学時間が30分以上、かつ、市外に居住している男子児童の2倍であった。

オ　通学時間が30分未満、かつ、市外に居住している女子児童の人数は、通学時間が30分未満、かつ、市内に居住している女子児童の人数よりも42人少なかった。

以上から判断して、通学時間が30分未満、かつ、市外に居住している男子児童の人数として、正しいのはどれか。

東京都Ⅰ類2012

1　34人

2　36人

3　38人

4　40人

5　42人

性別、通学時間30分、居住地において、「男子」、「(30分) 以上」、「市内」を集合とすると、補集合の「女性」、「(30分) 未満」、「市外」についての条件は多い。よって、キャロル表を作成し、確定している数値を整理すると、表1のようになる。なお、通学時間が30分以上かつ市外に居住している男子児童を x [人] とおくと、(ウ) より、「市内に居住している男子児童」は ($x+68$) [人]、(エ) より、「通学時間が30分未満かつ市内に居住している女子児童」は $2x$ [人] とそれぞれ表すことができる。また、(オ) より、「通学時間が30分未満かつ市外に居住している女子児童」は ($2x-42$) [人] と表すことができる。

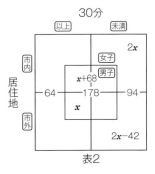

表1

全体の336人を使う。女子児童の計は、(全体) − (男子児童の計) より、$336-178=158$ [人] である。そして、この女子児童の計を使うと、通学時間が30分以上の女子児童は64人であるので、「通学時間が30分未満の女子児童」は $158-64=94$ [人] となり、これを①に書き入れる (表2)。

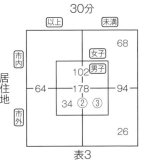

表2

「3つ並んだ数値の関係」を使って、x の値を求める。表2より、「94」は「$2x$」と「$2x-42$」の和であるので、次の式が成り立つ。

$$2x + (2x-42) = 94$$

x について解くと、$x=34$ [人] となり、これを反映したものは表3となる。

30分

以上　未満

68

女子

102

男子

市内 ── 64 ── 178 ── 94

居住地

34 ② ③

市外

26

表3

あとは、「3つ並んだ数値の関係」を使って、どんどん数値を書き入れていく。表3の②から見ていくと、②＝178－102＝76［人］となり（表4）、③＝②－34より、③＝76－34＝42［人］となる（表5）。

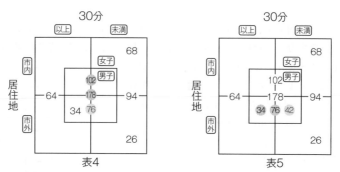

表4　　　　　　　　　　表5

よって、通学時間が30分未満かつ市外に居住している男子児童は42人となる。

小学生50人に習い事のアンケートを行ったところ、英語を習っている者が39人、楽器を習っている者が28人、スイミングを習っている者が24人、書道を習っている者が19人であり、何も習っていない者が6人であったとき、確実にいえるものはどれか。

警視庁Ⅰ類2012

1 英語、楽器、スイミング、書道の4つすべてを習っている者はいない。

2 英語と楽器を2つとも習っている者が、全体の半数を超えている。

3 英語、スイミング、書道を3つとも習っている者が、少なくとも1人いる。

4 英語、楽器、スイミングを3つとも習っている者が、少なくとも3人いる。

5 書道を習っている者は、英語か楽器の少なくともどちらか1つを習っている。

　選択肢を見ると、「少なくとも」という表現や要素の数の幅を考えさせるものがあるので、選択肢ごとに線分図を描いて検討していく。ただし、線分は習い事をしている者の中でスライドさせていくので、習い事を１つもしていない者６人を除いた44人を、線分図の全体として考える。

❶ ✕　「英語、楽器、スイミング、書道の４つすべてを習っている者はいない」とは、「英語、楽器、スイミング、書道の４つすべてを習っている人数の最大値が０人である」と同じことである。そこで、図のように、４つの線分を重なる部分がなるべく長くなるように配置すると、「英語、楽器、スイミング、書道の４つすべてを習っている者」は最大で19人いる可能性がある。

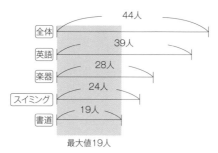

最大値19人

❷ ✕　「英語と楽器を２つとも習っている者が、全体の半数を超えている」とは、「英語と楽器を２つとも習っている者の人数が最小で25人を超える」と同じことである。そこで、図のように、２つの線分を重なる部分がなるべく短くなるように配置する。このとき、「英語と楽器を２つとも習っている者」は少なくとも23人いることはいえるが、全体の半数（＝25人）を超えていない可能性がある。

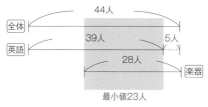

最小値23人

❸ ✕　「少なくとも１人いる」とは、「最小で１人いる」と同じことである。そこで、図のように、３つの線分を重なる部分がなるべく短くなるように配置する。こ

のとき、「英語、スイミング、書道を 3 つとも習っている者」は最小で 0 人にすることができるので、**1 人もいない可能性がある。**

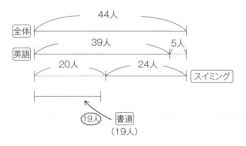

④ ◯ 「少なくとも 3 人いる」とは、「**最小で 3 人いる**」と同じことである。そこで、図のように、**3 つの線分を重なる部分がなるべく短くなるように配置する。**このとき、「英語、楽器、スイミングを 3 つとも習っている者」は**最小で 3 人いること**になる。

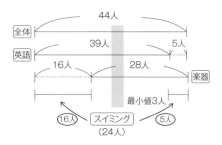

⑤ ✕ 「書道を習っている者は、英語か楽器の少なくともどちらか 1 つを習っている」とは、「書道を習っている者は**全員必ず、英語か楽器の少なくともどちらか1 つを習っている**」と同じことである。そこで、図のように、「英語」と「楽器」の線分が「書道」の線分と重なる部分がなるべく短くなるように配置する。このとき、「書道を習っている者」のうち、英語も楽器もどちらも習っていない者が**最大で 5 人はいる可能性がある。**

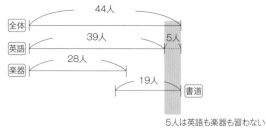

5人は英語も楽器も習わない

命題と論理

命題は、国家系の公務員試験で出題頻度の高いテーマの１つです。命題の問題は、全称命題のみの問題と存在命題を含む問題があり、この区別が判断できないと問題を解くことができません。まず問題の分類を理解してから、それぞれの解き方をマスターするようにしましょう。

1 命題の分類

1 命 題

「命題」とは、真偽[1]を判定できる文章や式のことであり、**全称命題**と**存在命題**の２つがある。

① 全称命題

「全称命題」とは、「カラスは黒い」や「生き物ならばいずれ死ぬ」のように、「すべてのＡはＢである」や「Ａならば（すべて）Ｂである」といった命題のことをいい、Ａを「仮定」、Ｂを「結論」という。このタイプの命題は、後述するように「記号化」によって整理できる。

② 存在命題

「存在命題」とは、「一部の学生は電車で通学している」や「クラスの生徒の中に宿題を忘れた人がいる」のように、「一部のＣはＤである」や「Ｃの中にＤであるものが存在する」といった命題のことをいう。このタイプの命題は、記号化できない。

2 命題をベン図で表す

命題をベン図で表現すると、内容が可視化できる。

---

1 真とは「正しい、成立する」、偽とは「正しくない、成立しない」という意味である。

① 全称命題とベン図

「AならばBである」は、すべてのAについてBが成り立つことを意味するので、「A」が「B」に完全に含まれていなければならない。ベン図は次のようになる。

例1 生き物ならばいずれ死ぬ。

「生き物」が「死ぬ」に完全に含まれていなければならないので、図1のようになる。図2には、「生き物で死なない領域」があるので、間違ったベン図となる。

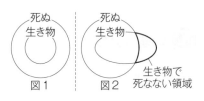

② 存在命題とベン図

「Cの中にDであるものが存在する」は、CとDの共通部分があることを意味するので、「C」と「D」が交わっていなければならない。ベン図は次のようになる。

例2 旅行が好きな人の中に温泉が好きな人がいる。

「旅行が好きな人」と「温泉が好きな人」が交わらなければならないので、図3のようになる。

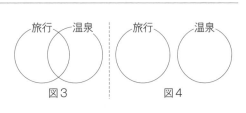

図4は、「旅行が好きな領域と温泉が好きな領域が交わっていない」ので、旅行が好きな人で温泉が好きな人は存在しなくなり、間違ったベン図となる。

3 命題の否定

命題が成り立たないことを「命題の否定」という。

① 全称命題の否定＝存在命題

全称命題の否定と存在命題は論理的に同値である。

「生きているものはいずれ死ぬ」は「生きているものはすべていずれ死ぬ」ことを主張しているので全称命題である。これを否定、つまり、「すべて」を否定すると「一部」となり、結果、「生きているものの中に死なないものが(一部)存在する」となる。

注意「生きているものはいずれ死ぬ」を否定するとき、**結論だけ否定して「生きているものは死なない」としては誤りである**。「全称命題の否定」とは、**文章全体を否定することである**。

② 存在命題の否定＝全称命題

存在命題の否定と全称命題は論理的に同値である。

「生きているものの中に死なないものが(一部)存在する」を否定、つまり、「一部」を否定すると「すべて」となり、結果、「生きているものの中に死なないものは存在しない」となり、言い換えると「生きているものはすべていずれ死ぬ」となる。

❷ 全称命題とその記号化

ここでは、全称命題についての情報の整理や選択肢の読み取りについての要点を紹介していく。

1 情報の整理

① 全称命題の記号化

全称命題である「すべてのAはBである」、「Aならば(すべて)Bである」は、「A→B」と記号化することができる。しかし、否定が含まれているときは、否定を無視すると意味が変わってしまうため、「Aではない」の場合は、「$\overline{A}$」と表現する。

例3

「カラスは黒い」を記号化すると、「カラス→黒い」となる。

「サルは人間ではない」を記号化すると、「サル→人間」となる。

② 対　偶

　記号化した全称命題の**仮定(A)**と**結論(B)を入れ替えて**、「A」および「B」の**両方を否定**してできた命題を**対偶**[2]という。そして、もとの命題が正しければ、その対偶も正しく、もとの命題が正しくなければ、その対偶も正しくない。つまり、もとの命題と対偶の真偽は**一致する。**

例4

「カラスは黒い」の対偶は「黒くないものはカラスではない」

「サルは人間ではない」の対偶は「人間はサルではない」

2　ある命題の対偶にあたる命題を作ることを、「対偶を取る」と表現する。

2 選択肢の読み取り

　与えられた全称命題および対偶で、「結論」と「仮定」が同じ命題どうしはつなげることができ、このことを三段論法(イメージは「しりとり」)という。そして、この三段論法を使って**各選択肢を検討する**ことで正答を見つける。

例5
命題A「人間は動物である」、命題B「動物は死ぬ」の場合

❶　命題AおよびBを記号化する。

❷　Aの結論とBの仮定が同じなので、2つの命題をつなげる。

❸　その結果、「人間→動物→死ぬ」となる。

❹　したがって、「人間→死ぬ」、つまり、「**人間はいずれ死ぬ**」が成り立つ。

❶ A：人間→動物
　 B：動物→死ぬ

❷ 同じなのでつなげる
人間→ 動物 　 動物 →死ぬ
　　　 結論 　 仮定

↓

❸ 人間→動物→死ぬ

↓

❹ 人間→死ぬ
「人間はいずれ死ぬ」が成り立つ

A〜Eの商品の使用状況を調査したところ、次の①〜④のことがわかった。このとき、論理的に確実にいえるのはどれか。

① 商品Aを使用する人は、商品Dを使用する。
② 商品Aを使用しない人は、商品Cを使用する。
③ 商品Bを使用する人は、商品Cを使用しない。
④ 商品Bを使用しない人は、商品Eを使用する。

❶ 商品Aを使用する人は、商品Bを使用する。
❷ 商品Bを使用する人は、商品Aを使用しない。
❸ 商品Cを使用する人は、商品Eを使用する。
❹ 商品Dを使用しない人は、商品Cを使用しない。
❺ 商品Eを使用しない人は、商品Dを使用しない。

正解へのプロセス

1 「論理的に〜」と問われれば、テーマは命題である。

条件整理 与えられたすべての命題が「○○ならば（すべて）△△である」の形であれば、すべて**全称命題**であるので、**記号化**しそれぞれの**対偶**を取る。

組合せ 三段論法を用いて、選択肢ごとに成り立つかどうかを検討する。ただし、すべての命題を使うとは限らない。

> **成り立たない命題**
> **❶** 「→」が続かない状態となり真偽が不明となるケース
> **❷** 「A→$\overline{B}$」が成り立つとき、「A→B」は成り立たない、つまり、結論の「$\overline{B}$」と「B」が両立しないケース

※ 正解肢の命題は、きれいに三段論法でつながるので、あやふやな選択肢は後回しで構わない。

解説

「論理的に〜」と問われているので、テーマは**命題**である。 **1**

①〜④は、すべて「○○ならば（すべて）△△である」の形であるので全称命題である。よって、記号化し、それぞれの対偶①′〜④′を取ると次のようになる。 **条件整理**

命題	対偶
① A→D	①´ $\overline{D}$→$\overline{A}$
② $\overline{A}$→C	②´ $\overline{C}$→A
③ B→$\overline{C}$	③´ C→$\overline{B}$
④ $\overline{B}$→E	④´ $\overline{E}$→B

各選択肢の全称命題が成り立つかどうかを三段論法で検討する。 **組合せ**

❶ ✕ ①より、「A→D」まではいえるが、Dを仮定にする命題はないので、これ以上はつながらない。よって、「A→B」は真偽が不明である。

❷ ✕ ③と②´をつなげると、「B→$\overline{C}$→A」となり、「B→A」が成り立つ。よって、「B→$\overline{A}$」は成り立たない。

❸ ◯ ③´と④をつなげると、「C→$\overline{B}$→E」となり、「C→E」が成り立つ。

❹ ✕ ①´と②をつなげると、「$\overline{D}$→$\overline{A}$→C」となり、「$\overline{D}$→C」が成り立つ。よって、「$\overline{D}$→$\overline{C}$」は成り立たない。

❺ ✕ ④´、③、②´、①をこの順でつなげると、「$\overline{E}$→B→$\overline{C}$→A→D」となり、「$\overline{E}$→D」が成り立つ。よって、「$\overline{E}$→$\overline{D}$」は成り立たない。または、結論に「$\overline{D}$」をもつ命題がないので、「$\overline{E}$→$\overline{D}$」は成り立たない、としてもよい。

正解 **❸**

3 「かつ」、「または」

全称命題の仮定や結論が「PかつQ」や「PまたはQ」となることがある。このような「かつ」「または」を含む命題についての情報の整理についての要点を紹介していく。なお、選択肢の読み取り方は **2** と同じである。

1 「かつ」、「または」

① 「かつ」

P、Qの2つがあるときに、「PでもありQでもある」を「PかつQ」といい、これは、「PとQの両方を満たす」ことである。そして、記号を用いて「P∧Q」[3]と表す。

> **例6**
>
> 「緑茶が好きかつ紅茶が好き」をベン図で表すと、図の**赤着色部分(交わり)**である。

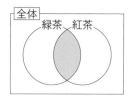

② 「または」

P、Qの2つがあるときに、「PであるかQである」を「PまたはQ」といい、これは、「**少なくとも一方を満たす**」ということであり、どちらか一方のみという意味ではない。そして、記号を用いて「P∨Q」と表す。

---

3 慣用的に、第2節で学習した集合のときは「かつ」、「または」はそれぞれ「∩」、「∪」で表現し、論理では「∧」、「∨」と尖らせて表現する。

例7 「緑茶が好きまたは紅茶が好き」をベン図で表すと、図の**赤着色部分**である。

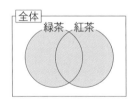

---

2 ド・モルガンの法則

「P∧Q」や「P∨Q」を含む全称命題から対偶を取るとき、「$\overline{P∧Q}$」や「$\overline{P∨Q}$」が必ず現れるが、これらは**ド・モルガンの法則**を使った後の形を対偶に用いる。

ド・モルガンの法則

- $\overline{P∧Q}=\overline{P}∨\overline{Q}$
- $\overline{P∨Q}=\overline{P}∧\overline{Q}$

※ 「∧」が否定されると「∨」になり、「∨」が否定されると「∧」になる。つまり、「かつ」や「または」の記号は、否定されるとひっくり返る。

例8 「日本酒が好きでかつワインが好きな人は、和食が好きである」の対偶

❶ 命題を記号化する。

❶日本酒∧ワイン→和食

❷ 仮定と結論を入れ替えて対偶を取る。

❷$\overline{和食}$→$\overline{日本酒∧ワイン}$
⬇ ド・モルガンの法則

❸ 「$\overline{日本酒∧ワイン}$」をド・モルガンの法則を使って「$\overline{日本酒}∨\overline{ワイン}$」の形にする。

❸$\overline{和食}$→$\overline{日本酒}∨\overline{ワイン}$ 対偶

❹「和食が好きではない人は、日本酒が好きではないかまたはワインが好きではない」

❹ よって、対偶は「和食が好きではない人は、日本酒が好きではないかまたはワインが好きではない」となる。

---

3 ▸ 命題の並列化

「または(∨)やかつ(∧)」が含まれる命題をバラバラにすることを**命題の並列化**という。

並列化

・「A∨B→C」が成り立つとき、$\begin{cases} A→C \\ B→C \end{cases}$が成り立つ。

・「A→B∧C」が成り立つとき、$\begin{cases} A→B \\ A→C \end{cases}$が成り立つ。

　ベン図を使って証明する。「A∨B→C」をベン図で表すと、「A∨B」が「C」に完全に含まれていなければならないので、図1のようになる。「A」と「C」、「B」と「C」の関係をそれぞれ見ると、「A」は「C」に完全に含まれ、「B」は「C」に完全に含まれていることがわかる。したがって、「A→C」と「B→C」に並列化することができる。

　「A→B∧C」をベン図で表すと、「A」が「B∧C」に完全に含まれていなければならないので、図2のようになる。「A」と「B」、「A」と「C」の関係をそれぞれ見ると、「A」は「B」に完全に含まれ、「A」は「C」に完全に含まれていることがわかる。したがって、「A→B」と「A→C」に並列化することができる。

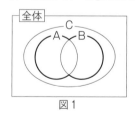

図1

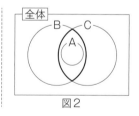

図2

　注意 「A∧B→C」が成り立つとき、「A→C」と「B→C」が成り立つとは限らないので、**並列化はできない**。同様に、「A→B∨C」が成り立つとき、「A→B」、「A→C」が成り立つとは限らないので、**並列化はできない**。

例題 2-5

あるサークルに所属している学生について、国内旅行の経験について調べたところ、次の①～③のことがわかった。このとき、論理的に確実にいえるのはどれか。

① 京都へ行ったことがある学生は、日光へ行ったことがある。
② 北海道へ行ったことがある学生は、沖縄へ行ったことがない。
③ 沖縄へ行ったことがない学生は、京都へ行ったことがあり徳島へ行ったことがない。

❶ 京都へ行ったことがない学生は、徳島へ行ったことがない。
❷ 日光へ行ったことがない学生は、沖縄へ行ったことがない。
❸ 徳島へ行ったことがある学生は、北海道へ行ったことがある。
❹ 沖縄へ行ったことがない学生は、京都へ行ったことがない。
❺ 北海道へ行ったことがある学生は、日光へ行ったことがある。

正解へのプロセス

1 「論理的に～」と問われれば、テーマは**命題**である。

条件整理 与えられたすべての命題が「○○ならば（すべて）△△である」の形であれば、すべて**全称命題**であるので、**記号化**する。その際、並列化できる命題は並列化しておく。そして、それぞれの**対偶**を取り、「**かつ**」、「**または**」があれば、**ド・モルガンの法則**を使った後の形を用いる。

組合せ 三段論法を用いて、選択肢ごとに成り立つかどうかを検討する。ただし、すべての命題を使うとは限らない。

成り立たない命題
❶ 「→」が続かない状態となり真偽が不明となるケース
❷ 「A→$\overline{\text{B}}$」が成り立つとき、「A→B」は成り立たない、つまり、結論の「$\overline{\text{B}}$」と「B」が両立しないケース

※ 正解肢の命題は、きれいに三段論法でつながるので、あやふやな選択肢は後回しで構わない。

「論理的に〜」と問われているので、テーマは命題である。 **1**

①〜③は、すべて「○○ならば(すべて)△△である」の形であるので全称命題である。よって、記号化する。ただし、③は並列化(④、⑤)しておく。そして、それぞれの対偶(①′〜⑤′)を取ると次のようになる。 条件整理

命題	対偶	ド・モルガンの法則による変換後
①京都→日光	①′ $\overline{日光}$→$\overline{京都}$	
②北海道→沖縄	②′ $\overline{沖縄}$→$\overline{北海道}$	
③$\overline{沖縄}$→京都∧徳島	$\overline{京都∧徳島}$→沖縄	③′ $\overline{京都}$∨$\overline{徳島}$→沖縄
並列化 ④沖縄→京都	④′ $\overline{京都}$→$\overline{沖縄}$	
⑤沖縄→徳島	⑤′ $\overline{徳島}$→$\overline{沖縄}$	

各選択肢の全称命題が成り立つかどうかを三段論法で検討する。 組合せ

❶ ✕ ④′と②′をつなげると、「京都→$\overline{沖縄}$→$\overline{北海道}$」まではいえるが、「$\overline{北海道}$」を仮定にする命題はないので、これ以上はつながらない。よって、「京都→徳島」は真偽が不明である。

❷ ✕ ①′と④′をつなげると、「$\overline{日光}$→$\overline{京都}$→$\overline{沖縄}$」となり、「$\overline{日光}$→$\overline{沖縄}$」が成り立つ。よって、「$\overline{日光}$→沖縄」は成り立たない。

❸ ✕ ⑤′と②′をつなげると、「$\overline{徳島}$→$\overline{沖縄}$→$\overline{北海道}$」となり、「$\overline{徳島}$→$\overline{北海道}$」が成り立つ。よって、「$\overline{徳島}$→北海道」は成り立たない。または、結論に「北海道」をもつ命題がないので、「$\overline{徳島}$→北海道」は成り立たない、としてもよい。

❹ ✕ ④より、「沖縄→京都」がいえているので、「沖縄→$\overline{京都}$」は成り立たない。

❺ ◯ ②と④と①をこの順でつなげると、「北海道→沖縄→京都→日光」となり、「北海道→日光」が成り立つ。

正解 **❺**

❹ 命題とベン図

　ここでは、ベン図を用いた命題の表し方を学習するが、特に**存在命題が含まれた**問題についての情報の整理や選択肢の読み取りについての要点を紹介していく。

⬜1 情報の整理

① 全称命題の場合

　全称命題のベン図での表し方は、命題の分類のところでも触れたが、次の3つを理解しておくとよい。

❶　「AならばBである (A→B)」のベ
ン図
　　「A」が「B」に完全に含まれる (図
1)。

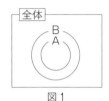

図1

❷　「AならばBでない (A→B̄)」のベン
図
　　「A」と「B」の共通部分がないので、
「A」と「B」が交わらない (図2)。

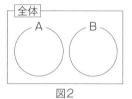

図2

❸　「BでないならAでない (B̄→Ā)」のベン図
　　仮定、結論ともに否定されている命題は、**対偶のベン図を描けばよい**。よって、「B̄→Ā」の対偶は「A→B」であるので、❶と同じベン図になる (図3)。

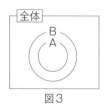

図3

② 存在命題の場合

存在命題のベン図での表し方は、命題の分類のところでも触れたが、次の2つを理解しておくとよい。なお、ベン図において**要素が必ず存在している領域は〇、存在していない領域は×で表す**。存在している個数が不明であっても、1つあれば十分に存在していることがいえる。

❶ 「Cの中にDであるものが存在する」のベン図

「C」と「D」の共通部分が必要なので、「C」と「D」を交わらせたベン図を描く。そして、「C∧D」の領域に要素が必ず1つ以上存在している（図4）。なお、これ以外の領域については「存在している／いない」は不明である。

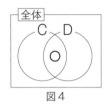

図4

❷ 「Cの中にDであるものは存在しない」のベン図

「C」と「D」の共通部分である「C∧D」の領域に要素が存在していない（図5）。なお、これ以外の領域については「存在している／いない」は不明である。または、「C∧D」の領域に要素が存在していないので、「C∧D」の領域はなくてもよく、「C」と「D」を交わらせないベン図を描いてもよい（図6）⁴。

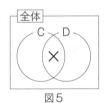

図5

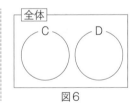

図6

③ ベン図のまとめ方

存在命題は記号化できないので、全称命題と存在命題の両方が与えられている問題は、すべての命題をベン図で表し、それらのベン図をまとめたものをつくる。

---

4 図6と図2は同じ図になるので、「AならばBではない」と「Aの中にBであるものは存在しない」は同義となる。

個々のベン図をまとめるときは、なるべく交わりが多くなるようにまとめることが重要である。

また、ベン図をまとめることで、**要素が必ず存在している領域が分割されるケース**がある。その場合、分割された領域のすべてに要素が存在するのではなく、少なくとも1つの領域に要素が1つ以上存在することしかいえない。

例9

ア：AならばBである。

イ：BならばCでない。

ウ：Dの中にAであるものが存在する。

それぞれの命題をベン図で表す。

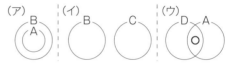

❶ （ア）と（イ）をまとめる。（イ）より、「B」と「C」は交わらないので、まとめると図のようになる。

❷ さらに（ウ）をまとめる。（ウ）より、「A」と「D」は交わるので、例えば図のようになるが、これは誤りである。

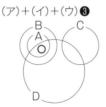

❸ 「C」と「D」を交わらせて、なるべく交わりを多くしておかなければならない。そして、必ず存在している領域には○を書き入れておく。これ以外の領域については「存在している／いない」が不明である。

2 選択肢の読み取り

選択肢には全称命題の選択肢と存在命題の選択肢がある。

① 全称命題の場合

「AならばBである」の形であれば、「A」が「B」に完全に含まれているかを確認すればよい。また、「AならばBでない」の形であれば、「A」と「B」が交わっていないかを確認すればよい。

例10

前述のまとめたベン図において、「BならばDである」は成り立たない。その理由は、「B」が「D」に完全に含まれていないからである。また、「CならばDではない」も成り立たない。その理由は、「C」と「D」が交わっているからである。

② 存在命題の場合

「Cの中にDであるものが存在する」の形であれば、「C∧D」の領域に必ず存在しているかを確認すればよい。また、「Cの中にDであるものは存在しない」の形であれば、「C∧D」の領域に必ず存在していないかを確認するか、または、「C」と「D」が交わっていないかを確認すればよい。

例11

前述のまとめたベン図において、「Bの中にDであるものが存在する」は成り立つ。その理由は、「B∧D」の領域に必ず存在しているからである（「BかつDのみ」ではないので、○を含む）。しかし、「Cの中にDであるものが存在する」は成り立たない。その理由は、「C∧D」の領域については「存在している／いない」が不明だからである。

例題 2-6

専門学校で、ある資格試験を受験する学生のために、A、B、C、Dの4種類の講座を開いた。その後、各講座の受講状況を調査したところ次のア、イのことがわかった。このとき、論理的に確実にいえるのはどれか。

ア　Aの講座を受講している学生のうち、ある学生はBの講座を受講し、ある学生はCの講座を受講している。

イ　Bの講座を受講している学生は、Dの講座も受講している。

① A、Bの講座をともに受講している学生は、Cの講座も受講している。

② A、Cの講座をともに受講している学生は、Dの講座も受講している。

③ Dの講座を受講している学生のうち、ある学生はAの講座も受講している。

④ Cの講座を受講している学生のうち、ある学生はBの講座も受講している。

⑤ A、Dの講座をともに受講している学生は、Bの講座も受講している。

正解へのプロセス

1　「論理的に～」と問われれば、テーマは命題である。

条件整理　与えられた命題に「○○ならば、△△である」の形と「○○の中に△△なものが存在する」の形があれば、すべてベン図で表す。

組合せ　個々のベン図をまとめる。その際に、必ず存在している領域には○を書き入れておく。

解説

「論理的に～」と問われているので、テーマは命題である。**1**

（ア）は存在命題、（イ）は全称命題であるので、2つの命題をそれぞれベン図で表す。（ア）は図1-1および1-2であり、学生が必ず1人以上存在している領域には○を書き入れておく。そして、（イ）が図2となる。**条件整理**

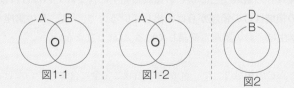

図1-1　　　　図1-2　　　　図2

これらのベン図をまとめる。まず、図1-1と図2をまとめると図3となる。次に、図3に図1-2を加えるが、**交わりはなるべく多くなるようにしなければならないので、CはAのみでなくBとDにも交わるように描き加える**とよい(図4)。

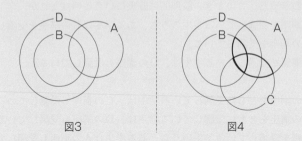

図3　　　　　　　　　図4

　まとめた後で、学生が必ず1人以上存在する領域に〇をつけておく。図1-1より、A∧Bの領域に学生が必ず1人以上存在するが、図4では**2つの領域があるため①、②とし、少なくとも一方の領域に1人以上存在している**ことを表しておく。また、図1-2よりA∧Cの領域に学生が必ず1人以上存在するが、図4では**3つの領域があるため②、③、④とし、少なくとも1つの領域に1人以上存在している**ことを表しておく。これ以外の領域については「存在している／いない」が不明である。

組合せ

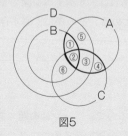

図5

図5を見ながら各選択肢を検討する。

❶ ✕　　A∧Bの領域①と②がCの領域に完全に含まれていなければならない。しかし、①の領域はCの領域からはみ出しているので、「A、Bの講座をともに受講している学生は、Cの講座も受講している」は成り立たない。

❷ ✕　　A∧Cの領域②、③、④がDの領域に完全に含まれていなければならない。しかし、④の領域はDの領域からはみ出しているので、「A、Cの講座をともに受講している学生は、Dの講座も受講している」は成り立たない。

❸ ◯ 　　D∧Aの領域①、②、③、⑤のいずれかに学生が1人存在していればよい。確かに、①、②のどちらかの領域に1人存在していることがわかる。

❹ ✕ 　　C∧Bの領域②と⑥のどちらかに学生が1人存在していればよい。②の領域に必ず1人存在しているとはいえないし、⑥の領域は存在する／しないが不明である。よって、「Cの講座を受講している学生のうち、ある学生はBの講座も受講している」は成り立たない。

❺ ✕ 　　A∧Dの領域①、②、③、⑤がBの領域に完全に含まれていなければならない。しかし、③と⑤の領域はBからはみ出しているので、「A、Dの講座をともに受講している学生は、Bの講座も受講している」は成り立たない。

正解 **❸**

問題1　あるグループにおけるスポーツの好みについて、次のア〜エのことが分かっているとき、確実にいえるのはどれか。

特別区 I 類2018

ア　野球が好きな人は、ゴルフが好きである。

イ　ゴルフが好きな人は、ラグビーとバスケットボールの両方が好きである。

ウ　サッカーが好きな人は、野球かラグビーが好きである。

エ　テニスが好きでない人は、バスケットボールが好きではない。

1 野球が好きな人は、テニスが好きである。

2 テニスが好きな人は、ゴルフが好きである。

3 ラグビーが好きな人は、サッカーが好きである。

4 ゴルフが好きでない人は、サッカーが好きではない。

5 バスケットボールが好きでない人は、テニスが好きではない。

　全称命題の問題である。よって、（ア）〜（エ）の4つを記号化する（バスケット
ボール：バスケと表記する）。ただし、（イ）は並列化（②、③）しておく。そして、
それぞれの対偶を取ると次のようになる。

命題	対偶
ア ① 野球→ゴルフ	①′ $\overline{ゴルフ}$→$\overline{野球}$
イ 　ゴルフ→ラグビー∧バスケ	$\overline{ラグビー}$∨$\overline{バスケ}$→$\overline{ゴルフ}$
並列化 ② ゴルフ→ラグビー	②′ $\overline{ラグビー}$→$\overline{ゴルフ}$
③ ゴルフ→バスケ	③′ $\overline{バスケ}$→$\overline{ゴルフ}$
ウ ④ サッカー→野球∨ラグビー	④′ $\overline{野球}$∧$\overline{ラグビー}$→$\overline{サッカー}$
エ ⑤ $\overline{テニス}$→$\overline{バスケ}$	⑤′ バスケ→テニス

　各選択肢の全称命題が成り立つかどうかを三段論法で検討する。

❶ ○　　①と③と⑤′をこの順でつなげると、「野球→ゴルフ→バスケ→テニス」
となり、「野球→テニス」は成り立つ。

❷ ✕　　「テニス」から始まる命題がないので、「テニス→ゴルフ」の真偽は不明で
ある。

❸ ✕　　「ラグビー」から始まる命題がないので、「ラグビー→サッカー」の真偽は
不明である。

❹ ✕　　①′より「$\overline{ゴルフ}$→$\overline{野球}$」まではいえる。ここで④′に着目すると、④′は
「$\overline{野球}$→$\overline{サッカー}$」、「$\overline{ラグビー}$→$\overline{サッカー}$」のように並列化できない。よって、「$\overline{野$
$球}$」と「$\overline{サッカー}$」がつながらないので、「$\overline{ゴルフ}$→$\overline{サッカー}$」の真偽は不明である。

❺ ✕　　③′と①′をつなげると、「$\overline{バスケ}$→$\overline{ゴルフ}$→$\overline{野球}$」まではいえるが、ここ
から④′にはつながらない。よって、「$\overline{バスケ}$→$\overline{テニス}$」の真偽は不明である。結論
に「$\overline{テニス}$」をもつ命題がないので、「$\overline{バスケ}$→$\overline{テニス}$」は成り立たない、としてもよ
い。

ある小学校で運動会を行った。次のアからエのことがわかっているとき、確実にいえるものとして、最も妥当なのはどれか。

東京消防庁Ⅰ類2012

ア　短距離走に出場した児童の中にはリレーに出場した者もいた。

イ　障害物競走に出場した児童はフォークダンスにも出場した。

ウ　パン食い競争に出場しなかった児童はリレーに出場しなかった。

エ　フォークダンスに出場した児童は短距離走とパン食い競争には出場しなかった。

① 短距離走とパン食い競争に出場した児童がいた。

② リレーに出場した児童は短距離走に出場した。

③ フォークダンスとリレーに出場した児童がいた。

④ フォークダンスに出場した児童は障害物競走に出場した。

⑤ アからエにある種目のうち、4種目以上参加した児童がいた。

存在命題を含む問題であるので、記号化では解けない。よって、それぞれをベン図で表す。（ア）は存在命題であるので、図1となり、児童が必ず1人以上存在している領域には〇を書き入れておく。そして、（イ）と（ウ）は全称命題である。（イ）はそのままベン図（図2）を描けばよいが、（ウ）は「（否定文）→（否定文）」になっているので、対偶を取った命題からベン図を描けばよい（図3）。

「パン→リレー」の対偶は「リレー→パン」となり、このベン図を描く

図1　　　　　　図2　　　　　　　　　　　　　　　図3

（エ）は注意をしながら描いていく。「フォークダンスに出場した児童は短距離走とパン食い競争には出場しなかった」とは「フォークダンスに出場した児童は（全て）短距離走には出場しなかった」と「フォークダンスに出場した児童は（全て）パン食い競争には出場しなかった」に分けられる。これらを、ベン図で表せば、それぞれ次の図4-1、図4-2になる。

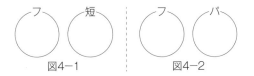

図4−1　　　　　　　図4−2

これらのベン図をまとめる。まず、図1と図3をまとめると図5となる。次に、図4-1、4-2を考えるが、「フォークダンス」は「短距離走」と「パン食い競争」と交わらない。したがって、図5に図2を加えたものが図6となる。さらに、児童が必ず1人以上存在している領域は①となり、これ以外の領域については「存在している／いない」が不明である。

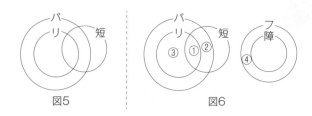

図5　　　　　　　　　　図6

　図6を見ながら各選択肢を検討する。

❶ ○　「短∧パ」の領域①と②のうち少なくとも一方の領域に児童が1人以上存在していればよい。確かに、①の領域に1人存在していることがわかり、「短距離走とパン食い競争に出場した児童がいた」は成り立つ。

❷ ✕　「リ」の領域が「短」の領域に完全に含まれていなければならない。しかし、③の領域は「短」の領域からはみ出しているので、「リレーに出場した児童は短距離走に出場した」は成り立たない。

❸ ✕　「フ∧リ」の領域はないので、この領域に児童は存在していない。よって、「フォークダンスとリレーに出場した児童がいた」は成り立たない。

❹ ✕　「フ」の領域が「障」の領域に完全に含まれていなければならない。しかし、④の領域は「障」の領域からはみ出しているので、「フォークダンスに出場した児童は障害物競走に出場した」は成り立たない。

❺ ✕　4種目以上が重なる領域はないので、「4種目以上参加した児童がいた」は成り立たない。

4 対応関係

対応関係は、公務員試験全般で出題が見られるテーマの1つですが、特に国家系の試験で
は毎年のように出題が見られます。短時間のうちに解くためには、○×表という表を使い
こなすことが大切になります。対応関係の問題への取組みは、この後のさまざまなテーマ
に影響するので、しっかりと学習をしていきましょう。

1 2集合1対1対応

　「2集合1対1対応」とは、異なる2つの集合において、1つの集合内の要素がも
う1つの集合内の要素と1対1で対応しているタイプの問題である。

　「2集合」とは、例えば、人物（要素：A、B、C）とその人物が所属する学部（要
素：法、経済、文）であったり、人物（要素：A、B、C）とその人物の趣味（要素：
釣り、登山、読書）といったように、集合が2つあるタイプを指す。また、「1対1
対応」とは、1つの要素と1つの要素が対応することであり、例えば、Aは2つ以
上の趣味を持たないし、Aと同じ趣味をBやCは持たないような条件を指す。

　つまり、Aの趣味は1つ、釣りを趣味とするのは1人といったようになる。

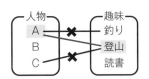

Aの趣味が登山であるなら、Aは他の趣味
を持たない。登山がAの趣味なら、BやC
の趣味は登山ではない。

　対応関係の問題では、各集合の要素が対応する様子を判断することで、確実にい
えることを見つけていく作業が中心となる。そのための情報の整理や条件の読み取
りについての要点を以下に紹介していく。

1 情報の整理

　情報を○×表（対応表）に整理する。○×表とは、条件にある要素の対応を整理で
きる表の1つである。2つの集合の要素をそれぞれタテ軸・ヨコ軸に並べ、「〜で
ある（肯定）」であれば「○」、「〜ではない（否定）」であれば「×」を該当するマスに書

き入れていく表である。

例1　A〜Dの4人の学生の学部は、法学部、経済学部、文学部、教育学部のいずれかであり、同じ学部の学生はいない。また、Cは文学部の学生である。

集合は人物と学部の**2集合**であるので、人物(A、B、C)を**タテ軸**、学部(法、経済、文、教育)を**ヨコ軸**に並べた○×表を作成する。

また、「**同じ学部の学生はいない**」とあるので、対応のし方は**1対1対応**である。

（ヨコ軸）学部

	法	経済	文	教育
A				
B				
C				
D				

（タテ軸）人物

❶　「Cは文学部の学生である」ので、Cの列と文学部の列が**交差する**マスが該当するマスであり、そのマスに○を書き入れる。

	法	経済	文	教育
A				
B				
C			○❶	
D				

❷　1対1対応なので、各列には○が1つのみ入る。よって、○の入ったマスの上下方向・左右方向にあるマスには自動的に×が入る。

	法	経済	文	教育
A			×	
B			×	
C	×	×	○❷	×
D			×	

注意「○を書き込むと、○の入ったマスの上下方向・左右方向にあるマスには自動的に×が入る」は、1対1対応の問題のときだけ成立し、後述する複数対応には当てはまらないので注意してほしい。

---

2 条件の読み取り

対応の様子を直接的な表現を用いて表している条件文は特に問題ないが、間接的な表現を用いて表している条件文は、いったん、図などで整理すると対応関係がはっきりする。

① 直接的な表現

例2 「Aは釣りを趣味としている」、「Bは読書を趣味としていない」といった直接的な表現は、そのまま読み取って表に情報を書き込めばよい。

② 間接的な表現

例3 ❶ 「法学部の学生は1人で、Aは法学部の学生と仲が良い」

法学部の学生は1人なので、Aと法学部の学生は**別人**である。つまり、直接的な表現にすると、「**Aは法学部の学生ではない**」となる。

法学部の学生は1人なので、Aは法学部の学生ではない

❷ 「文学部の学生は1人で、Bは文学部の学生に会った」

文学部の学生は1人なので、Bと文学部の学生は**別人**である。つまり、直接的な表現にすると、「**Bは文学部の学生ではない**」となる。

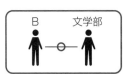

文学部の学生は1人なので、Bは文学部の学生ではない

❸ 「経済学部の学生は1人で、Cは経済学部の学生と会ったが、Dとは会わなかった」

経済学部の学生は1人なので、Cと経済学部の学生は**別人**である。つまり、直接的な表現にすると、「**Cは経済学部の学生ではない**」となる。
また、CとDは会わなかったので、「**Dも経済学部の学生ではない**」となる。

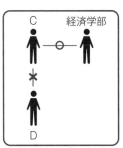

経済学部の学生は1人なので、C、Dは経済学部の学生ではない

A〜Dの4人の職業はそれぞれ弁護士、会計士、公務員、教師であり、同じ職業の者はいない。

ある日の4人の行動について、次のア〜エのことがわかっているとき、確実にいえるのはどれか。

ア　Aは会計士には会わなかった。
イ　Bは公務員に会った。
ウ　Cは会計士と公務員に会った。
エ　Dは弁護士には会ったが、Bには会わなかった。

1 Aは教師である。
2 Bは会計士である。
3 Bは教師である。
4 Cは教師である。
5 Dは公務員である。

正解へのプロセス

表作成 集合の数と対応のし方を確認し、○×表を作成する。

確定情報 確定している「○、×」は表に書き入れる。

条件整理 その際、対応関係を間接的な表現で表している場合は、いったん、図などで条件を整理すると対応を判断しやすい。

組合せ 条件を組み合わせながら、「○または×」が入るマスを限定または確定していく。

新情報 タテ列、ヨコ列の数値（1対1対応の場合は、各列に○は1個）から、残りのマスに「○または×」を書き入れる。

解説

人物と職業の2集合、「同じ職業の者はいない」とあるので、1対1対応である。よって、選択肢から判断して、**「人物と職業」**を対応させるために、次のような○×表を作成する（弁護士：弁、会計士：会、公務員：公、教師：教と表記する）。

表作成

	弁	会	公	教
A				
B				
C				
D				

各条件の「会った・会わなかった」を、いったん、図で整理すると次のようになる（会った：○、会わなかった：×で表記する）。**条件整理**

A自身が会計士であることも考えられるので、Aと会計士は、別人かどうかはわからない

公務員は1人なので、Bは公務員ではない

会計士、公務員はそれぞれ1人なので、Cは会計士、公務員ではない

弁護士は1人なので、B、Dは弁護士ではない

4人はそれぞれ異なる職業なので、図から確定しているものは、次のとおりである（職業である：○、職業でない：×）。

（イ）「Bは公務員に会った」ので、**Bは公務員ではない**。

（ウ）「Cは会計士と公務員に会った」ので、**Cは会計士および公務員ではない**。

（エ）「Dは弁護士には会った」ので、**Dは弁護士ではない**。また、「DはBには会わなかった」ので、Dから見て、弁護士は会ったことがある人、Bは会ったことがない人なので、**Bも弁護士ではない**。**確定情報**

ここまでをまとめたのが表1である。

表1	弁	会	公	教
A				
B	ᴱ×		ⁱ×	
C		ⁱ×	ⁱ×	
D	ᴱ×			

（イ）Bは公務員に会ったので、Bから見て、公務員は会ったことがある人、（エ）Dは会ったことがない人なので、**公務員とDは別人**となり、**Dは公務員ではない**（表2）。**組合せ**

表2	弁	会	公	教
A				
B	×		×	
C		×	×	
D	×		×	

表2より、**公務員はAとなるので**、Aは、弁護士、会計士、教師ではない。よって、弁護士はA、B、Dではないので、**Cが弁護士とわかる**（表3）。 `新情報`

表3	弁	会	公	教
A	×	×	○	×
B	×		×	
C	○	×	×	×
D	×		×	

　表3より、**Aが公務員**と決まったので、（ア）「A（公務員）は会計士には会わなかった」を考えると、（イ）「Bは公務員に会った」ので、Bは会計士でないことがわかる。 `組合せ`

　よって、**Dが会計士**となり、**Bが教師**となる（表4）。 `新情報`

表4	弁	会	公	教
A	×	×	○	×
B	×	×	×	○
C	○	×	×	×
D	×	○	×	×

正解 **③**

② 2集合複数対応

「2集合複数対応」とは、異なる2つの集合において、1つの集合内の要素がもう1つの集合内の要素と複数で対応しているタイプの問題である。

「2集合」とは、例えば、人物(要素：A、B、C)とその人物が所属する学部(要素：法、経済、文)であったり、人物(要素：A、B、C)とその人物の趣味(要素：釣り、登山、読書)といったように、集合が2つあるタイプを指す。また、「複数対応」とは、1つの要素に複数の要素が対応することであり、例えば、Aは2つの趣味を持ったり、Cと同じ趣味をAが持つような条件を指す。

つまり、Aの趣味は2つ、登山を趣味とするのは2人といったようになる。

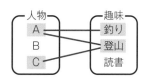

Aの趣味は釣りと登山の2つ、登山を趣味としているのはAとCの2人である。

1 情報の整理

① ○×表に整理する

情報を○×表(対応表)に整理する。**基本的には、1対1対応と同じ○×表である**が、**数値(○の数)が「解くためのカギ」となるので、与えられた数値を○×表に書き入れておく。**具体的には、○×表における各タテ列、各ヨコ列、表全体の数値を列下、列横、表右下に書き入れておく。

例4

A～Dの4人の学生の趣味は、釣り、登山、読書、料理のいずれかであり、釣りを趣味としている学生は3人、Bの趣味は2種類である。

人物、趣味の2集合で、「釣りを趣味としている学生は3人」、「Bの趣味は2種類」とあるので、**複数対応**である。

	釣り	登山	読書	料理
A				
B				②
C				
D				

Bの列に○が2個入る → ②

❶ 釣りの列に○が3個入る → ❶③

❶ 「釣りを趣味としている学生は

３人」より、釣りの列に○が３個入るので、**列下に「３」**と書き入れる。

❷　また、「Ｂの趣味は２種類」より、Ｂの列に○が２個入るので、**列横に「２」**と書き入れる。

---

② 数値を手がかりにする

各列の数値(○の数)を使って、残りのマスに入る○と×を決めることができる。

例5

A～Dの４人の学生の趣味は、釣り、登山、読書、料理のいずれかであり、釣りを趣味としている学生は３人、Ｂの趣味は２種類である。また、Ｂは登山と料理を趣味としている。

２集合複数対応であり、数値の３、２を列下、列横に書き入れる。「Ｂは登山と料理を趣味としている」ので、Ｂの列と登山の列および料理の列が交差するマスが該当するマスであり、それぞれのマスに○を書き入れる。

	釣り	登山	読書	料理	
A					
B		○		○	2
C					
D					
	3				

❸　Ｂの列には○が２個入ったので、Ｂの列の残り２個のマスには×が入る。

❹　釣りの列には○が３個入らなければならないので、Ｂに×が入っていることより、残りの３個のマスには、それぞれ○が入ることがわかる。

	釣り	登山	読書	料理	
A	❹○				
B	❸×	○	×	○	2
C	○				
D	○				
	3				

---

2 条件の読み取り

① 表全体の数値を使って計算する

表全体の数値(○の数)を使って、タテ列の数値およびヨコ列の数値を計算で求めることができる。

例6 10個のおにぎり（具材は梅、鮭、昆布、明太子）を、A～Dの4人の学生が食べた。おにぎりの内訳は、梅は3個、鮭は2個、明太子は2個であった。

2集合複数対応であり、数値を各列下、表右下に書き入れる。

	梅	鮭	昆	明	
A					
B					
C					
D					
	3	2	❶ ③	2	10

表全体の数値

❶ 表全体の○の個数が**10個**なので、おにぎりの個数の内訳より、**昆布の個数**は、10－3－2－2＝3［個］である。よって、昆布の列に○が3個入るので、列下に「**3**」と書き入れる。

昆布の列に○が3個入る

---

②「同じ」、「異なる」

複数対応の問題では、「**同じ**」、「**異なる**」という条件が用いられることがよくある。これらの条件は、**該当する要素をセット**にして考えることで、列の数値からその列に入る○と×を決めることができる。

例7 A～Dの4人は、梅、鮭、昆布、明太子のおにぎりのうち、各2種類のおにぎりを1個ずつ食べた。AとBの食べたおにぎりの種類は同じであり、鮭を食べたのは1人であった。

2集合複数対応であり、各列の数値を列下・列横、表右下に書き入れる。

	梅	鮭	昆	明	
A		❷ ×			2
B		×			2
C					2
D					2
		1			8

2種類が同じ

❷ 「**AとBの食べたおにぎりの種類は同じ**」より、**AとBをセット**にして考える。2人とも食べたか食べなかったかのどちらかなので、例えば、梅では、（A，B）＝（○，○）または（×，×）のどちらかであり、まだわからない。しかし、鮭では、「**鮭を食べたのは1人**」なので、（A，B）＝（×，×）とわかり、該当するマスに×を書き入れる。

③「組合せが異なる」

　複数対応の問題では、「組合せが異なる」という条件が用いられることもある。これらの条件は、該当する要素をセットにして考えることで、列の数値からその列に入る○と×を決めることができる。

例8　A～Dの4人は、梅、鮭、昆布、明太子のおにぎりのうち、各2種類のおにぎりを1個ずつ食べた。AとCの食べたおにぎりの種類の組合せは異なる。また、Aは梅と明太子を食べ、Cは梅を食べた。

　2集合複数対応であり、○×を表内に、各列の数値を列横、表右下に書き入れる。

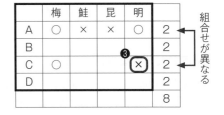

❸　「AとCの食べたおにぎりの種類の組合せは異なる」ので、AとCをセットにして考える。Aは梅と明太子を食べ、Cは梅を食べたのだから、Cの食べたもう1種類のおにぎりは明太子ではない。よって、該当するマスに「×」を書き入れる。

例題 2-8

　　A〜Eの5人が九州地方を旅行し、各人はそれぞれ福岡県、熊本県、長崎県、宮崎県、沖縄県のうちのいくつかを訪れた。次のア〜カのことがわかっているとき、確実にいえるのはどれか。

ア　AとBが訪れた県はすべて同じであった。
イ　Cは沖縄県を訪れたが、長崎県は訪れていない。
ウ　Eの訪れた県はDと2つだけ一致し、Eの訪れた県をすべて訪れた者はいない。
エ　Eは沖縄県と宮崎県の両方とも訪れておらず、Eも含めて3人が沖縄県を訪れていない。
オ　4つの県を訪れた者は1人だけで、他の4人は3つの県を訪れた。
カ　福岡県と熊本県を訪れた人数は4人ずつである。

❶　長崎県を訪れたのは3人である。
❷　宮崎県を訪れたのは3人である。
❸　Cは熊本県を訪れた。
❹　4つの県を訪れた者はDである。
❺　CとEが訪れた県は2つ一致している。

正解へのプロセス

表作成　集合の数と対応のし方を確認し、○×表を作成する。
確定情報　確定している「○、×」は表に、数値は列下・列横・表右下に書き入れる。
組合せ　条件を組み合わせながら、「○または×」が入るマスを限定または確定していく。
❶　特に「同じ」、「異なる」という条件は、該当する要素をセットにして考え、タテ列、ヨコ列の数値が「○または×」を決める根拠となる。
新情報　タテ列、ヨコ列の数値から、残りのマスに「○または×」を入れる。
場合分け　確定しそうもなければ、場合分けをする。
複数通り成立　「確実にいえる」とは、どの場合においても必ずいえている内容のことであり、1つの場合においていえている内容は、「あり得る」のであって、確実にいえる内容ではない。

　　　　人物と訪れた県の2集合、「～のうちいくつかを訪れた」や(カ)などから複数対応である。よって、次のような○×表を作成する(福岡県：福、熊本県：熊、長崎県：長、宮崎県：宮、沖縄県：沖と表記する)。**表作成**

	福	熊	長	宮	沖
A					
B					
C					
D					
E					

　(イ)、(エ)より、○×が入る。

　(エ)「Eも含めて3人が沖縄県を訪れていない」ので、**沖縄県を訪れた者は2人で**ある。

　(オ)「4つの県を訪れた者は1人、他の4人は3つの県を訪れた」ので、**表全体の**「○」の個数は、4+3+3+3+3＝16［個］となる。

　(カ)「福岡県と熊本県を訪れた人数は4人ずつである」ので、**長崎県と宮崎県を訪**れた者は、16－4－4－2＝6より、**計6人**となる。ここまでが表1である。

確定情報

表1	福	熊	長	宮	沖
A					
B					
C			イ×		イ○
D					
E				エ×	エ×
	カ4	カ4	カ計6	エ2	オ16

　　各人が訪れた県は、(オ)より4県または3県であり、(エ)「Eは沖縄県と宮崎県の両方とも訪れていない」ので、**Eが訪れた県は3県で、福岡県、熊本県、長崎県を訪れたことがわかる**(表2)。**組合せ**

　　まだ検討していない条件は(ア)と(ウ)であり、(ア)「AとBが訪れた県はすべて同じ」を考える。4県を訪れた者は1人なので、AとBが訪れた県は3県である。仮に、Aが福岡県を訪れていないとすると、Bも訪れていない。その場合、福岡県を訪れたのは多くても3人となり、表2の「4」に矛盾する。熊本県についてもこれと同様のことがいえる。よって、**AとBは福岡県と熊本県を訪れている**ことがわかる。また、沖縄県については、AとBが訪れると、沖縄県を訪れたのは少なくとも

3人となり、表2の「2」に矛盾する。よって、AとBは沖縄県を訪れていないことがわかる。

さらに、AとBが長崎県を訪れると、Eの訪れた県をすべて訪れたことになり、(ウ)「Eの訪れた県をすべて訪れた者はいない」に矛盾する。よって、AとBは長崎県を訪れておらず、宮崎県を訪れて3県ずつとなる(表3)。**1**

表2	福	熊	長	宮	沖	
A						
B						
C			×		○	
D						
E	○	○	○	×	×	3
	4	4	計6	2	16

表3	福	熊	長	宮	沖	
A	○	○	×	○	×	3
B	○	○	×	○	×	3
C			×		○	
D						
E	○	○	○	×	×	3
	4	4	計6	2	16

表3より、沖縄県を訪れたもう1人はDと決まる。また、長崎県と宮崎県を訪れた者は計6人であることより、Cは宮崎県、Dは長崎県と宮崎県をそれぞれ訪れたことがわかる(表4)。**新情報**

残りの(ウ)「Eの訪れた県はDと2つだけ一致」を考えると、表4より、一致した県の1つは長崎県であり、もう1つは福岡県または熊本県のどちらかとなる。よって、4県訪れたのはDであるので、Cが訪れた県は3県となる(表5)。**組合せ**

表4	福	熊	長	宮	沖	
A	○	○	×	○	×	3
B	○	○	×	○	×	3
C			×	○	○	
D			○	○	○	
E	○	○	○	×	×	3
	4	4	2	4	2	16

表5	福	熊	長	宮	沖	
A	○	○	×	○	×	3
B	○	○	×	○	×	3
C			×	○	○	3
D			○	○	○	4
E	○	○	○	×	×	3
	4	4	2	4	2	16

CとDの残り1県は、福岡県または熊本県のどちらかとなり確定しない。よって、残りのマスに対して、「／」を引き、Cが福岡県を訪れた場合を左上、Cが熊本県を訪れた場合を右下として表すと表6のようになる。**場合分け**

表6	福	熊	長	宮	沖	
A	○	○	×	○	×	3
B	○	○	×	○	×	3
C	○/×	×/○	×	○	○	3
D	×/○	○/×	○	○		4
E	○	○	○	×	×	3
	4	4	2	4	2	16

表6を見ながら選択肢を検討する。 **複数通り成立**

❶ ✕ 長崎県を訪れた者は2人である。

❷ ✕ 宮崎県を訪れた者は4人である。

❸ ✕ Cは熊本県を訪れた場合も訪れていない場合も両方成り立つので、「訪れた」はすべての場合でいえる内容ではない。

❹ ◯ 表5の時点で、Dは4つの県を訪れている。

❺ ✕ CとEが訪れた県で一致している県は、福岡県または熊本県であり、いずれにおいても1つの県である。

正解 **❹**

③ 3集合以上の対応

　「3集合の対応」とは、異なる3つの集合において、各集合内の要素が1対1や複数で対応しているタイプの問題である。「3集合」とは、例えば、人物(要素：A、B、C)とその人物が籍をおく学部(要素：法、文、理)、そして、その人物の趣味(要素：釣り、登山、読書)といったように、集合が3つあるタイプを指す。

　また、4集合であれば、さらに、学年(要素：1年、2年、3年)などの集合が加わると考えればよい。

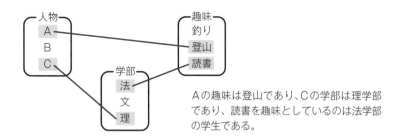

Aの趣味は登山であり、Cの学部は理学部であり、読書を趣味としているのは法学部の学生である。

1 ○×表に整理する

　情報を○×表(対応表)に整理する。2集合の○×表の右ヨコに3つ目の集合の要素を並べればよい。**3集合の○×表の弱点は、ヨコ並びになっている集合の要素どうしの対応が掴みにくいこと**である。つまり、すぐには○および×を書き入れることができない。よって、**対応する要素の2つの列を線で結んでおくなどの工夫をするとよい**。さらに、この2つの列には上から同じ順でマスに○×が入る。

A～Dの4人の学生の学部は、法学部、経済学部、文学部、教育学部のいずれかであり、同じ学部の学生はいない。また、1～4年生が1人ずついる。Aは2年生で、3年生は経済学部である。

集合は人物、学部、学年の**3集合**であるので、人物の要素を**タテ軸**、学部の要素と学年の要素をそれぞれ**ヨコ軸**に並べた○×表を作成する。

「同じ学部の学生はいない」、また「1～4年生が1人ずついる」ので、対応のし方は**1対1対応**である。

（ヨコ軸）学部　　（ヨコ軸）学年

	法	経済	文	教育	1	2	3	4
A								
B								
C								
D								

（タテ軸）人物

❶ 「Aは2年生」より、Aの列と2年生の列が**交差するマス**が該当するマスであり、そのマスに○を書き入れる。そして、1対1対応なので○の入ったマスの下方向・左右方向にあるマスには自動的に×が入る。

	法	経済	文	教育	1	2	3	4
A					×	❶○	×	×
B						×		
C						×		
D						×		

❷ 「3年生は経済学部」より、経済学部の列と3年生の列が同一人物であるので、この2列を線で結んでおく。

	法	経済	文	教育	1	2	3	4
A		❸×			×	○	×	×
B						×		
C						×		
D						×		

❷ 同一人物

❸ よって、Aは3年生ではないので、Aは経済学部の学生でもなく、該当するマスに×を書き入れる。

2 要素を書き入れる表に整理する

要素を書き入れる表とは、条件にある要素の対応を整理できる表の1つである。1つの集合の要素をヨコ軸に、残りの集合をタテ軸に並べ、該当するマスにそれぞれの要素を書き入れていく表である。特に、4集合以上では、○×表は煩雑になる場合が多いので、この表で情報を整理するとよい。

例10

A～Dの4人の学生がいる。学部は法学部2人、経済学部1人、文学部1人であり、出身地は福岡県1人、大阪府2人、東京都1人であり、男女ともに2人ずついる。Cは文学部で東京都の出身であり、男子学生である。

集合は人物、学部、出身地、性別の4集合であるので、人物（A、B、C、D）をヨコ軸、学部、出身地、性別をそれぞれタテ軸に並べた表を作成する。

（ヨコ軸）人物

	A	B	C	D
学部				
出身地				
性別				

（タテ軸）学部、出身地、性別

❹メモ書き

法2、経済1、文1、
福1、大2、東1
男2、女2

❹ また、対応のし方は**複数対応**である。数値の情報は、各列の右端に書いておくとよい（**メモ書き**）。

❺ 「Cは文学部で東京都の出身であり、男子学生である」ので、該当するマスにそれぞれ要素をそのまま書き入れる。

	A	B	C	D
学部			文	
出身地			東	
性別			男	

法2、経済1、文1、
福1、大2、東1
男2、女2

❺

注意 表に整理できない条件は、余白などに書いておく作業（**メモ書き**）も行うとよい。

　　A〜Dの4人はそれぞれ文学部、工学部、教育学部、理工学部のいずれかの学生で、居酒屋、レストラン、ガソリンスタンド、進学塾のいずれかでアルバイトをしている。次のア〜エは、この4人の関係について述べたものである。

ア　工学部の学生とCは、2人でよく遊びに出かける。
イ　Bは今日、レストランでアルバイトをしている教育学部の学生と会った。
ウ　Dは進学塾でアルバイトをしている。
エ　居酒屋でアルバイトをしているCは、理工学部の学生と仲がよい。

　現在、同じ学部、同じアルバイトの学生がいないとすると、確実にいえるのはどれか。

❶ Aは文学部の学生である。
❷ Bは工学部の学生である。
❸ Dは工学部の学生である。
❹ 理工学部の学生は進学塾でアルバイトをしている。
❺ 文学部の学生は居酒屋でアルバイトをしている。

正解へのプロセス

表作成 集合の数と対応のし方を確認し、○×表を作成する。

確定情報 確定している「○、×」は表に書き入れる。

❶ ヨコの2つの集合の要素で、**対応する要素の2つの列を線で結んでおき**、後で「○または×」を確定させる。

新情報 タテ列、ヨコ列の数値から、残りのマスに「○または×」を入れる。

場合分け 確定しそうもなければ、場合分けをする。

複数通り成立 「確実にいえる」とは、どの場合においても必ずいえている内容のことであり、1つの場合においていえている内容は、「ありえる」のであって、確実にいえる内容ではない。

解説

　人物と学部とアルバイトの3集合、「同じ学部、同じアルバイトの学生がいない」から1対1対応である。よって、次のような○×表を作成する（文学部：文、工学

部：工、教育学部：教、理工学部：理、居酒屋：居、レストラン：レ、ガソリンスタンド：ガ、進学塾：塾と表記する）。 表作成

	文	工	教	理	居	レ	ガ	塾
A								
B								
C								
D								

（ア）「工学部の学生とCは、2人でよく遊びに出かける」ので、Cは工学部の学生ではない。

（イ）「Bは、レストランでアルバイトをしている教育学部の学生と会った」ので、Bは教育学部の学生でなく、アルバイト先はレストランではない。 確定情報

B≠レストラン、教育学部

アルバイト先がレストランである学生は、教育学部の学生である。この時点では、人物は決まらないので、**教育学部の列とレストランの列を線で結んでおく**。 **1**

（ウ）「Dは進学塾でアルバイトをしている」、（エ）「居酒屋でアルバイトをしているCは、理工学部の学生と仲がよい」ので、**Cのアルバイト先は居酒屋であり、Cは理工学部の学生ではない**。ここまでが表1である。 確定情報

表1	文	工	教	理	居	レ	ガ	塾
A								
B			イ×			イ×		
C		ア×		エ×	エ○			
D								ウ○

ア：C≠工学部
イ：B≠レストラン、教育学部
　　レストラン＝教育学部
ウ：D＝進学塾
エ：居酒屋＝C、
　　C≠理工学部

Cのアルバイト先は居酒屋、Dのアルバイト先は進学塾なので、それぞれの○の上下方向・左右方向にあるマスには×が入る（表2）。 新情報

表2	文	工	教	理	居	レ	ガ	塾
A					×			×
B			×		×	×		×
C		×		×	○	×	×	×
D					×	×	×	○

表2より、アルバイト先がレストランである学生はAであり、Bのアルバイト先はガソリンスタンドとわかる（表3）。 新情報

表3	文	工	教	理	居	レ	ガ	塾
A					×	○	×	×
B			×		×	×	○	×
C		×		×	○	×	×	×
D					×	×	×	○

アルバイト先がレストランである学生と教育学部の学生は同一人物なので、Aが教育学部の学生とわかる（表4）。 **1**

表4	文	工	教	理	居	レ	ガ	塾
A	×	×	○	×	×	○	×	×
B			×		×	×	○	×
C		×	×	×	○	×	×	×
D			×		×	×	×	○

表4より、Cは工学部、教育学部、理工学部の学生ではないので、Cが文学部の学生とわかる（表5）。 新情報

表5	文	工	教	理	居	レ	ガ	塾
A	×	×	○	×	×	○	×	×
B	×		×		×	×	○	×
C	○	×	×	×	○	×	×	×
D	×		×		×	×	×	○

B、Dの学部は、**工学部または理工学部のどちらかとなり確定しない。**よって、残りのマスに対して、「／」を引き、Bが工学部の学生の場合を左上、Bが理工学部の学生の場合を右下として表すと表6のようになる。 場合分け

表6	文	工	教	理	居	レ	ガ	塾
A	×	×	○	×	×	○	×	×
B	×	○/×	×	×/○	×	×	○	×
C	○	×	×	×	○	×	×	×
D	×	×/○	×	○/×	×	×	×	○

表6を見ながら選択肢を検討する。 複数通り成立

❶ ✕ 　Aは教育学部の学生である。

❷ ✕ 　Bは工学部の学生である場合も理工学部の学生である場合も両方成り立つので、「Bが工学部の学生」はすべての場合でいえる内容ではない。

❸ ✕ 　Dは工学部の学生である場合も理工学部の学生である場合も両方成り立つので、「Dが工学部の学生」はすべての場合でいえる内容ではない。

❹ ✕ 　進学塾でアルバイトをしているのは、理工学部の学生である場合も工学部の学生である場合も両方成り立つので、「理工学部の学生は進学塾でアルバイトをしている」はすべての場合でいえる内容ではない。

❺ ◯ 　文学部の学生はCであり、居酒屋でアルバイトをしている。

正解 **❺**

4 シフト勤務・時間割

「シフト勤務」・「時間割」とは、アルバイトのシフト勤務や授業の時間割などのように、どの曜日にだれが勤務をするか、どの曜日にどの科目の授業が行われるかなどを決めるタイプの問題である。基本的には対応関係の問題に含まれるが、**順序（曜日、日にち）の集合がある点が特徴**である。

このような問題に対しての情報の整理や条件の読み取りについての要点を以下に紹介していく。

1 情報の整理

① シフト表に整理する

情報をシフト表（○×表）に整理する。シフト表とは、曜日や日にちなどの**順序の集合の要素をヨコ軸**に、**人物などの集合の要素をタテ軸**に並べ、「**～である（肯定）**」であれば「**○**」、「**～ではない（否定）**」であれば「**×**」を該当するマスに書き入れていく表である。

> ### 例11
> A～Eの5人は、ある週の月曜日から金曜日までの5日間のうち、全員2日間アルバイトをしている。また、各曜日のアルバイトの人数は2人であり、Aは月曜日と水曜日、Cは水曜日にアルバイトをしている。

集合は**曜日と人物の2集合**であるので、曜日（月～金）をヨコ軸、人物（A～E）をタテ軸に並べた表を作成する。

（ヨコ軸）曜日
（タテ軸）人物

❶ 「全員2日間アルバイトをしている」ので、各人物の列に○が2個入る。よって、各列横に「2」と書き入れる。

❷ また、「各曜日のアルバイトの人数は2人」より、各曜日の列に○が2個入る。よって、各列下に「2」と書き入れる。

❸ 「Aは月曜日と水曜日にアルバイトをしている」ので、Aの列と月曜日の列および水曜日の列が**交差するマス**が該当するマスであるので、それらのマスにそれぞれ○を書き入れる。

	月	火	水	木	金	
A	○	❸→	○			2
B						2
C	→		❹○			2
D						2
E						2
	2	2	2	2	2	10

❹ 「Cは水曜日にアルバイトをしている」ので、Cの列と水曜日の列が交差するマスが該当するマスであるので、そのマスに○を書き入れる。

❺ Aの列には○が2個入ったので、Aの列の残りの3個のマスには×が入る。

	月	火	水	木	金	
A	○	❺×	○	×	×	2
B			❻×			2
C			○			2
D			×			2
E			×			2
	2	2	2	2	2	10

❻ 水曜日の列には○が2個入ったので、水曜日の列の残りの3個のマスには×が入る。

---

② 時間割表に整理する

　情報を**時間割表（要素を書き入れる表）**に整理する。時間割表とは、曜日や日にちなどの**順序の要素をヨコ軸**に、時限などの**要素をタテ軸**に並べ、該当するマスに科目などの**要素を書き入れていく表**である。

例12

　ある小学校では、月曜日から金曜日の各曜日に4時限の授業が行われている。月曜日の2限目は国語、水曜日の4限目は社会が行われている。また、理科は木曜日には行われず、算数は1限目には行われない。

　曜日（月〜金）を**ヨコ軸**、時限（1〜4限目）を**タテ軸**に並べた表を作成する。

（ヨコ軸）曜日

	月	火	水	木	金
1限目					
2限目					
3限目					
4限目					

（タテ軸）時限

❼ 「月曜日の2限目は国語、水曜日の
　4限目は社会が行われる」ので、該当
　するマスに「**国語**」、「**社会**」をそのま
　ま書き入れる。

	月	火	水	木	金
1限目					算× ❽
2限目	❼国				
3限目					
4限目		❼社			

❽ 理×

❽ 「理科は木曜日には行われず、算数
　は1限目には行われない」は、まだ**マスに書き入れることができない情報**である。
　このような表に整理できない条件は、余白などに書いておく（**メモ書き**）。

---

2 条件の読み取り

① 日数についての条件

　日数についての条件から、**限られた期間**において、勤務する日の一部、勤務しな
い日の一部がわかることもある。

（ア）x日連続で勤務する

例13

　　　ある週の月曜日から金曜日の期間において、3日連続で勤務する。

　3日連続で勤務するのは、（月, 火, 水）、
（火, 水, 木）、（水, 木, 金）の3通りである
が、いずれのケースにおいても**水曜日は勤務す
る**ことがわかる。

月	火	水	木	金
○	○	○		
	○	○	○	
		○	○	○

↓

月	火	水	木	金
		○		

（イ）中 x 日空けて勤務する

例14 ある週の月曜日から金曜日の期間において、中2日空けて勤務する。

中2日空けて勤務するのは、月曜日に勤務し、火、水曜日を空けて木曜日に勤務する場合と、火曜日に勤務し、水、木曜日を空けて金曜日に勤務する場合の2通りがある。

どちらのケースにおいても**水曜日は勤務しない**ことがわかる。

月	火	水	木	金
○	×	×	○	
	○	×	×	○

↓

月	火	水	木	金
		×		

---

② コマ数についての条件

授業コマ数についての条件から、**限られた期間**において、すべての表のマスが埋まらない場合がある。

例15 表のような時間割において、授業は、国語、数学、英語がそれぞれ4コマ、日本史、世界史がそれぞれ2コマ、生物、化学がそれぞれ1コマ行われる。

コマ数を考える。この時間割表でのコマ数は、4×5＝20［コマ］である。そして、授業のコマ数は、（3科目）×（4コマ）＋（2科目）×（2コマ）＋（2科目）×（1コマ）＝12＋4＋2＝18［コマ］である。よって、時間割表では、**空きコマが2コマある**ことがわかる。

	月	火	水	木	金
1限目					
2限目					
3限目					
4限目					

A～Eの5人が、あるイベントにスタッフとして参加した。イベントはある週の月曜日から金曜日まで行われ、A、B、Cはそれぞれ2日間ずつ、D、Eはそれぞれ3日間ずつ参加した。5人の参加状況について、次のア～オのことがわかっているとき、確実にいえるのはどれか。

ア　Aは、Eと一緒に参加した日があったが、Bと一緒に参加した日はなかった。
イ　Bは、Cと一緒に参加した日があったが、Dと一緒に参加した日はなかった。
ウ　Cは、木曜日に参加し、また、1日だけDと一緒になった。
エ　Dは、3日連続で参加した。
オ　Eは、Dが参加した翌日には参加しなかった。

❶ 月曜日は、B、C、Eの3人が参加した。
❷ 火曜日は、A、Eの2人が参加した。
❸ 水曜日は、A、D、Eの3人が参加した。
❹ 木曜日は、A、C、Dの3人が参加した。
❺ 金曜日は、Dだけが参加した。

正解へのプロセス

表作成 曜日をヨコ軸に並べたシフト表を作成する。

確定情報 確定している「○、×」は表に、数値は列横に書き入れる。

組合せ 条件を組み合わせながら、「○または×」が入るマスを限定または確定していく。

場合分け 確定しそうもなければ、場合分けをする。ただし、**場合分けの組合せが多ければ、この作業は行わない。**

複数通り成立 「確実にいえる」とは、どの場合においても必ずいえている内容のことであり、1つの場合においていえている内容は、「あり得る」のであって、確実にいえる内容ではない。

解説

A～Eの5人と、スタッフとして参加した曜日を対応させるので、次のようなシフト表を作成する。**表作成**

	月	火	水	木	金
A					
B					
C					
D					
E					

　前文より、「A、B、Cはそれぞれ2日間ずつ、D、Eはそれぞれ3日間ずつ参加した」ので、各人物の列横に数値が入る。

　(ウ)「Cは木曜日に参加した」ので、○が入る。

　(エ)「Dは3日連続で参加した」ので、考えられる曜日の組合せは、①(月，火，水)、②(火，水，木)、③(水，木，金)の3通りであるが、いずれのケースにおいてもDは水曜日には参加したことがわかる(表1)。　確定情報

表1	月	火	水	木	金	
A						前2
B						前2
C			ウ○			前2
D		エ○				前3
E						前3

　Dが水曜日に参加したことを踏まえると、(オ)「EはDが参加した翌日には参加しなかった」ので、Eは木曜日には参加しなかったこと、そして、(イ)「BはDと一緒に参加した日はなかった」ので、Bは水曜日には参加しなかったことがわかる(表2)。　新情報

表2	月	火	水	木	金
A					2
B			イ×		2
C			○		2
D			○		3
E				オ×	3

　(エ)と(オ)を組み合わせて考える。Dが参加した曜日が①(月，火，水)の場合、Eは(火，水，木)は参加しなかったので、参加した可能性がある曜日は(月，金)の

２日となる。しかし、Ｅが参加した日数は３日であるので、この場合は矛盾する。同様に、あと２ケース②、③を考えると、次のようになる。 組合せ

②	月	火	水	木	金	
D	×	○	○	○	×	3
E	○	○	×	×	×	3

③	月	火	水	木	金	
D	×	×	○	○	○	3
E	○	○	○	×	×	3

（エ）と（オ）を満たすのは③の場合であるので、このことを表２に反映すると表３のようになる。 新情報

表3	月	火	水	木	金	
A						2
B			×			2
C				○		2
D	×	×	○	○	○	3
E	○	○	○	×	×	3

（ウ）「Ｃは１日だけＤと一緒になった」ので、その曜日は、表３より**木曜日**であり、Ｃは**水曜日と金曜日には参加しなかった**ことがわかる。さらに、（イ）「ＢはＤと一緒に参加した日はなかった」ことから、Ｂは**木曜日、金曜日には参加しなかった**ので、Ｂの列は月曜日と火曜日が空白となり、**両曜日に参加した**ことがわかる（表４）。 新情報

（ア）「ＡはＢと一緒に参加した日はなかった」ので、Ａは**月曜日と火曜日には参加せず**、（ア）「ＡはＥと一緒に参加した日があった」ので、Ａは**水曜日には参加した**ことがわかる（表５）。 新情報

Ａの残りの１日は木曜日または金曜日のどちらかであり、Ｃの残りの１日は月曜日か火曜日のどちらかであることまでしかわからない。 場合分け

表4	月	火	水	木	金	
A						2
B	○	○	×	×	×	2
C			×	○	×	2
D	×	×	○	○	○	3
E	○	○	○	×	×	3

表5	月	火	水	木	金	
A	×	×	○			2
B	○	○	×	×	×	2
C			×	○	×	2
D	×	×	○	○	○	3
E	○	○	○	×	×	3

表5を見ながら選択肢を検討する。 複数通り成立

❶ ✕ 月曜日にCが参加した場合も参加しなかった場合も両方成り立つので、「月曜日はB、C、Eの3人が参加」はすべての場合でいえる内容ではない。

❷ ✕ 火曜日はAが参加していない。

❸ ◯ 水曜日はA、D、Eの3人が参加した。

❹ ✕ 木曜日にAが参加した場合も参加しなかった場合も両方成り立つので、「木曜日はA、C、Dの3人が参加」はすべての場合でいえる内容ではない。

❺ ✕ 金曜日にAが参加した場合も参加しなかった場合も両方成り立つので、「金曜日はDだけが参加した」はすべての場合でいえる内容ではない。

正解 **❸**

例題 2-11　ある学校では月曜日から土曜日まで毎日朝・昼・夜の３時限ずつ授業が行われている。あるクラスの時間割について次のア〜カのことがわかっているとき、確実にいえるのはどれか。

ア　１日に、同じ科目の授業が２度以上行われることはない。
イ　国語、数学、英語は４時限ずつ、理科と社会は３時限ずつある。
ウ　国語は月曜日、火曜日、木曜日、金曜日のすべて昼にある。
エ　数学は朝にはなく、英語と連続する時限で授業をすることはない。
オ　理科は月曜日、水曜日、金曜日にあり、社会と同じ曜日にはない。
カ　社会のある日は必ず英語があり、社会は夜にはない。

①　月曜日の夜は理科である。
②　火曜日の夜は数学である。
③　水曜日の朝は英語である。
④　金曜日の朝は英語である。
⑤　土曜日の昼は数学である。

正解へのプロセス

表作成　曜日をヨコ軸に並べた時間割表を作成する。

①　総コマ数を確認しておく。

確定情報　曜日・時限が確定している科目を表に書き入れる。また、**曜日のみ、時間帯のみが限定または確定している科目は、表外に書いておく（メモ書き）。**

組合せ　条件を組み合わせながら、科目を限定・確定していく。

新情報　各曜日の科目数から、残りの科目がわかる。

解説

　各曜日の各時限に行われる授業と科目を対応させるので、右のような時間割表を作成する。**表作成**

	月	火	水	木	金	土
朝						
昼						
夜						

　総時限数を確認する。（イ）より、国語、数学、英語の３科目は４時限ずつあるので、３×４＝12［時限］で、理科、社会の

２科目は３時限ずつあるので、２×３＝６［時限］である。よって、総時限数は12＋６＝18［時限］である。時間割表は18時限(18マス)なので、この時間割表には**空き時限はないことがわかる。** ❶

（ウ）「国語は月曜日、火曜日、木曜日、金曜日の昼にある」

（エ）「数学は朝になく」(メモ書き)

（オ）「理科は月曜日、水曜日、金曜日にあり」(メモ書き)

（カ）「社会は夜にはない」(メモ書き)

これらを整理したものが表１である。 **確定情報**

表1	月	火	水	木	金	土	
朝							エ数×
昼	ウ国	ウ国		ウ国	ウ国		
夜							カ社×
	オ理		オ理		オ理		

（ア）「１日に同じ科目の授業が２度以上行われることはない」ので、どの科目の授業も１日に１度のみとなる。このことを踏まえると、(オ)「理科と社会は同じ曜日にない」ので、社会のある曜日は、**火曜日、木曜日、土曜日**となる。さらに、(カ)「社会のある日は必ず英語があり」より、英語の４時限のうち３時限は、**火曜日、木曜日、土曜日**となる(表２)。 **組合せ**

３科目の組合せが決まった曜日は、火曜日、木曜日であるので、(ア)より、数学の４時限は、**月曜日、水曜日、金曜日、土曜日**となる。よって、残った英語の１時限は**水曜日**となる(表３)。 **新情報**

表2	月	火	水	木	金	土	
朝							数×
昼		国	国		国	国	
夜							社×
	理	社	理	社	理	社	
		英		英		英	

表3	月	火	水	木	金	土	
朝							数×
昼		国	国		国	国	
夜							社×
	理	社	理	社	理	社	
	数	英	数	英	数	英	
	英				数		

あとは、**各曜日内で、科目を並べる。**火曜日と木曜日を考えると、国語は昼にあり、社会は夜にないので、社会は朝、英語は夜と決まる。月曜日と金曜日を考えると、国語は昼にあり、数学は朝にないので、理科が朝、数学が夜と決まる(表４)。水曜日と土曜日を考えると、数学は朝になく、(エ)「数学は英語と連続する時限で授業をすることはない」ので、英語が朝、数学が夜となり、昼は、水曜日が理科、土曜日が社会と決まる(表５)。 **組合せ**

表4	月	火	水	木	金	土	
朝	理	社		社	理		数×
昼	国	国		国	国		
夜	数	英		英	数		社×

			理			社	
			数			英	
			英			数	

表5	月	火	水	木	金	土
朝	理	社	英	社	理	英
昼	国	国	理	国	国	社
夜	数	英	数	英	数	数

正解　❸

⑤ プレゼント交換

「プレゼント交換」とは、1つの集団内において、集団内の要素どうしが対応しているタイプの問題である。集団内での対応表現としては、「AはBからプレゼントをもらった」などがあり、プレゼントを受け取った人と渡した人を見つけていく作業が中心となる。この他に、「CはDから電話を受けた」などの表現があり、情報の整理や条件の読み取りについての要点を以下に紹介していく。

1 情報の整理のし方

① 矢印線で整理する

情報を矢印線で整理する。矢印線とは、プレゼントを受け取る側を矢印の先に、渡す側を矢印の元にそれぞれ書き、集団内での受け渡しの対応を視覚的に捉える方法の1つである。

例16

3人の学生が持ち寄ったプレゼントの受け渡しについて、AはBからプレゼントをもらい、AとCはプレゼントを交換したことがわかった。

❶ 「AはBからプレゼントをもらい」より、Aはプレゼントを受け取る人、Bはプレゼントを渡す人である。よって、Aを矢印の先、Bを矢印の元として、対応を矢印線で整理する。

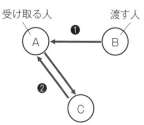

❷ また、「AとCはプレゼントを交換した」より、AとCの間に、A向きとC向きの矢印線をそれぞれ書き入れる。

② ○×表で整理する

情報を○×表(対応表)で整理する。○×表とは、プレゼントを受け取る側の要素をヨコ軸に、渡す側の要素をタテ軸に並べ、「プレゼントをもらった(肯定)」であれば「○」、「プレゼントをもらわなかった(否定)」であれば「×」を該当するマスに書き入れていく表である。

注意 プレゼント交換で用いる○×表は、対応関係で用いる○×表とは異なる。

例17　A〜Dの4人がプレゼント交換をしており、BはCからプレゼントをもらい、CはDからプレゼントをもらわなかった。

　受け取る側（A、B、C、D）を**ヨコ軸**、**渡す側**（A、B、C、D）を**タテ軸**に並べた表を作成する。AがAからプレゼントを受け取ることはないので、受け取る側のAの列と渡す側のAの列が**交差するマス**は◪とする。B〜Dについてもこれと同様のことがいえる。

❸　「BはCからプレゼントをもらい」より、受け取る側のBの列と渡す側のCの列が**交差するマス**が該当するマスであり、そのマスに○を書き入れる。

❹　「CはDからプレゼントをもらわなかった」ので、受け取る側のCの列と渡す側のDの列が**交差するマス**が該当するマスであり、そのマスに×を書き入れる。

---

2 条件の読み取り

　「人数が5人以下」、Ⅰ「全員持ち寄るプレゼントは1つだけで、全員他の人から1つだけプレゼントをもらう」、Ⅱ「渡した相手からプレゼントをもらわない（相互交換なし）」の3つの条件が与えられることが多い。

① 矢印線で整理する

　矢印線で整理すると、集団の関係図は円を描くような図となる。

例18　5人が席に座り、Ⅰ、Ⅱの条件でプレゼントの受け渡しをする場合

　人物の特定は後回しにして、集団の席の関係図だけを考えると例えば図1のよう

になる。

　席を①〜⑤とする。席の位置は関係ないので、席を移動させると、図2のような円を描くような図となる。

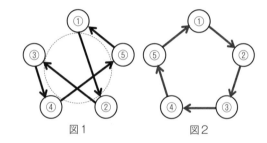

図1　　　　　　図2

注意 席の関係図を決めてから、人物を考えるとよい。

② ○×表で整理する

　表で整理すると、Ⅰ「全員持ち寄るプレゼントは1つだけで、全員他の人から1つだけプレゼントをもらう」ので、表の各タテ列、各ヨコ列には「○」が1つのみ入る。また、Ⅱ「渡した相手からプレゼントをもらわない」ので、「○」が入ったマスと斜め線を挟んで線対称のマスには「×」が入る。

例19 　　　Ⅰ、Ⅱの条件でBはAからプレゼントをもらった。

❶ 　Ⅰより、もらえるプレゼントは1つだけなので、BはCとDからプレゼントをもらっていない。また、Aが渡す相手はBのみであるので、CとDはBからプレゼントをもらっていない。よって、該当するマスにそれぞれ×を書き入れる。

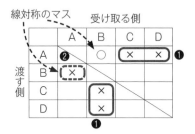

❷ 　「渡した相手からプレゼントをもらわない」ので、AはBからプレゼントをもらっていない。よって、該当するマス（○のマスと斜め線を挟んで線対称のマス）に×が入る。

例題 2-12

A～Eの5人がプレゼント交換をした。各人は1つずつプレゼントを持ち寄り、自分以外のだれかにプレゼントを渡し、自分以外のだれかから1つプレゼントを受け取ったが、プレゼントを渡した相手からプレゼントを受け取った人はいなかった。さらに次のア～エのことがわかっているとき、確実にいえるのはどれか。

ア　AはBからもDからもプレゼントを受け取らなかった。
イ　BはCかDからプレゼントを受け取った。
ウ　DはEからプレゼントを受け取らなかった。
エ　EはBからもCからもプレゼントを受け取らなかった。

1　AはEにプレゼントを渡した。
2　BはCにプレゼントを渡した。
3　CはAにプレゼントを渡した。
4　DはBにプレゼントを渡した。
5　EはAにプレゼントを渡した。

正解へのプロセス

図作成　矢印線を利用して解く場合、条件より関係図を決める。
条件整理　いったん、図などで条件を整理すると判断しやすい。
場合分け　確定しそうもなければ、場合分けをする。
組合せ　条件を組み合わせながら、人物を限定または確定していく。
表作成　表を利用して解く場合、条件より○×の入れ方を決める。
確定情報　確定していることは表に書き入れる。

解説

[解法1]　矢印線で解く

　5人は1つずつプレゼントを持ち寄り、自分以外のだれかから1つプレゼントを受け取った。また、5人とも自分が渡した相手からプレゼントを受け取らなかったので、5人の受け渡しを矢印線で表すと、右図のような

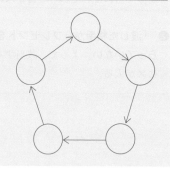

関係図となる。 `図作成`

「受け取った・受け取らなかった」を、いったん、図に整理すると、次のようになる（○：受け取った、×：受け取らなかった）。 `条件整理`

「受け取った」という肯定的な条件は（イ）のみであるので、（イ）から考える。さらに2通りあるので、場合分けをする。 `場合分け`

〈BがCからプレゼントを受け取った場合〉

（ア）と（エ）より、Bのプレゼントを受け取った相手はAとEではないので、Dとわかる。そして、（ア）より、Dのプレゼントを受け取った相手はAでないので、Eとわかる。よって、Eのプレゼントを受け取った相手がAとなり、特に矛盾はない（図1）。 `組合せ`

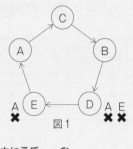

〈BがDからプレゼントを受け取った場合〉

（ア）と（エ）より、Bのプレゼントを受け取った相手はAとEではないので、Cとわかる。そして、（エ）より、Cのプレゼントを受け取った相手はEでないので、Aとわかる。よって、Aのプレゼントを受け取った相手がEとなるが、この場合、EのプレゼントをDが受け取ったことになり、（ウ）に矛盾する（図2）。 `組合せ`

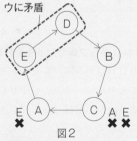

[解法2] ○×表で解く

「5人は1つずつプレゼントを持ち寄り、自分以外のだれかから1つプレゼントを受け取った」ので、表の各タテ列、ヨコ列には「○」が1つずつ入る。また、「5人とも自分が渡した相手からプレゼントを受け取らなかった」ので、「○」が入ったマスと斜め線を挟んで線対称のマスには「×」が入る。 `表作成` `確定情報`

（ア）、（ウ）、（エ）を表に整理すると表1のようになる。

（イ）で場合分けして考える。 **場合分け**

〈BがCからプレゼントを受け取った場合〉

BはC以外からプレゼントを受け取ることはなく、CはB以外にプレゼントを渡すこともない。また、CがBからプレゼントを受け取ることもない（表2）。

表2より、DはBからプレゼントを受け取り、AはEからプレゼントを受け取ったことがわかる。よって、EはAからプレゼントを受け取ることはなく、CはAからプレゼントを受け取り、EはDからプレゼントを受け取ったことがわかる（表3）。この場合、特に矛盾はない。

受け取る側

表2	A	B	C	D	E
A		×			
B	×			×		×
C	×	○		×	×
D	×	×			
E		×		×	

受け取る側

表3	A	B	C	D	E
A		×	○	×	×
B	×		×	○	×
C	×	○		×	×
D	×	×	×		○
E	○	×	×	×	

〈BがDからプレゼントを受け取った場合〉

BはD以外からプレゼントを受け取ることはなく、DはB以外にプレゼントを渡すこともない。また、DがBからプレゼントを受け取ることもない（表4）。

表4より、CはBからプレゼントを受け取り、EはAからプレゼントを受け取ったことがわかる。しかし、この場合、AはEからプレゼントを受け取ることになり、**相互交換が生じてしまう**（表5）。よって、矛盾する。

受け取る側

表4	A	B	C	D	E
A		×			
B	×			×	×
C		×			×
D	×	○	×		×
E		×		×	

渡す側

受け取る側

表5	A	B	C	D	E
A		×	×	×	⟦○⟧
B	×		○	×	×
C		×			×
D	×	○	×		×
E	⟦○⟧	×	×	×	

渡す側

正解 5

問題1　　A～Eの5人は、それぞれ異なる種類の犬を1匹ずつ飼っている。犬の種類はチワワ、プードル、ダックスフント、ポメラニアン、柴犬である。ある日5人は自分の犬を連れて散歩に行った。この5人に関して次のことが分かっているとき、確実にいえるのはどれか。

　　なお、以下の登場人物には、A～E以外の者は含まれていない。

国家専門職2014

- ○　Aは、ダックスフントを連れた人とポメラニアンを連れた人に会ったが、Cには会わなかった。
- ○　Bは、柴犬を連れた人に会ったが、Aには会わなかった。
- ○　Cは、チワワを連れた人に会った。
- ○　Eは、チワワを連れた人に会ったが、Dには会わなかった。

❶　Aは、チワワを飼っている。

❷　Bは、プードルを連れた人に会った。

❸　Cは、柴犬を飼っている。

❹　Dは、ポメラニアンを連れた人に会った。

❺　Eは、プードルを飼っている。

解説

　選択肢を含めて問題文を見ると、「会った・会わなかった」という間接的表現から、**人物と飼っている犬種を対応させる2集合**で、「5人はそれぞれ異なる種類の犬を1匹ずつ飼っている」より、**1対1対応の問題**であることに気づく。よって、右のような○×表を作成する（チワワ：チ、プードル：プ、ダックスフント：ダ、ポメラニアン：ポ、柴犬：柴と表記する）。

	チ	プ	ダ	ポ	柴
A					
B					
C					
D					
E					

　「会った・会わなかった」を、いったん、図に整理すると、次のようになる（会った：○、会わなかった：×、連れていなかった：≠で表記する）。

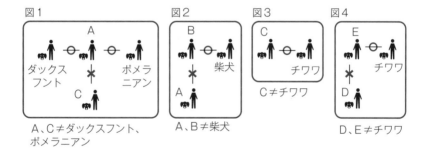

図1　A、C≠ダックスフント、ポメラニアン

図2　A、B≠柴犬

図3　C≠チワワ

図4　D、E≠チワワ

　5人はそれぞれ異なる種類の犬を1匹ずつ飼っていることを踏まえて、人物と犬の対応を考える。図1より、AとCはダックスフント、ポメラニアンを飼っていない。図2より、A、Bは柴犬を飼っていない。また、図1と2より、BはAと会っていないので、Bはダックスフント、ポメラニアンを飼っていない。図3より、Cはチワワを飼っていない。図1と3より、CはAと会っていないので、Aもチワワを飼っていない。図4より、DとEはチワワを飼っていない。わかっている「飼っている・飼っていない」を整理すると表1のようになる（飼っている：○、飼っていない：×）。

　表1より、Aはプードルを飼っており、チワワを飼っているのはBであるとわかるので、Cは柴犬を飼っていることがわかる（表2）。

DとEが飼っている犬は、ダックスフントまたはポメラニアンのいずれかである
ことまでしかわからない。

表1	チ	ブ	ダ	ポ	柴
A	×		×	×	×
B			×	×	×
C	×		×	×	
D	×				
E	×				

表2	チ	ブ	ダ	ポ	柴
A	×	○	×	×	×
B	○	×	×	×	×
C	×	×	×	×	○
D	×	×			×
E	×	×			×

問題2　A～Eの学生5人における政治学、経済学、行政学、社会学、法律学の5科目の履修状況について次のことが分かっているとき、確実にいえるのはどれか。

国家一般職2013

○　5人が履修している科目数はそれぞれ3科目以内である。

○　政治学を履修している者は2人いる。

○　経済学を履修している者は2人おり、そのうちの1人はAである。

○　行政学を履修している者は3人おり、そのうちの1人はAである。

○　社会学を履修している者は3人おり、そのうちの2人はAとDである。

○　法律学を履修している者は4人いる。

○　AとEが2人とも履修している科目はない。

○　Cは政治学も社会学も履修していない。

1　Bは政治学を履修していない。

2　Bは行政学を履修していない。

3　Cは経済学を履修していない。

4　Dは経済学を履修していない。

5　Dは行政学を履修していない。

　人物と科目の2集合で、人物と科目を対応させる複数対応の問題である。○×表を作成し、確定していることを整理すると、表1のようになる（政治学：政、経済学：経、行政学：行、社会学：社、法律学：法と表記する）。

　タテ5列の数値の合計は2＋2＋3＋3＋4＝14であるので、**表全体の○の個数は14個である**。1つ目の条件より、5人が履修している科目数はそれぞれ3科目以内であるので、仮に、**5人とも3科目を履修しているとすると、ヨコ5列の数値の合計は3×5＝15となる**。これは表全体の○の個数である14個より1個多い。したがって、**1人だけ2科目を履修しているとすれば**、3＋3＋3＋3＋2＝14となり、表全体の○の個数と一致する（表2）。

14の組合せは
（3・3・3・3・2）

表1	政	経	行	社	法	
A		○	○	○		
B						
C	×			×		
D				○		
E						
	2	2	3	3	4	

表2	政	経	行	社	法	
A		○	○	○		
B						
C	×			×		
D				○		
E						
	2	2	3	3	4	14

　5人の履修科目数は、**2科目が1人、3科目が4人である**ことがわかる。

　さらに、7つ目の条件より、**AとEが2人とも履修している科目はない**ので、**E**は、経済学、行政学、社会学を履修しておらず、**政治学、法律学の2科目を履修している**ことがわかる。よって、2科目を履修している者がEであることがわかったので、**A～Dが履修している科目数は全員3科目となる**。これらのことを整理すると表3のようになる。

　表3より、Bは社会学を履修しており、B、C、Dは法律学を履修していることがわかる（表4）。

表3	政	経	行	社	法	
A	×	○	○	○	×	3
B						3
C	×			×		3
D				○		3
E	○	×	×	×	○	2
	2	2	3	3	4	14

表4	政	経	行	社	法	
A	×	○	○	○	×	3
B				○	○	3
C	×			×	○	3
D				○	○	3
E	○	×	×	×	○	2
	2	2	3	3	4	14

表4より、Cが履修している残りの2科目は経済学と行政学であり、BとDは経済学を履修していないことがわかる。

BとDが履修している残り1科目は政治学または行政学のいずれかであることまでしかわからない（表5）。

表5	政	経	行	社	法	
A	×	○	○	○	×	3
B		×		○	○	3
C	×	○	○	×	○	3
D		×		○	○	3
E	○	×	×	×	○	2
	2	2	3	3	4	14

同じ会社の新入社員のA～Eの5名が配属される職場と職種について以下のことが分かっている。このとき、確実に言えることとして、最も妥当なのはどれか。

警視庁Ⅰ類2016

- 職場は大阪、広島、福岡の3か所で、どの職場にも1名以上は新入社員が配属された。
- 職種は製造職、営業職、企画職の3職種で、どの職種にも1名以上は新入社員が配属された。
- 広島にはAを含む3名が配属された。
- 営業職にはCのみが配属された。
- 企画職には2名配属されたが、そのうち1名は大阪に配属された。
- BとDは異なる職場に配属されたが、職種は同じだった。
- Eは福岡に配属された。

1 Aは企画職に配属された。

2 Bは広島に配属された。

3 Cは大阪に配属された。

4 Dは大阪に配属された。

5 Eは製造職に配属された。

解説

人物と職場と職種の３集合で、人物と配属先、職種を対応させる複数対応の問題である。○×表を作成し、確定していることを整理すると、表１のようになる（大阪：大、広島：広、福岡：福、製造職：製、営業職：営、企画職：企と表記する）。

表１	大	広	福	製	営	企
A	×	○	×		×	
B					×	
C				×	○	×
D					×	
E	×	×	○		×	
		3			1	2

どの職場にも１名以上は配属されたので、広島には５名中３名が配属されたことより、残り２名は大阪に１名、福岡に１名が配属されたことがわかる。また、どの職種にも１名以上は配属されたので、５名中営業職にはＣの１名、企画職には２名がそれぞれ配属されたことより、製造職には２名が配属されたことがわかる（表２）。

６つ目の条件より、ＢとＤの職場は異なるので、１人が大阪、１人が広島の配属となる。大阪に配属された者は１人であるので、５つ目の条件より、大阪に配属された１人は企画職であることがわかり、ＢとＤは企画職に配属されたことがわかる。その結果、製造職に配属された２人はＡとＥになる。

さらに、ＢとＤの職場は決まらないが、広島に配属された残り１人はＣと決まる（表３）。

表２	大	広	福	製	営	企
A	×	○	×		×	
B			×		×	
C			×	×	○	×
D			×		×	
E	×	×	○		×	
	1	3	1	2	1	2

表３	大	広	福	製	営	企
A	×	○	×	○	×	×
B			×	×	×	○
C	×	○	×	×	○	×
D			×	×	×	○
E	×	×	○	○	×	×
	1	3	1	2	1	2

ある課にはA～Fの6人の職員がおり、それらの職員の役職、性別、年齢層について次のことが分かっているとき、確実にいえるのはどれか。

国家一般職2011

○ 役職については、課長が1人、係長が2人、係員が3人である。
○ 性別については、男性が4人、女性が2人であり、年齢層については、50歳代が1人、40歳代が1人、30歳代が2人、20歳代が2人である。
○ Aは40歳代の男性で、Fよりも年齢層が高い。
○ Bは男性の係長であり、Fよりも年齢層が高い。
○ Cは女性であり、Dより役職、年齢層ともに高い。
○ E、Fは係員である。また、FはDよりも年齢層が高い。
○ 係員は、3人とも年齢層が異なる。

1 Aは係長である。

2 Eは男性である。

3 女性のうちの一人は20歳代である。

4 係員のうちの一人は50歳代である。

5 課長は女性である。

解説

　人物、役職、性別、年齢層の4集合で、人物と役職、性別、年齢層を対応させる複数対応の問題である。要素を書き入れる表を作成し、確定していることを整理すると、表1のようになる。そして、同時に、余白に条件を整理しておく（年齢層は○囲みで表記する）。

表1	A	B	C	D	E	F
役職		係長			係員	係員
性別	男性	男性	女性			
年齢	40歳代					

（課長1、係長2、係員3）
（男性4、女性2）
（㊿1、㊵1、㉚2、㉑2）

　また、年齢の高低に関する条件が多いので、これらの条件も整理しておく。整理した結果、AはFより年齢層が高く、FはDより年齢層が高いので、A、F、Dの3人の年齢は低い順にD－F－Aとなる。Aは40歳代であることがわかっているので、Fは30歳代、Dは20歳代

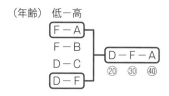

（年齢）低－高

となる。また、BはFより年齢層が高いので、Bは50歳代となり、CはDより年齢層が高いので、Cは30歳代となる。よって、20歳代のもう1人はEとなる（表2）。

表2	A	B	C	D	E	F
役職		係長			係員	係員
性別	男性	男性	女性			
年齢	40歳代	50歳代	30歳代	20歳代	20歳代	30歳代

（課長1、係長2、係員3）
（男性4、女性2）
（㊿1、㊵1、㉚2、㉑2）

　役職に着目する。7つ目の条件より、係員は3人とも年齢層が異なるので、係員のEは20歳代、Fは30歳代であることがわかっているので、40歳代のAが係員となる。さらに、5つ目の条件より、CはDより役職が高いので、Cが課長、Dが係長と決まる。

　そして、D、E、Fの性別は決まらない（表3）。

表3	A	B	C	D	E	F
役職	係員	係長	課長	係長	係員	係員
性別	男性	男性	女性			
年齢	40歳代	50歳代	30歳代	20歳代	20歳代	30歳代

（課長1、係長2、係員3）

（男性4、女性2）

（㊿1、㊵1、㉚2、⑳2）

　　A～Dの４人は、毎週月曜日から金曜日までの間スポーツジムに通っている。次のア～ウのことが分かっているとき、確実に言えるものはどれか。

裁判所一般職2016

ア　AとCは３日連続で、Bは１日おきで、Dは週に２日スポーツジムに通っている。

イ　４人のうち３人がスポーツジムに通うのは木曜日だけである。また４人全員がスポーツジムに通う日はない。

ウ　CとDがともにスポーツジムに通うのは週のうち１日ある。

①　AとCの２人がともにスポーツジムに通うのは週のうち２日である。

②　Bは週に３日スポーツジムに通っている。

③　BとCの２人がともにスポーツジムに通うのは火曜日である。

④　Dは月曜日にスポーツジムに通っている。

⑤　AとDの２人がともにスポーツジムに通うのは週のうち１日である。

解説

　各曜日とスポーツジムに通っている人物を対応させる問題である。シフト表を作成し、確定していることを整理すると表１のようになる。

　（ア）より、ＡとＣが３日連続でスポーツジムに通う日は、（月，火，水）、（火，水，木）、（水，木，金）のいずれかであるが、**必ず水曜日は通うことがわかる**。また、（イ）より、３人がスポーツジムに通うのは木曜日だけ、また、４人全員がスポーツジムに通う日はないので、**水曜日に通うのはＡとＣの２人であること**がわかる。さらに、（ア）より、Ｂは１日おきにスポーツジムに通うので、Ｂは、水曜日に通わないことから火曜日と木曜日の２日スポーツジムに通うことがわかる（表２）。

表1	月	火	水	木	金	
A						3
B						
C						3
D						2
				3		

表2	月	火	水	木	金	
A			○			3
B	×	○	×	○	×	2
C			○			3
D			×			2
			2	3		10

　これ以上はわからないので、**制約の強い条件を考える**。（ウ）より、ＣとＤがともに通う１日は、水曜日以外であるが火曜日はＢも通っているので３人となり条件に矛盾する。よって、ＣとＤがともに通う１日は、月、木、金曜日のいずれかとわかり、場合分けして考える。

〈ＣとＤがともに通う１日が月曜日の場合〉

　Ｃは３日連続で通うので、Ｃが通うのは**月、火、水曜日**となり、Ａは月、火曜日は通わない（表３）。表３より、Ａが通うのは水、木、金曜日となり、木曜日に通う３人のうち残り１人はＤとわかる（表４）。

表3	月	火	水	木	金	
A	×	×	○			3
B	×	○	×	○	×	2
C	○	○	○	×	×	3
D	○	×	×			2
	2	2	2	3		10

表4	月	火	水	木	金	
A	×	×	○	○	○	3
B	×	○	×	○	×	2
C	○	○	○	×	×	3
D	○	×	×	○	×	2
	2	2	2	3	1	10

〈CとDがともに通う1日が木曜日の場合〉

Aは木曜日に通わないので、Aが通うのは月、火、水曜日となり、C、Dは火曜日に通わない（表5）。表5より、Cが通うのは水、木、金曜日となり、Dが通う残り1日は月曜日とわかる（表6）。

表5	月	火	水	木	金	
A	○	○	○	×	×	3
B	×	○	×	○	×	2
C		×	○	○		3
D		×	×	○		2
		2	2	3		10

表6	月	火	水	木	金	
A	○	○	○	×	×	3
B	×	○	×	○	×	2
C	×	×	○	○	○	3
D	○	×	×	○	×	2
	2	2	2	3	1	10

〈CとDがともに通う1日が金曜日の場合〉

Cが通うのは水、木、金曜日となり、木曜日に通う3人のうち残り1人はAとなる（表7）。表7より、Aが通うのは火、水、木曜日となり、Dが通う残り1日は月曜日とわかる（表8）。

表7	月	火	水	木	金	
A			○	○	×	3
B	×	○	×	○	×	2
C	×	×	○	○	○	3
D			×	×	○	2
			2	3	2	10

表8	月	火	水	木	金	
A	×	○	○	○	×	3
B	×	○	×	○	×	2
C	×	×	○	○	○	3
D	○	×	×	×	○	2
	1	2	2	3	2	10

　　　　　A～Eの5人が1人1通ずつ、お互いの間でメールの
やり取りをし、5人がそれぞれ次の発言をした。このと
き、次のア～オのうち、確実に言えるもののみを全て挙
げているものはどれか。

裁判所一般職2014

A「5人とも自分が送った相手からはメールを受け取っていない。」
B「私が受け取った相手はDかEだった。」
C「私が受け取った相手はAかDだった。」
D「私はCからメールを受け取っていない。」
E「私はCからメールを受け取っていない。」

ア　Cが送った相手はBである。
イ　Cが送った相手はAである。
ウ　CはAから受け取った。
エ　CはDから受け取った。
オ　Aが送った相手はDである。

1 　ア、イ

2 　ア、ウ

3 　イ、ウ

4 　イ、エ

5 　ウ、オ

プレゼント交換の問題である。

[解法1]　矢印線で解く

　5人は1人1通ずつメールのやり取りをし、Aの発言より、5人とも自分が送った相手からメールを受け取っていないので、5人のやり取りを矢印線で表すと、図1のような関係図となる。Cの発言で場合分けして考える（Bの発言でもよい）。

〈CがAからメールを受け取った場合〉

　DとEの発言より、Cのメールを受け取る相手はDとEではないので、Bとわかる。しかし、Bの発言より、BはDまたはEのメールを受け取るので、Bの発言に矛盾する（図2）。

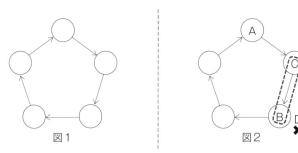

図1　　　　　　　　　　　　　　図2

〈CがDからメールを受け取った場合〉

　BとEの発言より、Cのメールを受け取る相手はBとEではないので、Aとわかる（図3）。よって、Bの発言より、Eのメールを受け取る相手はBとなる（図4）。

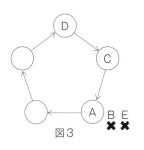

図3

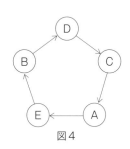

図4

[解法2]　〇×表で解く

D、Eの発言を表に整理すると表1のようになり、Cの発言で場合分けして考える。

「5人は1人1通を受け取る」ので、表の各タテ列、ヨコ列には「〇」が1つずつ入り、「5人とも自分が送った相手からメールを受け取っていない」ので、「〇」が入ったマスと斜め線を挟んで線対称のマスには「×」が入る。

受け取る側

表1	A	B	C	D	E
A					
B					
C				×	×
D					
E					

（送る側）

〈CがAからメールを受け取った場合〉

CはA以外からメールを受け取ることはなく、AはC以外にメールを送ることもない。また、AがCからメールを受け取ることもない。よって、**BはCからメールを受け取る**ことになる（表2）。しかし、Bの発言より、BはDかEからメールを受け取るので、Bの発言に矛盾する。

〈CがDからメールを受け取った場合〉

CはD以外からメールを受け取ることはなく、DはC以外にメールを送ることもない。Bの発言より、**BはEからメールを受け取る**ことがわかり、EはBからメールを受け取っていないことがわかる。よって、AはCからメールを受け取り、EはAからメールを受け取り、DはBからメールを受け取ることがわかる（表3）。

受け取る側

表2	A	B	C	D	E
A		×	○	×	×
B			×		
C	×	○		×	×
D			×		
E			×		

（送る側）

受け取る側

表3	A	B	C	D	E
A		×	×	×	○
B	×		×	○	×
C	○			×	×
D	×	×	○		×
E	×	○	×	×	

（送る側）

5 勝 敗

試合には、リーグ戦とトーナメント戦の２つの対戦形式があり、これに倣って問題も２種類あります。出題頻度が高いのはリーグ戦で、特に、特別区ではほぼ毎年のように出題されています。いずれも図表を使って解きますが、トーナメント戦の問題は、場合分けが必要となるケースが多いのが特徴です。

1 リーグ戦（引き分けなし）

「リーグ戦」とは、総当たり戦ともいい、自チーム以外の他のすべてのチームと対戦する形式である。一般的には、各チームとの対戦は１回のみであるが、プロ野球のように各チームの対戦が複数回のケースもある。

リーグ戦の問題は、各対戦の勝敗を判断することで、確実にいえることを見つけていく作業が中心となる。ここでは、各チームと１試合のみの対戦で引き分けのないリーグ戦について、情報の整理や条件の読み取りについての要点を以下に紹介していく。

1 情報の整理

① リーグ表に整理する

情報をリーグ表（○×表）に整理する。リーグ表とは、タテ軸・ヨコ軸に各チームを並べ、タテ軸を「自チーム」、ヨコ軸を「相手チーム」とした表である。該当するマスを見つけ、勝てば「○」、負ければ「×」を書き入れる。

さらに、対になっているマスにも同時に対応する結果を書き入れる。例えば、「A（自チーム）はB（相手チーム）に勝った」は、Bから見ると、「B（自チーム）はA（相手チーム）に負けた」となり、該当するマスに「×」を書き入れる。

② リーグ戦の総試合数

リーグ表には、（試合数）×２のマスがあるので、斜め線より上側（または下側）のマスを数えると、そのリーグ戦の総試合数がわかる。

③ 1チームの試合数

　自チームの列のマスを数えると、そのチームの試合数がわかる。一般的には、参加チームがnチームなら、1チームの試合数は$(n-1)$試合である。

④ チームごとの対戦成績

　リーグ表の自チーム列の列横に各チームの勝敗結果を書き入れる。

例1　A〜Eの5チームでリーグ戦を行った。CはDに勝った。また、Eの勝敗結果は2勝2敗であった。

　自チーム(A、B、C、D、E)をタテ列、相手チーム(A、B、C、D、E)をヨコ列に並べたリーグ表を作成する。ここでAチームがAチームと対戦することはないので、自チームのAの列と相手チームのAの列が交差するマスは◺とする。B〜Eチームについてもこれと同様のことがいえる。

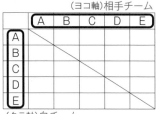

（ヨコ軸）相手チーム

（タテ軸）自チーム

❶ 「CはDに勝った」ので、自チームのCの列と相手チームのDの列が交差するマスが該当するマスなので、そのマスに「○」を書き入れる。

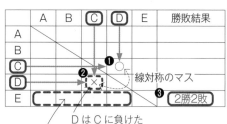

DはCに負けた
この4マスには、○が2個、×が2個入る

❷ また、Dから見ると、「DはCに負けた」ので、線対称のマス（自チームのDの列と相手チームのCの列が交差するマス）に「×」を書き入れる。
　斜め線より上側のマスを数えると、10マスあるので、総試合数は10試合である。また、1チームの試合数は$(5-1=)$4試合となる。

❸ 「Eの勝敗結果は2勝2敗」より、自チームのEの列には○が2個、×が2個入る。E列の列横に「2勝2敗」を書き入れる。

---

2 条件の読み取り

① 全チームの合計勝敗数

総試合数がわかると、勝敗の合計(リーグ表での○、×の総数)もわかる。そして、勝敗の合計は、対応関係の○×表において表全体の数値を書き入れる場所と同じ場所に書き入れる。

例2 5チームのリーグ戦の場合の勝敗の合計

総試合数は、斜め線より上側のマスを数えると**10試合**である。

❶ 1試合につき勝者1チーム、敗者1チームが存在するので、「○」が1個、「×」が1個となる。10試合あるので、「○」は10個、「×」は10個あり、勝敗の合計は**10勝10敗**となる。よって、この数値を表の右下に書き入れる。

	A	B	C	D	E	勝敗結果
A						
B						
C						
D						
E						❶

❶ 10勝10敗

リーグ戦の総試合数と合計勝敗数 Ⅰ

引き分けのないリーグ戦の場合、総試合数が n [試合]の場合、勝敗の合計は n 勝 n 敗である。

---

② 順位の決定

引き分けのないリーグ戦では、勝ち数で順位を決定する。よって、「すべてのチームの勝ち数が異なる」ときは、すべての順位が存在し、すべての順位に1チームずつが当てはまる。

5チームでリーグ戦を行った。引き分けはなく、5チームの勝ち数はすべて異なり、勝ち数は、A、B、C、D、Eの順で多かった。

	勝敗結果	順位
A	4勝0敗	1位
B	3勝1敗	2位
C	2勝2敗	3位
D	1勝3敗	4位
E	0勝4敗	5位

勝ち数はすべて異なるので、**4勝から0勝**までが1つずつある。よって、勝ち数の多いチームほど順位は上であるので、4勝＝1位、3勝＝2位、2勝＝3位、1勝＝4位、0勝＝5位と対応して、**すべての順位が存在する**。

例題 2-13

A～Dの4チームがサッカーのリーグ戦を行った。次のア～ウのことがわかっているとき、確実にいえるのはどれか。ただし、試合結果に引き分けはなかったものとする。

ア　Aチーム、Bチーム、Cチームは少なくともそれぞれ1勝している。
イ　AチームはBチームと勝ち数が等しく、Bチームに勝利した。
ウ　Cチームの勝ち数はDチームの勝ち数よりも多い。

❶ AチームはDチームに勝っている。
❷ BチームはDチームに勝っている。
❸ Cチームの成績が1勝2敗の可能性がある。
❹ Dチームは1勝もしていない。
❺ 3勝しているチームがある。

正解へのプロセス

表作成 リーグ表を作成する。

確定情報 確定している勝ち（〇）・負け（×）を表に、勝敗結果を列横に書き入れる。

❶ 総試合数から勝ち数を考える。

場合分け これ以上確定しそうもなければ、勝敗結果や限定できる試合に着目して場合分けをする。

複数通り成立 「確実にいえる」とは、どの場合においても必ずいえている内容のことであり、1つの場合においていえている内容は、「ありえる」のであって、確実にいえる内容ではない。

解説

引き分けのない4チームのリーグ戦であるので、次のようなリーグ表を作成する。**表作成**

個別の勝敗は、（イ）「AはBに勝利した」のみなので、リーグ表に書き入れる（表1）。**確定情報**

	A	B	C	D	勝敗結果
A					
B					
C					
D					

表1	A	B	C	D	勝敗結果
A		イ○			
B	イ×				
C					
D					

　このリーグ戦の総試合数は**6試合**であり、引き分けはないので、勝敗の合計は、**6勝6敗**である。各チームの勝ち数についての条件が多いので、この6勝の内訳を考える。(ア)「Aチーム、Bチーム、…は少なくともそれぞれ1勝している」と(イ)「AとBの勝ち数は等しい」ので、A（B）の勝ち数は1勝または2勝の場合が考えられる。3勝の場合はAとBの勝ち数の合計が6勝となり、(ア)「Cは少なくとも1勝している」に矛盾し、4勝以上だとAとBの勝ち数の合計が6勝を上回るので矛盾する。このことに(ウ)「Cの勝ち数はDの勝ち数より多い」を加えると、（1）A（B）の勝ち数が1勝の場合、残り4勝の内訳は、Cが3勝、Dが1勝、（2）A（B）の勝ち数が2勝の場合、残り2勝の内訳は、Cが2勝、Dが0勝となる（右上表）。❶

	(1)	(2)
A	1	2
B	1	2
C	3	2
D	1	0
計	6	6

　（1）、（2）について、場合分けして考える。 **場合分け**

〈（1）の場合〉

　A、B、Dは1勝2敗、Cが3勝0敗である。AはBに勝っているので、2敗はCとDに負ければよい。また、Cの3勝はA、B、Dに勝てばよい。そして、それぞれのマスと対になっているマスを埋めると表2となる。最後にBが1勝2敗となるためには、BはDに勝てばよいことがわかる（表3）。

表2	A	B	C	D	勝敗結果
A		○	×	×	1勝2敗
B	×		×		1勝2敗
C	○	○		○	3勝0敗
D	○		×		1勝2敗

表3	A	B	C	D	勝敗結果
A		○	×	×	1勝2敗
B	×		×	○	1勝2敗
C	○	○		○	3勝0敗
D	○	×	×		1勝2敗

〈（2）の場合〉

　A、B、Cは2勝1敗、Dが0勝3敗である。BはAに負けているので、2勝はCとDに勝てばよい。また、Dの3敗はA、B、Cに負ければよい。そして、それぞれのマスと対になっているマスを埋めると表4となる。最後にCが2勝1敗となるためには、CはAに勝てばよいことがわかる（表5）。

表4	A	B	C	D	勝敗結果
A		○		○	2勝1敗
B	×		○	○	2勝1敗
C		×		○	2勝1敗
D	×	×	×		0勝3敗

表5	A	B	C	D	勝敗結果
A		○	×	○	2勝1敗
B	×		○	○	2勝1敗
C	○	×		○	2勝1敗
D	×	×	×		0勝3敗

　表3と5を見ながら選択肢を検討する。　**複数通り成立**

❶ ✕　　表3ではAチームはDチームに負けており、表5ではAチームはDチームに勝っている。よって、「AチームはDチームに勝っている」は、すべての場合でいえる内容ではない。

❷ ◯　　表3および5で、BチームはDチームに勝っている。

❸ ✕　　Cチームの成績は、表3では3勝0敗、表5では2勝1敗であるので、Cの成績が1勝2敗の可能性はない。

❹ ✕　　Dチームの勝ち数は、表3では1勝、表5では0勝である。よって、「Dチームは1勝もしていない」は、すべての場合でいえる内容ではない。

❺ ✕　　3勝しているチームは、表3ではCチーム、表5ではいない。よって、「3勝しているチームがある」は、すべての場合でいえる内容ではない。

正解　**❷**

② リーグ戦（引き分けあり）

　リーグ戦の問題には引き分けの試合がある問題もある。ここでは、**各チームと1試合のみの対戦で引き分けのあるリーグ戦**について、情報の整理や条件の読み取りについての要点を以下に紹介していく。

1 情報の整理

　情報をリーグ表（○×表）に整理する。リーグ表の作成は、引き分けのないリーグ表と同じであり、該当するマスを見つけ、**引き分ければ「△」を書き入れる**。さらに、**対になっているマスにも同時に対応する結果を書き入れる**。例えば、「BはCと引き分けた」は、Cから見ても「CはBと引き分けた」となり、該当するマスに「△」を書き入れる。

例4

　A～Eの5チームがリーグ戦を行った。BはCと引き分けた。また、Eの勝敗結果は2勝1敗1分であった。

　リーグ表は、引き分けのないリーグ表と同じである。

❶　「**BはCと引き分けた**」ので、自チームのBの列と相手チームのCの列が**交差するマス**が該当するマスなので、そのマスに「△」を書き入れる。

❷　また、Cから見ても、「CはBと引き分けた」ので、**線対称のマス**（自チームのCの列と相手チームのBの列が交差するマス）に「△」を書き入れる。

❸　そして、「Eの勝敗結果は2勝1敗1分」より、自チームのEの列には○が2個、×が1個、△が1個入る。E列の列横に「2勝1敗1分」を書き入れる。

---

2 条件の読み取り

① 全チームの合計勝敗数

　総試合数がわかると、勝敗の合計（リーグ表での○、×、△の総数）もわかる場合がある。勝敗の合計は、対応関係の○×表において表全体の数値を書き入れる場所と同じ場所に書き入れる。

例5

　引き分けが3試合あった5チームのリーグ戦の場合の勝敗の合計

　総試合数は10試合である。

❹　引き分けが3試合あったの
　で、勝ち負けのあった試合は
　10－3＝7［試合］である。この
　7試合では、「○」が7個、「×」
　が7個なので、7勝7敗であ
　る。引き分けは1試合につき
　「△」が2個なので、3試合で

	A	B	C	D	E	勝敗結果
A						
B						
C						
D						
E						❹

❹ 7勝7敗6分

は、「△」は2×3＝6［個］より、6分である。
　よって、勝敗の合計は7勝7敗6分となり、この数値を表の右下に書き入れる。

リーグ戦の総試合数と合計勝敗数Ⅱ

　引き分けが a［試合］のリーグ戦で、総試合数が n［試合］の場合、勝敗の合計は $n-a$ 勝 $n-a$ 敗 $2a$ 分である。

② 順位の決定

引き分けのあるリーグ戦での順位決定の１つに勝ち点制がある。１チームの勝ち点の合計からそのチームの勝敗結果がわかる場合がある。

例6
５チームでリーグ戦を行った。勝ちを２点、引き分けを１点、負けを０点として勝ち点を計算すると、Ａチームの勝ち点は７点、Ｄチームの勝ち点は２点であった。

１チームの試合数は４試合である。**７点の内訳は（２点，２点，２点，１点）となるので、Ａチームの勝敗結果は３勝０敗１分**となる。また、**２点の内訳は（２点，０点，０点，０点）または（１点，１点，０点，０点）の２通り**が考えられるので、Ｄチームの勝敗結果は、**１勝３敗０分か０勝２敗２分**となる。

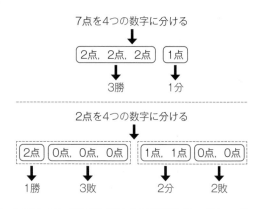

例題 2-14

A〜Fの6チームが総当たりするラグビーの試合が行われた。試合の結果について次のア〜オのことがわかっているとき、確実にいえるのはどれか。

ア　A、C、Eの勝ち数はいずれも3であった。
イ　BはCに勝った。
ウ　AはDと引き分けた。
エ　CはEと引き分けた。
オ　B、D、Fは勝ち、負け、引き分けの数がいずれも同じであった。

1. AチームはCチームに勝った。
2. BチームはDチームに勝った。
3. BチームはFチームに負けた。
4. DチームはEチームに勝った。
5. DチームはFチームに負けた。

正解へのプロセス

表作成　リーグ表を作成する。
確定情報　確定している勝ち(○)・負け(×)、引き分け(△)を表に、勝敗結果を列横に書き入れる。
新情報　勝敗結果を参考にして、新しく確定する勝ち(○)・負け(×)、引き分け(△)を表に書き入れる。
1　総試合数から勝ち数を考える。
組合せ　勝敗結果から、確定しそうな試合(マス)に着目する。その際、勝ち、負けよりも「引き分け」に着目するとよい。

解説

引き分けのある6チームのリーグ戦であるので、次のようなリーグ表を作成する。**表作成**

	A	B	C	D	E	F	勝敗結果
A							
B							
C							
D							
E							
F							

　勝ち数は、(ア)「A、C、Eの勝ち数はいずれも3」より、この3チームはいずれも3勝していた。また、個別の勝敗は、(イ)「BはCに勝った」、(ウ)「AはDと引き分けた」、(エ)「CはEと引き分けた」ので、これらをリーグ表に書き入れる(表1)。 **確定情報**

表1	A	B	C	D	E	F	勝敗結果
A				ウ△			ア3勝□敗□分
B			イ○				
C		イ×			エ△		ア3勝□敗□分
D	ウ△						
E			エ△				ア3勝□敗□分
F							

　Cは3勝しており、すでに表1より、負けと引き分けが1つずつ入っているので、CはA、D、Fの3チームに勝ったことがわかる。したがって、Cの勝敗結果は3勝1敗1分となる(表2)。 **新情報**

表2	A	B	C	D	E	F	勝敗結果
A			×	△			3勝□敗□分
B			○				
C	○	×		○	△	○	3勝1敗1分
D	△		×				
E			△				3勝□敗□分
F			×				

　表2より、Aは1敗1分したことがわかったので、Aが3勝するには、AはB、E、Fに勝てばよい。したがって、Aの勝敗結果は3勝1敗1分となる。このことを踏まえてEを見ると、Eも1敗1分したことがわかったので、Eが3勝するには、EはB、D、Fに勝てばよく、Eの勝敗結果は3勝1敗1分となる(表3)。 **新情報**

表3	A	B	C	D	E	F	勝敗結果
A		○	×	△	○	○	3勝1敗1分
B	×			○		×	
C	○	×			○	△	○	3勝1敗1分
D	△		×			×		
E	×	○	△	○		○	3勝1敗1分
F	×		×		×		

ここで、まだ使っていない(オ)を考える。表3より、途中経過は、Bは1勝2敗、Dは2敗1分、Fは3敗となっている。この3チームが勝ち、負け、引き分けの数が同じになるには、Bの1勝、Dの1分、Fの3敗をすべて満たす勝敗結果となればよい。つまり、1勝3敗1分しかないことがわかる。 **1**

	勝	敗	分
B	①	2	
D		2	①
F			③

よって、B、D、Fの残りの試合を考える。試しにBから見てみると、1勝3敗1分のBは、表3において、1勝2敗が確定しているので、残り1敗1分が決まっていない。その対戦相手はDとFになるが、DはすでにAと引き分けているので、Bが引き分けた相手はDではなくFに決まる。 組合せ

これによりBはDに負けたことがわかる。さらに、この時点でDは1勝2敗1分が確定するので、DはFに負けたことになり、これですべての対戦結果が確定する（表4）。 新情報

表4	A	B	C	D	E	F	勝敗結果
A		○	×	△	○	○	3勝1敗1分
B	×		○	×	×	△	1勝3敗1分
C	○	×		○	△	○	3勝1敗1分
D	△	○	×		×	×	1勝3敗1分
E	×	○	△	○		○	3勝1敗1分
F	×	△	×	○	×		1勝3敗1分

正解 **5**

③ トーナメント戦

「トーナメント戦」とは、**勝ち抜き戦**ともいい、**勝ち進んだチームどうしが対戦し続けていく形式**である。トーナメント戦の問題は、**各チームの勝ち上がり方を判断**することで、確実にいえることを見つけていく作業が中心となる。そのための情報の整理や条件の読み取りについての要点を以下に紹介していく。

1 情報の整理

情報を**トーナメント表**に整理するが、トーナメント表は問題文に与えられているのが一般的であるので、まず、トーナメント表の見方を説明する。トーナメント表は、1つの試合を、「□」で表し、その試合に勝てば上の「□」に進んでいくため、複数の「□」がピラミッド状に積み上げられたような表になる。そして、一番下の層から1回戦、2回戦と呼び、一番上の1つの「□」を決勝戦という。

① 勝ち上がり方

（ア）8チームのトーナメント表

表1は、8チームのトーナメント表である。1回戦は4試合（「□」が4つ）あり、それぞれの試合で勝ったチームの4チームが2回戦に進む。2回戦は2試合（「□」が2つ）あり、それぞれの試合で勝ったチームの2チームが決勝戦に進む。そして、決勝戦で勝った方が優勝チーム、負けた方が準優勝チームとなる。ここで、チームのポジションは8つあるが、どのポジションも他のポジションとの位置関係は同じなので優勝チームはどのポジションから勝ち上がってもよい。

表1において、勝ち上がり方を赤線で表し、表2と3の2通りの優勝チームの勝ち上がり方を考える。一見、この2つは異なった勝ち上がり方に見えるが、表3の矢印ヨコの軸で軸下の山を回転させると、表2と同じ位置関係となる。よって、表1のようなトーナメント表では、**表4のように勝ち上がり方を予め自分で決めてよい**。

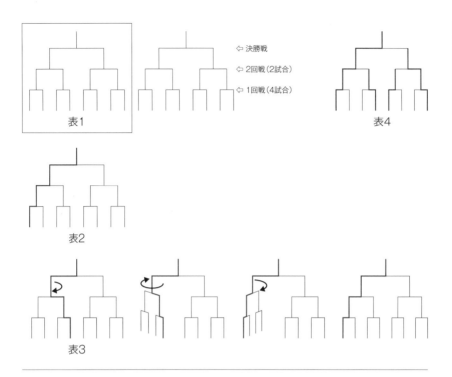

表1 表4

⇦ 決勝戦

⇦ 2回戦（2試合）

⇦ 1回戦（4試合）

表2

表3

例7 　8人による将棋のトーナメントを右表のように組んだ。Aは2勝した。

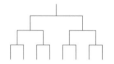

❶ 　トーナメント表を見ると、8つのポジションは位置関係が同じであるので、勝ち上がり方を予め決めておく。

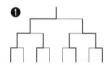

❷ 　「Aは2勝した」ので、決勝戦に進出したことがわかる。さらに、**決勝戦で勝てば、3勝する**ので、Aは決勝戦で負け、**準優勝**となる。

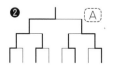

❸ 　トーナメント表において、Aのポジションがわかり、「□」のヨコにAと書き入れておくと、勝ち上がり方がより鮮明となる。

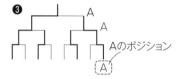

（イ）7チームのトーナメント表

表5は、7チームのトーナメント表である。2チームごとに1試合が組まれるので、1回戦は3試合（「⌐」は3つ）あり、1チームは1回戦が免除される。よって、1回戦で勝った3チームと1回戦が免除になった1チームが2回戦に進む。同様に、2チームで1試合が組まれるので、2回戦は2試合あり、それぞれの試合で勝った2チームが決勝戦に進む。そして、決勝戦で勝った方が優勝チーム、負けた方が準優勝チームとなる。ここで、チームのポジションは7つあるが、**ポジションによっては他のポジションとの位置関係が異なるので、優勝チームはどのポジションから勝ち上がってもよいわけではない。**

ポジションでいうと、同じ位置関係にある表6の4つの▲、同じ位置関係にある表7の2つの◆、表8の★の3種類の異なるポジションがある。▲からの勝ち上がり方は、4つのうちのいずれのポジションからでもよく、◆からの勝ち上がり方は、2つのうちのいずれのポジションからでもよいが、▲、◆、★の種類が変わると異なる勝ち上がり方になる。このように、**表5での優勝チームの勝ち上がり方は3通りあり、これらは区別して考える必要がある。**

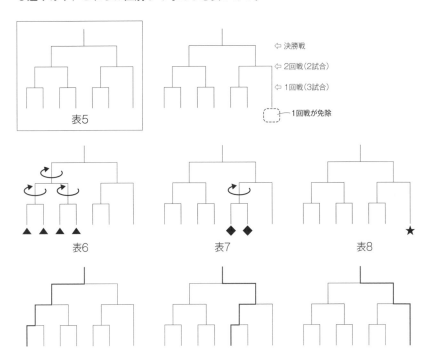

例8

　7人による将棋のトーナメントを右表のように組んだ。Bは2勝した。

④　トーナメント表を見ると、7つのポジションにおいて位置関係が異なる3種類のポジション（▲、◆、★）がある。

⑤　「Bは2勝した」ので、Bは▲のいずれかのポジションから勝ち上がって準優勝の場合（⑤-1）、◆のいずれかのポジションから勝ち上がって準優勝の場合

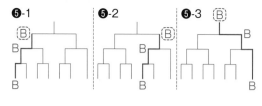

（⑤-2）、★のポジションから勝ち上がって優勝の場合（⑤-3）の3通りが考えられる。

---

② トーナメント戦の総試合数

　トーナメント戦の総試合数は、「⊓」が1試合を表すので、「⊓」を数えると、そのトーナメント戦の**総試合数**がわかる。表1は**7試合**、表5は**6試合**である。

2 条件の読み取り

　トーナメント戦の問題では、優勝者や準優勝者などの**上位進出者**を最初に考えることから始めるとよい。

例9

　　　8人によるテニスのトーナメントを右表のように組んだ。Aは2回試合を行った。Bは1勝もできなかった。Cは1勝した。DはAに勝ち、Eに負けた。

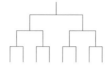

　トーナメント表を見ると、8つのポジションは位置関係が同じであるので、勝ち上がり方を予め決めておく。

❶　「Aは2回試合を行った」ので、2回戦で負けたことがわかる。

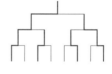

Aはどちらかである

❷　そのAに対して、「DはAに勝ちEに負けた」ので、Dは2回戦でAに勝ち、その後、決勝戦でEに負けたことがわかる。したがって、Aは右ブロックの2回戦の敗者となり、優勝はE、準優勝はDとなる。

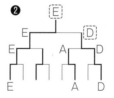

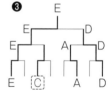

❸　残った条件を考えると、「Cは1勝した」ので、Cは左ブロックの1回戦の勝者となる。「Bは1勝もできなかった」ので、Bは1回戦敗退であるが、残りの4つのポジションのいずれかとまでしかわからない。

例題 2-15

　A〜Hの8チームがラグビーのトーナメント戦を行った。対戦表は図のとおりで、次のア〜エのことがわかっている。このとき、確実にいえるのはどれか。

ア　AチームはGチームに勝った。
イ　CチームとEチームはFチームに負けた。
ウ　Dチームは準優勝した。
エ　HチームはEチームと戦った。

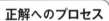

1　AチームはDチームに勝った。
2　BチームはDチームに負けた。
3　Cチームは2回戦でFチームに負けた。
4　EチームはHチームに負けた。
5　FチームはHチームに勝った。

正解へのプロセス

確定情報　参加者およびトーナメント表を確認して、**勝ち上がり方を予め決める**ことができれば決めておく。

組合せ　条件を組み合わせて、**上位進出者を見つける**。勝ち数が多い者が、より上位に進める。

新情報　制約の強い試合を考えて、対戦するチームを確定する。

解説

　与えられたトーナメント表を見ると、8つのポジションは位置関係が同じなので、優勝チームはいずれの1回戦から勝ち上がってもよい。よって、勝ち上がり方を予め決めておくと右の表の赤線のようになる。よって、（ウ）「Dチームは準優勝した」ので、Dのポジションがわかる。**確定情報**

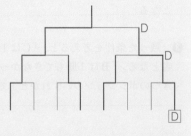

　（イ）「CチームとEチームはFチームに負けた」ので、FはCおよびEに勝ち2勝している。どちらのチームに先に勝ったのかはまだわからないが、2勝すると決勝

戦に進出できる。決勝戦はF対Dの試合となり、Fが優勝したことがわかる（表1）。

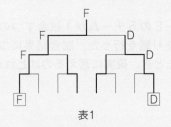

表1

　Fの1回戦を考える。Fの1回戦の相手は、（イ）よりCまたはEである。Fの1回戦の相手がEだとすると、EはFに負けたので、Eは1回戦で敗退し、（エ）「HチームはEチームと対戦した」より、H対Eの試合は存在しなくなり矛盾する（表2）。よって、Fの1回戦の相手はEではなくCとわかり、さらに、Fの2回戦の相手はEとなり、Eの1回戦の相手がHとなる（表3）。 組合せ

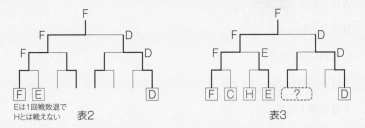

Eは1回戦敗退で
Hとは戦えない　　表2

表3

　表3より、2チームが不明な試合は、右ブロックの1回戦の1試合（?）なので、（ア）「AチームはGチームに勝った」のA対Gの試合は、この1回戦とわかる。よって、最後にDの1回戦の相手がBとなる（表4）。 新情報

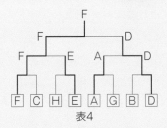

表4

正解 2

問題1	A～Eの5チームが1試合ずつのバスケットボールの総当たり戦を行った。試合結果について、次のことが分かったとき、確実に言えるのはどれか。

警視庁Ⅰ類2013

ア　引き分けの試合はなく、すべてのチームの勝ち数は異なっていた。
イ　AはBに勝ったが、Cよりも勝ち数は少なかった。
ウ　BはDに勝った。
エ　EはCに勝った。

1　Aは2勝2敗だった。

2　BはEに勝った。

3　CはDに負けた。

4　DはAに勝った。

5　Eは3勝1敗だった。

　5チームの引き分けのないリーグ戦の問題である。リーグ表を作成し、確定していることを整理すると表1のようになる。

表1	A	B	C	D	E	勝敗結果
A		○				
B	×			○		
C					×	
D		×				
E			○			

　（ア）に着目する。引き分けの試合はなく、すべてのチームの勝ち数は異なっていたので、勝敗結果は、4勝0敗、3勝1敗、2勝2敗、1勝3敗、0勝4敗のチームが1チームずつあることがわかる。そこで、4勝0敗のチームを考えると、表1より、B、C、Dは既に1敗しているので、4勝0敗にはなれず、4勝0敗はAまたはEであることがわかる。さらに、（イ）を踏まえると、Aが4勝0敗の場合、Aの勝ち数が最も多くなり（イ）に矛盾する。よって、4勝0敗はEとわかる。

　また、0勝4敗のチームを考えると、表1より、A、Bは既に1勝しているので、0勝4敗にはなれず、0勝4敗はCまたはDであることがわかる。さらに、（イ）を踏まえると、Cが0勝4敗の場合、Cの勝ち数が0となり、（イ）に矛盾する。よって、0勝4敗はDとわかる（表2）。

　表2より、Aはすでに2勝しており、（イ）を満たすためには、Cは3勝以上してなければならない。よって、Cの勝敗結果は3勝1敗となり、CはA、Bにそれぞれ勝ったことがわかる。その結果、Aは2勝2敗、Bは1勝3敗となる（表3）。

表2	A	B	C	D	E	勝敗結果
A		○		○	×	
B	×			○	×	
C				○	×	
D	×	×	×		×	0勝4敗
E	○	○	○	○		4勝0敗

表3	A	B	C	D	E	勝敗結果
A		○	×	○	×	2勝2敗
B	×		×	○	×	1勝3敗
C	○	○		○	×	3勝1敗
D	×	×	×		×	0勝4敗
E	○	○	○	○		4勝0敗

A～Fの6チームでサッカーのリーグ戦を行った。その結果について次のアからオのことがわかっているとき、確実にいえることとして、最も妥当なのはどれか。

東京消防庁Ⅰ類2013

ア　Aは3勝1敗1引き分けだった。
イ　Bは全勝した。
ウ　Cは1勝し、Eとは引き分けた。
エ　Dは0勝2敗3引き分けだった。
オ　Eは1回だけ引き分けた。

①　AはCに負けた。

②　CはDと引き分けた。

③　DはEと引き分けた。

④　EはFに勝った。

⑤　Fは2勝した。

　6チームの引き分けのあるリーグ戦の問題である。リーグ表を作成し、確定していることを整理すると表1のようになる。なお、各チームは5試合ずつ試合を行ったので、（イ）より、Bの勝敗結果は、**5勝0敗0分**である。

　Dの3つの引き分けを考える。試しにDとEの試合が引き分けだとすると、Eの引き分け数はCとの引き分けと合わせて2試合となり、（オ）に矛盾する。よって、DとEの試合は引き分けではないことがわかり、Dは、A、C、Fと引き分け、Eには負けたことがわかる（表2）。

表1	A	B	C	D	E	F	勝敗結果
A		×					3勝1敗1分
B	○		○	○	○	○	5勝0敗0分
C		×			△		1勝□敗□分
D		×					0勝2敗3分
E		×	△				□勝□敗1分
F		×					

表2	A	B	C	D	E	F	勝敗結果
A		×		△			3勝1敗1分
B	○		○	○	○	○	5勝0敗0分
C		×		△	△		1勝□敗□分
D	△	×	△		×	△	0勝2敗3分
E		×	△	○			□勝□敗1分
F		×		△			

　Aの勝敗結果に着目すると、Aは3勝1敗1分であるので、AはC、E、Fに勝ったことがわかる。このことから、Cの1勝はFに勝つことで満たされ、Cの勝敗結果は、**1勝2敗2分**となる（表3）。

表3	A	B	C	D	E	F	勝敗結果
A		×	○	△	○	○	3勝1敗1分
B	○		○	○	○	○	5勝0敗0分
C	×	×		△	△	○	1勝2敗2分
D	△	×	△		×	△	0勝2敗3分
E	×	×	△	○			□勝□敗1分
F	×	×	×	△			

　表3までが確定できることであり、EとFの試合は、Eが勝った場合（表4）とFが勝った場合（表5）の2通りが成り立つ。

表4	A	B	C	D	E	F	勝敗結果
A		×	○	△	○	○	3勝1敗1分
B	○		○	○	○	○	5勝0敗0分
C	×	×		△	△	○	1勝2敗2分
D	△	×	△		×	△	0勝2敗3分
E	×	×	△	○		○	2勝2敗1分
F	×	×	×	△	×		0勝4敗1分

表5	A	B	C	D	E	F	勝敗結果
A		×	○	△	○	○	3勝1敗1分
B	○		○	○	○	○	5勝0敗0分
C	×	×		△	△	○	1勝2敗2分
D	△	×	△		×	△	0勝2敗3分
E	×	×	△	○		×	1勝3敗1分
F	×	×	×	△	○		1勝3敗1分

A〜Eの5チームが、総当たり戦でサッカーの試合を行った。勝ちを3点、引き分けを1点、負けを0点として勝ち点を計算し、勝ち点の多いチームから順位をつけた。今、試合の結果と勝ち点について、次のア〜エのことが分かっているとき、3位になったのはどのチームか。ただし、同一チームとの対戦は1回のみとする。

特別区Ⅰ類2009

ア　AはBに勝った。

イ　Cの勝ち点は8点であった。

ウ　DはBに勝ち、勝ち点はその3点だけであった。

エ　EはCに負けたが、優勝した。

1　A

2　B

3　C

4　D

5　E

5チームの引き分けのあるリーグ戦の問題である。リーグ表を作成し、確定していることを整理すると表1のようになる。（ウ）「勝ち点はその3点だけ」より、Dの勝敗結果は1勝3敗0分となるので、DはA、C、Eに負けたことがわかる。

表1	A	B	C	D	E	勝ち点	勝敗結果
A		○		○			
B	×			×			
C				○	○	8点	
D	×	○	×		×	3点	1勝3敗0分
E			×	○			

（イ）より、8点の内訳は（3点，3点，1点，1点）であるので、Cの勝敗結果は2勝0敗2分となり、CはAおよびBと引き分けたことがわかる（表2）。

表2	A	B	C	D	E	勝ち点	勝敗結果
A		○	△	○			
B	×		△	×			
C	△	△		○	○	8点	2勝0敗2分
D	×	○	×		×	3点	1勝3敗0分
E			×	○			

（エ）より、Eが優勝するには、勝ち点が8点以上でなければならない。ここで、表2を見ると、Eは既に1敗しているので、勝ち点が8点となることはあり得ない。よって、Eは3勝して勝ち点を9点（3勝1敗0分）とすればよいので、EはAとBに勝ったことがわかる（表3）。

表3	A	B	C	D	E	勝ち点	勝敗結果
A		○	△	○	×		
B	×		△	×	×		
C	△	△		○	○	8点	2勝0敗2分
D	×	○	×		×	3点	1勝3敗0分
E	○	○	×	○		9点	3勝1敗0分

表3より、勝敗結果と勝ち点は、Aは2勝1敗1分で7点、Bは0勝3敗1分で1点となる。よって、勝ち点が3番目に多いチームが3位であるので、3位のチームは7点のAチームである。

　A〜Gの7人が、下の図のような勝ち残り式トーナメント戦を行った。次のア〜オのことがわかっているとき、確実にいえることとして、最も妥当なのはどれか。

東京消防庁Ⅰ類2018

ア　AはBに勝った。

イ　CはAに勝った。

ウ　DはC、Eと対戦した。

エ　FはGとは対戦していない。

オ　全部で2試合した人が3人いて、そのうち
　　一人が準優勝だった。

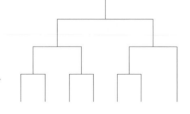

①　Bは初戦で負けた。

②　Cは優勝した。

③　Dは準優勝だった。

④　Eは初戦で負けた。

⑤　Fは初戦で負けた。

　ポジションの異なるトーナメント表であるので勝ち上がり方は複数通りある。しかし、(オ) より、**勝ち上がり方を決めることができる。**

　「2試合した人が3人いる」を考える。左ブロックの4つのポジションは位置関係が同じなので、勝ち上がり方は表1のように決めてよい (ただし、決勝戦での結果は不明である)。よって、**左ブロックには、2試合が1人、3試合が1人必ずいる**ことがわかる (表1)。このことより、残りの2試合した2人は、右ブロックにいなければならないので、右ブロックの勝ち上がり方は表2のようになる。さらに、「2試合した人のうち一人が準優勝」より、**1回戦が免除の人が準優勝**となり、**左ブロックの3試合した人が優勝者**となる (表3)。

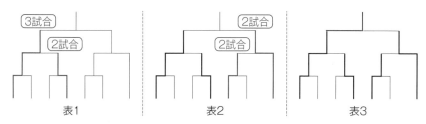

表1　　　　　　　表2　　　　　　　表3

　また、(ア)、(イ) より、**Aは2試合以上しているが、Cに負けているので、Aは絶対に優勝はしていない。** よって、トーナメント表におけるAのポジションは、2試合した3か所 (表1、2) のいずれかであるので、A対Cの試合で場合分けして考える。

〈A対Cの試合が左ブロックの2回戦の場合〉

　Aは1回戦でBに勝ち、2回戦でCに負けたので、**Cが優勝した**ことになる (表4)。(ウ) より、**D対Cの試合は決勝戦、D対Eの試合は右ブロックの2回戦**となる。残るFとGのポジションはどちらかの□になるが、確定しない (表5)。

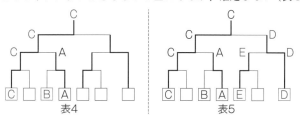

表4　　　　　　　　　　表5

〈A対Cの試合が右ブロックの2回戦の場合〉

Aは1回戦でBに勝ち、2回戦でCに負けたことになる（表6）。（ウ）より、D対Cの試合は決勝戦となり、Dが優勝したことがわかる。また、D対Eの試合は左ブロックの1回戦または2回戦となるが、1回戦だとすると、FとGが1回戦で対戦することになり、（エ）に矛盾する。よって、D対Eの試合は2回戦となる。残るFとGのポジションはどちらかの□になるが、確定しない（表7）。

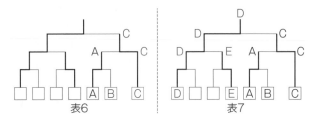

表6　　　　　　　　　　表7

〈A対Cの試合が決勝戦の場合〉

Aは2回戦でBに勝ち、決勝戦でCに負けたので、Cが優勝したことになる（表8）。（ウ）より、D対Cの試合は左ブロックの1回戦または2回戦となるが、Dは、Cの他にEとも対戦しているから1回戦はありえない。よって、D対Cは2回戦となりD対Eが1回戦となる。残るFとGのポジションはどちらかの□になるが、確定しない（表9）。

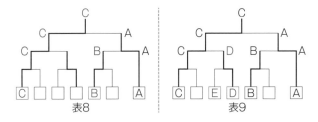

表8　　　　　　　　　　表9

表5、7、9を見ながら、選択肢を検討する。

❶ ✕　表5、7より、Bは初戦で負け、表9より、初戦で勝った。よって、「Bは初戦で負けた」は、すべての場合でいえる内容ではない。

❷ ✕　表5、9より、優勝はC、表7よりDである。よって、「Cは優勝した」は、すべての場合でいえる内容ではない。

❸ ✕　表5より、準優勝はD、表7よりC、表9よりAである。よって、「D

は準優勝だった」は、すべての場合でいえる内容ではない。

❹ ✕　表5、7より、Eは初戦で勝ち、表9より初戦で負けた。よって、「Eは初戦で負けた」は、すべての場合でいえる内容ではない。

❺ ◯　表5、7、9のいずれにおいても、Fは初戦で負けた。

数量推理

数量推理は、国家系の公務員試験で出題頻度の高いテーマの1つです。今回は、表を利用して解くパターンの問題を中心に説明しています。もちろん、表を使う必要のない問題もありますが、まずは、本書に掲載されている問題から学習を進めていきましょう。

　「**数量推理**」とは、**数量に関する条件をもとにして他の数量を推理していく**タイプの問題であるので、数値を整理することと数値を求めることが作業の中心となる。そのための情報の整理や条件の読み取りについての要点を以下に紹介していく。

① 情報の整理

　情報を**数値記入表(対応表)**に整理する。数値記入表とは、条件にある要素の数値を整理できる表の1つである。**基本的には対応関係の○×表と同じであるが、表の**マスには○×ではなく、**数値を書き入れる**。そして、各タテ列や各ヨコ列の数値の合計、表全体の数値が「**解くためのカギ**」となるので、必ず列下・列横・表右下にこれらの数値を書き入れる。

例1

　A～Dの4人が、赤花、青花、黄花の中からいくつかの花を購入した。4人が購入した花の合計本数は21本であり、そのうち黄花は7本であった。Cが購入した花は5本であり、そのうち青花を3本購入した。

　人物(A、B、C、D)をタテ軸、花の色(赤、青、黄)をヨコ軸に並べた表を作成する。

❶ 「4人が購入した花の合計本数は21本」より、**表全体の数値が21であるの**で、表右下に「**21**」と書き入れる。

❷ 「黄花は7本」より、**黄の列の数値の**合計が7であるので、列下に「**7**」と書

（ヨコ軸）花の色

	赤	青	黄	計
A				
B				
C				
D				
計				

（タテ軸）**人物**

き入れる。

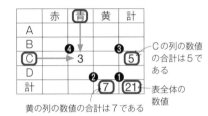

C の列の数値の合計は 5 である

黄の列の数値の合計は 7 である

表全体の数値

❸ さらに、「C が購入した花は 5 本」より、C の列の数値の合計が 5 であるので、列横に「5」と書き入れる。

❹ 「C は青花を 3 本購入した」より、C の列と青の列が交差するマスが該当するマスなので、そのマスに「3」と書き入れる。

---

② 条件の読み取り

1 文字を活用する

「A と B は同じ個数」、「C は D の 2 倍の個数」などの表現では、**文字をおく**とよい。そして、文字の値の決定方法は、**方程式**、または、**数値の当てはめ**の 2 通りがある。

例2 A〜D の 4 人が、赤花、青花、黄花の中からいくつかの花を購入した。4 人が購入した黄花の合計本数は 7 本であり、そのうち C が購入した本数は D の 2 倍であった。

表を作成し、黄の列下に「7」と書き入れる。

	赤	青	黄	計
A				
B			❶	
C			$2a$	
D			a	
計			7	

❶ 「黄花において C は D の 2 倍の本数」より、D の黄の本数を a［本］とおくと、C の黄の本数は $2a$［本］となる。

❷ 方程式を使って a を求めると、a 以外の文字が 2 種類必要となるので、煩雑となる。よって、**具体的に数値を当てはめていく**。

❷

黄
b
c
$2a$
a
7

A、B が購入した黄花の本数をそれぞれ b［本］、c［本］とおく。
$$b+c+2a+a=7$$

❸ $a = 1$の場合、$2a = 2$、$a = 2$の場合、$2a = 4$、$a = 3$の場合、$2a = 6$、…のようになる。

❸

a	$2a$
1	2
2	4
3	6

❹ しかし、$a = 3$の場合、表のように6＋3＝9となり、黄花の合計数「7」を超えてしまう。したがって、$a \geqq 3$はありえない。

	赤	青	黄	計
A				
B			❹	
C			6	
D			3	
計			7	

6+3=9より、「7」を超える

❺ これらのことより、$a = 1$（**❺-1**）または2（**❺-2**）が妥当となる。

❺-1

	赤	青	黄	計
A				
B				
C			2	
D			1	
計			7	

❺-2

	赤	青	黄	計
A				
B				
C			4	
D			2	
計			7	

注意 本試験において、文字の値の決め方は、方程式より**具体的な数値の当てはめ**の方が適していることが多い。このことも数量推理が判断推理の一分野であることの所以である。

2 合計から組合せを考える

合計の数値から、その合計を構成している**数値の組合せ**を考えるケースもある。この場合、**組合せに使える数値がある程度限定されている**ことが多い。また、組合せは1通りとは限らない。

> **例3** 1～9の数字から異なる3つの数字を選び、その和が15になるような数字の組合せを考える。

「1～9」、「異なる3つの数」と使える数が限定されている。よって、**大きな数字から考えていく**。

❶ 「9」を使う場合、残り2数の和が6なので、組合せは、(1, 5) と (2, 4) になる。

❶ 9を使う場合
  (9, ◯, ◯)
     和が6 ➡ (1, 5) と (2, 4)
  (9, 1, 5) と (9, 2, 4)

❷ 「8」を使う場合、残り2数の和が7なので、組合せは、(1, 6) と (2, 5) と (3, 4) になる。

❷ 8を使う場合
  (8, ◯, ◯)
     和が7 ➡ (1, 6) と (2, 5) と (3, 4)
  (8, 1, 6) と (8, 2, 5) と (8, 3, 4)

❸ 「7」を使う場合、残り2数の和が8なので、組合せは、(2, 6) と (3, 5) になる。

❸ 7を使う場合
  (7, ◯, ◯)
     和が8 ➡ (2, 6) と (3, 5)
  (7, 2, 6) と (7, 3, 5)

❹ 「6」を使う場合、残り2数の和が9なので、組合せは、(4, 5) になる。

❹ 6を使う場合
  (6, ◯, ◯)
     和が9 ➡ (4, 5)
  (6, 4, 5)

注意 組合せの数字は書き出すことになるが、使える数字の中で、**特徴的な数字**に着目して書き出すとよい。今回は、大きな数字に着目して、残りの2つの数字の組合せを考えた。

一郎、二郎、三郎の３人が、高校１年生～３年生の各学年におい
て、学校を欠席した日数について次のことがわかっているとき、確実にいえるのは
どれか。

ア　１年生から３年生までに一郎、二郎、三郎が学校を欠席した日数の合計は24
　　日で、１年生のときのほうが２年生のときより１日多く、３年生のときは１年生
　　のときより１日多かった。
イ　１年生のとき、三郎の欠席した日数の合計は、二郎のそれの２倍だった。
ウ　３年生のとき、二郎の欠席した日数の合計は、一郎のそれの２倍だった。
エ　３年間で二郎が欠席した日数の合計は、５の倍数であった。
オ　三郎が欠席した日数は３年間合計で７日であり、二郎の３年間の欠席日数の合
　　計より少なかった。
カ　３年生のときに欠席しなかった者はいなかった。

1 一郎は１年生のとき、５日欠席した。
2 二郎は２年生のとき、４日欠席した。
3 １年生のとき、１日も休まなかった者がいた。
4 三郎は２年生のとき、１日も休まなかった。
5 １年間に１日も休まなかった年がある者は１人だけであった。

正解へのプロセス

表作成　数値記入表（対応表）を作成する。

確定情報　確定（限定）していることを数値記入表に書き入れる。

1　「多かった」、「倍」などで表現されている数値には**文字をおく**。そして、**方
程式または具体的な数値を当てはめる**ことでこれらの文字の値を限定・確定す
る。

場合分け　文字の値が限定できれば、場合分けをする。その際、ヨコ列、タテ列の
数値の合計を利用して数値を埋めていく。

複数通り成立　「確実にいえる」とは、どの場合においても必ずいえている内容のこ
とであり、１つの場合においていえている内容は、「あり得る」のであって、確実
にいえる内容ではない。

解説

　一郎、二郎、三郎が、高校1年生～3年生の各学年において、学校を欠席した日数を考える問題であるので、数値記入表を作成すると次のようになり、欠席日数をマスに書き入れていく。　**表作成**

	1年生	2年生	3年生	計
一郎				
二郎				
三郎				
計				

各人の3年間で欠席した日数の合計 ←（計の列）
3人の欠席日数の合計 ←（右下）
各学年の3人の欠席した日数の合計 ←（計の行）

　(ア)「1年生から3年生までに3人が学校を欠席した日数の合計は24日」より、24が表全体の数値である。(エ)「3年間で二郎が欠席した日数の合計は5の倍数」より、候補は24を超えない5の倍数、つまり、5、10、15、20［日］である。しかし、(オ)「三郎が欠席した日数は3年間で7日であり、二郎の3年間の欠席日数の合計より少なかった」ので、10、15、20［日］と絞れる。そして、7＋20＝27［日］は24日を超えるので、さらに10、15［日］と絞れる（表1）。　**確定情報**

表1	1年生	2年生	3年生	計
一郎				
二郎				エ10or15
三郎				オ7
計				ア24

　(ア)「1年生のときのほうが2年生のときより1日多く、3年生のときは1年生のときより1日多かった」ので、2年生のときの3人の欠席日数の合計を**x**［日］とおくと、1年生のときのそれは**x＋1**［日］、3年生のときのそれは**x＋2**［日］と表すことができる。(イ)「1年生のとき、三郎の欠席した日数の合計は、二郎のそれの2倍」より、1年生のときの二郎の欠席した日数の合計を**a**［日］とおくと、三郎のそれは**2a**［日］となり、(ウ)「3年生のとき、二郎の欠席した日数の合計は、一郎のそれの2倍」より、3年生のときの一郎の欠席した日数の合計を**b**［日］とおくと、二郎のそれは**2b**［日］となる（表2）。　**1**

表2	1年生	2年生	3年生	計
一郎			ウ**b**	
二郎	イ**a**		ウ**2b**	10or15
三郎	イ**2a**			7
計	ア**x＋1**	ア**x**	ア**x＋2**	24

3人の3年間の欠席日数の合計は24日であるので、**xは方程式で求めることが**でき、次の式が成り立つ。

$$(x+1)+x+(x+2)=24$$

　上の式を解くと、$x=7$となり、2年生のときの3人の欠席日数の合計は7日、1年生のときのそれは8日、3年生のときのそれは9日となる（表3）。**①**

表3	1年生	2年生	3年生	計
一郎			b	
二郎	a		$2b$	10, 15
三郎	$2a$			7
計	8	7	⑨	24

　bの値を考える。方程式でbを求めるには、新たに別の文字が必要となる。よって、**3年生の列の「9」を利用して、bに具体的に数値を当てはめて考えていく。**

　① $b=1$の場合、$2b=2$となり、$b+2b=3$より、三郎の3年生のときの欠席日数は$9-3=6$［日］となる。

　② $b=2$の場合、$2b=4$となり、$b+2b=6$より、三郎の3年生のときの欠席日数は$9-6=3$［日］となる。

		①	②	③
一郎	b	1	2	3
二郎	$2b$	2	4	6
三郎		6	3	0
計	9	9	9	9

　③ $b=3$の場合、$b+2b$は$3+6=9$となり、三郎の3年生のときの欠席日数が0日となる。これは、（カ）「3年生のときに欠席しなかった者はいない（＝3人とも欠席している）」に矛盾する。

　④ $b≧4$の場合、$b+2b$は9を超えてしまうので矛盾する。**①**

　よって、$b=1$または2であるので、bの値で場合分けして考える。**場合分け**

〈**$b=1$の場合**〉

　三郎の3年生のときの欠席日数は6日となる。よって、**三郎の1年生のときの欠席日数である$2a$［日］**が$7-6=1$［日］となり、$2a=1$が成り立つ。しかし、aは日数より自然数であるはずだが、**この式を解いてもaは自然数にならない**（表4）。よって、**$b=1$は矛盾し、$b=2$と決まる。**

表4	1年生	2年生	3年生	計
一郎			1	
二郎	a		2	10, 15
三郎	$2a=1$		6	7
計	8	7	9	24

aは自然数にならない

〈*b*=2の場合〉

3年生のときの欠席日数は、一郎が2日、二郎が4日、三郎が3日となる（表5）。

表5	1年生	2年生	3年生	計
一郎			2	
二郎	*a*		4	10、15
三郎	2*a*		3	7
計	⑧	7	9	24

*a*の値を考える。1年生の列の「8」を利用して、*a*に具体的に数値を当てはめて考えていく。

*b*と同様に考えると、$a \geqq 3$の場合、$a + 2a$は8を超えるので矛盾する。 **1**

よって、$a = 1$または2であるので、*a*の値で場合分けして考える。 **場合分け**

〈*a*=1の場合〉

$2a = 2$となり、一郎の1年生のときの欠席日数は$8 - 1 - 2 = 5$［日］、三郎の2年生のときの欠席日数は$7 - 2 - 3 = 2$［日］となる。さらに、二郎の2年生のときの欠席日数は5日以下となるので、これを満たす二郎の3年間の欠席日数の合計は10日となり、二郎の2年生のときの欠席日数が$10 - 1 - 4 = 5$［日］となる。一郎については、2年生のときの欠席日数は0日となり、3年間の欠席日数の合計は$5 + 0 + 2 = 7$［日］となる（表6）。

〈*a*=2の場合〉

$a = 1$と同様に考えると、表7のようになる。

表6	1年生	2年生	3年生	計
一郎	5	0	2	7
二郎	1	5	4	10
三郎	2	2	3	7
計	8	7	9	24

表7	1年生	2年生	3年生	計
一郎	2	3	2	7
二郎	2	4	4	10
三郎	4	0	3	7
計	8	7	9	24

表6および表7を見ながら選択肢を検討する。 **複数通り成立**

❶ ✕ 一郎は1年生のとき、表6では5日欠席しており、表7では2日欠席している。よって、「5日欠席した」は、すべての場合でいえる内容ではない。

❷ ✕ 二郎は2年生のとき、表6では5日欠席しており、表7では4日欠席している。よって、「4日欠席した」はすべての場合でいえる内容ではない。

❸ ✕　　　表6および7で、1年生のとき、1日も休まなかった者はいなかった。

❹ ✕　　　三郎は2年生のとき、表6では2日欠席しており、表7では1日も休んでいない。よって、「1日も休まなかった」はすべての場合でいえる内容ではない。

❺ ○　　　1年間に1日も休まなかった年がある者は、表6では一郎のみ、表7では三郎のみである。よって、1年間に1日も休まなかった年がある者は1人だけである。

正解　**❺**

過去問Exercise

問題1　A～Dの4人が赤色、白色、黒色の3種類の花の中から1人5本ずつ購入した。次のア～エのことがわかっているとき、確実にいえることとして、最も妥当なのはどれか。

東京消防庁Ⅰ類2018

ア　4人が購入した花は赤色が合計4本、白色が合計6本、黒色が合計10本であった。

イ　AとCは2種類の色の花だけを買った。

ウ　Bは赤色と白色をDより1本ずつ多く買った。

エ　Dは赤色、白色、黒色の3種類とも買った。

1　Aは赤色の花を買っていない。

2　購入した黒色の花の数が最も少なかったのはBである。

3　購入した白色の花の数が最も多かったのはCである。

4　Dは黒色の花を3本購入した。

5　購入した黒色の花の数は4人とも異なる。

A～Dが赤色、白色、黒色の花の中から購入した花の本数を考える問題である。数値記入表を作成し、確定していることを整理すると表1のようになる。

表1	赤	白	黒	計
A				5
B				5
C				5
D				5
計	4	6	10	20

BとDの赤色の本数に着目する。（ウ）より、Dの赤色の本数が1本ならBは2本となり、赤色の合計本数4本を超えないので、（ア）に矛盾しない。しかし、Dの赤色の本数が2本以上ならBは3本以上となり、赤色の合計本数4本を超えるので矛盾する。よって、赤色の本数は、Dが1本、Bが2本と決まり、残りの1本はAまたはCとなる。（イ）より、AとCの条件は同じなので、AとCの購入本数は入れ替えができる。よって、とりあえず、Aの赤色の本数を1本として、表を埋めていく（表2）。

同様にして、BとDの白色の本数に着目する。（ウ）より、Dの白色の本数が1本ならBは2本、また、Dの白色の本数が2本ならBは3本となり、白色の合計本数6本を超えない。しかし、Dの白色の本数が3本以上ならBは4本以上となり、白色の合計本数6本を超えるので、矛盾する。よって、この2通りで場合分けして考える。

表2	赤	白	黒	計
A	1			5
B	2			5
C	0			5
D	1			5
計	4	6	10	20

〈白色（D，B）＝（1本，2本）の場合〉

Dの黒色の本数は3本、Bの黒色の本数は1本となる（表3）。（イ）より、Aは2種類の色だけを買ったので、仮にAは黒色が0本だとすると、黒色の残り6本はCの購入となり、Cの購入本数5本を超えてしまい矛盾する。よって、Aは黒色を購入しているので、Aの2種類は赤色と黒色となり、白色は購入していないことがわかる（表4）。したがって、Aの黒色の本数は4本となり、Cの黒色の本数は2本、白色の本数は3本となる（表5）。

表3	赤	白	黒	計
A	1			5
B	2	2	1	5
C	0			5
D	1	1	3	5
計	4	6	10	20

表4	赤	白	黒	計
A	1	0		5
B	2	2	1	5
C	0			5
D	1	1	3	5
計	4	6	10	20

表5	赤	白	黒	計
(A)	(1)	(0)	(4)	5
B	2	2	1	5
(C)	(0)	(3)	(2)	5
D	1	1	3	5
計	4	6	10	20

〈白色（D，B）＝（2本，3本）の場合〉

　Dの黒色の本数は2本、Bの黒色の本数は0本となる（表6）。（イ）より、Aは2種類の色だけを買ったので、仮に、Aが黒色が0本だとすると、黒色の残り8本はCの購入となり、Cの購入本数5本を超えてしまい矛盾する。よって、Aは黒色を購入しているので、Aの2種類は**赤色と黒色**となり、**白色は購入していない**ことがわかる（表7）。したがって、Aの黒色の本数は4本となり、Cの黒色の本数は4本、白色の本数は1本となる（表8）。

表6	赤	白	黒	計
A	1			5
B	2	3	0	5
C	0			5
D	1	2	2	5
計	4	6	10	20

表7	赤	白	黒	計
A	1	0		5
B	2	3	0	5
C	0			5
D	1	2	2	5
計	4	6	10	20

表8	赤	白	黒	計
(A)	(1)	(0)	(4)	5
B	2	3	0	5
(C)	(0)	(1)	(4)	5
D	1	2	2	5
計	4	6	10	20

　ただし、AとCの購入本数は入れ替えができるので、表5、8のように（　）で表記しておく。

A〜Eの5人が、赤又は白の布地に1〜9の相異なるいずれかの数字が書かれたゼッケンをつけている。この5人のゼッケンの色と数字について次のことが分かっているとき、確実にいえるのはどれか。

国家専門職2012

○ 布地が赤の者は3人であり、白の者は2人である。

○ Bのゼッケンの布地は赤であり、Dの布地は白である。

○ BとCのゼッケンの数字の合計は7である。また、DとEのゼッケンの数字の合計は13である。

○ 赤の布地に書かれた数字はいずれも5以上である。

○ ゼッケンの数字は、Eが最大でありCが最小である。また、Aのゼッケンの数字は偶数である。

1 Aのゼッケンの数字は3番目に大きい。

2 Bのゼッケンの数字は5である。

3 Cのゼッケンの数字は2である。

4 DとEのゼッケンの数字の差は5である。

5 数字が8のゼッケンの者がいる。

　A〜Eがつけているゼッケンの色と数字を考える問題である。数値記入表を作成し、確定していることを整理すると表1のようになる。

表1	A	B	C	D	E
色		赤		白	
数					
	偶数		最小		最大

　2つ目と4つ目の条件より、Bの布地は赤で、**数字は5以上**である。また、3つ目の条件より、BとCの数字の合計は7であるので、BとCの数字の組合せは(B, C)＝(5, 2)または(6, 1)の2通りが考えられる。このことからCの数字は5未満であるので、Cの布地は白となる。よって、白の2人はCとDであるので、AとEの布地は赤となる（表2）。

「赤→5以上」
⭕対偶「5以上→赤」つまり、「5未満→白」

表2	A	B	C	D	E
色	赤	赤	白	白	赤
数					
	偶数		最小		最大

　BとCの数字の組合せで場合分けして考える。

〈(B, C)＝(5, 2)の場合〉

　DとEの数字の合計が13であることより、DとEの数字の組合せは、Eは5以上の最大の数字なので、(D, E)＝(4, 9)または(6, 7)である。しかし、(D, E)＝(6, 7)では、条件よりEの数字が最大であるので、Aの数字は7より小さい5以上の偶数となり、これを満たす数字は6のみである。しかし、6はすでにDの数字として使われているので、(D, E)＝(6, 7)の組合せは条件に矛盾する。したがって、D＝4、E＝9となり、Aの数字は、9より小さい偶数であるので、A＝6または8となる（表3）。

表3	A	B	C	D	E
色	赤	赤	白	白	赤
数	6/8	5	2	4	9
	偶数		最小		最大

〈(B, C)＝(6, 1)の場合〉

　DとEの数字の合計が13であることより、DとEの数字の組合せは、Eは5以上の最大の数字なので、(D, E)＝(4, 9)または(5, 8)である。しかし、(D, E)＝(5, 8)では、条件よりEの数字が最大であるので、Aは8より小さい5以上の

偶数となり、これを満たす数字は6のみである。しかし、6はすでにBの数字として使われているので、(D, E) = (5, 8) の組合せは条件に矛盾する。したがって、D = 4、E = 9となり、Aの数字は、9より小さい5以上の偶数であるので、A = 8となる（表4）。

表4	A	B	C	D	E
色	赤	赤	白	白	赤
数	8	6	1	4	9

　　　　偶数　　　最小　　　最大

異なる４つの整数から、２つずつ選んで和を求めたところ、27・38・49・50・61・72となった。この４つの整数のうち２番目に小さいものとして、確実に言えるものはどれか。

裁判所一般職2018

1. 15
2. 16
3. 17
4. 18
5. 19

本問は、解説下の「2数の和」についての知識を知らなければ解けない問題である。

4つの整数を、小さい方から順に、A、B、C、D（A＜B＜C＜D）とする。数の大小を考えれば、2つずつの整数の和のなかで、①最も小さい27はAとBの和、②2番目に小さい38はAとCの和、③最も大きい72はCとDの和、④2番目に大きい61はBとDの和となる。

$$A＋B＝27…①$$
$$A＋C＝38…②$$
$$C＋D＝72…③$$
$$B＋D＝61…④$$

残った49と50は、AとDの和、またはBとCの和のどちらかとなる。

よって、この2通りで場合分けをして考える。

〈B＋C＝50の場合〉

①＋②より、2A＋B＋C＝65…⑤となり、これにB＋C＝50を代入すると、2A＝15となり、Aは整数とならない。よって、この場合は不適となる。

〈B＋C＝49の場合〉

⑤にB＋C＝49を代入すると、2A＝16より、A＝8となる。よって、①に代入すると、B＝19となる。

知識

2数の和において、「最小・最大」、「2番目に小さい・大きい」の和を構成する2数の組合せは決まっている。

《2つの和》	《2数の組合せ》
最小	（最小の数）＋（2番目に小さい数）
2番目に小さい	（最小の数）＋（3番目に小さい数）
2番目に大きい	（最大の数）＋（3番目に大きい数）
最大	（最大の数）＋（2番目に大きい数）

順序関係

順序関係は、公務員試験全般で出題が見られるテーマの1つです。順序関係の問題は、順序に関する条件に数量が伴わない問題と伴う問題に大別できます。特に、数量を伴う問題は、数式で解くより、線分図をうまく利用して解く方法をマスターしておきましょう。

① 順位的順序

「順位的順序」とは、さまざまな順序に関する条件をもとにして順位・順番を決める問題であり、このタイプの問題では順序間の条件にほとんど数量が伴わないのが特徴である。順位的順序の問題では、人物などの要素と順位・順番の対応を判断することで、確実にいえることを見つけていく作業が中心となる。そのための情報の整理や条件の読み取りについての要点を以下に紹介していく。

1 情報の整理

情報を順序表に整理する。順序表とは、順序(順位、曜日など)をヨコ軸に並べ、それぞれの順序の下の列に人物などの要素を書き入れていく表である。そして、順序に人物と組などの2種類の異なる要素が対応するケースでは、人物と組を同列に並べるのではなく、列を分けて整理するとよい。

例1

A〜Eの5人で400m走をした。5人は赤、白、黄、青、緑組のいずれかのメンバーである。順位結果の一部は、Aが1位、赤組が3位であった。

人物と組という異なる要素があるので、順位の下に2列を書いた順序表を作成する。

「Aが1位、赤組が3位」より、該当するマス(順位)に「A」および「赤」と書き入れる。

(ヨコ軸)順位

順位	1位	2位	3位	4位	5位
人物					
組					

人物と組を別々の列にする

順位	1位	2位	3位	4位	5位
人物	A				
組			赤		

2 > 条件の読み取り

① 余白に条件を整理する

　条件の中には、すぐには順序表に書き入れることが難しいものもある。そのような条件は、最初の段階では、余白に**整理**しておく。なるべく条件は簡素化して整理しておきたいので、**記号**などを用いるとよい。その際に、**微妙な表現がある場合は、似た表現の違いを明確にしておくことが大切である。**

例2

順序の軸は、左側を（上位）、右側を（下位）とする。

❶　AはBより順位が上である。
　　「順位が上」とは、AとBが連続している場合だけでなく、AとBの間に人がいる場合も含む表現である。

記号化例
❶A―B

違いを明確にしておくこと

❷　BはAの次にゴールした。
　　「次にゴールした」とは、直後にゴールしたという意味である。

記号化例
❷AB

❸　CとDの間に2人走っている。
　　CとDの順位は不明であるので、Cの方が上位の場合とDの方が上位の場合の**2通り**が考えられる。また、間の2人は○○などで表現するとよい。

記号化例
❸C○○D または D○○C

---

② 整理した条件をまとめる ⇨ 順序表に当てはめる

　まとめることができる条件はまとめておく。まとめることで**大きな条件**となり、順序表（全体表）でのあり得るパターンが絞られる。つまり、まとめるという作業をしておくと、場合分けを必要としたときに、**場合分けが少なくなる。**

例3 A～Fの6人で10km走をしている。途中の様子は、AとCの間に2人走っており、BはAのすぐ前を走っており、Cは5位以下である。

❶ 「AとCの間に2人走っている」を条件整理する。左側を上位とすると、AとCの順位は不明なので、「A○○C」または「C○○A」の2通りが考えられる。

❷ 「BはAのすぐ前を走っている」を先の2通りにそれぞれ加え、まとめると、「BA○○C」または「C○BA」(⇐大きな条件)となる。

❸ 「Cは5位以下」を考えると、「C○BA」の場合、Cの後に少なくとも3人いるので、Cは5位以下にはなれない。よって、条件を満たすのは「BA○○C」となる。

❹ 「BA○○C」を順序表に当てはめる。Bが1位の場合(前に詰める)と2位の場合(後に詰める)の2通りの当てはめ方がある(⇐場合分けが少ない)。

❶
A○○C　　　または　　　C○○A

+BA

❷
BA○○C　　　または　　　❸ C○BA

Cの後に少なくとも3人いる

❹

1位	2位	3位	4位	5位	6位
B	A			C	
	B	A			C

表全体の後に詰める

表全体の前に詰める

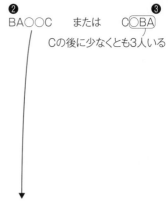

例題 2-17

A～Eの5人で長距離走を行った。全員がゴールし、着順について次のア～エのことがわかっている。このとき、確実にいえるのはどれか。ただし、同じ着順の者はいなかったものとする。

ア　AはEより先にゴールした。
イ　BはCより先にゴールした。
ウ　CはDより先にゴールした。
エ　DとEの間に1人がゴールした。

❶　AはBより先にゴールした。
❷　BはEより先にゴールした。
❸　Cは2番目にゴールした。
❹　DはEより後にゴールした。
❺　Eの次にCがゴールした。

正解へのプロセス

表作成 順序に対応する要素の種類を確認して順序表を作成する。
条件整理 すぐには順序表に書き入れることができない条件は、記号などを使って整理する。
組合せ まとめることができる条件はまとめて、大きな条件にする。
場合分け 大きな条件を優先して順序表に当てはめていく。
複数通り成立 「確実にいえる」とは、どの場合においても必ずいえている内容のことであり、1つの場合においていえている内容は、「あり得る」のであって、確実にいえる内容ではない。

解説

順序に対して人物の1種類のみを対応させる問題であるので、順序表を作成すると次のようになり、人物をマスに書き入れていく。　**表作成**

順位	1	2	3	4	5
人物					

確定しているものはないので、記号を使って条件を整理する。 `条件整理`

	条件	先 ⇔ 後
（ア）	「AはEより先にゴールした」	A−E
（イ）	「BはCより先にゴールした」	B−C
（ウ）	「CはDより先にゴールした」	C−D
（エ）	「DとEの間に1人がゴールした」	D○EまたはE○D

（イ）と（ウ）には共通してCがあるので、Cを中心にまとめて大きな条件をつくっておく。 `組合せ`

B−C−D…（＊）

さらに、（＊）と（エ）には共通してDがあるのでまとめることができるが、（エ）は2通りあるので、それぞれとまとめる。 `場合分け`

〈（＊）とD○Eをまとめる〉

（＊）とD○Eを、Dを中心にまとめると、B−C−D○Eの5人の順ができ、BC間、CD間には人が入らないので、BCD○Eとなり、○にAが入る。これは、（ア）に矛盾しないので順位は（1）の1通りが考えられる。

	1	2	3	4	5
（1）	B	C	D	A	E

〈（＊）とE○Dをまとめる〉

（＊）とE○Dには共通してDがあるが、Bの並ぶ位置が曖昧であるのでまとめにくい。よって、先に、Eを中心に（ア）とE○Dをまとめると、A−E○Dとなり、これに（＊）をまとめる。そうすると、EとDの間の○はBまたはCであるが、BよりCの方がDに近いので、○にはCが入る。そして、BはCより先にゴールしたので、Bの位置は（2）「AとEの間」と（3）「Aの直前」の2通りが考えられる。 `場合分け`

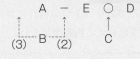

	1	2	3	4	5
（2）	A	B	E	C	D
（3）	B	A	E	C	D

（1）〜（3）の3通りの順位を見ながら選択肢を検討する。　**複数通り成立**

❶✕　　（1）、（3）では、AはBより後にゴールし、（2）では、AはBより先に
ゴールした。よって、「AはBより先にゴールした」は、すべての場合でいえる内容
ではない。

❷◯　　（1）、（2）、（3）において、BはEより先にゴールした。

❸✕　　2番目にゴールしたのは、（1）ではC、（2）ではB、（3）ではAであ
る。よって、「Cは2番目にゴールした」は、すべての場合でいえる内容ではない。

❹✕　　（1）では、DはEより先にゴールし、（2）、（3）では、DはEより後に
ゴールした。よって、「DはEより後にゴールした」は、すべての場合でいえる内容
ではない。

❺✕　　Eの次にゴールしたのは、（1）ではEが5位なのでだれもおらず、
（2）、（3）ではCである。よって、「Eの次にCがゴールした」は、すべての場合で
いえる内容ではない。

正解　❷

② 順位変動

「順位変動」とは、スタート地点とゴール地点のような2地点の間や去年と今年のような2時点の間で、順位を上げたり、下げたりする状況を考えるタイプの問題である。順位変動の問題では、人物などの要素と変動前・変動後の順位との対応を判断することで、確実にいえることを見つけていく作業が中心となる。そのための情報の整理や条件の読み取りについての要点を以下に紹介していく。

1 情報の整理

① 順位変動表に整理する

情報を順位変動表に整理する。順位変動表とは、順位をヨコ軸に並べ、そして、順位の下に**変動前**と**変動後**の2列を加え、各順位に人物などの要素を書き入れていく表である。

② 変動に関する表現

順位変動に関する表現Ⅰ

「**x人に追い越された**」＝「**xつ順位を下げた**」

変動後の順位は、（変動前の順位）＋x［位］

例4

5人で400m走をしたとき、Aは3人に追い越された。

順位（1、2、3、4、5）をヨコ軸に並べ、順位の下に変動前と変動後の2列を加えた表を作成する。

Aは順位を**3つ下げた**ので、例えば、Aの変動前の順位が2位なら、変動後の順位は(2＋3＝)5位である。よって、該当するマスにそれぞれAと書き入れる。

（ヨコ軸）順位

順位	1	2	3	4	5
変動前					
変動後					

順位	1	2	3	4	5
変動前		A		3つ順位を下げた	
変動後					A

順位変動に関する表現Ⅱ

「y人を追い越した」＝「yつ順位を上げた」
変動後の順位は、（変動前の順位）$-x$［位］

例5 　5人で400m走をしたとき、Bは2人を追い越した。

　Bは順位を2つ上げたので、例え
ば、Bの変動前の順位が4位なら、変
動後の順位は(4−2＝) 2位である。
よって、該当するマスにそれぞれBと
書き入れる。

順位	1	2	3	4	5
変動前				B	
変動後		B			

2つ順位を上げた

---

2 条件の読み取り

① 順位変動のない人物

　全員が変動しているとは限らない。変動していない者がいれば、その人物に注意
しておく。条件としては、「Cのみ変動していない」のように、「のみ/だけ」という
表現が使われることが多い。

例6 　A～Eの5人でマラソンを行った。X地点でAは2位、Bは5位であっ
たが、Y地点までにAは2つ順位を下げ、Bは4つ順位を上げた。また、Cのみ順
位の変動はなかった。

　変動前がX地点、変動後がY地点である順位変動表を作成する。「Aは2つ順位
を下げた」ので、Y地点での順位は(2+2＝) 4位、「Bは4つ順位を上げた」ので、
Y地点での順位は(5−4＝) 1位である。よって、該当するマスにそれぞれAおよ
びBを書き入れる。

❶ 「Ｃのみ順位の変動はなかった」
ので、変動がない順位を考えると、
Ｘ地点とＹ地点の両方で空白の順位
は３位のみである。

順位	1	2	3	4	5
Ｘ地点		A	❶		B
Ｙ地点	B			A	

両方とも空白

❷ よって、両地点でのＣの順位は３
位と決まり、３位の両マスにＣを書
き入れる。

順位	1	2	3	4	5
Ｘ地点		A	❷C		B
Ｙ地点	B		C	A	

② 人物が特定できない場合

変動している人物が特定できていない場合は、〇などで印をつけておくとよい。

例7　　Ａ〜Ｅの５人でマラソンを行った。Ｙ地点で４位だった者は、Ｚ地点ま
でに２つ順位を上げた。また、Ｙ地点で３位だった者は、Ｚ地点までに１つ順位を
下げた。

変動前がＹ地点、変動後がＺ地点で
ある順位変動表を作成する。
　「Ｙ地点で４位だった者」は、特定さ
れないので、マスに〇を書き入れる。
「２つ順位を上げた」ので、Ｚ地点での
順位は(4−2＝)**２位**となり、**同一人**
物であるので、マスに〇を書き入れ
る。

順位	1	2	3	4	5
Ｙ地点			△	〇	
Ｚ地点		〇		△	

　また、「Ｙ地点で３位だった者」は、「Ｙ地点で４位だった者」とは**別人**なので、マ
スに△を書き入れる。「１つ順位を下げた」ので、Ｚ地点での順位は(3＋1＝)**４位**
となり、マスに△を書き入れる。

例題 2-18

A～Fの6チームが参加した競技について、去年と今年の順位を調べたところ、次のア～カのことがわかった。このとき、今年の順位について確実にいえるのはどれか。ただし、同じ年で同順位になるチームはなかったものとする。

ア　Aチームは去年も今年も3位以下ではなかった。
イ　Bチームは去年も今年もFチームより順位が下であった。
ウ　Cチームは去年も今年もAチームより順位が4つ下であった。
エ　Dチームは去年か今年のどちらかが4位であった。
オ　Eチームは今年の順位が去年より3つ下がった。
カ　Fチームのみが去年も今年も同じ順位であった。

① Aチームは1位であった。
② Bチームは4位であった。
③ Cチームは6位であった。
④ Eチームは5位であった。
⑤ Fチームは3位であった。

正解へのプロセス

表作成 順位変動表を作成する。
条件整理 すぐには順位変動表に書き入れることができない条件は、簡素化して整理する。
組合せ まとめることができる条件はまとめて、大きな条件にする。
場合分け 大きな条件を優先して順位変動表に当てはめていく。
複数通り成立 「確実にいえる」とは、どの場合においても必ずいえている内容のことであり、1つの場合においていえている内容は、「あり得る」のであって、確実にいえる内容ではない。

解説

変動前が去年の順位、変動後が今年の順位なので、順位変動表を作成すると次のようになり、人物をマスに書き入れていく。**表作成**

順位	1	2	3	4	5	6
去年						
今年						

確定している順位がないので、**条件を簡素化して整理する**。(カ)「Fチームのみが去年も今年も同じ順位であった」ので、A～Eの5チームは必ず順位の変動があった。このことを踏まえて考える。

(ア)「Aチームは去年も今年も3位以下ではなかった」ので、A(去年，今年)＝<u>(1位，2位)</u>①または<u>(2位，1位)</u>②

(イ)「Bチームは去年も今年もFチームより順位が下であった」ので、F－B

(オ)「Eチームは今年の順位が去年より3つ下がった」ので、E(去年，今年)＝(1位，4位)または(2位，5位)または(3位，6位)　`条件整理`

(ウ)「Cチームは去年も今年もAチームより順位が4つ下であった」ので、(Cの順位)＝(Aの順位)＋4である。(ア)＋(ウ)より、2通り考えられる。　`組合せ`

-- ③
| ①の場合　去年(A，C)＝(1位，5位)　今年(A，C)＝(2位，6位) |

-- ④
| ②の場合　去年(A，C)＝(2位，6位)　今年(A，C)＝(1位，5位) |

最も大きな条件は(ア)＋(ウ)であるので、③、④で場合分けして考える。

`場合分け`

〈③の場合〉

	1	2	3	4	5	6
去年	A				C	
今年		A				C

　(オ)より、Eの順位変動は2位→5位となる。また、(エ)「Dチームは去年か今年のどちらかが4位であった」ので、4位の2つのマスのうちどちらかはDとなる。よって、**去年と今年で同じ順位が空白なのは3位のみ**であるので、変動していないFの順位は3位とわかる(表1)。(イ)より、今年のBの順位は4位となり、(エ)より、去年の4位がDとなる。よって、残りの去年の6位がB、今年の1位がDとなる(表2)。

表1	1	2	3	4	5	6
去年	A	E	F		C	
今年		A	F		E	C

表2	1	2	3	4	5	6
去年	A	E	F	D	C	B
今年	D	A	F	B	E	C

〈④の場合〉

	1	2	3	4	5	6
去年		A				C
今年	A				C	

　（エ）より、**去年と今年で同じ順位が空白なのは3位のみである**。よって、Fの順位は3位とわかる。このことから、Eの順位変動は1位→4位となる（表3）。（エ）より、去年の4位がDとなり、（イ）より、Bの順位は、去年が5位、今年が6位となる。よって、残りの今年の2位がDとなる（表4）。

表3	1	2	3	4	5	6
去年	E	A	F			C
今年	A		F	E	C	

表4	1	2	3	4	5	6
去年	E	A	F	D	B	C
今年	A	D	F	E	C	B

　表2および4の2通りの順位変動を見ながら選択肢を検討する。 **複数通り成立**

❶ ✕ 　Aチームの今年の順位は、表2では2位、表4では1位である。よって、「Aチームは1位であった」は、すべての場合でいえる内容ではない。

❷ ✕ 　Bチームの今年の順位は、表2では4位、表4では6位である。よって、「Bチームは4位であった」は、すべての場合でいえる内容ではない。

❸ ✕ 　Cチームの今年の順位は、表2では6位、表4では5位である。よって、「Cチームは6位であった」は、すべての場合でいえる内容ではない。

❹ ✕ 　Eチームの今年の順位は、表2では5位、表4では4位である。よって、「Eチームは5位であった」は、すべての場合でいえる内容ではない。

❺ ○ 　Fチームの今年の順位は、表2、4とも3位である。

正解 **❺**

③ 折り返し

「折り返し」とは、マラソンなどで見られるような折り返し点で来た道を戻るレース中に、すれ違う状況からすれ違ったときの順位を考えるタイプの問題である。ここでは、条件の読み取りについての要点を以下に紹介していく。

1 条件の読み取り

すれ違ったときの相手の順位が限定される。

例8

A〜Eの5人の選手が折り返しのあるマラソンをしたところ、Aが2人目にすれ違った相手がBだった。

Aの順位が1位の場合〜5位の場合のすべてについて、Bの順位をそれぞれ考える。

Aが1位の場合、Aが折り返した後、1人目にすれ違うのが2位の選手、2人目にすれ違うのが3位の選手である。よって、Bの順位は3位となる。

Aが2位の場合、Aが折り返す前に1人目にすれ違うのが1位の選手、さらに、Aが折り返した後、2人目にすれ違うのが3位の選手である。よって、Bの順位は3位となる。

Aが3位の場合、Aが折り返す前に、1人目にすれ違うのが1位の選手、2人目にすれ違うのが2位の選手である。よって、Bの順位は2位となる。

Aが4位の場合、Aが折り返す前に、1人目にすれ違うのが1位の選手、2人目にすれ違うのが2位の選手である。よって、Bの順位は2位となる。

Aが5位の場合、Aが折り返す前に、1人目にすれ違うのが1位の選手、2人目にすれ違うのが2位の選手である。よって、Bの順位は2位となる。

このように見ていくと、Bの順位は2位または3位に限定される。

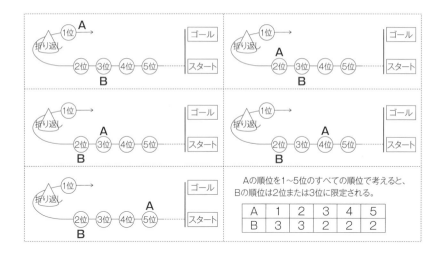

上記の|例8|から次のような**公式**を導くことができる。

すれ違ったときの相手の順位

　Aがn人目にすれ違った相手がBのとき、Bの順位は2通り考えられる。

❶　Bがn［位］（Bの方がAより順位が上）

❷　Bが$n+1$［位］（Aの方がBより順位が上）

　注意　B（相手）の順位だけでなく、その順位のときの、A（自分）とB（相手）の順位の上下関係も一緒に覚えること。

2 順位の決定

限定された順位を組み合わせることで、順位を確定させることができる。その際には、それぞれの順位において、**自分と相手の順位の上下関係が決め手**となる。

例9

A～Eの5人の選手が折り返しのあるマラソンをしたところ、Aが1人目にすれ違った相手がB、Bが最後にすれ違った相手がDだった。

「Aが1人目にすれ違った相手がB」より、Bの順位は❶1位または❷2位である。Bが1位のときは、Bの方がAより順位が上であり、Bが2位のときは、Aの方がBより順位が上である。

自分を除いた4人とすれ違うので、「最後」とは、「4人目」と同じことである。よって、「Bが最後にすれ違った相手がD」より、Dの順位は❸4位または❹5位である。Dが4位のときは、Dの方がBより順位が上であり、Dが5位のときは、Bの方がDより順位が上である。

❶、❷、❸を組み合わせると、❸より、D＝4位のとき、Dの方がBより順位が上なので、B＝5位となる。しかし、❶、❷よりB＝1位または2位であるので、B＝5位はあり得ない。よって、D＝4位は矛盾するのでD＝5位が確定する。

❶ Bが1位（Bの方がAより順位が上）
❷ Bが2位（Aの方がBより順位が上）

❸ Dが4位（Dの方がBより順位が上）
❹ Dが5位（Bの方がDより順位が上）

❸ Dが4位（Dの方がBより順位が上より、Bは5位）

順位	1	2	3	4	5
人物				D	B

B＝5位は
❶、❷に矛盾する

❹ Dが5位

順位	1	2	3	4	5
人物					D

❶、❷より、Bは1位または2位

例題 2-19

A～Eの5人が一列に並んでサイクリングをしていたが、Q地点で折り返したときの状況について、次のア～ウのことがわかった。誰も追い抜いたり追い抜かれたりしておらず、同時に折り返した者がいなかったとすると、確実にいえるのはどれか。

ア　Aが2人目にすれ違った相手はBであった。
イ　Bが3人目にすれ違った相手はEであった。
ウ　CはEの次に折り返した。

❶　Aは最初に折り返した。
❷　Bは3番目に折り返した。
❸　Cは最後に折り返した。
❹　Dは4番目に折り返した。
❺　Eは2番目に折り返した。

正解へのプロセス

❶　公式を利用し、すれ違った相手の順位を限定する。

組合せ　自分と相手の順位の上下関係から、すれ違った相手の順位を絞り込む。

場合分け　確定しそうもなければ、場合分けをする。

複数通り成立　「確実にいえる」とは、どの場合においても必ずいえている内容のことであり、1つの場合においていえている内容は、「あり得る」のであって、確実にいえる内容ではない。

解説

「誰も追い抜いたり追い抜かれたりしておらず、同時に折り返した者はいなかった」ので、このサイクリングでの順位は、すれ違ったときの順位と同じであることがわかる。公式を利用して、**すれ違った相手の順位を限定する**。**❶**

（ア）「Aが2人目にすれ違った相手がB」より、Bの順位が2通りに限定される。

　①　B が2位（Bの方がAより順位が上）

　②　B が3位（Aの方がBより順位が上）

（イ）「Bが3人目にすれ違った相手がE」より、Eの順位が2通りに限定される。

　③　E が3位（Eの方がBより順位が上）

④　Eが4位（Bの方がEより順位が上）

　Bの順位とEの順位を比較してみると、③Eが3位の場合は、Eの方がBより順位が上なので、Bは4位以下となり、Bの限定された順位①、②に矛盾する。よって、③Eが3位ということはあり得ず、Eの順位は4位と確定する。また、Eの順位が確定したことを踏まえると、(ウ)「CはEの次に折り返した」ので、Cの順位は5位となる。 `組合せ`

　C、E以外のA、B、Dの順位は1つに確定しないので、Bの順位①、②で場合分けして考える。 `場合分け`

〈①Bが2位の場合〉

　Bの方がAより順位が上なので、Aの順位は3位となり、1位はDとなる。

	1	2	3	4	5
(1)	D	B	A	E	C

〈②Bが3位の場合〉

　Aの方がBより順位が上なので、Aの順位は1位または2位となり、Aが1位のときは、Dは2位、Aが2位のときは、Dは1位となる。

	1	2	3	4	5
(2)	A	D	B	E	C
(3)	D	A	B	E	C

　(1) ～ (3)の3通りの順位を見ながら選択肢を検討する。 `複数通り成立`

❶ ✕　最初に折り返したのは、(1)、(3)ではD、(2)ではAである。よって、「Aは最初に折り返した」は、すべての場合でいえる内容ではない。

❷ ✕　3番目に折り返したのは、(1)ではA、(2)、(3)ではBである。よって、「Bは3番目に折り返した」は、すべての場合でいえる内容ではない。

❸ ◯　最後に折り返したのは、(1)、(2)、(3)において、Cである。

❹ ✕　4番目に折り返したのは、(1)、(2)、(3)において、Eである。

❺ ✕　2番目に折り返したのは、(1)、(2)、(3)において、Eではない。

正解 ❸

④ 数量的順序（線分図）

「数量的順序」とは、さまざまな数量に関する条件をもとにして順位・順番を決めるタイプの問題であり、2つの要素の数量差が条件として使われる問題が多い。したがって、2つの要素の数量差の整理が重要な作業の1つとなる。ここでは、線分図を使った情報の整理や条件の読み取りについての要点を以下に紹介していく。

1 線分図で情報を整理する

① 両端を定める

線分図を描く際に、予め線分図の両端の大小を決めておくとよい。例えば、線分の左側は点数、個数が「小・少」、右側は点数、個数が「大・多」などとする。また、時刻なら線分の左側は時刻が「早い」、右側は時刻が「遅い」などとする。

② 大小が不明な数量差

特に、大小関係が不明な2つの要素の数量差を線分図に整理すると、2通りの線分図を描くことになる。

例10 収穫したいちごの個数に関して、AはBより4個多く、AとCの差は2個であった。

左側を「少ない」、右側を「多い」とした線分図を描く。

1目盛を1個とし、線分図を描く

❶ 1目盛を1個とすると、「AはBより4個多く」より、Bから右に4目盛目にAを書く。

「AとCの差は2個」より、Aの個数とCの個数の大小が不明であるので、Cの方がAより少ない場合とCの方がAより多い場合の2通りの線分図を描くことができる。

❷　Cの方がAより少ない場合は、Aから左に2目盛目にCを書く。

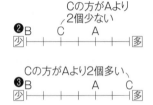

❸　Cの方がAより多い場合は、Aから右に2目盛目にCを書く。

---

2 条件の読み取り

① 平均の表し方

2つの要素の平均が与えられることがあり、2つの要素と平均を線分図で表す。

例11　収穫したいちごの個数に関して、AとBの平均個数は、Cの個数と等しかった。

❶　例えば、Aを30個、Bを50個とすると、2人の平均個数は、$\dfrac{30+50}{2}=40$[個]となる。

よって、Cの個数は40個となり、Cの個数はAの個数とBの個数の中点の値となる。これは、一般化しても同様のことがいえる。

線分図で整理すると、
❶
A	平均	B
30	40	50

❷　線分図で表すと、2人の平均は中点と一致する。また、Aの個数とBの個数の大小は不明であるので、線分図は2通り描くことができる。

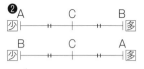

---

② 順序と自然数条件から確定させる

順序と自然数条件から線分図上で確定するものもある。

例12 　Dの個数は、Eの個数よりも多く、Fの個数よりも少なかった。さらに、Fの個数はEの個数よりも2個多かった。

❶ 「Dの個数は、Eの個数よりも多く、Fの個数よりも少なかった」ので、左から順にE、D、Fと線分図に並べる（**個数差は不明なので、大小関係がわかればよい**）。

❶

❷ 「Fの個数はEの個数よりも2個多かった」ので、Eから右に**2目盛目**にFがある。個数は**自然数**であるので、EとFの間にあるDの位置は、Eから右に1目盛目（または、Fから左に1目盛目）のところとなる。つまり、**Dの個数はEの個数よりも1個多**かったことがわかる。

❷1目盛を1個として、線分図を描く

A～Eの5人の生徒が持っている色紙の枚数を比較したところ、次のことがわかった。

ア　枚数が最も多い生徒と最も少ない生徒の差は8枚である。
イ　Aの枚数は、BとCの枚数の平均と等しい。
ウ　Bの枚数は、Eの枚数よりも4枚多い。
エ　DとEの枚数の差は3枚である。

5人の持っている色紙の枚数がそれぞれ異なるとき、確実にいえるのはどれか。

❶　Aの色紙の枚数は、Cより4枚多い。
❷　Bの色紙の枚数は、Dより7枚多い。
❸　Cの色紙の枚数は、5人のうちで最も少ない。
❹　Dの色紙の枚数は、Aより3枚少ない。
❺　Eの色紙の枚数は、5人のうちで2番目に少ない。

正解へのプロセス

1　線分図で条件を整理する。その際に、1つの線分図にまとめて描けるものはまとめておく。

組合せ　いくつかの線分図をまとめる。

場合分け　組み合わせ方が複数通りあれば、場合分けをする。

解説

　A～Eが持っている色紙の枚数差を考える問題であるので、線分図で考える。(ウ)「Bの枚数はEの枚数よりも4枚多い」を線分図で整理すると図1のようになる。(エ)「DとEの枚数の差は3枚」にEが登場しているので、図1に(エ)を加えて、線分図に整理する。(エ)ではDとEの枚数の大小は不明なので、2通りの線分図を描くことができる(図2-1および2-2)。

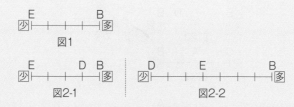

図1

図2-1　　　図2-2

　また、(イ)「Aの枚数はBとCの枚数の平均と等しい」ので、BとCの枚数の中点にAの枚数がある。(イ)ではBとCの枚数の大小は不明なので、2通りの線分図を描くことができる(図3-1および3-2)。　**1**

図3-1　　　図3-2

　図2-1および2-2と図3-1および3-2をまとめていくと、4通りの組合せがあるので、それぞれを場合分けして考える。　**組合せ**　**場合分け**

〈図2-1と図3-1〉

　2つの図を見ると、Eが最少枚数、Cが最多枚数となる。(ア)「最多枚数と最少枚数の差は8枚」より、Cの枚数はEより8枚多くなるので、Bより4枚多くなる。よって、Aの枚数はBの枚数とCの枚数の中点であるので、Aの枚数はBより2枚多い(図4)。5人の持っている色紙の枚数はそれぞれ異なるので、条件を満たす。

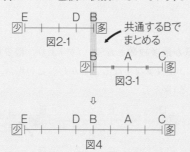

共通するBで
まとめる

図2-1

図3-1

⇩

図4

〈図2-1と図3-2〉

　2つの図を見ると、Bが最多枚数となり、(ア)より、最少枚数はCとなる。よって、Cの枚数はEより4枚少なくなる。しかし、この場合、EとAが同枚数となるので、条件に矛盾する(図5)。

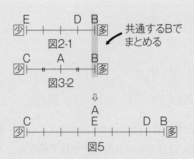

図2-1

図3-2

図5

共通するBで
まとめる

〈図2-2と図3-1〉

　2つの図を見ると、**Dが最少枚数、Cが最多枚数**となる。（ア）より、Cの枚数は
Dより8枚多くなるので、Bより1枚多くなる。しかし、CとBの枚数差は1枚なので、Aの枚数は**自然数とならない**。よって、この場合は条件に矛盾する（図6）。

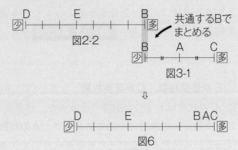

図2-2

図3-1

図6

共通するBで
まとめる

〈図2-2と図3-2〉

　2つの図を見ると、**Bが最多枚数**となる。（ア）より、**最少枚数はCと決まる**。
よって、Cの枚数はEより4枚少なくなる。しかし、この場合、**EとAが同枚数**となるので、条件に矛盾する（図7）。

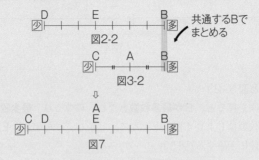

図2-2

図3-2

図7

共通するBで
まとめる

正解 ❹

❺ 数量的順序（両開き樹形図）

　ここでは、両開き樹形図を使った情報の整理や条件の読み取りについての要点を以下に紹介していく。

⎡1⎤ 両開き樹形図で情報を整理する

① 両開き樹形図

　両開き樹形図とは、大小関係が不明な2つの要素（人物など）の数量差が複数あり、この差をもつ要素が円をなすようにつながるとき、差を正負の数値で表した図のことをいう。ただし、すべての要素が1つの円をなすようにつながるとは限らない。

② 両開き樹形図の一般的な書き方（3つの場合）

❶　中心におく要素を1つ決める。この要素が**基準**となるので、差を**±0**とする。

❷　基準（±0）との差がわかる要素を**右隣**に書き加える。その際、大小関係が不明であるため、**2通りの正負の数値**があり、これらを**枝分かれ状**に書く。残りの要素についても同様の作業を**左隣**でも行う。

❸　最後に、**両端どうしの差**に関する条件から、成り立つ組合せを特定する。

例13　3人の年齢差が次のようにわかっている。
　・AとBは2歳差　・BとCは1歳差　・CとAは3歳差

❶　A、B、Cは円をなすようにつなが
る。よって、Aを**基準**（±0）とする。

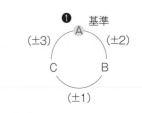

❷　「AとBは2歳差」より、BをAの
右隣とし、Bの方がAより年齢が上の
場合は（＋2）、下の場合は（－2）と
枝分かれ状に書き加える。

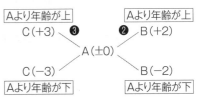

❸　同様に、「CとAは3歳差」より、
CをAの**左隣**とし、Cの方がAより年
齢が上の場合は（＋3）、下の場合は
（－3）と枝分かれ状に書き加える。

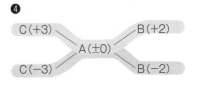

❹　この時点では、3人の年齢差の組合
せは4通りあるが、「BとCは1歳差」
より、C（＋3）のときB（＋2）、C
（－3）のときB（－2）となり、**2通
り**の組合せに特定できる。

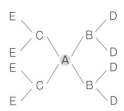

注意　5人の場合であれば、さらに枝分かれを左右
に広げればよい。

2 条件の読み取り

基準(±0)との年齢差から年齢差の平均を考える場合がある。そして、この年齢差の平均と実際の平均年齢との関係を利用して人物の年齢を求めていくことができる。

例14 A、B、C、Dの年齢差は、BはAより3歳年上であり、CはAより1歳年下であり、DはAより2歳年上である。平均年齢が21歳のとき、4人の年齢はそれぞれいくつか。

Aの年齢を±0とすると、「BはAより3歳年上」より、BのAとの年齢差は(+3)であり、「CはAより1歳年下」より、CのAとの年齢差は(−1)であり、「DはAより2歳年上」より、DのAとの年齢差は(+2)である。

4人の年齢差の平均は、4人のAとの年齢差の和を4で割ったものであるので、

$$\frac{0+3-1+2}{4}=+1 \text{［歳］}$$ である。

したがって、Aは平均年齢より1歳年下であることがわかるので、「平均年齢が21歳」より、Aの年齢は20歳となる。これより、Bは23歳、Cは19歳、Dは22歳となる。

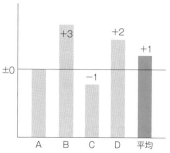

A	B	C	D	平均
±0	+3	−1	+2	+1
20歳	23歳	19歳	22歳	21歳

注意 最初に基準のAの年齢を決めると、残りの人物の年齢がわかる。

A〜Eの5人の年齢について、ア〜カのことがわかっているとき、確実にいえるのはどれか。

ア　5人の平均年齢は22歳で、30歳以上の者はいない。
イ　AとBの年齢差は6歳である。
ウ　BとCの年齢差は13歳である。
エ　CとDの年齢差は3歳である。
オ　DとEの年齢差は6歳である。
カ　EとAの年齢差は4歳である。

❶ 最年少はDで15歳である。
❷ 平均年齢より若い者は3人である。
❸ 2番目に年齢が高いのはAであり、25歳である。
❹ 最年長はCで26歳である。
❺ 3番目に年齢が高いのはEであり、23歳である。

正解へのプロセス

1　両開き樹形図で年齢差を整理する。
2　両開き樹形図の両端に関する条件で、並び順を特定する。
3　基準の年齢差の平均から、実際の年齢を求めていく。

解説

大小不明な年齢差についての条件が多い問題であるので、**両開き樹形図**で考える。

年齢差について整理する。（イ）〜（カ）を見ると、図のように1つの円をなすようにつながる。よって、**Aを基準（±0）**にして、CD間で円を切り、両開き樹形図で整理する。　**1**

まず、右側の樹形図を作成する。

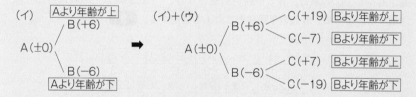

次に、左側の樹形図を作成すると年齢差の組合せは16通りできる。そして、CとDの年齢差は、(エ)「CとDの年齢差は3歳」より、16通りのうち①と②の2通りの組合せが(エ)を満たすことがわかる。**2**

(イ)＋(ウ)＋(カ)＋(オ)

① D(+10)
    D(−2)   E(+4)
                         A(±0)   B(+6)   C(+19)
                                                    C(−7)
    D(+2)   E(−4)   B(−6)   C(+7)
② D(−10)   C(−19)

改めて、表に整理すると、次のようになる。

	D	E	A	B	C
①	+10	+4	±0	−6	+7
②	−10	−4	±0	+6	−7

[解法1]　Aとの年齢差の平均を考える

年齢差の平均は、すべてのAとの年齢差を足して5で割れば求めることができる。①の場合は(10+4+0−6+7)÷5＝+3、②の場合も同様にして、−3となる。Aの年齢を考える。実際の平均年齢は(ア)より22歳であるので、Aの年齢は、①の場合は平均年齢より3歳下なので19歳、②の場合は平均年齢より3歳上なので25歳となる(表1)。

表1	D	E	A	B	C	平均
①	+10	+4	±0	−6	+7	+3
			19歳			22歳
②	−10	−4	±0	+6	−7	−3
			25歳			22歳

Aの年齢を基準にして、年齢差をもとに各自の年齢を求めると表2のようになる。しかし、②の場合、Bの年齢が31歳となり、(ア)「30歳以上の者はいない」に矛盾する。よって、5人の年齢は表2の①と確定する。　**3**

表2		D	E	A	B	C	平均
①		+10	+4	±0	−6	+7	+3
		29歳	23歳	19歳	13歳	26歳	22歳
②		−10	−4	±0	+6	−7	−3
		15歳	21歳	25歳	31歳	18歳	22歳

[解法2] 方程式を利用する

　Aの年齢をx[歳]とおくと、①、②のそれぞれの場合での各自の年齢は、下表の上段のようになる。5人の年齢の合計は$5 \times 22 = 110$[歳]なので、①と②の場合で、それぞれ方程式が成り立つ。

$$(x+10)+(x+4)+x+(x-6)+(x+7)=110 \cdots ①'$$
$$(x-10)+(x-4)+x+(x+6)+(x-7)=110 \cdots ②'$$

（数値の合計）＝（人数）×（平均）

　①'を解くと$x=19$[歳]、②'を解くと$x=25$[歳]となり、各自の年齢は下表の下段となるが、②の場合は、Bの年齢が31歳となり、(ア)の後半に矛盾する。　**3**

		D	E	A	B	C	平均
①		$x+10$	$x+4$	x	$x-6$	$x+7$	
		29歳	23歳	19歳	13歳	26歳	22歳
②		$x-10$	$x-4$	x	$x+6$	$x-7$	
		15歳	21歳	25歳	31歳	18歳	22歳

正解 **5**

6 時計のずれ

　「時計のずれ」とは、正確な時刻と正確ではない時計が指している時刻から、時計の時刻のずれや到着時刻のずれを考える問題である。時計のずれ問題では、人物が到着したときの時計の時刻を判断することで、確実にいえることを見つけていく作業が中心となる。そのための情報の整理や条件の読み取りについての要点を以下に紹介していく。

1 情報の整理

① 時刻表に整理する

　情報を**時刻表**に整理する。時刻表とは、時計を**タテ軸**に、到着した人物を**ヨコ軸**にそれぞれ並べ、マスに人物が到着したときの時計の示す時刻を書き入れる表である。

例15
　　　A、Bの到着状況は次のようであった。
　・Aが到着したときのAの腕時計は9：00を指していた。
　・Bが到着したときのBの腕時計は8：56を指していた。
　・正しい時計では、Aは8：59、Bは8：57に到着した。

　時計（Aの腕時計、Bの腕時計、正しい時計）をタテ軸、到着した人物（A、B）をヨコ軸に並べた時刻表を作成する。

（ヨコ軸）到着した人物

（タテ軸）時計	A	B
A		
B		
正しい		

❶　「Aが到着したときのAの腕時計は9：00を指していた」ので、到着したAの列と時計のAの列が**交差するマス**が該当するマスであり、そのマスに「9：00」を書き入れる。

到着した人物

❷　「Bが到着したときのBの腕時計は8：56を指していた」ので、到着したBの列と

時計のBの列が**交差するマス**が該当するマスであり、そのマスに「8：56」を書き入れる。

❸ 「正しい時計では、Aは8：59、Bは8：57に到着した」ので、時計の正しい列と到着したAの列とBの列がそれぞれ**交差するマス**が該当するマスであり、それらのマスに「8：59」、「8：57」を書き入れる。

到着した人物

時計		A	B
	A	9：00	
	B		8：56
	正しい	→8：59	❸ 8：57 →

② 到着のずれ・時計のずれ

　例えば、1つの時計で2人の到着時刻のずれが2分とわかると、どの時計でもこの2人の到着時刻のずれは2分である。また、例えば、1人の到着で2つの時計のずれが1分とわかると、どの人でもこの2つの時計のずれは1分である。

例16　A、Bの到着状況は次のようであった。
・Aが到着したときのAの腕時計は9：00を指していた。
・Bが到着したときのBの腕時計は8：56を指していた。
・正しい時計では、Aは8：59、Bは8：57に到着した。

❹ 正しい時計を見ると、Aの到着は8：59、Bの到着は8：57であり、**2人の到着のずれは2分**である。よって、Aの腕時計、Bの腕時計でもAとBの到着のずれは2分である。

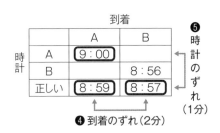

到着

時計		A	B
	A	9：00	
	B		8：56
	正しい	8：59	8：57

❺ 時計のずれ（1分）

❹ 到着のずれ（2分）

❺ Aの到着を見ると、Aの腕時計では9：00、正しい時計では8：59であり、**2つの時計のずれは1分**である。よって、Bの到着でもAの腕時計と正しい時計のずれは1分である。

❻ ＡとＢの到着のずれは２分である。よって、Ａの腕時計でＢの到着は８：58である。

❼ また、Ｂの時計でＡの到着は８：58である。

到着

時計		A	B	時計のずれ(1分)
	A	9：00	❻8：58	
	B	❼8：58	8：56	
	正しい	8：59	8：57	

到着のずれ(2分)

---

2 条件の読み取り

① 「思った時刻」と「時計に示された時刻」のずれ

自分の時計が正確な時刻より「x分進んでいると思っている」、または、「y分遅れていると思っている」という場合は、思った時刻と実際に時計に示された時刻にずれがある。

思った時刻と時計とのずれ I

「自分の時計が正確な時刻よりx分進んでいると思っている場合」

時計に示された時刻＝（思った時刻）＋x［分］

例17　Ａは、自分の腕時計は正確な時刻より３分進んでいると思っているので、８：59に到着したと思った。

思った時刻が８：59なので、進んでいると思っている場合は、（８：59）に３分をプラスして、Ａの時計に示された時刻は９：02となる。

思った時刻 8：59

↓ ＋3［分］

時計に示された時刻 9：02

思った時刻と時計とのずれ II

「自分の時計が正確な時刻よりy分遅れていると思っている場合」

時計に示された時刻＝（思った時刻）－y［分］

例18 Bは、自分の腕時計が正確な時刻より5分遅れていると思っているので、7：52に到着したと思った。

　思った時刻が7：52なので、**遅れていると思っている**場合は、（7：52）から**5分をマイナス**して、Bの時計に示された時刻は7：47となる。

思った時刻 7:52

↓−5［分］

時計に示された時刻 7:47

注意 時刻表に書き入れる時刻は、思った時刻ではなく、**時計に示される時刻**である。

② 2種類の時刻があり得るケース

　1つの時計で1人の人物が到着する時刻を考える場合、2種類の時刻があり得る場合がある。そのときは、他の条件から時刻を確定できる。

例19 A、B、Cの3人の到着状況は次のようであった。正しい時計でAは9：00、Bは9：02にそれぞれ到着した。また、Cの到着はAの腕時計では8：58であり、3人の中で一番遅くに到着した。さらに、正しい時計は、Aの腕時計と5分ずれていた。

　時刻表を作成し、「9：00」、「9：02」、「8：58」をそれぞれ該当するマスに書き入れる。

❶ 「正しい時計はAの腕時計と5分ずれていた」を考える。Cの到着に着目すると、Aの腕時計では8：58である。よって、正しい時計では、Aの腕時計より5分遅ければ「8：53」、5分早ければ「9：03」となる。

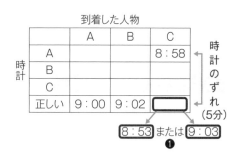

❷　Cは「3人の中で一番遅くに到着した」ので、Cの到着は正しい時計では「9：03」とわかる。

到着した人物

時計		A	B	C
	A			8：58
	B			
	C			
	正しい	9：00	9：02	❷9：03

例題 2-22　A〜Cの3人は午後4時から会議室で打ち合わせを行うことにした。会議室への到着状況について次のア〜ウのことがわかっているとき、確実にいえるのはどれか。

ア　Aは自分の腕時計が2分遅れていると思っていたので、午後4時6分に到着したと思ったが、Aの腕時計は正しい時刻より5分進んでいた。

イ　Bは自分の腕時計が4分進んでいると思っていたので、午後4時ちょうどに到着したと思った。また、Bが到着したときに、会議室の掛け時計は午後4時2分であった。

ウ　CはAの2分前に到着したが、すでにBは到着していた。そのときのCの腕時計の時刻は午後3時59分で、会議室の掛け時計と4分違いであった。

❶　Aが到着したときの会議室の掛け時計は午後4時6分であった。

❷　Bが到着したときのCの腕時計は午後4時1分であった。

❸　Aの腕時計は、会議室の掛け時計より1分遅れていた。

❹　Cの腕時計は、正しい時刻より2分遅れていた。

❺　遅刻したのは1人であった。

正解へのプロセス

表作成 時計の種類に注意しながら時刻表を作成する。

確定情報 確定している時計が示す時刻を表に書き入れる。このとき、だれの到着で、だれの時計かに注意して、該当するマスを間違えないようにすること。

❶ 2通りの時刻があるときは、「早い・遅い」の条件で、どちらかの時刻に確定させる。

新情報 到着のずれ・時計のずれに着目しながら、残りのマスを埋めていく。

解説

　時計の種類が、A〜Cの腕時計、正しい時刻を示す時計、会議室の掛け時計の5種類において、A〜Cが会議室に到着したときの時刻を考える問題である。

　よって、時刻表を作成すると次のようになる。**表作成**

到着

時計		A	B	C
	A			
	B			
	C			
	正しい			
	会議室			

確定している時計の時刻を表に書き入れる。

（ア）「Aは自分の腕時計が2分遅れていると思っていたので、午後4時6分に到着したと思った」ので、Aが到着したときのAの腕時計が示す時刻は、4：06から2分をマイナスして4：04①となる。また、「Aの腕時計は正しい時刻より5分進んでいた」ので、Aが到着したときの正しい時計が示す時刻は3：59②である。

（イ）「Bは自分の腕時計が4分進んでいると思っていたので、午後4時ちょうどに到着したと思った」ので、Bが到着したときのBの腕時計が示す時刻は、4：00に4分をプラスして4：04③となる。また、「会議室の掛け時計は午後4時2分であった」ので、Bが到着したときの会議室の掛け時計が示す時刻はそのまま4：02④である。

（ウ）「CはAの2分前に到着した」ので、Cが到着したときのAの腕時計が示す時刻は4：02⑤、また、正しい時計が示す時刻は3：57⑥である。さらに、「そのときのCの腕時計は午後3時59分」より、Cが到着したときのCの腕時計が示す時刻はそのまま3：59⑦である（表1）。**確定情報**

到着

時計	表1	A	B	C
	A	4：04①		4：02⑤
	B		4：04③	
	C			3：59⑦
	正しい	3：59②		3：57⑥
	会議室		4：02④	

（ウ）「Cが到着したときのCの腕時計は3：59で、会議室の掛け時計と4分違いであった」ので、Cが到着したときの会議室の掛け時計が示す時刻⑧として考えられるのは、4：03または3：55である（表2）。

到着

表2	A	B	C
A	4：04		4：02
B		4：04	
C			3：59
正しい	3：59		3：57
会議室		4：02	⑧

時計（左側ラベル）

4分違い → 4：03 3：55

　しかし、(ウ)「Cは…到着したが、すでにBは到着していた」より、Bの方がCより早く到着している。よって、会議室の掛け時計⑧では、Bの到着は4：02であるので、Cの到着時刻は4：03⑧となればよい（表3）。　**1**

到着

表3	A	B	C
A	4：04		4：02
B		4：04	
C			3：59
正しい	3：59		3：57
会議室		4：02	4：03⑧

時計（左側ラベル）

　あとは、到着時刻のずれを使って残りのマスを埋めていく。BはCより1分早く到着したので、Bの到着は、Aの腕時計で4：01⑨、Cの腕時計で3：58⑩、正しい時計で3：56⑪となり、Cの到着はBの腕時計で4：05⑫となる（表4）。

　表4より、AはBより3分遅く到着したので、Aの到着は、Bの腕時計で4：07⑬、Cの腕時計で4：01⑭、会議室の掛け時計で4：05⑮となり、表は完成する（表5）。 **新情報**

到着

表4	A	B	C
A	4：04	4：01⑨	4：02
B		4：04	4：05⑫
C		3：58⑩	3：59
正しい	3：59	3：56⑪	3：57
会議室		4：02	4：03

時計（左側ラベル）

1分ずれ

到着

表5	A	B	C
A	4：04	4：01	4：02
B	4：07⑬	4：04	4：05
C	4：01⑭	3：58	3：59
正しい	3：59	3：56	3：57
会議室	4：05⑮	4：02	4：03

時計（左側ラベル）

3分ずれ

正解 **3**

問題1　ある団地の管理組合では、役員A〜Gの7人全員が、ある週の日曜日から同じ週の土曜日までの1週間に限って、1人1日ずつ団地内の見回りの責任者を務めることになり、見回りの責任者を決めたところ、次のア〜カのことがわかった。

ア　役員Aが責任者を務める日は、土曜日ではなかった。

イ　役員Bが責任者を務める日と役員Cが責任者を務める日との間は、中3日あいていた。

ウ　役員Bが責任者を務める日の前日は、役員Dが責任者を務める日であった。

エ　役員Dが責任者を務める日は、月曜日ではなかった。

オ　役員Eが責任者を務める日の翌日は、役員Cが責任者を務める日であった。

カ　役員Gが責任者を務める日は、役員Aが責任者を務める日よりも前の日であったが、役員Fが責任者を務める日よりも後の日であった。

以上から判断して、確実にいえるのはどれか。

東京都Ⅰ類2007

1　役員Aが責任者を務める日は、水曜日であった。

2　役員Bが責任者を務める日は、月曜日であった。

3　役員Cが責任者を務める日は、土曜日であった。

4　役員Dが責任者を務める日は、金曜日であった。

5　役員Eが責任者を務める日は、木曜日であった。

　曜日に対して人物のみの1種類の要素が対応している問題である。確定していることはないので、（イ）と（ウ）と（オ）の条件を整理し、まとめると、B、C、D、Eの並び順は次の①、②の2通りを考えることができる。また、（カ）より、A、F、Gの並び順は次の③のようになる。さらに、（ア）、（エ）は順序表の余白に整理しておく。

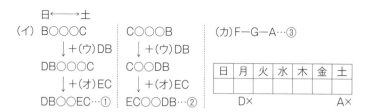

　①を日曜日から土曜日に並べると、Dは月曜日ではないので、**Dは日曜日**となり、表1の1通りが考えられる。しかし、この場合、③より、Aが責任者を務める日が土曜日となり、（ア）に矛盾する（①-1）。

表1	日	月	火	水	木	金	土
①		D	B			E	C

D×　　　　　　　　A×

	日	月	火	水	木	金	土
①-1	D	B	F	G	E	C	A

D×　　　　　　　　A×

同様にして、②を日曜日から土曜日に並べると、表2の2通りが考えられる。

表2	日	月	火	水	木	金	土
②-1	E	C				D	B
②-2		E	C				D	B

D×　　　　　　　　A×

　②-1に③を加えると（ア）に矛盾する（②-3）。②-2に③を加えても（ア）に矛盾しない（②-4）。

	日	月	火	水	木	金	土
②-3	E	C	F	G	D	B	A
②-4	F	E	C	G	A	D	B

D×　　　　　　　　A×

ある高校において、A～Eの5人は1～5組のそれぞれ異なる組の生徒であり、A又はEのいずれかは、1組の生徒である。A～Eの5人が体育祭で100m競争をした結果について、次のア～エのことがわかった。

ア　Aがゴールインした直後に3組の生徒がゴールインし、3組の生徒がゴールインした直後にCがゴールインした。

イ　Dがゴールインした直後に5組の生徒がゴールインし、5組の生徒がゴールインした直後にBがゴールインした。

ウ　2組の生徒がゴールインした直後に4組の生徒がゴールインした。

エ　同じ順位の生徒はいなかった。

以上から判断して、確実にいえるのはどれか。

東京都Ⅰ類2008

....

1　　Aは、3位であり5組の生徒であった。

2　　Bは、5位であり4組の生徒であった。

3　　Cは、4位であり2組の生徒であった。

4　　Dは、2位であり3組の生徒であった。

5　　Eは、1位であり1組の生徒であった。

順位に対して人物と組の異なる2種類の要素が対応している問題である。よって、人物と組の列を分けた順序表で整理していく。

確定していることはないので、（ア）、（イ）、（ウ）を整理すると、表1、2、3のようになる（1〜5組は①〜⑤と示す）。

人物	A		C		D		B
組		③				⑤	

表1　　　　　　表2　　　表3

（表3の右側に ② ④ が示されている）

表1および2に共通人物がいないため、まとめることはせず、表1のAの順位で場合分けして考えることにする。

〈Aが1位の場合〉

表2のDは2位となり、表1に表2を加えることができる（表4）。よって、5位はE、表3の2つの組は4位と5位に入る。最後に残った1位のAが1組となる（表5）。この場合は、特に条件に矛盾しない。

順位	1	2	3	4	5
人物	A	D	C	B	
組		③	⑤		

表4

順位	1	2	3	4	5
人物	A	D	C	B	E
組	①	③	⑤	②	④

表5

〈Aが2位の場合〉

表2のDは1位の場合と3位の場合の2通りが考えられ、それぞれ表1に表2を加えることができる（表6、7）。

表6の場合、5位はEとなり、表3の2つの組は4位と5位に入り、1位のDが1組となる。しかし、この場合、AまたはEのいずれも1組とならないので、条件に矛盾する（表8）。

表7の場合、1位はEとなり、表3の2つの組は1位と2位に入り、5位のBが1組となる。しかし、この場合もAまたはEのいずれも1組とならないので、条件に矛盾する（表9）。

順位	1	2	3	4	5
人物	D	A	B	C	
組		⑤	③		

表6

順位	1	2	3	4	5
人物		A	D	C	B
組			③	⑤	

表7

順位	1	2	3	4	5
人物	D	A	B	C	E
組	①	⑤	③	②	④

表8

順位	1	2	3	4	5
人物	E	A	D	C	B
組	②	④	③	⑤	①

表9

〈Aが3位の場合〉

　表2のDは2位となり、表1に表2を加えることができる（表10）。よって、1位はE、表3の2つの組は1位と2位に入り、5位のCが1組となる。しかし、この場合もAまたはEのいずれも1組とならないので、条件に矛盾する（表11）。

順位	1	2	3	4	5
人物		D	A	B	C
組			⑤	③	

表10

順位	1	2	3	4	5
人物	E	D	A	B	C
組	②	④	⑤	③	①

表11

A〜Fの6人がマラソンをした。コースの中間にあるX地点とゴール地点での順位について、次のア〜キのことが分かっているとき、最後にゴールしたのは誰か。

特別区Ⅰ類2012

ア　Bは、X地点を4位で通過した。

イ　Fは、X地点を6位で通過した。

ウ　BとDとの間には、X地点でもゴール地点でも、誰も走っていなかった。

エ　EのX地点での順位とゴール地点での順位は、変わらなかった。

オ　Fのゴール地点での順位は、CとDとの間であった。

カ　X地点を1位で通過した者は、4位でゴールした。

キ　X地点を5位で通過した者は、2位でゴールした。

1　A

2　B

3　C

4　D

5　E

　X地点とゴール地点の2地点間での順位変動を考える問題である。順位変動表を作成し、確定していることを整理すると、表1のようになる。（カ）および（キ）より、順位変動が1位→4位の者を○、5位→2位の者を△とする。

表1	1	2	3	4	5	6
X地点	○			B	△	F
ゴール地点		△		○		

　表1より、3位のみX地点とゴール地点の両方の順位が空白なので、（エ）より、順位変動していないEの順位は3位と決まる。したがって、（ウ）より、BとDの間にはだれも走っていなかったので、BとDは連続して走っていることがわかり、X地点での5位である△がDとなる（表2）。さらに、（ウ）より、ゴール地点での1位はBと決まる（表3）。

表2	1	2	3	4	5	6
X地点	○			E	B	D	F
ゴール地点		D	E	○		

表3	1	2	3	4	5	6
X地点	○			E	B	D	F
ゴール地点	B	D	E	○		

　（オ）に着目する。Fのゴール地点での順位は、CとDの間なので、表3より、Fのゴール地点での順位は4位または5位である。しかし、Fが4位だとすると、○は同一人物であり、X地点でのFの順位は1位となる。この場合、FはX地点で2回登場するので、Fが4位であることはあり得ない。よって、Fは5位となり、6位がC、○はAとなる。さらに、X地点での2位はCとなる（表4）。

表4	1	2	3	4	5	6
X地点	A	C	E	B	D	F
ゴール地点	B	D	E	A	F	C

問題4　A、B、C、D、E、Fの6人が、折り返し地点で同じコースを引き返すマラソンに参加した。次のア～エのことが分かっているとき、確実に言えるものはどれか。

裁判所一般職2016

ア　折り返し地点で、Bは3人目にCとすれ違い、Eは2人目にCとすれ違った。

イ　Aのすぐ次にFが折り返し、BとEが折り返す間に2人が折り返した。

ウ　A～Fは、いずれも他の全員とすれ違った。

エ　ア及びイのことが分かってからゴールまで順位に変動はなく、また同順位はなかった。

1　1位はBであった。

2　2位はDであった。

3　3位はEであった。

4　4位はAであった。

5　5位はFであった。

折り返し問題である。公式を用いて、すれ違った相手の順位を限定することから始める。

（ア）より、Bが3人目にすれ違った相手がCであることより、Cの順位が2通りに限定される。

Cの順位 ⎰ 3位（このときは、Cの方がBより順位が上（①））
　　　　⎱ または
　　　　　 4位（このときは、Bの方がCより順位が上）

また、Eが2人目にすれ違った相手がCより、Cの順位が2通りに限定される。

Cの順位 ⎰ 2位（このときは、Cの方がEより順位が上）
　　　　⎱ または
　　　　　 3位（このときは、Eの方がCより順位が上（②））

この2つを同時に満たすのは、Cが3位の場合である。よって、Cは3位で、このとき、①より、Bは4位以下、つまり、Bは4位、5位、6位のいずれかとなり、②より、Eは2位以上、つまり、Eは1位、2位のどちらかとなる。よって、Eの2通りの順位で場合分けして考える。

〈Eが1位の場合〉

（イ）より、Bの順位は4位となる（左下表）。また、A、Fの順位は、Aが5位、Fが6位となる。よって、2位はDとなる（右下表）。（エ）より、すれ違ったときの順位がゴールしたときの順位となる。

1	2	3	4	5	6
E		C	B		

1	2	3	4	5	6
E	D	C	B	A	F

〈Eが2位の場合〉

（イ）より、Bの順位は5位となる（下表）。しかし、空白の2つの連続する順位がないので、「Aのすぐ次にFが折り返した」に矛盾する。

1	2	3	4	5	6
	E	C		B	

　ある住宅展示場の販売員A～Eの5人の昨年の販売棟数について調べたところ、次のア～エのことが分かった。

ア　A～Eの5人の販売棟数は、それぞれ異なっており、その合計は60棟であった。

イ　Bの販売棟数は、Aの販売棟数より2棟多く、Eの販売棟数より6棟多かった。

ウ　Cの販売棟数は、BとDの販売棟数の計から、Eの販売棟数を引いた棟数より1棟少なかった。

エ　Dの販売棟数は、A～Eの5人のうち3番目に多かった。

　以上から判断して、A～Eの5人のうち昨年の販売棟数が最も多かった販売員の販売棟数として、正しいのはどれか。

東京都Ⅰ類2012

....

1　15棟

2　16棟

3　17棟

4　18棟

5　19棟

各人の販売棟数の差が与えられているので線分図で整理することを考えると、（イ）は図1のようになる。

図1

（ア）、（エ）はまだ線分図にできないので、（ウ）に着目する。しかし、（ウ）をこのまま（イ）のように線分図で整理することは難しい。そこで、Eの販売棟数をx［棟］とおくと、図1より、Bの販売棟数は$x+6$［棟］となり、これらを用いて、（ウ）を表現すると、（ウ）「Cの販売棟数は、BとDの販売棟数の計から、Eの販売棟数を引いた棟数より1棟少なかった」ので、C＝$(x+6)+D-x-1$となる。整理すると、C＝D＋5となり、Cの販売棟数はDの販売棟数より5棟多いことがわかる。このことを線分図で表すと図2のようになる。

図2

（エ）に着目する。Dの販売棟数は3番目に多いので、図1と図2より、Dの販売棟数はAとBの間にあることがわかり、図1と図2をまとめると、図3のようになる。

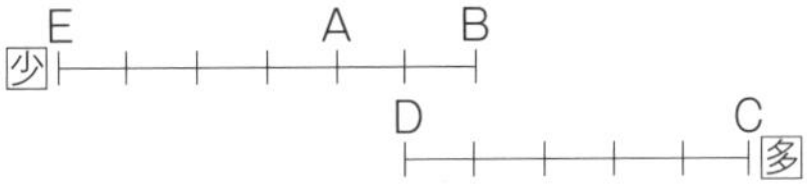

図3

よって、Aの販売棟数は$x+4$［棟］、Dの販売棟数は$x+5$［棟］、Cの販売棟数は$x+10$［棟］となり、（ア）より、次の式が成り立つ。

$(x+4)+(x+6)+(x+10)+(x+5)+x=60$

上の式を解くと、$x=7$［棟］となり、最も販売棟数の多かったCの販売棟数は7＋10＝17［棟］となる。

注意 線分図に表せないときは、**数式で表せないか**と考えてみる。

問題6

あるクラスの生徒たちが、オリエンテーリングに出かけた。A～Dの4班に分かれて行動し、お昼は広場に集合してお弁当を食べることになっていたので、それぞれの班の班長が代表して時計を持って行った。次のア～オのことが分かっているとき、確実に言えるものはどれか。

裁判所一般職2016

ア　A班が広場に到着したとき、広場の時計では12時ちょうどであった。

イ　B班が広場に到着したとき、B班の時計では12時8分、D班の時計では12時6分であった。

ウ　C班はA班より9分遅く広場に到着し、C班が到着したときC班の時計では12時4分、A班の時計では12時6分であった。

エ　D班が広場に到着したとき、広場の時計では12時4分であった。

オ　広場の時計は実際の時刻より1分遅れており、D班の時計は実際の時刻より2分遅れていた。

1　正確な時刻に合った時計を持っている班はない。

2　B班が到着したとき、A班の時計では12時5分であった。

3　C班の時計と広場の時計は、5分ずれている。

4　D班の時計は、C班の時計より4分遅れている。

5　A～D班のうち、広場に3番目に到着したのはC班である。

A〜D班の班長の時計、広場の時計、実際の時刻を示す時計の6種類において、A〜D班が広場に到着したときの時刻を考える問題である。よって、時刻表を作成し、確定している時刻を整理すると、表1のようになる。

到着

表1	A	B	C	D
A			12：06	
B		12：08		
C			12：04	
D		12：06		
広場	12：00			12：04
実際				

（左端に「時計」と縦書き）

（ウ）より、CはAより9分遅く広場に到着したので、Aが到着したときのAの時計が示す時刻は11：57$_①$、Aが到着したときのCの時計が示す時刻は11：55$_②$、Cが到着したときの広場の時計が示す時刻は12：09$_③$となる。また、（オ）より、広場の時計は実際の時刻より1分遅れているので、A、C、Dの到着は、実際の時刻では、それぞれ12：01$_④$、12：10$_⑤$、12：05$_⑥$となる。さらに、Dの時計は実際の時刻より2分遅れていたので、A、C、Dの到着は、Dの時計が示す時刻では、それぞれ11：59$_⑦$、12：08$_⑧$、12：03$_⑨$となる（表2）。

到着

表2	A	B	C	D
A	11：57$_①$		12：06	
B		12：08		
C	11：55$_②$		12：04	
D	11：59$_⑦$	12：06	12：08$_⑧$	12：03$_⑨$
広場	12：00		12：09$_③$	12：04
実際	12：01$_④$		12：10$_⑤$	12：05$_⑥$

（左端に「時計」と縦書き）

後は、到着のずれを使って残りのマスを埋めていくと表3のようになる。

到着

表3	A	B	C	D
A	11：57	12：04	12：06	12：01
B	12：01	12：08	12：10	12：05
C	11：55	12：02	12：04	11：59
D	11：59	12：06	12：08	12：03
広場	12：00	12：07	12：09	12：04
実際	12：01	12：08	12：10	12：05

時計

位置関係

位置関係は、公務員試験全般で出題が見られるテーマの１つです。一般的には、問題に図表が与えられているので、この図表をうまく利用して解くことを考えます。また、「円卓」という独特な問題があり、この問題においては、人物の左右の考え方に注意しなければいけないことを忘れないようにしましょう。

１ 方 位

「方位」とは、方位と距離の情報から、自分で作図をしていくつかの建物や何人かの人物といった各要素(以下「点」)の位置関係をまとめるタイプの問題である。そのための情報の整理や条件の読み取りについての要点を以下に紹介していく。

1 情報の整理

作図をする際には、方位と距離の知識が必要となる。よって、方位と距離に関する必要な知識を踏まえながら作図の方法を説明する。

① 方位について

(ア) ４方位と８方位

方位は**４方位**と**８方位**がある。隣り合う方位が、４方位では**90°**開いており、８方位では**45°**開いている。また、８方位の場合は、45°を挟んで**直角二等辺三角形**ができる点が特徴であり、３辺の比(1:1:$\sqrt{2}$)から**２点間の距離を求める**ことができる。なお、出題の大半は８方位であり、16方位はほぼ出題されない。

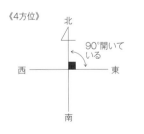

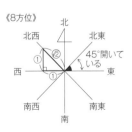

（イ）作図の方法

　方位のみの情報は**直線**で表す。

例1

　BはAの真東にある。

　BはAから真東に伸びる**直線上**のどこかにあることがわかり、Bの位置が限定される（図1）。

　※　「真東」の「真」がなく「BはAの東にある」という表現でも同じ意味なので、**同じ作図**をすればよい。

Bは直線上にある

図1

注意　方位ではないが、「○側」となると、意味が異なる。

例2

　BはAの東側にある。

　BはAの東側の**すべての領域**のどこかにある。ただし、Aの南北線上にはない（図2）。

　※　例えば、「北東」といえば、ぴったり北東に伸ばした直線上の位置であり、北東方面、北東側という意味ではない。

Bはこの領域にある
（南北線上にはない）

図2

---

② **距離**について

　距離のみの情報は**円**で表す。

例3

　DはCから300m離れた位置にある。

DはCを中心とした半径300mの円周上のどこかにある（図3）。

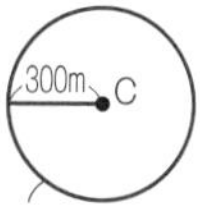

DはCを中心とした半径
300mの円周上にある
図3

注意 2点から等距離にある点は、**位置が限定される。**

例4　CからDまでの距離とCからEまでの距離は等しい。

CはDEの**垂直二等分線上**のどこかにあることがわかり、Cの位置が限定される（図4）。

CはDEの垂直二等分線上
にある
図4

---

③ 方位と距離について

（ア）2点の情報から位置関係を定める

　2点について方位と距離の両方の情報があるとき、**2点の位置関係が確定する。**

例5　GはFの真東3kmのところにある。

　GはFの真東かつFから3km離れた位置にあることが確定する。よって、作図では直線と円の**交点**がGの位置となる（図5）が、実際には、**方位にだけ注意して線分を引けばよい**（図6）。

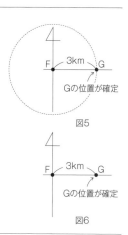

Gの位置が確定
図5

Gの位置が確定

図6

（イ）直角三角形を利用する

　作図上の３点を結んで直角三角形ができると、**斜辺の距離を三平方の定理で求めることができる**。よって、式を解く際に、$\sqrt{\ }$ が現れることがあるので、$\sqrt{2}$、$\sqrt{3}$、$\sqrt{5}$ については、概数を知っておくとよい。

《三平方の定理》

$\sqrt{2} ≒ 1.4$
$\sqrt{3} ≒ 1.7$
$\sqrt{5} ≒ 2.2$

$AC^2 = AB^2 + BC^2$

例6
　ＡはＢの真北30mのところにあり、ＣはＢの真東40mのところにある。このとき、AC間の距離はいくらか。

　作図をすると、図のようになる。
　Ａ、Ｂ、Ｃを直線で結ぶと、**直角三角形となるので**、三平方の定理より、$AC^2 = AB^2 + BC^2$ が成り立つ。

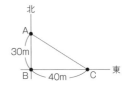

$$AC^2 = 30^2 + 40^2$$
$$= 2500$$
$$= 50 \times 50$$

$AC > 0$ より、$AC = 50$ [m] となる。

---

④ 方位と方位について

　２種類の方位から１点の位置が確定する。

例7
　ＣはＡの真北かつＢの北西にある。

　Ｃは２つの方位の交点の位置にあることが確定する（図7）。

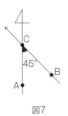

図7

---

2 条件の読み取り

① 最初に作図する点

　最初に作図する点(建物、人物など)は、**何度も条件に登場している点や方位と距離の両方が示されている点**とするとよい。その理由は、この点の位置を決めると、他の複数の点の位置が同時に決まるからである。また、作図の過程において、**角度45°、距離の長さは図の中に書き入れておく**とよい。

例8
　公園にいる4人の位置関係は次のとおりである。
　・AはBの真東、Dの南東にいる。
　・BはDの真南300mのところにいる。
　・CはBの北東にいて、BまでとDまでの距離は同じである。

登場回数の多いB、Dに関する条件に着目する。

❶ 「BはDの真南300mのところにいる」は、方位と距離の両方が示されているので、この条件から作図を始める。

❷ 次に、「AはBの真東、Dの南東にいる」を考えると、**2つの方位の交点にAがいる**ことがわかる。∠DAB=45°より、△DBAは**直角二等辺三角形**となり、3辺の比より、AB=300m、AD=$300\sqrt{2}$ m となる。

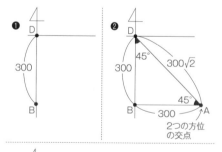

❸ 最後に、「CはBの北東にいて、BまでとDまでの距離は同じ」より、CB=CDで∠BDC=∠CBD=45°より、△BCDは**直角二等辺三角形**となる。

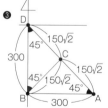

したがって、Cの位置は、**ADの中点**となる。△BCDが直角二等辺三角形であることより、CD=BC=$150\sqrt{2}$mとなる。

---

② 方位に関する条件が複数あるとき

方位に関する条件を複数組み合わせると、位置関係が限定される。

例9　AはBの真北かつCの北西にある。また、BはCの南西にある。

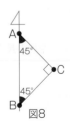

図8

A、B、Cの3点が方位で結ばれる（図8）。3点を結ぶと、**直角二等辺三角形**ができる。

注意 距離は不明なので、1つの大きさの直角二等辺三角形で考えるとよい。

③ 距離に関する条件が複数あるとき

距離に関する条件を複数組み合わせると、位置が限定される。

例10　B、C、DはそれぞれAから等しい距離のところにある。A、C、EはそれぞれBから等しい距離のところにある。

B、C、DはAを中心とした半径不明の円周上のいずれかの位置にある。A、C、EはBを中心とした半径不明の円周上のいずれかの位置にある。

ABが半径なので、2つの円は同じ大きさとなり、2つの円が互いに円の中心を通るように交わる。

さらに、2つの円に共通して登場するCは2つの円の交点上の位置にあることが限定される（図9）。

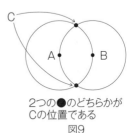

2つの●のどちらかが
Cの位置である
図9

例題 2-23

草原に桜・梅・松の木が1本ずつと泉が1か所あり、次のア〜エのことがわかっている。このとき、確実にいえるのはどれか。

ア　梅は桜の南西にある。
イ　松は桜の真南300mのところにある。
ウ　泉は松の真西700mのところにある。
エ　松の位置から真南に200m進むと、梅の木が真西に見える。

① 桜と梅、松と泉を結ぶ線は、ちょうどそれぞれの中点で交わる。
② 松の位置から見ると、梅は南西にある。
③ 桜から梅までの距離は、松から泉までの距離よりも短い。
④ 泉から桜までの距離は、桜から梅までの距離に等しい。
⑤ 梅の位置から見ると、泉は北西にある。

正解へのプロセス

1　登場回数の多いもの、方位と距離の両方が書かれている条件から作図を始めていく。その際、角度45°や距離の長さは図に書き入れておく。

2　完成した図をもとに**選択肢を検討**する。8方位や距離に言及する選択肢では、次のことに着目するとよい。

❶　8方位…角度が45°になっていればよいので、直角二等辺三角形ができるかを調べるとよい。

❷　距離…直角三角形を作り、三平方の定理より、距離を求めるとよい。

解説

登場回数が多く、**方位と距離の条件がある「松」**に着目して、(イ)「松は桜の真南300mのところにある」と(ウ)「泉は松の真西700mのところにある」を作図すると、「松」、「桜」、「泉」の位置は図1のようになる。さらに、「梅」に着目すると、(ア)「梅は桜の南西にある」、(エ)「梅は松から真南に200m進んだ位置から真西にある」より、「梅」について2つの方位の条件がある。よって、「梅」の位置は2つの方位の交点となり、「梅」の位置が確定する(図2)。**①**

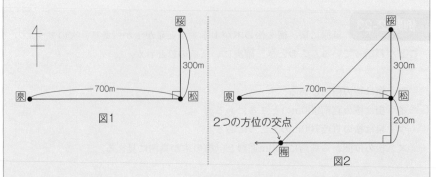

図1

2つの方位の交点

図2

（ア）「梅は桜の南西にある」ので、∠梅桜松＝45°となり、**直角二等辺三角形**ができる。角度の45°と距離を書き入れたものが図3となる。

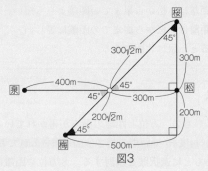

図3

図3を見ながら、選択肢を検討する。 **2**

❶ ✕　「松」と「泉」を結ぶ線と「桜」と「梅」を結ぶ線の交点を〇とすると、「泉」から〇までの距離は400m、「松」から〇までの距離は300mであるので、**4：3**より、中点で交わってはいない（もちろん、「桜」から〇までの距離は$300\sqrt{2}$m、「梅」から〇までの距離は$200\sqrt{2}$mであるので、**3：2**より、中点で交わっていないとしてもよい）。

❷ ✕　「松」から見て、「梅」が南西にあるなら、図4の直角三角形が**直角二等辺三角形**になるはずであるが、（底辺）＝500m、（高さ）＝200mより、（底辺）：（高さ）＝1：1となっていないので、直角二等辺三角形になっていない。

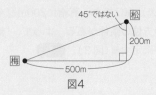

図4

③ ✗　「桜」から「梅」までの距離は$500\sqrt{2}$ m、「松」から「泉」までの距離は700m である。$\sqrt{2}>1.4$より、$500\sqrt{2}>700$となるので、「桜」から「梅」までの距離は、「松」から「泉」までの距離よりも長い。

④ ✗　図5より、三平方の定理を用いると、（「泉」から「桜」までの距離）$^2=$ $700^2+300^2=580000$となる。$\sqrt{580000}=\sqrt{58\times100^2}$より、「泉」から「桜」までの距離は$100\sqrt{58}$mとなる。**③**の解説より、「桜」から「梅」までの距離は$500\sqrt{2}$ mであり、「泉」から「桜」までの距離と等しくはない。

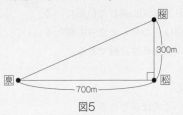

図5

⑤ ◯　図6のように、「泉」と「梅」とAを結ぶ直角三角形を作ると、90°を挟む 2辺の長さが200mとなるので、この直角三角形は**直角二等辺三角形**となる。したがって、∠A梅泉＝45°となるので、「梅」から見ると「泉」は北西にある。

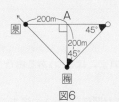

図6

正解 **⑤**

広い校庭にA〜Fの6人が立っている。以下のことがわかっている
とき、6人の位置関係について確実にいえるのはどれか。

ただし、2人以上の者が同じ位置にいることはない。

① A、C、D、Eの4人はそれぞれFから30m離れた位置にいる。
② B、C、E、Fの4人はそれぞれDから等距離の位置におり、FはDより西側
にいる。
③ EはCの真北で、Bとは60m離れた位置にいる。
④ AからDまでの距離はCからEまでの距離と等しい。
⑤ 3人が直線上に並ぶ組合せは2組である。

❶ Aの真西にEがいる。
❷ Bから最も離れている者はAである。
❸ Cの真東にAがいる。
❹ DはAの南東にいる。
❺ EとAを結ぶ直線上にFがいる。

正解へのプロセス

1 距離のみの条件が2つ(または3つ)ある場合は、それぞれの条件に対して
円を描く。

2 これらの円がどのような関係(交わる・接する・離れる)になるかを判断す
る。その際、それぞれの円に共通しているものに着目すると、円の関係性を判断
することができる。

3 残りの位置を決める。

4 完成した図をもとに選択肢を検討する。8方位や距離に言及する選択肢で
は、次のことに着目するとよい。

❶ 8方位…角度が45°になっていればよいので、直角二等辺三角形ができる
かを調べるとよい。

❷ 距離…直角三角形を作り、三平方の定理より、距離を求めるとよい。

解説

①「A、C、D、Eの4人はそれぞれFから30m離れた位置にいる」より、A、

C、D、Eは F を中心とした半径30mの円周上にいることがわかる。②「B、C、E、F の 4 人はそれぞれ D から等距離の位置にいる」より、B、C、E、F は D を中心とした円周上にいることがわかる。**1**

①より DF 間は30m、②より D の円周上に F がいるので、D を中心とした円の半径も30mとわかり、2 つの円が互いに円の中心を通るように交わっている。②「F は D より西側にいる」より、2 つの円は、図 1 のようにまとめることができ、さらに、C と E は両方の円周上にいるので、C と E は 2 つの円の交点にいることがわかる。**2**

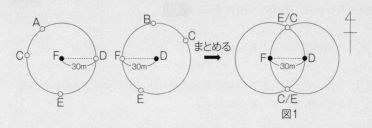

図1

③より、E は C の真北であるので、F と D は東西線に並び、F は真西、D は真東となる。さらに、E と B の距離は60mであるので、E と B は D を中心とした円の**直径の両端**にいることがわかる（図 2 ）。

④を考える。四角形CDEFは 2 つの合同な正三角形（△CDF と△DEF）でできるひし形であり、CEは対角線となる。この対角線は**直径60mより短い**ので、A の位置は、F を中心とした円周上において北側と南側の 2 通りが考えられる。よって、△DEF の左側に内角が60°となるように正三角形をつくると、円との交点が A の位置となり、この北側の A を A_1 とする。さらに、△CDF の左側にも同様に正三角形をつくり、円との交点を A_2 とおく（図 3 ）。

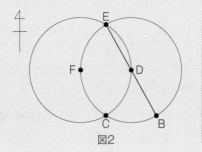

図2

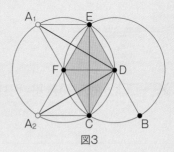

図3

⑤を考える。3 人が直線上に並ぶ組合せは、A_1 の場合、（A_1, F, C）と（E, D, B）の 2 組であり（図 4 ）、A_2 の場合、（E, F, A_2）と（E, D, B）と（A_2, C, B）の 3 組である（図 5 ）。よって、A_2 の場合（図 5 ）は条件に矛盾する。**3**

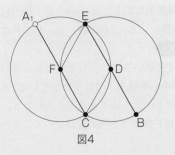

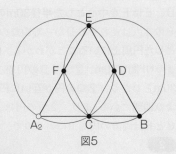

図4　　　　　　　　　　　　　図5

図4を見ながら、選択肢を検討する。

❶ ✕　　A₁の真西にはだれもいない。

❷ ◯　　A₁、C、B、Eを直線で結ぶと平行四辺形となり、A₁Bは対角線となるので、Bから最も離れている者はA₁である。

❸ ✕　　Cの真東にいるのはBである。

❹ ✕　　図のようにADを斜辺とする**直角三角形ADG**をつくる。ADは、ひし形AEDFの対角線でもあるので、∠ADG＝30°となり、∠DAG≠45°である。よって、DはAの南東にはいない。

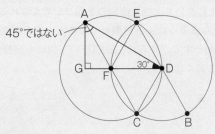

❺ ✕　　EとAを結ぶ直線上にFはいない。

正解 **❷**

2 部屋割り

「部屋割り」とは、さまざまな位置に関する条件をもとにして、マンションの部屋割り、座席の位置などを決めるタイプの問題である。部屋割りの問題では、人物などの要素と部屋や座席の対応を判断することで、確実にいえることを見つけていく作業が中心となる。そのための情報の整理や条件の読み取りについての要点を以下に紹介していく。

1 情報の整理

問題文に与えられたマンション表・座席表などの表(**全体表**)に情報を整理する。よって、自分で表を作成する必要はなく、与えられた表に人物などの要素を書き入れるとよい。そして、「**空室がある**」や「**空席がある**」場合は、表の各ヨコ列、タテ列に入る人数が異なるので、各列の数値の合計および表全体の数値も列下・列横・表右下に書き入れておくとよい。

例11 　右のような部屋番号が101 ～ 404号室のマンションに8人が一部屋に1人ずつ住んでおり、残りの部屋は空室である。3階の住人は3人、2号室の住人は2人であり、Aは302号室に住んでいる。また、204号室は空室である。

4階	401	402	403	404
3階	301	302	303	304
2階	201	202	203	204
1階	101	102	103	104

❶　与えられたマンション表に情報を整理する。このマンションに住んでいるのが8人であることより、表全体の数値が8なので、表右下に「**8**」と書き入れる。

4階	401	402	403	404	❷
3階	301	A	303	304	3
2階	201	202	203	空	
1階	101	102	103	104	❶
		❸2			8

❷　「3階の住人は3人」より、3階の列の数値の合計は3なので、列横に「**3**」と書き入れる。

❸　「2号室の住人は2人」より、2号室の列の数値の合計は2なので、列下に「**2**」と書き入れる。「Aは302号室」、「204号室は空室」より、該当するマス(部屋)に「**A**」および「**空**」を書き入れる。

---

2 条件の読み取り

① 余白に条件を整理する

条件の中には、すぐにはマンション表・座席表に書き入れることが難しいものもある。そのような条件は、最初の段階では、**余白に整理**しておく。なるべく条件を簡素化して整理しておきたいので、記号などを用いるとよい。その際に、**微妙な表現がある場合は、似た表現の違いを明確に表しておくこと**が大切である。

例12 位置の軸は、上下・左右とする。

❶　Aの部屋の1つ真上はBの部屋である。

「**1つ真上の部屋**」とは、Aの部屋の真上方向かつ1つだけ階が上の部屋である。これ以外にも「すぐ上の部屋」、「すぐ真上の部屋」という表現も同じ意味となる。

記号化例
❶
B
A

❷　Cの部屋の右隣は空室である。

「**右隣の部屋**」とは、Cの部屋と**同じ階で**Cの部屋の右隣の部屋である。

記号化例
❷
C	空

次のような条件は、記号を用いて整理するのが難しいが、工夫して整理することもできる。しかし、煩雑で記号化が難しい条件は無理に記号化する必要はない。ただし、少なくとも**似た表現との違いを意識すること**は大切である。

例13

❸ Dの部屋はEの部屋の1つ
下の階である。

　「1つ下の階の部屋」とは、
Eの部屋の真下の部屋だけで
なくその階すべての部屋を意
味する。これ以外にも「**すぐ
下の階**」、「**すぐ真下の階**」と
いう表現も同じ意味となる。

❹ Dの部屋はEの部屋よりも
下の階にある。

　「下の階の部屋」とは、E
の部屋から見て**下にあるすべ
ての部屋**を意味する。

❺ Fの部屋はGの部屋の右側
にある。

　「右側の部屋」とは、Gの
部屋から見て**右側にあるすべ
ての部屋**を意味する。

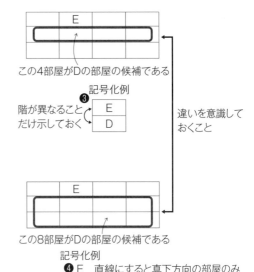

この4部屋がDの部屋の候補である

記号化例
❸
階が異なること
だけ示しておく

E
D

違いを意識して
おくこと

この8部屋がDの部屋の候補である

記号化例
❹ E
　　~
　　D
直線にすると真下方向の部屋のみ
と見えるので、例えば波線で示す

この6部屋がFの部屋の候補である

記号化例　直線にすると右隣方向
❺ G~F　の部屋のみと見えるの
で、例えば波線で示す

注意　記号化例**❹**と**❺**は、強引に表したものなので、使いづらかったり、勘違い
するようなら、このような条件整理はしないで、問題文中に**アンダーラインを引き**
際立たせておくとよい。

② 整理した条件をまとめる ⇨ マンション表・座席表に当てはめる

　まとめることができる条件は**まとめておく**。まとめることで**大きな条件**となり、
マンション表・座席表(全体表)でのあり得るパターンが絞られる。つまり、まとめ
るという作業をしておくと、場合分けを必要としたときに、**場合分けが少なくな**
る。

例14 右のような各階3部屋の3階建ての学生寮において、空室の右隣はA、左隣はBの部屋である。また、Cの1つ真上の部屋はBの部屋である。

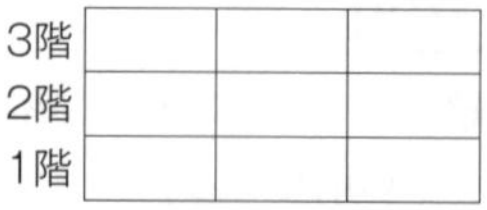

3階			
2階			
1階			

「空室の右隣はA、左隣はB」、「Cの1つ真上の部屋はB」をそれぞれ**条件整理**すると、図1および2のようになる。

図1、2ともにBが共通しているので、Bを中心に図1と図2をまとめると、図3（⇐ **大きな条件**）のようになる。

❻ 図3を**全体表に当てはめ**る。Bが2階の場合（下に詰める）と3階の場合（上に詰める）の2通りの当てはめ方がある（⇐ **場合分けが少ない**）。

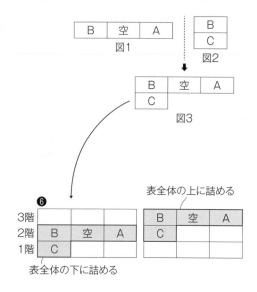

図1

B	空	A

図2

B
C

図3

B	空	A
C		

表全体の上に詰める

❻

3階			
2階	B	空	A
1階	C		

表全体の下に詰める

B	空	A
C		

546 第2章 判断推理

③ 計算する

空室、空席がある場合、表全体の数値を使って、タテ列の数値の合計およびヨコ列の数値の合計を計算で求めることができる。求めることができた数値は列下・列横に書き入れておく。

例15 　右のような部屋番号が101〜304号室のマンションにA〜Fの6人が一部屋に1人ずつ住んでおり、この6人の部屋以外は空室である。3階には2人、1階には1人がそれぞれ住んでいる。

3階	301	302	303	304
2階	201	202	203	204
1階	101	102	103	104

与えられたマンション表に情報を整理する。

「住人6人」、「3階は2人」、「1階は1人」より、表右下、各列の列横にこれらの数値を書き入れる。

❼ 　表全体の数値が6なので、2階の住人は、6−2−1＝3〔人〕である。よって、2階の列の合計が3であるので、列横に「3」と書き入れる。

3階	301	302	303	304	2
2階	201	202	203	204	❼3
1階	101	102	103	104	1
					6

---

④ 数値や条件から要素を決める

各列の数値の合計と上下の位置条件から、列の要素を決めることができる。決まった要素は列下・列横に書き入れておく。

例16 右のような部屋番号が101〜304号室のマンションにA〜Eの5人が一部屋に1人ずつ住んでおり、残りの部屋は空室である。各階の住人は1階が1人、2階と3階がそれぞれ

3階	301	302	303	304
2階	201	202	203	204
1階	101	102	103	104

2人である。また、Aは3号室、BとCは同じ階、Eは301号室にそれぞれ住んでいる。さらに、Bより上の階にはDが住んでいる。

与えられたマンション表に情報を整理する。

「Eは301号室」より、301のマスに「E」と書き入れる。「住人5人」、「1階が1人、2階と3階がそれぞれ2人」より、表右下、各列の列横にこれらの数値を書き入れる。

❽ 「Aは3号室」より、Aは103、203、303号室のいずれかの住人であるので、3号室の列下に「A」と書き入れる。

3階	E	302	303	304	2	D ❾
2階	201	202	203	204	2	B、C
1階	101	102	103	104	1	
			❽ A		5	

❾ 「BとCは同じ階に住んでいる」ので、BとCの部屋は3階か2階であり、まだどちらかわからない。さらに、「Bより上の階にDが住んでいる」ので、BとCは2階、そしてDは3階とわかる。これらの人物を各列横に書き入れる。

❿ 3階はD、E、2階はB、Cとわかったので、1階はAとなり、Aは3号室に住んでいるので、Aは103号室となる。

3階	E	302	303	304	2	D
2階	201	202	203	204	2	B、C
1階	101	102	A	104	1	A ❿
			A		5	

例題 2-25

A〜Lの12人は、図のような4階建てマンションのいずれかの部屋を1人1部屋ずつ購入した。次のア〜オのことがわかっているとき、確実にいえるのはどれか。

ア　Bの左隣の部屋をDが、Bの1つ真下の部屋をCが購入した。

イ　Eの1つ真上の部屋をFが、Fの1つ真上の部屋をKが購入した。

ウ　Hの1つ上の階の部屋をGとLが購入した。

エ　IよりもJの方が上の階の部屋を購入し、いずれもHの部屋の隣ではない。

オ　Kの右隣の部屋をAが購入した。

	←左		右→
上↑	401	402	403
	301	302	303
	201	202	203
下↓	101	102	103

❶　EはDの隣の部屋を購入した。

❷　FはDの隣の部屋を購入した。

❸　Gは401号室を購入した。

❹　Hは102号室を購入した。

❺　Iの購入した部屋は不明である。

正解へのプロセス

1　総部屋数から空き部屋の有無を確認しておく。

条件整理　すぐにはマンション表に書き入れることができない条件は、記号などを使って整理する。

組合せ　まとめることができる条件はまとめて、大きな条件にする。

場合分け　大きな条件を優先してマンション表に当てはめていく。

複数通り成立　「確実にいえる」とは、どの場合においても必ずいえている内容のことであり、1つの場合においていえている内容は、「あり得る」のであって、確実にいえる内容ではない。

解説

各部屋に1人、空室なしの部屋割りを考える問題である。

12人が1人1部屋を購入し、部屋は12部屋であるので、空室はない。

確定していることはないので、記号を使って条件を整理する。 条件整理

	条件	
(ア)	「Bの左隣の部屋をDが、Bの1つ真下の部屋をCが購入した」	図①
(イ)	「Eの1つ真上の部屋をFが、Fの1つ真上の部屋をKが購入した」	図②
(ウ)	「Hの1つ上の階の部屋をGとLが購入した」	図③
(オ)	「Kの右隣の部屋をAが購入した」	図④

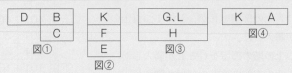

図②と④には、共通してKがあるので、Kを中心にまとめると、図⑤のよう大きな条件になる。 組合せ

図①と⑤を全体表に配置していく。全体表において、図①を左側、図⑤を右側とすると、左右に少なくとも4部屋が並ぶので、全体表からはみ出してしまう。よって、図⑤は全体表の**左側**、図①は**右側**となり、全体表に配置すると、4つの配置が考えられる(表1〜4)。 場合分け

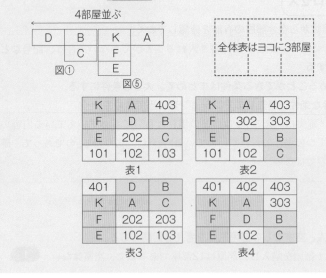

図③の配置を考える。GとLの2部屋は、Hの1つ上の階の部屋であるので、表1では、Hの部屋は1階となるが、2階は1部屋(202)しか空いていないので、GとLを配置できない。表2では、Hの部屋は3階となるが、4階は1部屋(403)しか空いていないので、GとLを配置できない。表3では、Hの部屋は102または103のどちらかとなり、GとLの部屋は202または203のどちらかとなる(表3-1)。表4では、Hの部屋は303と決まり、GとLの部屋は401、402、403のいずれかとなる(表4-1)。

401	D	B
K	A	C
F	202	203	G、L
E	102	103	H

表3-1

401	402	403	G、L
K	A	H
F	D	B
E	102	C

表4-1

　(エ)「IよりもJの方が上の階の部屋を購入し、いずれもHの部屋の隣ではない」を考える。表3-1の場合、401がJの部屋となり、102または103のどちらかがIの部屋となるが、IとHが隣どうしの部屋となるので、矛盾する(表3-2)。表4-1の場合、102がIの部屋と決まり、401、402、403のいずれかがJの部屋となる。したがって、4階の購入者はG、J、Lとなるが、部屋番号まではわからない(表4-2)。

J	D	B
K	A	C
F	G、L	
E	H、J	

表3-2
IとHが隣どうしとなる

G、L、J		
K	A	H
F	D	B
E	I	C

表4-2

表4-2を見ながら選択肢を検討する。 **複数通り成立**

❶ ✕　　Eは I の隣の部屋を購入した。

❷ ◯　　FはDの隣の部屋を購入した。

❸ ✕　　Gの購入した部屋は401号室か402号室か403号室のいずれかとまでしかわからない。

❹ ✕　　Hは303号室を購入した。

❺ ✕ 　　Ｉの購入した部屋は102号室である。

正解

例題 2-26

図のような16部屋があるリゾートホテルがある。ある日A〜Gの7人がいずれかの部屋に1人ずつ宿泊した。この7人が宿泊した部屋以外は空室であった。各階とも山側から海側に向かって順に、1号室、2号室、3号室、4号室となっている。次のことがわかっているとき、確実にいえるのはどれか。

	1号室	2号室	3号室	4号室
4階				
3階				
2階				
1階				

山側 ← → 海側

ア　1階、2階、4階には2人ずつ宿泊した。また、1号室に宿泊したのは1人だった。

イ　AとBはFより下の階に宿泊した。

ウ　Aの1つ真下の部屋は空室だった。また、CとEの両隣の部屋はいずれも空室だった。

エ　BはGの隣の部屋に宿泊した。

オ　DはGより下の階で、Gより海側の部屋に宿泊した。

カ　EはAより海側の部屋に宿泊した。

キ　4階の4号室は空室だった。

① Aは3階の1号室に宿泊した。
② Bは2階の3号室に宿泊した。
③ Cは4階の3号室に宿泊した。
④ Fは4階の1号室に宿泊した。
⑤ Gは2階の2号室に宿泊した。

正解へのプロセス

確定情報 確定していることは全体表に書き入れる。

① 空室があり、各階の人数は異なる。全体の人数、各階の人数からわかっていない階の人数を求める。

条件整理 すぐには全体表に書き入れることができない条件は、記号などを使って整理する。

② 各階の宿泊人数より、上下の条件があれば、この条件を使って各階の宿泊者を確定・限定する。

解説

空室ありの部屋割りを考える問題である。

前文より宿泊人数が7人、(ア)「1階、2階、4階には2人ずつ宿泊した。また、1号室に宿泊したのは1人だった」と(キ)「4階の4号室は空室」を全体表に書き入れると表1のようになる。 確定情報

表1

「1階、2階、4階には2人ずつ宿泊した」ので、3階に宿泊したのは7−2−2−2＝1［人］となる(表2)。 **1**

表2

また、(ウ)、(エ)は、記号を使って整理する。 条件整理

	条件	
(ウ)	「Aの1つ真下の部屋は空室だった」	図①
	「CとEの両隣の部屋はいずれも空室だった」	図②③
(エ)	「BはGの隣の部屋に宿泊した」	図④

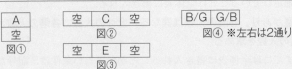

いずれの図も例題2-25のようにまとめることができない。よって、**各階の宿泊数がわかったので、「下の階」という条件**を考える。

（イ）「AとBはFより下の階」、（オ前半）「DはGより下の階」より、「AはFより下の階」と図①をまとめると図⑤となり、「BはFより下の階」と図④と「DはGより下の階」をまとめると図⑥となる。図⑥より、BとGよりも上の階にF、下の階にDが宿泊したので、BとGは2階または3階である。しかし、表2より3階の宿泊人数は1人なので、BとGは2階の部屋とわかり、Dは1階の部屋となる。図⑤より、Aの1つ真下の部屋は空室なので、Aは2階以上となるが、2階はBとGの2人が宿泊するので、Aは3階、そしてその結果、Fが4階となる（表3）。 **2**

図⑤
F ÷ 4階	
～	
A ÷ 3階	
空	

図⑥
F	
～	
BG ÷ 2階	
～	
D ÷ 1階	

表3

			空	2(F、○)	○:CまたはE
				1(A)	
山側				2(B、G)	海側
				2(D、○)	
	1			7	

4階の宿泊者を考える。4階のもう1人は、CまたはEとなるが、図②と③より、どちらにしても両隣は空室なので、CまたはEの部屋は3号室となる。これよりFの部屋は1号室となる。そして、1号室の宿泊者は1人なので、1～3階の1号室は空室となる（表4）。**新情報**

同様に考えると、1階のもう1人は、EまたはCとなるが、どちらにしても両隣は空室なので、EまたはCの部屋は2号室とわかり、これよりDの部屋は4号室となる（表5）。**新情報**

表4

F	空	○	空	2(F、○)
空				1(A)
空				2(B、G)
空				2(D、○)
1				7

（山側 ～ 海側）

表5

F	空	○	空	2(F、○)
空				1(A)
空				2(B、G)
空	○	空	D	2(D、○)
1				7

（山側 ～ 海側）

図①の配置を考える。2階のBとGは隣どうしなので、図①より、Aの部屋は2号室または4号室である（3号室の場合、BとGが隣どうしにならない）。そして、Aの部屋が4号室の場合、Eの部屋は2つの○のどちらかであるが、どちらであっても（カ）「EはAより海側の部屋」に矛盾する（表6）。よって、Aの部屋は2号室となる（表7）。**場合分け**

山側 ／ 海側

F	空	○	空	2(F,○)
空	空	空	A	1(A)
空			空	2(B,G)
空	○	空	D	2(D,○)
1				7

表6

Eは4階の○か1階の○なので、
Aより海側の部屋にはならない

山側 ／ 海側

F	空	○	空	2(F,○)
空	A	空	空	1(A)
空	空			2(B,G)
空	○	空	D	2(D,○)
1				7

表7

（カ）より、EはAより海側の部屋なので、Eの部屋は4階の3号室とわかり、これより、Cの部屋は1階の2号室となる。さらに、（オ後半）「DはGより海側の部屋」より、Gの部屋は3号室とわかり、これより、Bの部屋は4号室となる（表8）。

F	空	E	空	2(F,E)
空	A	空	空	1(A)
空	空	G	B	2(B,G)
空	C	空	D	2(D,C)
1	2	2	2	7

表8

正解 **4**

3 円 卓

「円卓」とは、円形のテーブルや長テーブルに配置された席に座る人物の位置を考えるタイプの問題である。また、人物に対して学年や性別のような他の要素が加えられた問題もある。円卓の問題では、**人物などの要素と席の対応を判断する**ことで、確実にいえることを見つけていく作業が中心となる。そのための情報の整理や条件の読み取りについての要点を以下に紹介していく。

1 情報の整理

問題文に与えられた円形テーブル、長テーブルなどの図(全体図)に情報を整理する。また、与えられていなければ、「5人が円卓に**等間隔**に座っている」などのような記述を参考にして、図を描けばよい。

① 左右の向き

「Aの右隣の席にBが座っている」などのような**左右**の情報については、座っている人の向きに応じて、**その人から見た右**(隣り・側)、左(隣り・側)を考える。普通は、円卓に向かって座っているので、図のようになる。

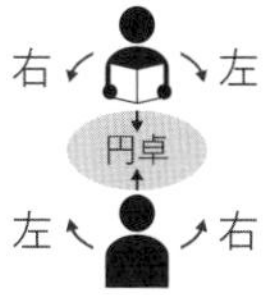

② 最初に座る人の席

(ア) 円形テーブルの場合

等間隔に席が配置された**円形テーブル**の場合、どの席も他の席やテーブルに対しての位置関係は同じなので、**最初に座る人の席はどの席でもよい**。

図のような4つの席がある円卓において、図1と図2の2か所のAの席を考える。一見、この2つは異なった席のように見えるが、図2の円卓全体を**反時計回り**に90°回転させると、図1と同じ位置関係となるため**区別しない**。

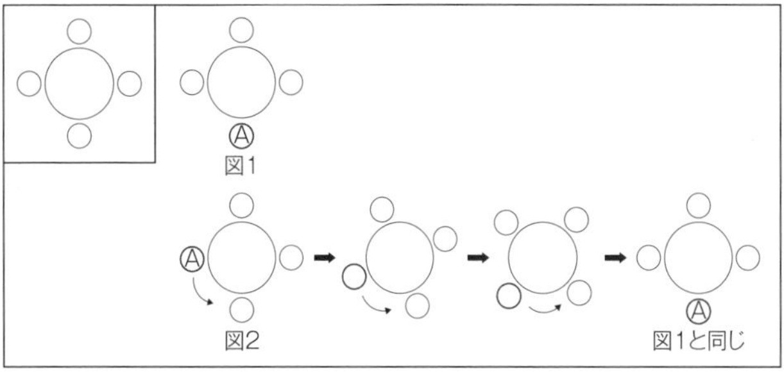

図1

図2 → → → 図1と同じ

例17　右図のような4つの席が配置された円卓が
あり、Aの右隣の席にBが座っている。

　与えられた円卓に情報を整理する。
　最初に座る人をAとすると、どの席も他の席やテーブルに対しての位置関係は同じなので、Aの席はどの席でもよい。よって、Aの席を手前の席とする。
　「Aの右隣の席にBが座っている」ので、Bの席はAから見て右図の席となる。

（イ）長テーブルの場合
　等間隔に席が配置された**長テーブル**の場合、席によっては他の席やテーブルに対しての位置関係が異なるので、最初に座る人の席は限定される。
　図のような6つの席がある長テーブルにおいて、図1～3の3通りのBの席を考える。この3つの席は、図1ではBは**左端の席**、図2ではBは**両隣に席がある真ん中の席**、図3ではBは**右端の席**となり、この3つの席はすべて異なる席である。

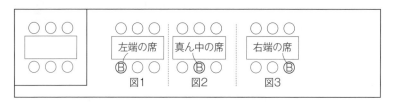

　一方、図4と5の2か所のCの席を考える。一見、この2つは異なった席のように見えるが、図5の長テーブル全体を**反時計回りに180°回転**させると、図4と同じ位置関係となるため**区別しない**。つまり、この長テーブルでは**3種類の異なる席**（▲、◆、★）がある。

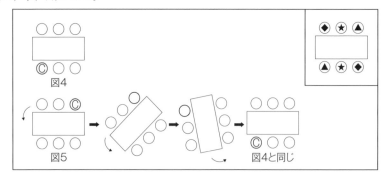

例18 　右図のような6つの席が配置された長テーブルがあり、Aの左隣には席がなく、Aの右隣の席にBが座っている。

　与えられた長テーブルに情報を整理する。

　最初に座る人をAとすると、「Aの左隣には席がない」ので、Aの席は2つの席（▲）に限定される。しかし、この2つの席は前述したように同じ席である。よって、どちらか一方をAの席とすればよいので、手前の席をAの席とする。

　「Aの右隣の席にBが座っている」ので、Bの席はAから見て右図の席となる。

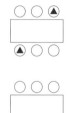

2 条件の読み取り

　最初に座る人は、次のような人物にするとよい。

① 条件から決める

　何度も条件に登場している人物や制約の強い人物を最初に座る人物とするとよい。その理由は、この人の席を決めると、他の複数人の席が同時に決まるからである。

例19 右図のような6つの席が配置された円卓があり、Aの1つおいた右隣の席はBの席であり、Cの真向かいの席はBの席である。

与えられた円卓に情報を整理する。

❶ Bは2回登場しているので、最初に座る人をBと決める。

❷ Bの席を決めたので、条件を読み換えると、「Aの1つおいた右隣の席はB」は「Bの1つおいた左隣の席はA」、「Cの真向かいの席はB」は「Bの真向かいの席はC」となり、AとCの席は右図のようになる。

---

② 要素を割り当てる

人物に対して、学年、性別、注文した飲み物などの別の要素が加えられている問題もあり、その場合は、最初に座る要素を人物に限る必要はなく、①の内容を満たしているなら、例えば、「1年生」(学年)、「男性」(性別)、「紅茶」(注文した飲み物)といった要素を最初に座る人(もの)としてもよい。

注意 円卓を囲んで等間隔に座るので、**偶数人の場合は正面関係が存在し**、奇数人の場合は**正面関係が存在しない**。

AはBの真向かいに座っている

例題 2-27

A～Dは小学生、中学生、高校生、大学生のいずれかで、皆それぞれ異なっている。この4人が円卓を囲んで等間隔に着席したときの様子について、次の①～④のことがわかっている。

① Aの右は中学生ではなく、またAの正面は小学生であった。
② Bの左は高校生ではなく、またBの正面は大学生ではなかった。
③ Cの右は大学生ではなく、またCの正面は女性であった。
④ Dの隣は大学生ではなく、またDの右は女性であった。

女性が1人だけであるとき、確実にいえるのはどれか。

❶ Bは女性である。
❷ Cは高校生である。
❸ 小学生の正面は中学生である。
❹ 女性は中学生である。
❺ Aは男性である。

正解へのプロセス

1 最初に座る人を決めて席に座らせる。

場合分け ある程度、席に座る人物がわかったら、場合分けをして考える。

複数通り成立 「確実にいえる」とは、どの場合においても必ずいえている内容のことであり、1つの場合においていえている内容は、「あり得る」のであって、確実にいえる内容ではない。

解説

人物に属性(小学生、中学生、高校生、大学生)、性別が加わった円卓の問題である。

女性は1人で、かつ、③後半「Cの正面は**女性**であった」、④後半「Dの右は**女性**であった」と、女性は問題文に3回登場している。よって、**最初に女性を座らせる**と、正面の席や右の席の人物もわかる。

女性を向かって下側の席に座らせると、C、Dの席がわかる。また、③前半「Cの右は大学生でない」と④前半「Dの隣は大学生でない」ので、C、D、女性はそれ

それ大学生ではないことがわかり、その結果、**D**の正面が大学生となる（図1）。

①

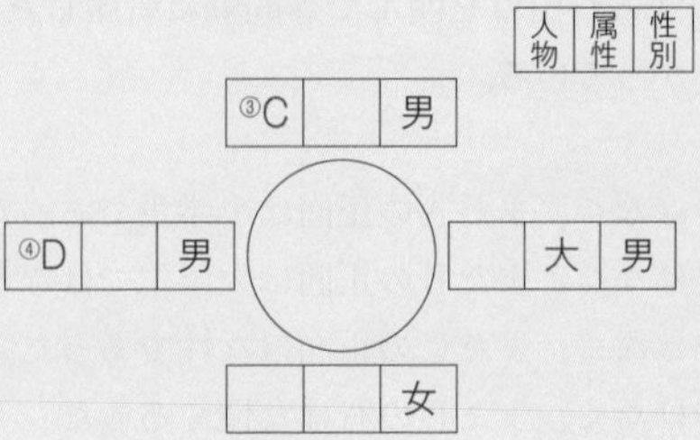

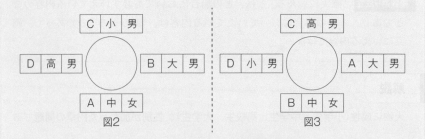

図1

女性はAまたはBであるので、場合分けして考える。 `場合分け`

〈女性がAの場合〉

大学生はBとなる。①を考える。Aの右は大学生とわかったので、確かに中学生ではない。そして、Aの正面の**C**が小学生となる。次に、②を考える。Bの左のAは高校生ではないので、**D**が高校生となり、**A**は中学生となる。また、Bの正面は確かに大学生ではない（図2）。

〈女性がBの場合〉

大学生はAとなる。①を考える。Aの正面の**D**が小学生となる。また、Aの右は中学生ではないので、**C**が高校生、**B**が中学生となる。これらは、②を満たす（図3）。

図2および3を見ながら選択肢を検討する。 `複数通り成立`

❶✕ Bは図2では男性、図3では女性であるので、「Bは女性」はすべての場合でいえる内容ではない。

❷ ✕ 　Cは図2では小学生、図3では高校生であるので、「Cは高校生」はすべての場合でいえる内容ではない。

❸ ✕ 　小学生の正面は図2では中学生、図3では大学生であるので、「小学生の正面は中学生」はすべての場合でいえる内容ではない。

❹ ◯ 　図2および図3において、女性は中学生である。

❺ ✕ 　Aは図2では女性、図3では男性であるので、「Aは男性」はすべての場合でいえる内容ではない。

正解　**4**

問題1 A～Fの家と駅の位置関係について、次のア～オのことが分かっている。

ア　Aの家の8km真南にBの家があり、AとBの家を結ぶ線分上に駅がある。

イ　Cの家はBの家の真東にある。

ウ　Dの家はCの家の1km真北にあり、Dの家から北西に進むと駅を通りEの家に着く。

エ　Eの家はAの家の2km真西にある。

オ　Fの家は駅の真東、かつ、Dの家の北東にある。

以上から判断して、確実にいえるのはどれか。

警視庁Ⅰ類2011

1　Aの家から駅までの距離は2.5kmである。

2　Bの家から駅までの距離は5kmである。

3　Cの家から駅までの距離は$\sqrt{74}$kmである。

4　Dの家から駅までの距離は$4\sqrt{2}$kmである。

5　Fの家から駅までの距離は10kmである。

　方位と距離の条件が両方与えられている問題である。（ア）前半と（エ）より、A、B、Eの位置が決まる（図1）。さらに、（ウ）後半は、「Eから南東に進むと駅を通りDに着く」と読み替えることができるので、（ア）後半と合わせると、駅の位置が決まる。よって、AとEと駅を結ぶと直角二等辺三角形ができる（図2）。そして、（イ）と（ウ）前半より、CとDの位置が決まる（図3）。

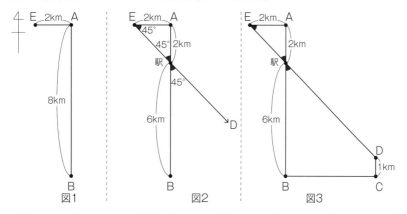

図1　　　　図2　　　　図3

　最後に、（オ）より、Fの位置が決まり、駅とDとFを結ぶと直角二等辺三角形ができる（図4）。

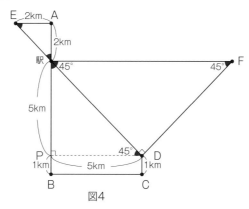

図4

　図4を見ながら選択肢を検討する。

❶ ✕ 　Aから駅までの距離は2kmである。

❷ ✕ 　Bから駅までの距離は6kmである。

❸ ✕ 　BとCと駅を結ぶと直角三角形(下図)ができ、三平方の定理を使うと、$(C-駅)^2 = (B-駅)^2 + (B-C)^2$が成り立つ。$(C-駅)^2 = 6^2 + 5^2 = 61$より、Cから駅までの距離は$\sqrt{61}$kmとなる。

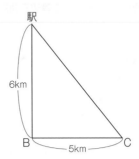

❹ ✕ 　Bの真北1kmの地点をPとおき、DとPと駅を結ぶと直角二等辺三角形となり、PD = 5kmより、Dから駅までの距離は$5\sqrt{2}$kmとなる。

❺ ◯ 　Dから駅までの距離は$5\sqrt{2}$kmとわかり、Fから駅までの距離は $5\sqrt{2} \times \sqrt{2} = 10$ [km]となる。

ある区にはA～Fの6か所の施設がある。今、A～F
の位置関係について、次のア～エのことが分かっている
とき、確実にいえるのはどれか。

特別区Ⅰ類2011

ア　Aは、Bの南東、Cの東に位置している。

イ　Dは、Cの北、Eの西に位置している。

ウ　Eは、Aの北、Fの南東に位置している。

エ　Fは、Bの北、Dの北東に位置している。

1 Aは、Dの南東に位置している。

2 Bは、Cの北東に位置している。

3 Cは、Eの南西に位置している。

4 Dは、Bの西に位置している。

5 Fは、Aの北西に位置している。

　方位の条件のみが与えられている問題である。D、E、Fに着目する。（イ）より「DはEの西」、（ウ）より「EはFの南東」、（エ）より「FはDの北東」となるので、D、E、Fを結ぶと、直角二等辺三角形ができる（図1）。

　距離についての条件はないので、図1でのD、E、F間の距離を固定して考える。さらに、（イ）より「DはCの北」、（ウ）より「EはAの北」、（エ）より「FはBの北」となるので、図1にC、A、Bを加えるが、位置は確定していない（図2）。

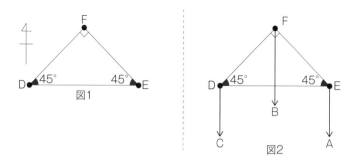

図1　　　　　　　　　　　　図2

　最後に、（ア）より、A、B、Cの位置が決まる。ただし、AE間、CD間、BF間の距離は不明であるが、AE＝CD＝BFとなる（図3）。

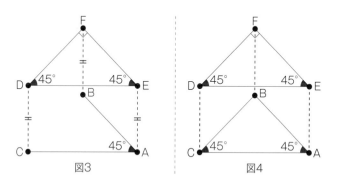

図3　　　　　　　　　　図4

　BとCを結ぶ線分BCは、CD＝BFより、DFと平行になる。したがって、∠ACB＝45°となるので、BはCの北東に位置していることがわかる（図4）。

問題3

ある市の都市計画で、九つの病院A〜Iを以下のア〜オの条件で配置することになった。このとき確実にいえるのはどれか。

国家一般職2000

ア　病院Aは、病院B、D、F、Iから等距離に配置する。
イ　病院Bは、病院A、C、F、G、H、Iから等距離に配置する。
ウ　病院Cは、病院B、E、G、Hから等距離に配置する。
エ　病院Dと病院Eとの直線距離は、病院Aと病院Cとの直線距離の2倍とする。
オ　病院Fは、病院Bと病院Gを結んだ直線の延長上に配置する。

1　病院Aは、病院Fと病院Iを結んだ直線の中点にある。

2　病院Bは、病院Hと病院Iを結んだ直線の中点にある。

3　病院Cは、病院Eと病院Hを結んだ直線の中点にある。

4　病院Dは、病院Fと病院Iを結んだ直線の中点にある。

5　病院Eは、病院Gと病院Hを結んだ直線の中点にある。

距離の条件のみが与えられている問題である。

（ア）より、B、D、F、IはAを中心とした円周上に配置されており、（イ）より、A、C、F、G、H、IはBを中心とした円周上に配置されており、（ウ）より、B、E、G、HはCを中心とした円周上に配置されている。（ア）、（イ）より、中心Aの円周上にBがあり、中心Bの円周上にAがあるので、中心A、Bの円はそれぞれ半径が等しい円となる。同様に、中心Bの円周上にCがあり、中心Cの円周上にBがあるので、中心B、Cの円はそれぞれ半径が等しい円となる。よって、Aの円、Bの円、Cの円は3つとも半径が等しい円となる。

3つの円をまとめる。方位についての条件はないので、3つの円を横（東西）に並ぶようにまとめても構わない。また、（ア）と（イ）に共通するFとIは、（ア）と（イ）の円の交点上に配置でき、（イ）と（ウ）に共通するGとHは、（イ）と（ウ）の円の交点上に配置できる（図1）。

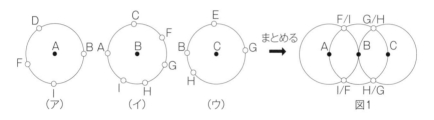

（ア）　　　　　　（イ）　　　　　　（ウ）　　　　　　　図1

（エ）を考える。図1より、AとCの直線距離は、円の**直径**となっているので、（エ）より、DとEの直線距離は（**直径**）×2となる。よって、Dは（ア）の円周上であり、Eは（ウ）の円周上にあるので、図2のようにDとEは直線上に配置できる。

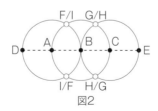

図2

最後に、（オ）より、FとGはBに対して対称の配置であることがわかる（図3、4）。

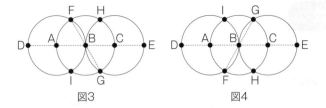

図3　　　　　　　　　図4

301	302	303	304	305
201	202	203	204	205
101	102	103	104	105

西 　　　　　　　　　　　　　 東

左図のような各部屋に3桁（けた）の部屋番号が付いた3階建てで各階に5部屋ずつあるマンションに、A ～ Gの7人がいずれかの部屋に1人ずつ住んでおり、A ～ Gの7人が住んでいる部屋以外の部屋は空き部屋であるとき、次のア～オのことがわかった。

ア　Aは1階の部屋に住んでおり、Cが住んでいる部屋の両隣の部屋は空き部屋である。

イ　BとFは同じ階の部屋に住んでおり、BはFが住んでいる部屋より西側の部屋に住んでいる。

ウ　CとDは同じ階の部屋に住んでおり、CはDが住んでいる部屋より西側の部屋に住んでいる。

エ　CはFが住んでいる部屋のすぐ下の部屋に住んでおり、EはGが住んでいる部屋のすぐ下の部屋に住んでいる。

オ　1階と3階にはそれぞれ2人が住んでおり、部屋番号の下一桁の数字が1の部屋には2人が住み、Gが住んでいる部屋の部屋番号の下一桁の数字は5である。

以上から判断して、確実にいえるのはどれか。

東京都Ⅰ類2008

1　Aが住んでいる部屋番号は101である。

2　Bが住んでいる部屋番号は202である。

3　Cが住んでいる部屋番号は103である。

4　Dが住んでいる部屋番号は304である。

5　Eが住んでいる部屋番号は205である。

空き部屋があるマンションの部屋割り問題である。住人が7人であることと(オ)前半より、1階と3階にはそれぞれ2人が住んでいるので、2階の住人は7−2−2＝3［人］である。このことと確定していることを全体表に整理すると、表1のようになる。

また、(ア)、(イ)、(ウ)、(エ)の条件を整理し、(ア)と(エ)前半、さらに(イ)と(ウ)を1つにまとめると、図①のような大きな条件となる。さらに、(エ)後半を図②とし、この図は全体表において部屋番号の下一桁の数字が5の位置に配置できる。

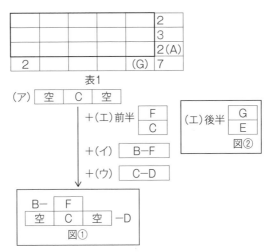

表1

表1に図①を配置する。まず、Cの住んでいる階を考えると、Cは1階または2階に住んでいることがわかる。しかし、1階の場合、1階の住人は2人なのに、A、C、Dの3人となり矛盾する。よって、Cが住んでいる階は2階とわかる。さらに、Cの両隣の部屋は空き部屋、DはCより東側に住んでいるので、Cの部屋は202号室または203号室のどちらかとなる。よって、Cの部屋で場合分けして考える。

〈Cの部屋が202号室の場合〉

（イ）より、Bの部屋は301号室に決まり、303、304、305号室は空き部屋となる。部屋番号の下一桁が1の部屋の住人は2人なので、101号室は住人がいることはわかるが、人物はまだ不明なので〇としておく（表2）。

（ウ）より、Dの部屋は204号室または205号室のどちらかとなる。しかし、Dの部屋が205号室の場合、図②を配置できない。よって、Dの部屋は204号室となり、Gの部屋が205号室、Eの部屋が105号室とわかる。最後に、101号室の〇はAとなる（表3）。

B	F	空	空	空	2
空	C	空			3
〇					2(A)
2				(G)	7

表2

B	F	空	空	空	2
空	C	空	D	G	3
A	空	空	空	E	2(A)
2				(G)	7

表3

〈Cの部屋が203号室の場合〉

（ウ）より、Dの部屋は205号室となるが、図②を配置できない（表4）。

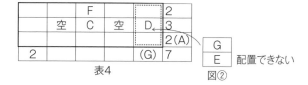

		F			2
	空	C	空	D	3
					2(A)
2				(G)	7

表4

G
E

図② 配置できない

ある銀行で、図のような座席にそれぞれ座ったA〜H
の8人が、1〜8の番号札を一つずつ持って窓口に呼ば
れる順番を待っており、1の番号札、2の番号札、…、
8の番号札の順に呼ばれる。次のことが分かっていると
き、確実にいえるのはどれか。

国家専門職2018

○　Aは、Bの次の番号札を持っている。また、Aの右隣の座席には、Fが座って
いる。

○　Dは、Fの次の番号札を持っている。また、Dの右隣の座席は空席である。さ
らに、Dの二つ後ろの座席には、4の番号札を持っているHが座っている。

○　Eは、Gの次の番号札を持っている。

○　Cは、1の番号札を持っており、2列目に座っている。また、Cの一つ前の座
席には、Eが座っている。

○　Bは、3列目に座っている。また、Bの一つ前の座席には、Hの次の番号札を
持った人が座っている。

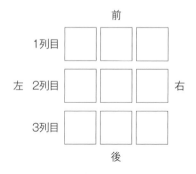

1　Aの左隣の座席には、Cが座っている。

2　Dは、左端の座席に座っている。

3　Gの二つ前の座席には、8の番号札を持っている人が座っている。

4　Hは、Eの次の番号札を持っている。

5　空席の一つ後ろの座席には、5の番号札を持っている人が座っている。

解説

座席の配置に順序が複合された問題である。座席についての条件の方が多くかつ内容が限定的なので、まず、座席について考える。確定していることはないので、1、2番目の条件を整理すると図①、図②（上付き数字：番号札）となる。また、4、5番目の条件は座席表の余白に整理しておく（表1）。

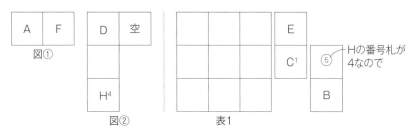

表1に図②を配置する。Dの座席は1列目の左端または中央のどちらかであるので、Dの座席で場合分けして考える。

〈Dの座席が1列目の左端の場合〉

Eの座席は1列目の右端とわかるので、Cの座席は2列目の右端となる。さらに、Bの座席は3列目の中央とわかり、番号札5を持った人の座席は2列目の中央となる（表2）。

表2より、図①は2列目に配置できるので、Fの番号札は5とわかる。そして、Gの座席はBの右隣となる。さらに、2つ目の条件「DはFの次の番号札を持っている」ので、Dの番号札は6となる（表3）。

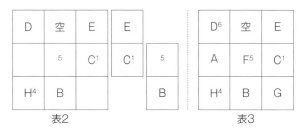

〈Dの座席が1列目の中央の場合〉

Eの座席は1列目の左端とわかるので、Cの座席は2列目の左端となる。さらに、Bの座席は3列目の右端とわかり、番号札5を持った人の座席は2列目の右端

となる（表4）。

　表4より、図①は2列目に配置できるので、Fの番号札は5とわかる。そして、Gの座席はHの**左隣**となる。さらに、2つ目の条件「DはFの次の番号札を持っている」ので、Dの番号札は6となる（表5）。

E	D	空
C^1		5
	H^4	B

E
C^1
B

5

E	D^6	空
C^1	A	F^5
G	H^4	B

表4　　　　　　　　　　表5

図のような8人掛けの丸テーブルに向ってA～Gの7人が座っており、1つは空席となっている。次のことがわかっているとき、空席の正面に座っている可能性のある人をすべて挙げているものとして、最も妥当なのはどれか。なお、「左手側」とは、「左隣」のみを意味するのではなく、その人から見て右側よりも左側に近い席すべてを意味するものとする。

警視庁Ⅰ類2018

・Bの正面にはFが座っている。
・DはFの左手側に座っている。
・Eの右隣は空席である。
・Gの両隣にはCとFが座っている。

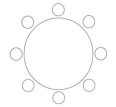

①　A、D

②　A、G

③　C、D

④　A、C、G

⑤　A、D、G

　人物のみを座らせる円卓の問題である。Fについての条件が多いので、最初に座る人をFと決める。Fを向かって下側の席に座らせると、1つ目の条件より、Bの席がFの正面となる。次に4つ目の条件より、CとGの席の組合せは、2通り考えられる（図1、2）。よって、図1と図2で場合分けして考える。

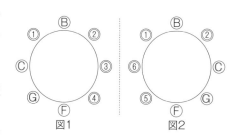

図1　　図2

〈図1の場合〉

　2つ目の条件より、Dの席は①とわかる（図3）。さらに、3つ目の条件より、Eの席と空席の組合せは（E，空席）＝（④，③）の場合（図4）と（③，②）の場合（図5）の2通りが考えられる。よって、この場合での空席の正面に座っている人は、CまたはGである。

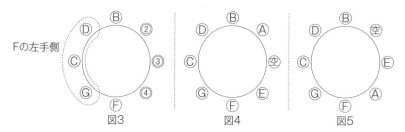

Fの左手側

図3　　図4　　図5

〈図2の場合〉

　2つ目の条件よりDはFの左手側であり、3つ目の条件より、Eと空席は隣どうしなので、Fの左手側となる。よって、Fの左手側はD、E、空席なので、Aの席は②とわかる（図6）。よって、この場合での空席の正面に座っている人は、空席が⑤の場合はA（図7）、空席が⑥の場合はC（図8）である。

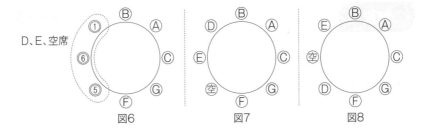

D、E、空席

図6   図7   図8

以上より、空席の正面に座っている可能性のある人は、A、C、Gである。

　A、B、C、D、Eの5人が丸いテーブルについている。A～Eは、大人3人と子ども2人のグループであり、子どもの両隣には大人が座っている。大人は赤ワイン、白ワイン又はビールを、子どもはコーラ又はオレンジジュースをそれぞれ1品ずつ注文した。A～Eが次の発言をしているとき、AとBが注文した飲み物の組合せとして最も適当なのはどれか。ただし、A～Eの発言はいずれも正しいものとする。

裁判所一般職2013

A　「わたしの左隣の人は赤ワインを注文した。」
B　「わたしの右隣の人はコーラを注文した。」
C　「わたしの左隣の人はオレンジジュースを注文した。」
D　「わたしの左隣の人は白ワインを注文した。」
E　「わたしは赤ワインを注文した。」

	A	B
1	オレンジジュース	白ワイン
2	オレンジジュース	ビール
3	コーラ	白ワイン
4	コーラ	ビール
5	ビール	コーラ

人物に属性（大人・子ども）、飲み物が加わった円卓の問題である。また、図が与えられていないので、図を自分で描くことになるが、等間隔に席が配置されているといった表現がなくても**等間隔に席を配置したテーブル**で構わない。

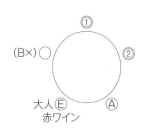

赤ワインについての条件が多いので、最初に座るものを**赤ワイン**と決める。赤ワインを向かって左下側の席に座らせると、Eの発言より、赤ワインの席はEである。次にAの発言より、Aの席はEの右隣となる。また、Eは赤ワインを注文したので、Bの発言より、**Bの席はEの左隣ではない**。よって、Bの席は①または②のどちらかであるので、Bの席で場合分けして考える。

〈Bの席が①の場合〉

Bの発言より、Bの右隣は**コーラ**を注文した子どもとなる。「子どもの両隣には大人」より、Bは**大人**となる（図1）。コーラを注文した子どもの両隣の大人がオレンジジュースを注文することはないので、Cの発言より、Cの左隣はBではあり得ず、コーラを注文したのはCではない。よって、Cの席は②と決まり、Aは**オレンジジュース**を注文した子どもと決まる。コーラを注文した子どもはDとなり、Dの発言より、Bが**白ワイン**を注文したことがわかり、Cはビールを注文した大人となる（図2）。

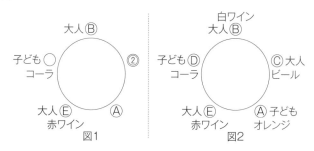

〈Bの席が②の場合〉

Bの発言より、Bの右隣はコーラを注文した子どもなので、Bは大人、コーラを

注文した子どもの右隣も大人となる。したがって、残り1人の子どもはAとなる（図3）。図3より、Cの発言を満たすCの席がないので、この場合は矛盾する。

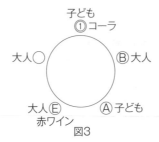

図3

9 暗 号

暗号の出題は、極めて特徴的で、過去には、裁判所などの試験でも出題されていましたが、近年の傾向としては、特別区、市役所以外には出題が見られません。ただし、特別区では、毎年のように出題されています。総合的には、優先度の低いテーマの1つと考えてよいでしょう。

❶ 平文が示す文字が「アルファベット」

　暗号化される前の文字列を**平文**、暗号化された後の文字列を**暗号文**といい、「**暗号**」とは、**ある規則に従って、平文を暗号文に置き換える**（平文を暗号文で表す）タイプの問題である。一般的に、問題文には、例文として平文と暗号文の組合せが2つ与えられ、これらを参考に、**平文が示す文字および規則性を推測**することになる。ここでは、平文が示す文字がアルファベットの場合での情報の整理や条件の読み取りについての要点を以下に紹介していく。

1 情報の整理

① 平文と暗号文の組合せ

　平文がそのままアルファベットの場合は特に問題はないが、平文が漢字などで与えられているときは、一般的に、漢字をそのまま考えることはない[1]。まず、平文を「アルファベット」または「仮名」に示して「アルファベット」または「仮名」の文字数と暗号文の単位数の対応を考える。そして、この対応がしっくりとくる方を平文が示す文字として採用する。このように、暗号の問題では、与えられた平文と暗号文の組合せをヒントにしながら、**最初に平文をどのような文字に示せば、うまく暗号文に置き換えることができるか**を推測する。

1　例えば、「福岡」などが平文として与えられても、漢字そのものについて考えるわけではなく、漢字をアルファベットや仮名に示して考える。つまり、「福岡」を「FUKUOKA」や「ふくおか」と示して暗号文への置き換えを考える。

② 平文が示す文字がアルファベットの場合

平文が示す文字がアルファベット[2]の場合、26文字のアルファベットの1文字と暗号文の1単位が対応することが多い。

例1　暗号で表すと、「横浜」は「23，7，11，7，14，21，9，21」、「梅田」は「1，9，17，18，21」となる。

❶　平文が示す文字を考える。「横浜」は、**仮名**で示すと文字数は「よこはま」の4文字、アルファベット（ローマ字）で示すと文字数は「ＹＯＫＯ　ＨＡＭＡ」の8文字である。

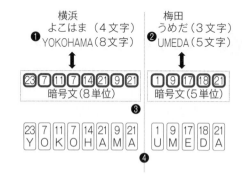

❷　同様に、「梅田」は、「うめだ」の3文字、「ＵＭＥＤＡ」の5文字である。

❸　暗号文の単位数は、カンマを含めず、カンマ間の数字を1つの単位とすると、横浜は8単位、梅田は5単位である。

❹　文字数と単位数の対応からして、平文が示す文字はアルファベットであると推測できる。

---

③ アルファベット順に対応させる

平文が示す文字がアルファベットの場合、暗号文の単位をアルファベット順に対応させる。代表的な暗号の単位の対応は次のようなものがある。

2　ローマ字の場合、ヘボン式を考えるとよい。

（ア）そのままのアルファベット順で対応する

例2　　　次のアルファベットと暗号の単位の対応から、アルファベット順に暗号の単位の数字が1、2、…と対応している。

アルファベット	A	B	C	D	E	F	…	V	W	X	Y	Z
暗号の単位	1	2	3	4	5	6	…	22	23	24	25	26

（イ）いくつかずれて対応する

例3　　　次のアルファベットと暗号の単位の対応から、アルファベット順に暗号の単位の数字が3、4、…と、2つずれて対応している。

アルファベット	A	B	C	D	E	F	…	V	W	X	Y	Z
暗号の単位	3	4	5	6	7	8	…	24	25	26	1	2

（ウ）（そのまま、いくつかずれて）逆並びで対応する

例4　　　次のアルファベットと暗号の単位の対応から、アルファベット順に暗号の単位の数字が26、25、…と、逆並びで対応している。

アルファベット	A	B	C	D	E	F	…	V	W	X	Y	Z
暗号の単位	26	25	24	23	22	21	…	5	4	3	2	1

　これを踏まえて、先ほど示した例1のアルファベットに対して、数字がどのように対応しているかを改めて考えてみる。

例5　暗号で表すと、「横浜」は「23，7，11，7，14，21，9，21」、「梅田」は「1，9，17，18，21」となる。

アルファベットと暗号の単位である数字の対応は、右の通りである。

Y	O	K	O	H	A	M	A
23	7	11	7	14	21	9	21

U	M	E	D	A
1	9	17	18	21

❶　アルファベット順に暗号の単位である数字を対応させる。

❶

アルファベット	A	B	C	D	E	F	G	H	I	J	K	L	M
暗号の単位	21			18	17			14			11		9

アルファベット	N	O	P	Q	R	S	T	U	V	W	X	Y	Z
暗号の単位		7						1				23	

❷　Uから逆並びに、1、2、3…というように、対応する数字がいくつかずれて、かつ、逆並びに対応していることがわかる。

❷

アルファベット	A	B	C	D	E	F	G	H	I	J	K	L	M
暗号の単位	21	20	19	18	17	16	15	14	13	12	11	10	9

アルファベット	N	O	P	Q	R	S	T	U	V	W	X	Y	Z
暗号の単位	8	7	6	5	4	3	2	1	26	25	24	23	22

白抜きの数字が推測できる数字

2 条件の読み取り

　暗号文に種類が限られた数字が使われている場合は、その数字は10進法以外の*N*進法の数字であると推測できる。また、数字だけでなく、○、△、□（3種類のみ）などの記号、春、夏、秋、冬（4種類のみ）などの漢字の場合も*N*進法の数字に対応させて考えてみるとよい。

例6

　暗号で表すと、「ＦＩＳＨ」は「10, 13, 31, 12」、「ＣＡＴ」は「03, 01, 40」となる。

　平文が示す文字はそのままアルファベット（英語）である。

F	I	S	H
10	13	31	12

C	A	T
03	01	40

❶　暗号の単位である01、03、10、12、13の数字をアルファベット順に対応させる。

❶

アルファベット	A	B	C	D	E	F	G	H	I	J	K	L	M
暗号の単位	01		03			10		12	13				

❷　A＝01、C＝03であることから、B＝02、D＝04、E＝05、F＝06、G＝07、H＝08、…となれば、この数字は**10進法**である。しかし、F＝10であるので、数字の6は使われていない。

❷

アルファベット	A	B	C	D	E	F	G	H	I	J	K	L	M
暗号の単位	01	02	03	04	05	〔10〕		12	13				
10進法 ⇨						06	07	08	09	10	11	12	13

❸　つまり、0～5の数字を使った**6進法**の数字だと推測できる。

❸

アルファベット	A	B	C	D	E	F	G	H	I	J	K	L	M
暗号の単位	01	02	03	04	05	10	11	12	13	14	15	20	21

ある暗号では、「東京」が「7，12，16，2，12」、「仙台」が「8，22，13，23，26，18」で表されている。この暗号で「14，12，9，18，12，16，26」と表される地名はどこか。

① 高崎

② 宇都宮

③ 郡山

④ 盛岡

⑤ 青森

正解へのプロセス

1 例文の平文が示す文字数と暗号文の単位数の対応から、平文が示す文字を「アルファベット」と推測する。

  ❶ 同じアルファベットに対応する暗号文の単位を見る。

  ❷ 連続するアルファベットに対応する暗号文の単位を見る。

2 平文が示す文字がアルファベットと推測できたら、暗号文の単位を**アルファベット順に並べてみる**。単位に数字が使われている場合は、数字は必ずしも10進法の数字とは限らない。数字の種類が少ない場合は、他の進法を考えることも必要である。

3 アルファベット順に並べると、他のアルファベットに対応する暗号文の単位もわかり、どのような規則で並んでいるかを推測できる。

解説

暗号の問題である。

　平文が示す文字を推測する。例文では、「東京」をアルファベット（ローマ字）で示すと文字数は「ＴＯＫＹＯ」の5文字、仮名で示すと文字数は「とうきょう」の5文字となる。「仙台」をアルファベット（ローマ字）で示すと文字数は「ＳＥＮＤＡＩ」の6文字、仮名で示すと文字数は「せんだい」の4文字となる。また、「東京」を表す暗号文の単位数は「7，12，16，2，12」で、「，」で区切ると5単位、同様に、「仙台」を表す暗号文の単位数は「8，22，13，23，26，18」の6単位である。よって、文字数と暗号文の単位数の対応から、平文が示す文字は仮名ではなく**アルファベット**であると推測できる。また、2つの「Ｏ」は同じ「12」で対応しており、連続する「Ｄ」、

「E」は「23」、「22」と連続する数字が対応していることからも、アルファベットであると推測できる。 **1**

7	12	16	2	12
T	O	K	Y	O

8	22	13	23	26	18
S	E	N	D	A	I

よって、アルファベット順に暗号文の単位である数字を対応させると次のようになる。 **2**

アルファベット	A	B	C	D	E	F	G	H	I	J	K	L	M
暗号の単位	26			23	22				18		16		

アルファベット	N	O	P	Q	R	S	T	U	V	W	X	Y	Z
暗号の単位	13	12				8	7					2	

数字の並び順を見ると、数字は10進法の数字であり、**数字はアルファベット順と逆順で対応している**ことがわかる。よって、残りの数字を対応させると次のようになり、特に矛盾しないので、この推測は正しいとわかる。 **3**

アルファベット	A	B	C	D	E	F	G	H	I	J	K	L	M
暗号の単位	26	25	24	23	22	21	20	19	18	17	16	15	14

アルファベット	N	O	P	Q	R	S	T	U	V	W	X	Y	Z
暗号の単位	13	12	11	10	9	8	7	6	5	4	3	2	1

表より、暗号文の「14，12，9，18，12，16，26」が表すのは「MORIOKA」＝「盛岡」となる。

正解 **4**

② 平文が示す文字が「仮名」

　ここでは、平文が示す文字が仮名の場合での情報の整理についての要点を以下に紹介していく。

1 ▶ 平文が示す文字が仮名の場合

　平文が示す文字が仮名の場合、仮名の1文字と2種類の暗号文字が対応することが多い。

例7　暗号で表すと、「横浜」は「5H, 5B, 1F, 1G」、「梅田」は「3A, 4G, (1D)」となる。

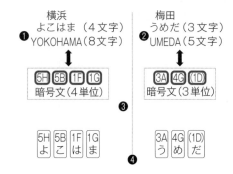

❶　平文が示す文字を考える。「横浜」は、仮名で示すと文字数は「よこはま」の4文字、アルファベット（ローマ字）で示すと文字数は「YOKOHAMA」の8文字である。

❷　同様に、「梅田」は、「うめだ」の3文字、「UMEDA」の5文字である。

❸　暗号文の単位数は、カンマを含めず、カンマ間の（数字＋アルファベット）を1つの単位とすると、横浜は4単位、梅田は3単位である。

❹　文字数と単位数の対応からして、平文が示す文字は仮名であると推測できる。

---

2 ▶ 五十音表に対応させる

　平文が示す文字が仮名の場合、暗号文の単位を五十音表に対応させる。代表的な暗号の単位の対応は次のようなものがある。

① 母音と子音

暗号文の単位に、数字とアルファベットのように2種類の暗号文字が使われている場合は、1種類は「**母音(段)**」を、もう1種類は「**子音(行)**」を表すことが多い。さらに、「母音」は5種類(a、i、u、e、o)、「子音」は9種類(k、s、t、n、h、m、y、r、w：行数は10行)であるので、どちらの暗号文字が「母音」および「子音」に対応しているかを判断することができる。

② 特殊な文字の扱い

濁音(例：だ)・半濁音(例：ぱ)・促音(例：タ**ッ**ク)・拗音(例：キ**ャ**)の文字の扱いは、区別する場合と無視する場合がある。区別する場合は、**特殊な記号**を用いることが多い。

これらを踏まえて、先ほど示した 例7 の仮名に対して、(数字＋アルファベット)がどのように対応しているかを改めて考えてみる。

例8　暗号で表すと、「横浜」は「5H, 5B, 1F, 1G」、「梅田」は「3A, 4G, (1D)」となる。

仮名と暗号の単位である(数字＋アルファベット)の対応は、次の通りである。

よ	こ	は	ま		う	め	だ	
5 H	5 B	1 F	1 G		3 A	4 G	(1	D)

❶　「G」はアルファベット順で7番目の文字である。母音は5種類しかないので、アルファベットが母音に対応しているとは考えにくい。よって、**アルファベットが子音、数字が母音に対応している**と推測できる。

❷　また、「だ」＝「(1D)」より、**濁音は「( )」で暗号化しており、「た」＝「1D」**であると推測できる。

<table>
<tr><td colspan="4">❶</td><td></td><td colspan="2"></td><td colspan="2">❷</td></tr>
<tr><td>よ</td><td>こ</td><td>は</td><td>ま</td><td></td><td>う</td><td>め</td><td colspan="2">だ</td></tr>
<tr><td>5 H</td><td>5 B</td><td>1 F</td><td>1 G</td><td></td><td>3 A</td><td>4 G</td><td>1</td><td>D</td></tr>
<tr><td>オ段</td><td>ヤ行</td><td>オ段</td><td>カ行</td><td>ア段</td><td>ハ行</td><td>ア段</td><td>マ行</td><td>ウ段</td></tr>
</table>

| オ段 | ヤ行 | オ段 | カ行 | ア段 | ハ行 | ア段 | マ行 | ウ段 | ア段 | エ段 | マ行 | ア段 | タ行 |

❸ 五十音表に対応させると次のようになる。

❸

		A	B		D			F	G	H		
		ア行	カ行	サ行	タ行	ナ行	ハ行	マ行	ヤ行	ラ行	ワ行
1	ア段	あ	か	さ	た	な	は	ま	や	ら	わ
	イ段	い	き	し	ち	に	ひ	み		り	
3	ウ段	う	く	す	つ	ぬ	ふ	む	ゆ	る	
4	エ段	え	け	せ	て	ね	へ	め		れ	
5	オ段	お	こ	そ	と	の	ほ	も	よ	ろ	を

❹ イ段は「2」、サ行は「C」、ナ行は「E」、ラ行は「I」、ワ行は「J」となる。

❹

		A	B	C	D	E	F	G	H	I	J
		ア行	カ行	サ行	タ行	ナ行	ハ行	マ行	ヤ行	ラ行	ワ行
1	ア段	あ	か	さ	た	な	は	ま	や	ら	わ
2	イ段	い	き	し	ち	に	ひ	み		り	
3	ウ段	う	く	す	つ	ぬ	ふ	む	ゆ	る	
4	エ段	え	け	せ	て	ね	へ	め		れ	
5	オ段	お	こ	そ	と	の	ほ	も	よ	ろ	を

白抜きの数字およびアルファベットが推測できる数字およびアルファベット

例題 2-29

ある暗号では、「秋の味覚」は「1，10，34，44，6，11」と表され、「リンゴ」は「55，64，(13)」と表される。

この暗号を用いて、「1，54，15，51，43」と表される観光地のある場所として、妥当なのはどれか。

❶ 京都府
❷ 東京都
❸ 山口県
❹ 熊本県
❺ 石川県

正解へのプロセス

1 例文の平文が示す文字数と暗号文の単位数の対応から、平文が示す文字を「仮名」と推測する。

❶ 同じ仮名に対応する暗号文の単位を見る。

❷ 連続する仮名に対応する暗号文の単位を見る。

❸ 暗号文の単位に2種類の文字が使われている場合は、**母音と子音を区別し**て考えてみる。

2 平文が示す文字が仮名と推測できたら、暗号文の単位を**五十音表に並べて**みる。単位に数字が使われている場合は、数字は必ずしも10進法の数字とは限らない。数字の種類が少ない場合は、他の進法を考えることも必要である。

3 五十音表に並べると、他の仮名に対応する暗号の単位もわかり、どのような規則で並んでいるかを推測できる。

解説

暗号の問題である。

平文が示す文字を推測する。例文では、「秋の味覚」をアルファベット(ローマ字)で示すと文字数は「ＡＫＩＮＯＭＩＫＡＫＵ」の11文字、仮名で示すと文字数は「あきのみかく」の6文字となる。「リンゴ」をアルファベット(ローマ字)で示すと文字数は「ＲＩＮＧＯ」の5文字、仮名で示すと文字数は「りんご」の3文字となる。また、「秋の味覚」を表す暗号文の単位数は「1，10，34，44，6，11」で、「，」で区切ると6単位、同様に、「リンゴ」を表す暗号文の単位数は「55，64，(13)」の3単

位である。よって、文字数と暗号文の単位数の対応から、平文が示す文字はアルファベットではなく仮名であると推測できる。また、連続する「き」、「く」は「10」、「11」と連続する数字が対応していることからも、仮名であると推測できる。①

1	10	34	44	6	11
あ	き	の	み	か	く

55	64	(13)
り	ん	ご

(13)=「ご」より、濁点を表す暗号は（　）で示されていると推測できる

　暗号文の単位には**数字の1種類**のみが使われているので、母音と子音の区別はないと推測できる。また、「あ」、「か」、「き」、「く」に着目すると、次のように、「あ」=「1」、「か」=「6」であるので、「い」=「2」、「う」=「3」、…のように数字が対応していると推測できる。しかし、「き」=「7」ではなく、「き」=「10」となっている点と、**例文の暗号文には7以上の数字が使われていない**点から、数字は10進法の数字ではなく**7進法の数字**が対応していると推測できる。②

仮　　　名	あ	い	う	え	お	か	き	く	…
暗号の単位	1					6	10	11	

↓

仮　　　名	あ	い	う	え	お	か	き	く	…
暗号の単位	1	2	3	4	5	6	10	11	⇦ 7進法
							7	8	⇦ 10進法

　五十音表に7進法の数字を対応させると次のようになり、特に矛盾しないので、この推測は正しいとわかる。③

あ	か	さ	た	な	は	ま	や	ら	わ	ん
1	6	14	22	30	35	43	51	54	62	64
い	き	し	ち	に	ひ	み		り		
2	10	15	23	31	36	44		55		
う	く	す	つ	ぬ	ふ	む	ゆ	る		
3	11	16	24	32	40	45	52	56		
え	け	せ	て	ね	へ	め		れ		
4	12	20	25	33	41	46		60		
お	こ	そ	と	の	ほ	も	よ	ろ	を	
5	13	21	26	34	42	50	53	61	63	

　表より、暗号文の「1，54，15，51，43」は、「1」=「あ」、「54」=「ら」、「15」=「し」、「51」=「や」、「43」=「ま」となるので、この暗号文が表すのは**嵐山**となる。そして、この観光地のある場所は**京都府**である。

問題1

　ある暗号で「ＨＡＺＥ」が「赤青黄，赤赤赤，青青黄，赤黄黄」、「ＧＵＳＴ」が「赤青赤，青赤青，青赤赤，青赤黄」で表されるとき、同じ暗号の法則で「黄青赤，黄黄青，黄黄黄，青青赤」と表されるのはどれか。

特別区Ⅰ類2014

1　「ＫＮＯＢ」

2　「ＰＩＮＫ」

3　「ＳＩＣＫ」

4　「ＰＯＮＹ」

5　「ＲＵＩＮ」

暗号の問題である。

平文が示す文字を推測する。例文では、「HAZE」の文字数は**4文字**、「GUST」の文字数は**4文字**である。「HAZE」を表す暗号文の単位数は「赤青黄，赤赤赤，青青黄，赤黄黄」で、「，」で区切ると**4単位**、同様に、「GUST」を表す暗号文の単位数は「赤青赤，青赤青，青赤赤，青赤黄」で**4単位**である。よって、文字数と暗号文の単位数の対応から、平文が示す文字は、そのまま**アルファベット**（英語）と推測できる。

赤青黄	赤赤赤	青青黄	赤黄黄
H	A	Z	E

赤青赤	青赤青	青赤赤	青赤黄
G	U	S	T

よって、アルファベット順に暗号文の単位を対応させていきたいが、漢字の「赤」、「青」、「黄」にはそもそも順番がない。そこで、**漢字が数字に対応していないか**と考える。例文より、暗号文に用いられている文字は、漢字の「赤」、「青」、「黄」の3種類の組合せしかなく、**使える漢字が限定されている**。このことから漢字を数字で表してみると、「0」、「1」、「2」の3種類を使った**3進法**の数字が連想される。

アルファベットのAは、暗号で「赤赤赤」であるので、「赤」＝「0」とすると、「赤赤赤」は3進法の数字で「000」と表すことができ、アルファベットのAに対応していることになる。したがって、アルファベットと3進法の数字の対応は次のようになる。

アルファベット	A	B	C	D	E	F	G	H	I	J	K	L	M
3進法の数字	000	001	002	010	011	012	020	021	022	100	101	102	110

アルファベット	N	O	P	Q	R	S	T	U	V	W	X	Y	Z
3進法の数字	111	112	120	121	122	200	201	202	210	211	212	220	221

上表の「S」、「T」、「U」に着目する。暗号文の単位と3進法の数字を照らし合わせると、下表のようになり、「赤」＝「0」、「黄」＝「1」、「青」＝「2」と対応し、この推測は正しいとわかる。

アルファベット	S			T			U		
3進法の数字	2	0	0	2	0	1	2	0	2
暗号文の単位	青	赤	赤	青	赤	黄	青	赤	青

　よって、暗号文の「黄青赤，黄黄青，黄黄黄，青青赤」は、3進法の数字では「120，112，111，220」となるので、アルファベットでは「PONY」と表すことができる。

ある暗号で「杉並」が「9÷3，－4÷2，5÷5，14÷7」、「板橋」が「2÷1，4÷4，－6÷6，6÷3」で表されるとき、同じ暗号の法則で「28÷7，－6÷2，45÷9」と表されるのはどれか。

特別区Ⅰ類2016

1 「足立」

2 「目黒」

3 「中野」

4 「豊島」

5 「渋谷」

　暗号の問題である。

　平文が示す文字を推測する。例文では、「杉並」を仮名で示すと文字数は「すぎな
み」の4文字、アルファベット（ローマ字）で示すと文字数は「SUGINAMI」
の8文字となる。「板橋」を仮名で示すと文字数は「いたばし」の4文字、アルファ
ベット（ローマ字）で示すと文字数は「ITABASHI」の8文字となる。また、
「杉並」を表す暗号文の単位数は「9÷3，−4÷2，5÷5，14÷7」で、「，」で区切る
と4単位（4つの割り算）、同様に、「板橋」を表す暗号文の単位数は「2÷1，4÷4，
−6÷6，6÷3」の4単位（4つの割り算）である。よって、1つの割り算に対して
1つの仮名が対応していると考えるのが自然であるので、平文が示す文字は仮名と
推測できる。

9÷3	−4÷2	5÷5	14÷7	2÷1	4÷4	−6÷6	6÷3
す	ぎ	な	み	い	た	ば	し

※「ぎ」、「ば」より、濁点を表す暗号はマイナスで表示されていると推測できる

　割り算での割る数に着目すると、「す」と「し」は「3」であり、「す」と「し」はサ
行であることより、サ行が「3」と考えられる。同様に、「い」は「1」であり、「い」
はア行であることより、ア行が「1」、「た」は「4」であり、「た」はタ行であるこ
とより、タ行が「4」と考えられる。よって、割る数は行（子音）を表していると推
測できる。

　また、実際に割り算を行うと、すべて割り切れるので、余りは0で特徴はない。
しかし、商は異なるので見ていくと、「い」、「し」、「み」は商2であり、「い」、
「し」、「み」はイ段であることより、イ段が「2」と考えられる。同様に、「た」と「な」
は商1であり、「た」、「な」はア段であることより、ア段が「1」、「す」は商3であ
り、「す」はウ段であることより、ウ段が「3」と考えられる。よって、商は段（母音）
を表していると推測できる。

　上記の内容を五十音表に整理し、残りの段・行を埋めると、次のように、段はア
段から1、2、3、4、5となり、行はア行から1、2、3、…10となる。

		1	2	3	4	5	6	7	8	9	10
		ア行	カ行	サ行	タ行	ナ行	ハ行	マ行	ヤ行	ラ行	ワ行
1	ア段	あ	か	さ	た	な	は	ま	や	ら	わ
2	イ段	い	き	し	ち	に	ひ	み		り	
3	ウ段	う	く	す	つ	ぬ	ふ	む	ゆ	る	
4	エ段	え	け	せ	て	ね	へ	め		れ	
5	オ段	お	こ	そ	と	の	ほ	も	よ	ろ	を

よって、「28÷7」は商4、割る数7より「め」、「−6÷2」は商「−3」、割る数2より「ぐ」、「45÷9」は商5、割る数9より「ろ」となり、「28÷7，−6÷2，45÷9」は「めぐろ」＝「**目黒**」を表している。

嘘つき発言

嘘つき発言は、公務員試験全般で出題が見られるテーマの1つですが、出題頻度はそこまで高くありません。発言の内容を比較すると手早く解くことはできますが、基本的には、「仮定を立てる」ことで、正答を導くことができます。

1 嘘つき発言の基本

　「嘘つき発言」とは、複数の人が発言をする中で、何人かが嘘の発言をしている、発言問題の一つである。嘘つき発言の問題では、各人の発言の内容を比較しながら、嘘つき、正直者を決めたり、嘘つきまたは正直者の人数や「正しい内容」を判断していく作業が中心となる。そのための条件の読み取りや情報の整理についての要点を以下に紹介していく。

1 条件の読み取り

① 嘘の発言から正しい内容を考える

　嘘の発言から正しい内容を考える場合は、嘘の発言内容を否定すればよい。これは、命題の否定と同じである。

「AとBのうち少なくとも1人は犯人である」が嘘の発言の場合

❶ 「AとBのうち少なくとも1人は犯人である」を全称命題と同じように記号化すると、「(Aは犯人である) ∨ (Bは犯人である)」と表すことができる。

❷ 「AとBのうち少なくとも1人は犯人である」が嘘の発言の場合、正しい内容は $\overline{(Aは犯人である ∨ Bは犯人である)}$ となる。ド・モルガンの法則を用いて書き換えると、$\overline{(Aは犯人である)} ∧ \overline{(Bは犯人である)}$ となる。

❸ つまり、正しい内容は、「AもBも2人とも犯人ではない」となる。

「CもDも2人とも犯人ではない」が嘘の発言の場合

❹ 「CもDも2人とも犯人ではない」を全称命題と同じように記号化すると、「(Cは犯人ではない) ∧ (Dは犯人ではない)」と表すことができる。

❺ 「CもDも2人とも犯人ではない」が嘘の発言の場合、正しい内容は $\overline{(Cは犯人ではない ∧ Dは犯人ではない)}$ となる。ド・モルガンの法則を用いて書き換えると、$\overline{(Cは犯人ではない)} ∨ \overline{(Dは犯人ではない)}$ ＝ (Cは犯人である) ∨ (Dは犯人である) となる。

❻ つまり、正しい内容は、「CとDのうち少なくとも1人は犯人である」となり、（ⅰ）Cのみ犯人である、（ⅱ）Dのみ犯人である、（ⅲ）CとDの2人とも犯人である、の3通りある。

注意 ただし、「犯人は1人」のような前提条件がある場合は、（ⅲ）は正しい内容からは除外する。

② 1人が2つの発言を行い、嘘が1つ含まれる場合

　嘘のつき方は2通りあるので、考えられる**正しい内容も2通り**ある。

例3　「EはFの次にゴールした」「GはHの次にゴールした」と1人が発言し、一方のみが嘘の発言の場合

　「**一方のみが嘘の発言**」より、発言は2つあり、嘘のつき方も2通りある。

❼　発言の前半が嘘の場合、「EはFの次にゴールした」が嘘であるので、正しい内容は、「EはFの次にゴールしなかった」、「GはHの次にゴールした」となる。

❼「EはFの次にゴールした」「GはHの次にゴールした」
∥
EはFの次にゴールしなかった／GはHの次にゴールした
正しい内容

❽　発言の後半が嘘の場合、「GはHの次にゴールした」が嘘であるので、正しい内容は、「EはFの次にゴールした」、「GはHの次にゴールしなかった」となる。

❽「EはFの次にゴールした」「GはHの次にゴールした」
∥
EはFの次にゴールした／GはHの次にゴールしなかった
正しい内容

　このように、考えられる**正しい内容は2通り**ある。

---

2 情報の整理

　嘘つき発言の問題では、複数人いる中の1人の発言に着目して、正直な発言／正直者(または、嘘の発言／嘘つき)と仮定する。その仮定をもとにして、順次、他の発言が正直な発言となるのか、嘘の発言となるのかを検討していく。

① 検討中に矛盾が生じたら

　他の発言内容を検討していく中で、最初の仮定や前提に矛盾が生じたなら、その仮定は成立しない。

(ア) 仮定との矛盾

　最初の仮定が矛盾するとは、例えば、Aの発言が正直と仮定したにも関わらず、他の発言を検討する中で、Aの発言は嘘となるなどのケースである。

(イ) 前提との矛盾

　前提に矛盾するとは、例えば、「嘘つきが3人いる」という前提があるにも関わらず、途中で、「嘘つきが4人」も出てしまうようなケースである。

② 検討中に矛盾が生じなかったら

　他の発言内容を検討していく中で、最初の仮定や前提に矛盾しないなら、その仮定は成立する。

例4　A～Cの3人がそれぞれ次のように発言をした。嘘つきが2人いるとするとだれとだれか。

　　A「Bは1位でゴールした」
　　B「私は1位でゴールしなかった」
　　C「Bは1位でゴールした」

❶ Aの発言が正直と仮定する。Aの発言は正直なので、「Bは1位でゴールした」ことがわかる。このことを受けて、Bの発言は嘘になり、Cの発言は正直とわかる。よって、**嘘つきはBのみである**ので、嘘つきが2人いるという前提に矛盾し、**この仮定は成立しない**。

　　　　　A「Bは1位でゴールした」⇔B「私は1位でゴールしなかった」
　　　　　❶ 正直な発言　　　　　　　　　嘘の発言
　　　　　　　　‖
　　　　　C「Bは1位でゴールした」

❷ Aの発言が嘘と仮定する。Aの発言は嘘なので、**正しい内容は「Bは1位でゴールしなかった」**となる。このことを受けて、Bの発言は正直になり、Cの発言は嘘であることがわかる。よって、**嘘つきはAとCであり**、前提に矛盾せず、**この仮定は成立する**。

　　　　　A「Bは1位でゴールした」⇔B「私は1位でゴールしなかった」
　　　　　❷ 嘘の発言　　　　　　　　　　正直な発言
　　　　　　　　‖
　　　　　C「Bは1位でゴールした」

A〜Eの5人が100m走を行ったが、その結果について、各自が次のように発言している。嘘をついている者が1人だけいるとするとその者は誰か。ただし、同じ順位の者はいなかった。

A「私もEも1位にはなれなかった。」
B「CとDは連続してゴールした。」
C「Bが2位で、Dが5位だった。」
D「Cは1位ではなかった。」
E「私はAよりも遅かったが、Bよりも早かった。」

① A
② B
③ C
④ D
⑤ E

正解へのプロセス

場合分け 嘘つき1人をAの場合、Bの場合、…、Eの場合とそれぞれ仮定して、発言を検討していく。

組合せ それぞれの仮定において、残りの4人は正直者なので、**正しい内容から順位を決めていく**。また、嘘の発言を考えるときは、発言内容を否定すれば、正しい内容となる。

1 仮定が途中で矛盾したり、前提（今回は嘘つき1人）に矛盾すると、その仮定は成立しない。

※ 矛盾の導き方は複数通りあるが、1通りの矛盾を見つければ判断には十分である。

解説

嘘つき発言の問題である。嘘つきが1人だけいるので、A〜Eがそれぞれ嘘つきの場合で考える。そして、それぞれの仮定において、残りの4人は正直者なので、**正しい内容から順位を決めていき矛盾の有無を見出す。** **場合分け**

〈Ａが嘘つきの場合〉

Ｃ「Ｂが２位でＤが５位」より、Ｂ＝２位、Ｄ＝５位である。さらに、Ｂ「ＣとＤは連続してゴール」より、Ｃ＝４位となる。そして、１位はＡまたはＥとなるので、確かにＡ「私もＥも１位にはなれなかった」は嘘の発言となる。 **組合せ**

1位	2位	3位	4位	5位
	B		C	D

C B A E
㊣ ㊣ ㊡ ㊡

しかし、Ｅ「私はＡよりも遅かったが、Ｂよりも早かった」に着目すると、これは、Ｂより前にＡとＥを含めて２人以上の者がゴールしたという内容なので、この発言は嘘となる。よって、嘘つきは１人だけという前提に矛盾する。 **1**

〈Ｂが嘘つきの場合〉

Ｃの発言より、Ｂ＝２位、Ｄ＝５位である。Ｄ「Ｃは１位ではなかった」より、Ｃ≠１位であり、Ｂの発言は嘘なので、Ｃ≠４位となる。よって、Ｃ＝３位となる。 **組合せ**

1位	2位	3位	4位	5位
	B	C		D

C D B A
㊣ ㊣ ㊡ ㊡

しかし、１位はＡまたはＥのどちらかとなり、Ａの発言に着目すると、Ａも嘘つきとなる。よって、嘘つきは１人だけという前提に矛盾する。 **1**

〈Ｃが嘘つきの場合〉

Ａの発言より、Ａ≠１位、Ｅ≠１位であり、Ｄの発言より、Ｃ≠１位である。そして、Ｅの発言が正直となるので、少なくともＢ≠１位である。よって、**１位はＤと決まる**。さらに、Ｂの発言よりＣは２位となり、Ｅの発言より、Ａが３位、Ｅが４位、Ｂが５位となる。この場合はすべての条件を満たす。 **組合せ**

1位	2位	3位	4位	5位
D	C	A	E	B

A D E B C
㊣ ㊣ ㊣ ㊣ ㊡

〈Ｄが嘘つきの場合〉

Ｃの発言より、Ｂ＝２位、Ｄ＝５位である。さらに、Ｂの発言より、Ｃ＝４位となる。 **組合せ**

1位	2位	3位	4位	5位
	B		C	D

C　B　D
㊣　㊣　嘘

しかし、この場合、Dは嘘つきにはならないので、仮定に矛盾する。 **1**

〈Eが嘘つきの場合〉

　Cの発言より、B＝2位、D＝5位である。さらに、Bの発言より、C＝4位となる。Bより前に2人以上がゴールしていないので、Eは嘘つきとなる。 **組合せ**

1位	2位	3位	4位	5位
	B		C	D

C　B　E　A
㊣　㊣　嘘　嘘

しかし、1位はAまたはEなので、同時にAも嘘つきとなる。よって、嘘つきは1人だけという前提に矛盾する。 **1**

正解 ❸

2 グループ分け

　例えば、ある人物が「Aは長男である」と発言し、別の人物が「Aは長男ではない」と発言した場合、2人の発言に食い違いが生じるため**両方とも正直な発言や両方とも嘘の発言であることはあり得ない**。つまり、「1人は正直者であり、もう1人は嘘つき」であるとわかる。このように、2人の発言を比較することで、2人を「正直者／嘘つき」のグループに分けることができるケースがある。

1 2人の発言を比較する

　2人の発言を比較することで、2人を「正直者／嘘つき」のグループに分けることができる。

① 発言内容が同じ場合

　同じ内容の発言をした2人は、**2人とも正直者グループか2人とも嘘つきグループ**になる。

例5
　B「Aは長男である」、C「Aは長男である」

　BとCは同じ内容の発言をしているので、「正直／嘘つき」のグループに分けると、2人とも正直者グループか2人とも嘘つきグループとなる。

　　正直者　　　　　嘘つき
　　[B C] または [B C]

② 発言内容が逆の場合

　逆の内容の発言をした2人は、**2人のうち1人は正直者グループ、もう1人は嘘つきグループ**になる。

例6
　B「Aは長男である」、C「Aは長男ではない」

　BとCは逆の内容の発言をしているので、仮にAが長男だとすると、Bは正直者、Cは嘘つきとなり、仮にA以外が長男だとすると、Bは嘘つき、C

正直者　　嘘つき
[B]　　[C]
または
正直者　　嘘つき
[C]　　[B]

は正直者となる。つまり、「正直／嘘つき」のグループに分けると、2人のうち1人は正直者グループ、もう1人は嘘つきグループになる。

③ 発言内容が両立しない場合

両立しない内容の発言をした2人は、2人のうち少なくとも1人は嘘つきグループになる。

例7 B「今日は土曜日である」、C「今日は日曜日である」

BとCは「今日」について、まったく**別々の内容の**発言をしているので、仮に今日が土曜日だとすると、Bは正直者、Cは嘘つきとなり、仮に、今日が日曜日だとすると、Bは嘘つき、Cは正直となる。また、仮に、今日が月曜日だとすると、BもCも嘘つきとなる。つまり、**2人とも正直者グループであることはあり得ない。**

2 他の人物の発言の真偽についての発言

「本当のことを言っている」や「嘘を言っている」といった発言についても、「正直者／嘘つき」のグループに分けることができる。

例8 B「Aは本当のことを言っている」

Bが正直者と仮定する。Bの発言は正直なので、Aは本当のことを言う人、つまり、**Aは正直者**である。
Bが嘘つきと仮定する。Bの発言は嘘なので、Aは本当のことを言わない人、つまり、**Aは嘘つき**である。
このように、**2人とも正直者グループか2人とも嘘つきグループ**となる。

例9 B「Aは嘘を言っている」

　Bが正直者と仮定する。Bの発言は正直なので、Aは嘘を言う人、つまり、Aは嘘つきである。

　Bが嘘つきと仮定する。Bの発言は嘘なので、Aは嘘を言わない人、つまり、Aは正直者である。

　このように、2人のうち1人は正直者グループ、もう1人は嘘つきグループになる。

3 発言内容を言い換える

　条件から発言の内容を言い換えると、2が利用できる。

例10 　携帯電話を持っている人は正直者で、携帯電話を持っていない人は嘘つきである。
　B「Aは携帯電話を持っている」
　D「Cは携帯電話を持っていない」

　Bは「Aは正直者である」、Dは「Cは嘘つきである」と発言していることと同じなので、BとAは、2人とも正直者グループか2人とも嘘つきグループとなる。DとCは、2人のうち1人は正直者グループ、もう1人は嘘つきグループになる。

　　　A～Eの5人のうちE以外の4人がそれぞれ次のように発言をした
が、この4人のうち嘘つきが2人いる。嘘つき2人の組合せとして正しいのはどれ
か。

A「Bは嘘を言っている。」
B「Cは本当のことを言っている。」
C「Dは嘘を言っている。」
D「Eは嘘を言っている。」

1　AとB
2　BとC
3　BとD
4　CとD
5　DとA

正解へのプロセス

組合せ　2人の発言を比較することで、2人の「正直者／嘘つき」のグループに分
けることができる。

新情報　最終的に、それぞれのグループが正直者グループか嘘つきグループかがわ
かるケースもある。

解説

　嘘つき発言の問題である。A「Bは嘘を言っている」より、AとBのうち1人は正
直者、もう1人は嘘つきとなる。ただし、この段階では、どちらが正直者でどちら
が嘘つきかはわからないので、グループが異なることだけを表記しておく（図1）。

$$\boxed{\text{A}}\quad\boxed{\text{B}}$$
図1

　B「Cは本当のことを言っている」より、BとCの2人とも正直者グループか2人
とも嘘つきグループとなる。ただし、この段階では、2人が属するのが正直者グ
ループなのか嘘つきグループなのかはわからないので、グループが同じことだけを
表記しておく（図2）。

図2

　C「Dは嘘を言っている」より、CとDのうち1人は正直者、もう1人は嘘つきとなる。ただし、この段階では、どちらが正直者または嘘つきかはわからないので、グループが異なることだけを表記しておく(図3)。

図3

　D「Eは嘘を言っている」より、DとEのうち1人は正直者、もう1人は嘘つきとなる。ただし、この段階では、どちらが正直者または嘘つきかはわからないので、グループが異なることだけを表記しておく(図4)。**組合せ**

図4

　グループは、正直者と嘘つきの2つしかない。図1と2よりAとCは異なるグループであり、図2と3より、BとDは異なるグループであるので、AとDは同じグループとなる(図5)。図4より、DとEは異なるグループなので、図5より、(BとCとE)が同じグループで(AとD)が同じグループとなり、前提が「嘘つき2人」なので、(AとD)が嘘つきグループ、(BとCとE)が正直者グループとなる(図6)。**新情報**

AD	BC

図5

嘘つき AD	正直者 BCE

図6

正解 **⑤**

③ 正直者・嘘つき以外で仮定

　これまでは、ある人物の発言が「正直」または「嘘」で仮定を立てるアプローチだった。ここでは、「犯人が1人」や「くじに当たった人が1人」、「女性が1人」などの**該当者1人がだれかで仮定を立てるアプローチ**について、紹介していく。

1 仮定ごとに検討する

　「Aが犯人ならば」のような仮定において、各人の発言が正直な発言となるのか、嘘の発言となるのかを検討していく。

例11　A～Dの4人のうち1人だけが女性であった。4人に性別に関して聞いたところ、次のような答えが返ってきた。嘘をついている者が3人いるとすると、女性はだれか。
　　A「女性はBである」
　　B「Cは女性ではない」
　　C「AとDは男性である」
　　D「私は女性ではない」

女性1人をA～Dでそれぞれ仮定を立てる。

❶　**Aが女性と仮定する。** Aの発言は嘘、Bの発言は正直、Cの発言は嘘、Dの発言は正直となる。よって、Aが女性と仮定すると、**嘘つきは2人**となり、この仮定は前提に矛盾し成立しない。

❶〈Aが女性の場合〉正直な発言:○、嘘の発言:×

	A	B	C	D
発言	×	○	×	○

…嘘つき2人

❷　**Bが女性と仮定する。** Aの発言は正直、Bの発言は正直、Cの発言は正直、Dの発言は正直となる。よって、Bが女性と仮定すると、**嘘つきは0人**となり、この仮定は前提に矛盾し成立しない。

❷〈Bが女性の場合〉

	A	B	C	D
発言	○	○	○	○

…嘘つき0人

❸ Cが女性と仮定する。Aの発言は嘘、Bの発言は嘘、Cの発言は正直、Dの発言は正直となる。よって、Cが女性と仮定すると、**嘘つきは2人**となり、この仮定は前提に矛盾し成立しない。

❸〈Cが女性の場合〉

	A	B	C	D
発言	×	×	○	○

…嘘つき2人

❹ Dが女性と仮定する。Aの発言は嘘、Bの発言は正直、Cの発言は嘘、Dの発言は嘘となる。よって、Dが女性と仮定すると、**嘘つきは3人**となり、この仮定は前提に矛盾せず成立する。
　　よって、女性はDである。

❹〈Dが女性の場合〉

	A	B	C	D
発言	×	○	×	×

…嘘つき3人

---

2 各人の発言を中心に考える

例11のように、4人がそれぞれ女性であると仮定して、4人の発言を1つずつ検討するのは、各人の発言を何度も検討しなければならないので大変である。よって、**表を作成し各人の発言を中心に考えて**、タテ方向に○×を入れていく方が速く解ける。

例12

A〜Dの4人のうち1人だけが女性であった。4人に性別に関して聞いたところ、次のような答えが返ってきた。嘘をついている者が3人いるとすると、女性はだれか。

A「女性はBである」
B「Cは女性ではない」
C「AとDは男性である」
D「私は女性ではない」

❺ 女性の候補（A、B、C、D）を**タテ軸**、発言者（A、B、C、D）を**ヨコ軸**に並べた表を作成する。

❺

　　　　　　（ヨコ軸）発言者

	A	B	C	D	嘘つき
A					
B					
C					
D					

（タテ軸）女性の候補

❻　A「女性はBである」は、Bが女性の場合のみ正直な発言となり、B以外が女性の場合は嘘の発言となる。よって、Aの発言をタテに見て、上から×○××の順に書き入れる。

❼　B「Cは女性ではない」は、Cが女性の場合のみ嘘の発言となり、C以外が女性の場合は正直な発言となる。よって、Bの発言をタテに見て、上から○○×○の順に書き入れる。

❽　C「AとDは男性である」は、AとDが女性の場合のみ嘘の発言となり、BとCが女性の場合は正直な発言となる。よって、Cの発言をタテに見て、上から×○○×の順に書き入れる。

❾　D「私は女性ではない」は、Dが女性の場合のみ嘘の発言となり、D以外が女性の場合は正直な発言となる。よって、Dの発言をタテに見て、上から○○○×の順に書き入れる。

よって、3人が嘘つきの場合の女性はDである。

	❻ A	❼ B	❽ C	❾ D	嘘つき
A	×	○	×	○	2人
B	○	○	○	○	0人
C	×	×	○	○	2人
D	×	○	×	×	3人

例題 2-32 A〜Eの5人のうち1人だけが宝くじに当たった。以下は5人の発言であるが、このうち3人が嘘をついているとすると、宝くじに当たった者はだれか。

A「私は当たっていない。」
B「Aは本当のことを言っている。また、Cははずれた。」
C「Bは嘘をついている。」
D「当たったのはCかEだ。」
E「当たったのはBかCだ。」

❶ A
❷ B
❸ C
❹ D
❺ E

正解へのプロセス

場合分け 該当者である「宝くじに当たった1人」について仮定を立てる。

1 前提を満たしたものが正解となる。

解説

嘘つき発言の問題である。

[解法1] 仮定ごとに検討する

宝くじに当たった1人をA〜Eでそれぞれ仮定を立てる。そして、それぞれの仮定において5人の発言が正直となるか、嘘となるかを検討する(○:正直な発言、×:嘘の発言)。**場合分け**

〈Aが宝くじに当たった〉

A「私は当たっていない」は嘘の発言、B「Aは本当のことを言っている①、また、Cははずれた②」は、①は嘘の発言、②は

A	B	C	D	E	嘘つき
×	×	○	×	×	4人

正直な発言であり、全体としてBは嘘つきとなる。また、C「Bは嘘をついている」
は正直な発言、D「当たったのはCかEだ」は嘘の発言、E「当たったのはBかCだ」
は嘘の発言となる。よって、この場合の嘘つきは4人となり、この仮定は前提に矛
盾し成立しない。

〈Bが宝くじに当たった〉

　Aは正直者、B「Aは本当のことを言っ
ている①、また、Cははずれた②」は、①は
正直な発言、②も正直な発言であり、全体
としてBは正直者となる。また、Cは嘘つ

A	B	C	D	E	嘘つき
○	○	×	×	○	2人

き、Dは嘘つき、Eは正直者となる。よって、この場合の嘘つきは2人となり、こ
の仮定は前提に矛盾し成立しない。

〈Cが宝くじに当たった〉

　Aは正直者、B「Aは本当のことを言っ
ている①、また、Cははずれた②」は、①は
正直な発言、②は嘘の発言であり、全体と
してBは嘘つきとなる。また、Cは正直

A	B	C	D	E	嘘つき
○	×	○	○	○	1人

者、Dは正直者、Eは正直者となる。よって、この場合の嘘つきは1人となり、こ
の仮定は前提に矛盾し成立しない。

〈Dが宝くじに当たった〉

　Aは正直者、B「Aは本当のことを言っ
ている①、また、Cははずれた②」は、①は
正直な発言、②も正直な発言であり、全体
としてBは正直者となる。また、Cは嘘つ

A	B	C	D	E	嘘つき
○	○	×	×	×	3人

き、Dは嘘つき、Eは嘘つきとなる。よって、この場合の嘘つきは3人となり、こ
の仮定は前提を満たし成立する。 **①**

〈Eが宝くじに当たった〉

　Aは正直者、B「Aは本当のことを言っ
ている①、また、Cははずれた②」は、①は
正直な発言、②も正直な発言であり、全体
としてBは正直者となる。また、Cは嘘つ

A	B	C	D	E	嘘つき
○	○	×	○	×	2人

き、Dは正直者、Eは嘘つきとなる。よって、この場合の嘘つきは2人となり、こ

の仮定は前提に矛盾し成立しない。

[解法2] 各人の発言を中心に考える

A「私は当たっていない」は、Aが当たった場合のみ嘘の発言となり、A以外の人が当たった場合は、正直な発言となる。…①

D「当たったのはCかEだ」は、Cが当たった場合とEが当たった場合は、正直な発言となり、この2人以外の人が当たった場合は、嘘の発言となる。…②

E「当たったのはBかCだ」は、Bが当たった場合とCが当たった場合は、正直な発言となり、この2人以外の人が当たった場合は、嘘の発言となる。…③

ここまでの内容をまとめたのが表1である。

発言者

表1	A	B	C	D	E
A	×			×	×
B	○			×	○
C	○			○	○
D	○			×	×
E	○			○	×

当たった人

① ② ③

B「Aは本当のことを言っている」より、この発言だけから判断すればBとAの2人とも正直者グループか2人とも嘘つきグループとなる。よって、A、Bの列の○×の入り方は一致する。しかし、Bの発言の後半に「Cははずれた」とあるので、Cが当たった場合のみAの発言は正直となるが、Bは嘘つきとなる。…④

C「Bは嘘をついている」より、CとBのうち1人は正直者グループ、もう1人は嘘つきグループとなる。よって、B、Cの列の○×の入り方は逆になる。…⑤

上記の内容を表1に加えたものが表2である。

発言者

表2	A	B	C	D	E	嘘つき
A	×	×	○	×	×	4人
B	○	○	×	×	○	2人
C	○	×	○	○	○	1人
D	○	○	×	×	×	3人
E	○	○	×	○	×	2人

当たった人

④ ⑤

表2より、嘘つきが3人となるのは、Dが当たった場合となる。

正解 ❹

問題1　喫茶店で、A〜Eの5人がコーヒーまたは紅茶のいずれか1種類の飲み物を注文し、それぞれ次のように発言した。

A「BとCはコーヒーを注文した。」
B「Cは紅茶を注文した。」
C「DとEはコーヒーを注文した。」
D「Aは紅茶を注文して、Bはコーヒーを注文した。」
E「Cはコーヒーを注文して、Dは紅茶を注文した。」

　ところが、あとで確認したところ、コーヒーを注文した者の発言は本当であり、紅茶を注文した者の発言は、人物は本当であるが注文した飲み物の一部または全部がうそであることがわかった。このとき、実際にコーヒーを注文した者の組合せとして、正しいものはどれか。

警視庁Ⅰ類2012

1　AとC

2　AとD

3　BとD

4　BとE

5　CとE

解説

コーヒーを注文した者の発言は本当であるので、選択肢より、正直者の組合せを考える問題である。

[解法1]　1人の発言に着目して、場合分けして検討する
〈Aがコーヒーを注文した場合〉

Aの発言は本当であるので、Aの発言より、BとCはコーヒーを注文したことになる。よって、Bの発言は本当となり、Bの発言より、Cは紅茶を注文したことになる。しかし、Cの注文した飲み物についてAとBの発言に矛盾が生じるので、この仮定は成立せずAはコーヒーを注文した者ではないことがわかる。

〈Bがコーヒーを注文した場合〉

Bの発言は本当であるので、Bの発言より、Cは紅茶を注文したことになり、Cの発言にはうそが含まれることになる。Cの注文した飲み物は紅茶であるので、Aの発言の「Cはコーヒーを注文した」とEの発言の「Cはコーヒーを注文した」はうそになり、AとEの発言の内容にうそが含まれ、AとEはうそつきとなる。よって、AとEの注文した飲み物は紅茶となる。このとき、Dの発言には矛盾が生じないので、Dの発言は本当となり、Dはコーヒーを注文し、この仮定は成立する。以上より、コーヒーを注文した者はBとDであることがわかる。この時点で、正解は❸となる。

ちなみに、CがコーヒーをEを注文した場合とEがコーヒーを注文した場合は矛盾することを示しておく。

〈Cがコーヒーを注文した場合〉

Cの発言は本当であるので、Cの発言より、DとEはコーヒーを注文したことになる。よって、Eの発言は本当となり、Eの発言より、Dは紅茶を注文したことになる。しかし、Dの注文した飲み物についてCとEの発言に矛盾が生じるので、この仮定は成立せずCはコーヒーを注文した者ではないことがわかる。

〈Eがコーヒーを注文した場合〉

Eの発言は本当であるので、Eの発言より、Cはコーヒーを注文して、Dは紅茶を注文したことになる。よって、Cの発言は本当となり、Cの発言より、Dはコー

ヒーを注文したことになる。しかし、Dの注文した飲み物についてCとEの発言に矛盾が生じるので、この仮定は成立せずEはコーヒーを注文した者ではないことがわかる。

[解法2] 発言内容を言い換える

コーヒーを注文＝「正直者」、紅茶を注文＝「うそつき」とできるので、各人の発言を言い換えると、次のようになる。

A「BとCは正直者」
B「Cはうそつき」
C「DとEは正直者」
D「Aはうそつきで、Bは正直者」
E「Cは正直者で、Dはうそつき」

Bの発言に着目すると、(B，C) ＝(正直者，うそつき)または(うそつき，正直者)の2通りが考えられる。よって、場合分けをして検討する。

〈Bが正直者、Cがうそつきの場合〉

A「Cは正直者」はうそなので、Aはうそつきとなり、E「Cは正直者」はうそなので、Eもうそつきとなる。したがって、D「Aはうそつきで、Bは正直者」は正しいので、Dは正直者となり、特に矛盾しない。

〈Bがうそつき、Cが正直者の場合〉

C「DとEは正直者」は正しいので、DとEは正直者となる。しかし、D「Bは正直者」はうそとなり、Dはうそつきとなってしまうので、矛盾する。

　ある小学校の児童A〜Eの5人に夢の職業について尋ねたところ、それぞれ次のように発言した。

A「私の夢の職業はサッカー選手であり、Cの夢の職業はパイロットである。」
B「私の夢の職業はサッカー選手であり、Dの夢の職業は医者である。」
C「私の夢の職業はパイロットであり、Bの夢の職業はサッカー選手である。」
D「私の夢の職業は医者であり、Eの夢の職業はパティシエである。」
E「私の夢の職業はパティシエであり、Aの夢の職業は弁護士である。」

　5人のそれぞれの発言のうち、一方は事実であり、他方は事実と異なっているとき、確実にいえるのはどれか。ただし、5人の夢の職業はサッカー選手、パイロット、医者、パティシエ、弁護士のいずれか1つだけであり、夢の職業が同じ児童はいない。

東京都Ⅰ類2012

---

① Aの夢の職業は弁護士であり、Dの夢の職業はパイロットである。

② Bの夢の職業はパティシエであり、Eの夢の職業はサッカー選手である。

③ Cの夢の職業はパイロットであり、Aの夢の職業はパティシエである。

④ Dの夢の職業はサッカー選手であり、Cの夢の職業は医者である。

⑤ Eの夢の職業は医者であり、Bの夢の職業は弁護士である。

　各人が2つの発言をしている問題である。各人の2つの発言を、前半と後半とに分け、Aの発言について仮定を立てて検討する。

〈Aの発言の前半が事実であり、後半が事実と異なる場合〉

　Aの夢の職業がサッカー選手であることは事実となり、Cの夢の職業がパイロットであることは事実と異なる。よって、Cの発言の前半は事実と異なり、後半は事実となる。しかし、Aの夢の職業とBの夢の職業がともにサッカー選手となり、夢の職業が同じ児童はいないという前提に矛盾する（表1：事実は○、事実と異なるは×）。

表1	前半		後半	
A	A サ	○	C パイ	×
B	B サ		D 医	
C	C パイ	×	B サ	○
D	D 医		E パテ	
E	E パテ		A 弁	

矛盾

〈Aの発言の前半が事実と異なり、後半が事実である場合〉

　Aの夢の職業がサッカー選手であることは事実と異なり、Cの夢の職業がパイロットであることは事実となる。よって、Cの夢の職業はパイロットとなるので、Cの発言の前半は事実となり、後半は事実と異なる。さらに、Bの夢の職業がサッカー選手ではないので、Bの発言の前半は事実と異なり、後半は事実となる（表2）。

　表2より、Dの夢の職業が医者となるので、Dの発言の前半は事実となり、後半は事実と異なる。さらに、Eの夢の職業がパティシエではないので、Eの発言の前半は事実と異なり、後半は事実となる（表3）。

表2	前半		後半		
A	A	サ	×	C	パイ	○
B	B	サ	×	D	医	○
C	C	パイ	○	B	サ	×
D	D	医		E	パテ	
E	E	パテ		A	弁	

表3	前半		後半		
A	A	サ	×	C	パイ	○
B	B	サ	×	D	医	○
C	C	パイ	○	B	サ	×
D	D	医	○	E	パテ	×
E	E	パテ	×	A	弁	○

　改めて、夢の職業を考えると、表3より、Cはパイロット、Dは医者、Aは弁護士となる。そして、Bの夢の職業はサッカー選手ではないので、パティシエとなり、Eの夢の職業はサッカー選手となる。

　　　A～Eの5人が次のように述べているとき、確実に言えるのはどれか。ただし、5人はそれぞれ正直者又はうそつきのいずれかであり、うそつきは発言中の下線部が虚偽であるものとする。

国家専門職2015

A「Bは<u>うそつきである</u>。」
B「Cは<u>うそつきである</u>。」
C「Dは<u>うそつきである</u>。」
D「Eは<u>うそつきである</u>。」
E「AとBは<u>2人ともうそつきである</u>。」

1　　Aは正直者である。

2　　Dは正直者である。

3　　Eは正直者である。

4　　うそつきは2人である。

5　　うそつきは4人である。

「正直者／うそつき」のグループに分けることができる問題である。

　Aの発言より、AとBのうち1人は正直者、もう1人はうそつきとなる。同様に、Bの発言より、BとCのうち1人は正直者、もう1人はうそつきとなる。よって、AとCは同じグループとなる（図1）。

$$\boxed{\text{AC}}\quad\boxed{\text{B}}$$
図1

　Cの発言より、CとDのうち1人は正直者、もう1人はうそつきとなるので、BとDは同じグループとなる（図2）。

$$\boxed{\text{AC}}\quad\boxed{\text{BD}}$$
図2

　Dの発言より、DとEのうち1人は正直者、もう1人はうそつきとなるので、AとCとEは同じグループとなる（図3）。

$$\boxed{\text{ACE}}\quad\boxed{\text{BD}}$$
図3

　最後に、Eの発言を見ると、「AとBは2人ともうそつきである」と発言しており、図3よりAとBのグループは異なることから、Eはうそつきと決まる。よって、（A，C，E）はうそつきグループ、（B，D）は正直者グループとなる（図4）。

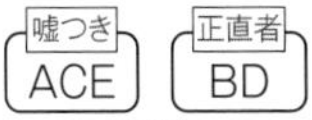

$$\boxed{\overset{\text{嘘つき}}{\text{ACE}}}\quad\boxed{\overset{\text{正直者}}{\text{BD}}}$$
図4

サッカー場にいたA、B、C、Dと野球場にいたE、F、Gの計7人が次のような発言をした。このうち2人の発言は正しく、残りの5人の発言は誤っているとき、正しい発言をした2人の組合せとして、確実にいえるのはどれか。ただし、7人のうちラーメンが好きな人は2人である。

特別区Ⅰ類2016

A「Cの発言は誤りである。」
B「サッカー場にいた4人はラーメンが好きではない。」
C「Aはラーメンが好きである。」
D「A、Cの発言はいずれも誤りである。」
E「ラーメンが好きな2人はいずれもサッカー場にいた。」
F「私はラーメンが好きではない。」
G「E、Fの発言のうち少なくともいずれかは正しい。」

1 A　B

2 A　G

3 B　F

4 E　D

5 F　G

　正しい発言をした2人の組合せを考える問題である。Aの発言に着目する。Aの発言が正しいならCの発言は誤りであり、Aの発言が誤りならCの発言は正しい。どちらにおいても、**AとCの発言のうち1つは正しく、もう1つは誤りであることがわかる**。このことを踏まえ、Dの発言に着目すると、Dの発言は誤りとわかる。

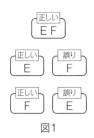

図1

　Gの発言に着目する。Gの発言が正しいなら、E、Fの発言のうち少なくともいずれかは正しい。具体的には、(E，F) = (㊣，㊣) または (E，F) = (㊣, ㊦) または (E，F) = (㊦, ㊣) の3通りある(図1)。

　しかし、この場合、正しい発言をする者が、(A，Cのうち1人)、(G)、(E，Fのうち1人または2人)と3人以上となるので、前提に矛盾する。よって、Gの発言は誤りとわかる。誤りとわかったGの発言を正しい内容に直すと「EとFの発言は2人とも誤り」となる。ここまでを整理すると、表1となる。

表1	A	B	C	D	E	F	G
正誤				誤	誤	誤	誤

AとCのうち1人は正しく、もう1人は誤り

　Fの発言は誤りなので、Fはラーメンが好きとわかり、ここまでをまとめると表2のようになる。正しい発言をした2人のうち1人はAまたはCなので、Bの発言は正しいとわかり、サッカー場にいたA、B、C、Dはラーメンが好きではないとわかる。よって、Cの発言は誤りとなるので、Aの発言が正しいとわかる。ラーメンが好きなもう1人はEまたはGとまでしかわからない(表3)。

表2	A	B	C	D	E	F	G
正誤				誤	誤	誤	誤
場所	サ	サ	サ	サ	野	野	野
ラーメン						○	

表3	A	B	C	D	E	F	G
正誤	正	正	誤	誤	誤	誤	誤
場所	サ	サ	サ	サ	野	野	野
ラーメン	×	×	×	×		○	

　　　　A～Eの5人がある検定試験を受け、このうちの1人が合格した。5人に試験の結果を聞いたところ、次のような返事が返ってきた。このとき、本当のことを言っているのが1人のみだとすると、確実にいえるのはどれか。

特別区Ⅰ類2017

A「合格はDでも私でもない。」
B「合格はCかEのどちらかである。」
C「合格はAでもBでもない。」
D「合格はAか私のどちらかである。」
E「合格はBでも私でもない。」

① 　Aは、本当のことを言っている。

② 　Bは、本当のことを言っている。

③ 　Cは、本当のことを言っている。

④ 　Dは、本当のことを言っている。

⑤ 　Eは、本当のことを言っている。

正直者・嘘つき以外で仮定を立てる問題である。合格した1人をA〜Eでそれぞれ仮定を立て、それぞれの仮定において、5人の発言を検討していく。その際、**各人の発言を中心に見ていく。**

❶ Aの発言は、Aが合格した場合とDが合格した場合は嘘の発言となり、この2人以外の人が合格した場合は本当の発言となる。

❷ Bの発言は、Cが合格した場合とEが合格した場合は本当の発言となり、この2人以外の人が合格した場合は嘘の発言となる。

❸ Cの発言は、Aが合格した場合とBが合格した場合は嘘の発言となり、この2人以外の人が合格した場合は本当の発言となる。

❹ Dの発言は、Aが合格した場合とDが合格した場合は本当の発言となり、この2人以外の人が合格した場合は嘘の発言となる。

❺ Eの発言は、Bが合格した場合とEが合格した場合は嘘の発言となり、この2人以外の人が合格した場合は本当の発言となる。

上記の内容をまとめたのが次の表（○：本当の発言、×：嘘の発言）となり、**Bが合格した場合に本当のことを言っているのがAの1人となる。**

発言者

	❶ A	❷ B	❸ C	❹ D	❺ E	正直者
A	×	×	×	○	○	2人
B	○	×	×	×	×	1人
C	○	○	○	×	○	4人
D	×	×	○	○	○	3人
E	○	○	○	×	×	3人

（左端の縦書き：合格した人）

なお、本問は、「本当のことを言っているのが1人のみ」なので、正直者がだれであるかで仮定を立てて考えてもよい。

11 操作手順

この節では、一般的によく知られている操作手順の問題を取り扱います。この手の問題では、操作手順の「最小回数」を考えることが多く、ここでいう最小回数とは、偶然の場合は除かれるものとし、規則的な操作手順を考えることが求められます。

公式が存在する問題もあるので、必ず、一度は解いておくとよいでしょう。

❶ 偽コイン探し

「偽コイン探し」とは、本物と重さの異なる1枚の偽コインを、上皿天秤を使って見つけ出す場合の上皿天秤を使用する最小回数を求める問題である。ここでは、偽コインの重さが本物より軽いか重いかが分かっている場合の問題を取り扱う。

1 操作手順

全体を、枚数がなるべく等しくなるように3つのグループに分けて計量していく。そして最後に、2枚または3枚になった時点で、あと1回で計量が終わる。

例1

9枚のコインの中に、本物より重さが軽い偽物のコインが1枚紛れている。この偽物1枚を、上皿天秤を使って見つけるのに必要な最小回数はいくらか。

9枚のコインを、Ⓐ～Ⓘとし、3つのグループに分ける。Ⅰ(Ⓐ, Ⓑ, Ⓒ)、Ⅱ(Ⓓ, Ⓔ, Ⓕ)、Ⅲ(Ⓖ, Ⓗ, Ⓘ)とする。

1回目にⅠとⅡを計る。予想される結果は、次の3ケースである。

・釣り合う⟹Ⅲの中に偽物が含まれている。
・Ⅰが軽い⟹Ⅰの中に偽物が含まれている。
・Ⅱが軽い⟹Ⅱの中に偽物が含まれている。

　　　　　　　　　　　　　　　　　　　Ⅰ(Ⓐ,Ⓑ,Ⓒ)
　　　　　　　　　　　　　　　　　　　Ⅱ(Ⓓ,Ⓔ,Ⓕ)
　　　　　　　　　　　　　　　　　　　Ⅲ(Ⓖ,Ⓗ,Ⓘ)

どのケースでも1回目で3枚まで絞ることができる。

1回目 ⅠとⅡを計る

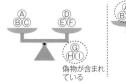 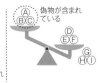 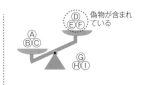

⇨ いずれにしても1回目の計量で3枚に絞られる

　2回目に偽物が含まれている3枚のうち2枚を計る。例えば、Ⅲに偽物が含まれている場合、ⒼとⒽを計る。予想される結果は、次の3ケースである。

・釣り合う ⇨ Ⓘが偽物

・Ⓖが軽い ⇨ Ⓖが偽物

・Ⓗが軽い ⇨ Ⓗが偽物

どのケースでも2回目で偽物を見つけることができる。

2回目 2枚を計る 例 Ⅲの中に偽物がある場合、ⒼとⒽを計る

 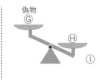

⇨ いずれにしても2回目の計量で偽物を見つけることができる

注意 コインの枚数が3の倍数でないときは、2つのグループは同枚数、もう1つのグループは、±1枚差に分け、同枚数の2つのグループを上皿天秤で計量する。

$\begin{cases} 50枚のコイン ⇨ 16枚、17枚、17枚に分け、17枚と17枚を計量する \\ 61枚のコイン ⇨ 20枚、20枚、21枚に分け、20枚と20枚を計量する \end{cases}$

2 公式を利用する

上皿天秤の最小使用回数

　N枚のコインの中に偽物が1枚あり、本物より重さが「重い」または「軽い」とわかっているとき、上皿天秤を使って、偽物1枚を見つけ出すのに必要な最小回数は、$3^{k-1} < N \leqq 3^k$を満たすkの値である。

公式を使うと、9枚のコインのうち、本物より軽い偽物1枚を見つけ出すのに必要な最小回数は、$3^{2-1} < 9 \leqq 3^2$ より、**2回**である。

② 渡河問題

「渡河問題」とは、**1隻のボートで手前岸から向かい岸に川を渡るとき**のボートを使用する**最小回数を求める**問題である。

1 乗り方の組合せ

子どもと大人や男性と女性のような複数の種類の人物がボートに乗るにあたって、「漕げる・漕げない」や「乗れる人数」に関して設定がある。まず、条件を満たす**乗り方のすべての組合せを書き出しておく**。

例2 　男性2人と女性3人がボート1隻を使って対岸に渡る。女性はボートを漕げず、一度にボートに乗れる人数は2人までである。

「女性はボートを漕げない」、「一度にボートに乗れる人数は2人まで」より、乗り方の組合せは、❶男性1人、❷男性2人、❸男性1人と女性1人の3通りである。

乗り方の組合せ
❶男性1人
❷男性2人
❸男性1人と女性1人

---

2 操作手順

ボートを漕げて、**多く乗れる種類のものを活用**して、その他の種類のものを移動させるとよい。このとき、**無駄な移動、堂々めぐりとなる移動はしない**ようにする。上記の 例2 でいうと、ボートを漕げて、多く乗れる種類のものは**男性**であるので、**男性を活用**して、**女性を移動**させることを考えるとよい。

例題 2-33

川に1隻のボートがあり、大人4人と子ども3人がボートを用いて対岸に渡ろうとしている。このボートには子どもが3人乗ることはできるが、大人と子どもが同時に乗ることや、大人が2人以上乗ることはできない。この7人全員がなるべく少ない回数で対岸に渡るとき、ボートが川を渡る回数として、妥当なのはどれか。

ただし、片道の移動を1回と数えるものとする。

1 13回
2 15回
3 17回
4 19回
5 21回

正解へのプロセス

1 乗り方のすべての組合せを書き出しておく。

2 ボートを漕げて、多く乗れる種類のものを活用して、他の種類のものを移動させるとよい。

3 繰り返しの移動は n 倍すればよい。

解説

ボートに乗れる組合せは、(大人1人)、(子ども1人)、(子ども2人)、(子ども3人)の4通りがある。**1**

大人と子どもを比較したとき、ボートを漕げて、多く乗れるのは子どもである。また、**子ども2人で移動させるより子ども3人で移動させた方が移動回数は少ない**ので、**子ども2人の移動は考えない**。

まず、大人1人が対岸に移動するのに必要な移動回数を考える。

① 子ども3人で対岸に移動する。
② 子ども2人を残して、子ども1人で戻る。
③ 大人1人で対岸に移動する。
④ 対岸にいる子ども1人で戻る。

この4回の移動を図(👤:大人、👤:子ども)で示すと次のようになる。

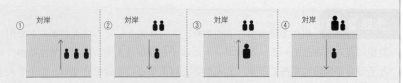

さらに、対岸には子ども1人が残っているので、ボートを戻すことを考える。

⑤　大人1人で対岸に移動する。

⑥　対岸にいる子ども1人で戻る。

この2回の移動を図で示すと次のようになる。 **2**

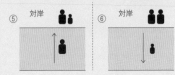

大人2人の移動に**6回**かかるので、大人4人であれば、**6×2＝12**［回］の移動が必要となる。 **3**

最後は、⑬子ども3人で対岸に移動すればよいので、最小の移動回数は13回となる。

正解 **1**

③ 油分け算

「油分け算」とは、容量の異なる2つの容器を使って、樽から油を汲み、目標の容量を取り出すのに**最低何回の移し替え操作が必要か**を考える問題であり、一般的に、**目標の容量は全容量を2等分した容量である場合**が多い。

1 操作手順

樽、容器には目盛りはついていないので、**容器の容量の差を利用して移し替えを行う**。樽を「**大**」、容量の異なる2つの容器を「**中**」、「**小**」として、次のように移し替える。

❶ 「**大**」から「**中**」に移し替える

❷ 「**中**」から「**小**」に移し替える

❸ 「**小**」からもとの「**大**」に移し替えて、目標の容量になるまで、❶ ⇒ ❷ ⇒ ❸ を繰り返す。

> **注意** 移し替えた後の内訳が、**それ以前にも現れていた内訳と同じである場合**は、堂々めぐりになるので、**その移し替えは行わず、次の移し替えを行う**。例えば、移し替えの過程で、❶「大 ⇒ 中」を行うと、以前にも現れた内訳と同じ内訳となった場合、この移し替えは行わず、次の❷「中 ⇒ 小」の移し替えを行う。

例3

8Lの油が入っている樽がある。5Lの容器Aと3Lの容器Bを用いて、4Lずつに分けたい。最低何回の移し替え操作が必要か。

	樽(8L)	A(5L)	B(3L)
はじめ	8 ①	0	0
1回目後	3	5 ②	0
2回目後	3 ③	2	3
3回目後	6	2 ④	0
4回目後	6 ⑤	0	2
5回目後	1	5 ⑥	2
6回目後	1 ⑦	4	3
7回目後	4	4	0

> 4回目の操作(④)を「樽 ⇒ A」とすると、1回目後(3L,5L,0L)と同じになり、堂々めぐりになるので行わない。よって、④「A ⇒ B」を行う。

> 5回目の操作(⑤)を「B ⇒ 樽」とすると、はじめ(8L,0L,0L)と同じになり、堂々めぐりになるので行わない。よって、⑤「樽 ⇒ A」を行う。

手順に従えば、①～⑦の**7回**の移し替えで4Lずつに分けることができる。

2 グラフを利用する

1本の直線が1回の操作を表す。直線は途中で止めずグラフの端まで伸ばす。その後、45°になるように直線を伸ばす。

例4　　8Lの油が入っている樽がある。5Lの容器Aと3Lの容器Bを用いて、4Lずつに分けたい。最低何回の移し替え操作が必要か。

　グラフのヨコ軸を容器Aの量、タテ軸を容器Bの量とする。1回目の操作をAから行う場合とBから行う場合で、2通り考えてみる。

〈A（5L）から移し替えた場合〉

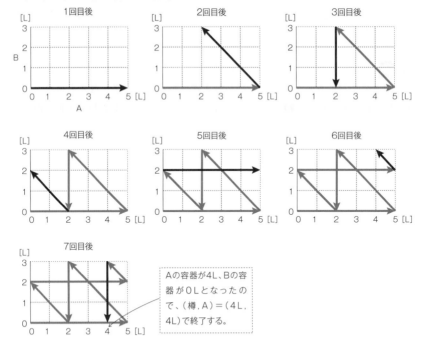

Aの容器が4L、Bの容器が0Lとなったので、（樽, A）＝（4L, 4L）で終了する。

〈B（3L）から移し替えた場合〉

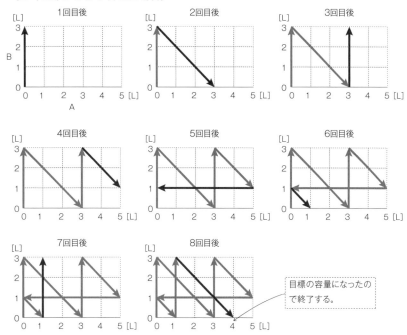

目標の容量になったので終了する。

B（3L）から移し替えた場合は、A（5L）から移し替えた場合より操作が1回多い。

❹ ハノイの塔

「ハノイの塔」とは、大きさの異なる円盤を、次のルールに従って移動させるときの**最小回数**を求める問題である。

> ・円盤は一度に1枚しか移動できない
> ・小さい円盤の上に大きい円盤を乗せることはできない

1 操作手順

例5　中央に穴の空いた大きさの異なる3枚の円盤が、図のように小さい円盤が上になるように3本の杭の一つに積み重ねられている。いま、次のルールに従って3枚の円盤を右端の杭に移動させるときの最小の移動回数はいくつか。

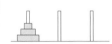

・円盤は一度に1枚しか移動できない
・小さい円盤の上に大きい円盤を乗せることはできない

実際の移動のし方は、図のようになり、最小の移動回数は**7回**である。

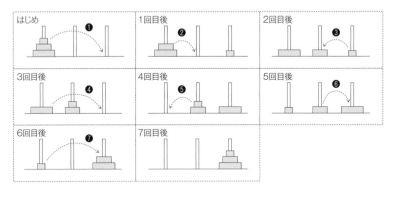

2 公式を利用する

　偽コイン探し、油分け算などのように、操作の手順が単純ではないので、ハノイの塔の問題では、最小の移動回数を求めるには公式を利用する方がよい。

ハノイの塔の最小移動回数

　円盤の数が n 枚のとき、最少の移動回数は、$2^n - 1$ ［回］である。

　例えば円盤が3枚のとき、移動回数は、$2^3 - 1 = 7$ ［回］である。

5 必勝ゲーム

　「必勝ゲーム」とは、2人で碁石や球などを指定された範囲内で交互に取っていき、最後の碁石や球を**取った方**、または**取らなかった方**を勝ちとするゲームの問題である。

1 操作手順

　碁石や球を先に取る方を**先手**、後に取る方を**後手**といい、**先手必勝**と**後手必勝**の問題がある。いずれにおいても**最後の状態から手順を逆に見ていく**ことで、**勝ち手の碁石や球の取り方に規則性が現れる。**

例6

　袋の中に碁石が14個あって、AとBの2人が互いに袋の中から1回に1個から3個までの範囲の個数の碁石を取っていき、最後の碁石を取った方を勝ちとする。Aから先に取り始めると、先手必勝になるためには、Aは始めに何個の碁石を取ればよいか。

　先手のAが最後の14個目を取るために、手順を逆に見ていく。**勝つAによって、ゲームはコントロールされているので**、Aが残す碁石の個数を考える。

❶　Aが1〜3個の碁石を残してBの手番としてしまうと、Bは1〜3個の碁石を取ることができるので、Aは14個目の碁石を取ることができず負けてしまう。

Bが取り、Aは⑭を取ることができない

❷　このことからAは4個残してBの手番と
すれば、必ず14個目を取ることができ、
Aは勝つことができる。

Bは3個までしか取れないので、
Aは⑭を取ることができる

❸　Aが4個残すためには、必ず10個目を取っておかなければならない。同様に、
10個目を取るためには6個目、6個目を取るためには2個目をそれぞれ取って
おかなければならない。

❹　したがって、Aは最初に2個取り、その
後Bが取った個数と合わせて合計4個ずつ
取っていけば、必ず、Aは、6個目、10
個目、14個目の碁石を取ることができる。

❹Aは最初に2個取ればよい　　　　　❸

┃ 2 ┃ 公式を利用する

規則性から、次のような公式を導くことができる。

必勝ゲーム

・「相手の取った個数」+「自分の取った個数」を「取れる最少個数+最多個数」に
するように、勝つ人が最初からゲームをコントロールする。
・先手必勝の場合、最初に取るべき個数は、次のように求めることができる。
　　最少個数+最多個数 = n [個] とする。

❶　最後の1個を取ったら勝ちである場合は、**前提の個数を n で割った余りを取れ
ばよい。** 上記の 例6 なら、**14÷（1+3）**より、余り2個であるので、Aは最初
に2個取ればよい。ただし、余りがなければ、後手必勝となる。
❷　最後の1個を取らなかったら勝ちである場合は、**前提の個数から1個を引いた
個数を n で割った余りを取ればよい。**

問題1　24枚のコインのうち、1枚は偽物で本物のコインよりも軽く、他の23枚は全て本物で同じ重さである。1台の天秤を使って確実に偽物のコインを特定するために使用する天秤の最少の使用回数として、最も妥当なのはどれか。

警視庁Ⅰ類2017

1　2回

2　3回

3　4回

4　5回

5　6回

偽コイン探しの問題である。

[解法1]　3つのグループに分けて、計量していく
〈1回目〉
　24枚を8枚、8枚、8枚に分け、いずれかの2つの8枚グループを天秤で計量する。釣り合わなければ、軽い方の8枚グループに偽物が含まれ、釣り合えば、天秤に乗せていない8枚グループに偽物が含まれている。

〈2回目〉
　偽物が含まれている8枚グループを2枚、3枚、3枚に分け、3枚グループの2つを天秤で計量する。釣り合わなければ、軽い方の3枚グループに偽物が含まれ、釣り合えば、天秤に乗せていない2枚グループに偽物が含まれている。

〈3回目〉
　偽物が3枚グループに含まれている場合、1枚、1枚、1枚に分け、いずれかの2つの1枚を天秤で計量する。釣り合わなければ、軽い方の1枚が偽物と判断でき、釣り合えば、天秤に乗せていない1枚が偽物と判断できる。また、偽物が2枚グループに含まれている場合、1枚、1枚と分け、天秤で計量する。釣り合わないので、軽い方の1枚が偽物と判断できる。

　2回目の計量で、偽物が3枚グループまたは2枚グループのどちらに含まれていようが、偽物のコインを特定するために使用する天秤の最少回数は3回である。

はじめ	24		
1回目	8	8	8
2回目	3	3	2
3回目	1	1	1

[解法2]　公式で解く
　$3^{3-1} < 24 \leqq 3^3$ より、24枚は天秤3回で調べることができる。

問題2　樽に12Lのワインが入っている。このワインを5Lの升Aと7Lの升Bを使って6Lずつに分けることにした。最少の回数で分けるには、何回の移し替え操作が必要か。ただし、ワインは樽に戻してもよく、樽と升A、樽と升B及び升Aと升Bの間でワインを移すごとに1回の操作と数えるものとする。

特別区Ⅰ類2011

1　10回

2　11回

3　12回

4　13回

5　14回

油分け算の問題である。

[解法1] 書き出す
次のように、11回の移し替えで6L、6Lに分けることができる。

	樽(12L)	B(7L)	A(5L)
はじめ	12	0	0
1回目後	5	7	0
2回目後	5	2	5
3回目後	10	2	0
4回目後	10	0	2
5回目後	3	7	2
6回目後	3	4	5
7回目後	8	4	0
8回目後	8	0	4
9回目後	1	7	4
10回目後	1	6	5
11回目後	6	6	0

4回目の操作(④)を「樽→B」とすると、1回目後と同じになり、堂々めぐりとなるので行わない。

5回目の操作(⑤)を「A→樽」とすると、はじめと同じになり、堂々めぐりとなるので行わない。

8回目の操作(⑧)を「樽→B」とすると、1回目後と同じになり、堂々めぐりとなるので行わない。

9回目の操作(⑨)を「A→樽」とすると、はじめと同じになり、堂々めぐりとなるので行わない。

11回目で(6L,6L)となり、終了

[解法2] グラフで解く
次のように、11回の移し替えで6L、6Lに分けることができる。

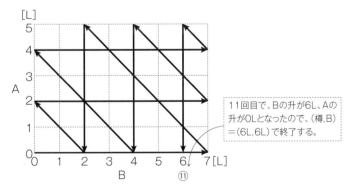

11回目で、Bの升が6L、Aの升が0Lとなったので、(樽,B) =(6L,6L)で終了する。

問題3

　図のように、A～Cの3本の棒が立っており、Aの棒には①～④の数字が書かれた4枚の円盤が、上から①、②、③、④の順に重なっている。これらの円盤をCの棒に同じ順になるように移すとき、円盤を移動させる最小の回数として、最も妥当なのはどれか。ただし、円盤は1回の移動につき1枚ずつ他の棒に動かすものとし、小さい数字の円盤の上に大きい数字の円盤を重ねることはできないものとする。

警視庁Ⅰ類2016

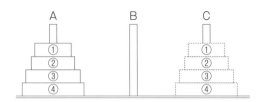

1　7回

2　9回

3　13回

4　15回

5　19回

ハノイの塔の問題である。

公式より、円盤を移動させる最小の回数は、$2^4 - 1 = 15$［回］である。

問題4 AとBの2人が20個の小球を使い、次のア～ウのルールに従ってゲームをしたとき、Aが最初にある個数の小球を取れば必ず勝つことができるが、その数として最も妥当なのはどれか。

東京消防庁Ⅰ類2008

ア　A、Bが20個の小球から、交互に1個以上、5個以下の小球を取る。

イ　Aが先手で、最後の小球を取ったものが勝ちとする。

ウ　一度取った小球は、元に戻すことはできない。

1　1個

2　2個

3　3個

4　4個

5　5個

解説

先手必勝ゲームの問題である。

［解法１］　手順を逆に見ていき、規則性を見つける

　先手のＡが最後の20個目を取るために、手順を逆に見ていく。勝つＡによってゲームはコントロールされているので、Ａが残す小球の個数を考える。Ａが１～５個のいずれかを残してＢの手番としてしまうと、Ｂは１～５個のいずれかを取ることができるので、Ａは20個目を取ることができず負けてしまう。このことから、Ａが**６個残せ**ば、必ず20個目を取ることができ、勝つことができる。

　Ａが６個残すためには、必ず**14個目**を取っておかなければならない。同様に、Ａが14個目を取るためには、**８個目**を取っておかなければならない。さらに、Ａが８個目を取るためには**２個目**を取っておかなければならない。したがって、Ａは**最初に２個取り**、その後、Ｂの取った個数と合わせて**合計６個**となるように取っていけば、必ず、Ａは８個目、14個目、20個目を取れる。

①　②　③　④　⑤　⑥　⑦　⑧　⑨　⑩
⑪　⑫　⑬　⑭　⑮　⑯　⑰　⑱　⑲　⑳

［解法２］　公式で解く

　$n＝1＋5＝6$であるので、$20÷6$より、**余り２**となる。よってＡは最初に２個取れば勝てる。

付録

様々な計算

　ここでは数的処理で使う様々な計算のうち、本編中に取り
上げ切れなかったものをまとめておきますので、参考にして
ください。

❶ 約分・通分

❶では、分母と分子が自然数である分数について論じる。

1 約分

分数の分母と分子を、**分母と分子の（1を除く）公約数で割る**ことを「約分する」という。

例1

$\dfrac{24}{30}$を約分する。

$\dfrac{24}{30}$において、分母と分子である30と24の最大公約数を、連除法（連結はしご算）を用いて計算すれば[1]、下のようになる。

$$\boxed{\text{24と30の最大公約数}\atop =2\times3=6} \longrightarrow \begin{array}{r|l} 2) & 30,\ 24 \\ \hline 3) & 15,\ 12 \\ \hline & 3,\ \ 4 \end{array}$$

24と30の公約数は最大公約数30の約数であるので、30の約数である、1、2、3、6が24と30の公約数である。したがって、$\dfrac{24}{30}$の分母と分子を、1を除く公約数で割ると、次のようになる[2]。

分母と分子を公約数2で割る；$\dfrac{24}{30}=\dfrac{24\div2}{30\div2}=\dfrac{12}{15}$

---

1 連除法や最大公約数、以下で登場する「互いに素」については、第1章第4節整数の性質に記載がある。

2 例えば、「$\dfrac{24}{30}$の分母と分子を公約数2で割る」とき、「割り算は逆数の掛け算」であるから、$\dfrac{24\div2}{30\div2}$

$=\dfrac{24\times\frac{1}{2}}{30\times\frac{1}{2}}=\dfrac{24}{30}\times\dfrac{\frac{1}{2}}{\frac{1}{2}}=\dfrac{24}{30}\times1$と見れば、結果的には「1を掛けている」ことになる。通分や有理化でも1を掛けているが、1であれば掛けても割っても値が変わらないことが、分数の変形の原理になっている。

分母と分子を公約数 3 で割る；$\dfrac{24}{30} = \dfrac{24 \div 3}{30 \div 3} = \dfrac{8}{10}$

分母と分子を(最大)公約数 6 で割る；$\dfrac{24}{30} = \dfrac{24 \div 6}{30 \div 6} = \dfrac{4}{5}$

したがって、$\dfrac{24}{30} = \dfrac{12}{15} = \dfrac{8}{10} = \dfrac{4}{5}$ が成り立ち、**大きな公約数で分母と分子を割るほど、分母と分子は小さくなる**[3]。

---

2 可約分数・既約分数

例1 の「$\dfrac{24}{30}$ の分母と分子を公約数 2 で割った $\dfrac{12}{15}$」は分母と分子をさらに 3 で割り、$\dfrac{12}{15} = \dfrac{12 \div 3}{15 \div 3} = \dfrac{4}{5}$ まで約分することができる。また、「$\dfrac{24}{30}$ の分母と分子を公約数 3 で割った $\dfrac{8}{10}$」も分母と分子をさらに 2 で割り、$\dfrac{8}{10} = \dfrac{8 \div 2}{10 \div 2} = \dfrac{4}{5}$ まで約分することができる。一方、$\dfrac{4}{5}$ はこれ以上分母と分子を割ることができないのでこれ以上約分できず、分母 5 と分子 4 は互いに素になる。

分母と分子が約分できる分数を「**可約分数**」、これ以上約分できない分数を「**既約分数**」という。既約分数では**分母と分子が互いに素**になる。

このように、既約分数になるまで約分するには、**分母と分子をこれらの最大公約数で割れ**ばよい。

3 通 分

2 つ以上の分数について、**分母の値が同じ値になるように分数を変形する**ことを「通分する」という。

通分する際は次の 2 点に注意する。

❶ 通分するときは、**分母を最小公倍数に揃える**。
❷ 変形をする際は分数の値が変わらないように分数全体に 1 を掛ける（同値変形）。

---

[3] 約分して、分母と分子を小さな分数にすることを、慣例的に「簡単な分数にする」ということがある。

例2

$\dfrac{3}{8}$ と $\dfrac{5}{12}$ を通分する。

分母である 8 と 12 の最小公倍数を、連除法（連結はしご算）を用いて計算すれば、下のようになる。

$$\boxed{\begin{array}{l}8 と 12 の最小公倍数 \\ =2^3 \times 3 = 24\end{array}} \longrightarrow \begin{array}{r} 2)\ \ 8,\ 12 \\ 2)\ \ 4,\ \ 6 \\ \hline 2,\ \ 3 \end{array}$$

したがって、$\dfrac{3}{8}$ と $\dfrac{5}{12}$ を通分するには、分母を24にすればよい。そのためには、$\dfrac{3}{8}$ の分母には3を、$\dfrac{5}{12}$ の分母には2を掛ければよい。しかし、**分数の値を変えず変形しなければいけないので、分数全体には1を掛ける**。したがって、$\dfrac{3}{8}$ には $\dfrac{3}{3}$ $(=1)$ を、$\dfrac{5}{12}$ には $\dfrac{2}{2}$ $(=1)$ を掛ければよい。このとき、$\dfrac{3}{8} \times \dfrac{3}{3} = \dfrac{3 \times 3}{8 \times 3} = \dfrac{9}{24}$、

$\dfrac{5}{12} \times \dfrac{2}{2} = \dfrac{5 \times 2}{12 \times 2} = \dfrac{10}{24}$ となる。

よって、$\dfrac{3}{8} = \dfrac{9}{24}$、$\dfrac{5}{12} = \dfrac{10}{24}$ である。

例3

$\dfrac{3}{10}$ と $\dfrac{8}{15}$ と $\dfrac{7}{12}$ を通分する。

分母である10と15と12の最小公倍数を、連除法（連結はしご算）を用いて計算すれば、下のようになる。

$$\boxed{\begin{array}{l}10 と 15 と 12 の最小公倍数 \\ =2 \times 3 \times 5 \times 1 \times 1 \times 2 = 60\end{array}} \longrightarrow \begin{array}{r} 2)\ \ 10,\ 15,\ 12 \\ 3)\ \ \ 5,\ 15,\ \ 6 \\ 5)\ \ \ 5,\ \ 5,\ \ 2 \\ \hline 1,\ \ 1,\ \ 2 \end{array}$$

したがって、$\dfrac{3}{10}$ と $\dfrac{8}{15}$ と $\dfrac{7}{12}$ を通分するには、分母を60にすればよい。そのためには、$\dfrac{3}{10}$ の分母には6を、$\dfrac{8}{15}$ の分母には4を、$\dfrac{7}{12}$ の分母には5を掛ければよい。

しかし、**分数の値を変えず変形しなければいけないので、分数全体には1を掛ける**。したがって、$\dfrac{3}{10}$ には $\dfrac{6}{6}(=1)$ を、$\dfrac{8}{15}$ には $\dfrac{4}{4}(=1)$ を、$\dfrac{7}{12}$ には $\dfrac{5}{5}(=1)$ を掛ければよい。このとき、$\dfrac{3}{10}\times\dfrac{6}{6}=\dfrac{3\times6}{10\times6}=\dfrac{18}{60}$、$\dfrac{8}{15}\times\dfrac{4}{4}=\dfrac{8\times4}{15\times4}=\dfrac{32}{60}$、$\dfrac{7}{12}\times\dfrac{5}{5}=$

$\dfrac{7\times5}{12\times5}=\dfrac{35}{60}$ となる。

よって、$\dfrac{3}{10}=\dfrac{18}{60}$、$\dfrac{8}{15}=\dfrac{32}{60}$、$\dfrac{7}{12}=\dfrac{35}{60}$ である。

---

② 因数分解

　数式が積の形で表されるとき、積の一つ一つを「**因数**」といい、数式を因数の積に変形することを「**因数分解**」という。逆に、積の形をした式をバラバラにして、和や差の式に変形することを「**展開**」という。**因数分解と展開は逆の操作になる**。

　因数分解にはいくつかの方法がある。

1 最大公約数と共通因数のくくり出し

例4

　$6x^3+9x^2$ を因数分解する。

　まずは、式中の数字の部分（係数）を取り出し、6と9の最大公約数を求める。6と9は大きな数ではないので、連除法（連結はしご算）を使わず、素因数分解して**共通する素因数の個数（指数）が最小である素因数の積を取り出すことで、最大公約数を求める**。$6=2^1\times3^1$、$9=3^2$ と素因数分解すれば、共通する素因数3の個数（指数）が最小なのは 3^1 の方であるから、$3^1=3$ が6と9の最大公約数である。よって、3がくくり出せる。

　また、文字の部分 x^3 と x^2 を取り出せば、共通因数は x^2 であるから、x^2 でくくり出

せる。

　したがって、2つを掛け合わせた$3x^2$がくくり出せる。この$3x^2$が$6x^3$と$9x^2$の共通因数である。

　$6x^3$を$3x^2$で割ると、$\dfrac{6x^3}{3x^2}=2x$となるので、$6x^3=3x^2\times 2x$である。また、$9x^2$を

$3x^2$で割ると、$\dfrac{9x^2}{3x^2}=3$となるので、$9x^2=3x^2\times 3$である。よって、$6x^3+9x^2=$

$3x^2\times 2x+3x^2\times 3=3x^2\times(2x+3)$となり、共通因数$3x^2$がくくり出せる。

---

2 次数（式に使われている文字の指数）の低い文字について整理する

例5

　　式$xy-2x-y+2$を因数分解する。

　式$xy-2x-y+2$は、文字xについては2乗以上の項がないので1次式であり、文字yについても2乗以上の項がないので1次式である。xについてもyについても同次式（1次式）であるので、どちらの文字について整理しても同じであり、以下ではxについて**整理**する（□$x+$△の形に変形する）。

　式$xy-2x-y+2$をxについて整理すると$xy-2x-y+2=(y-2)x-y+2$となる。xに無関係の項は$-y+2=-(y-2)$と直せるので、$(y-2)x-y+2=(y-2)x-(y-2)$となり、共通因数$(y-2)$がくくり出せる。すると、$(y-2)x-(y-2)=(y-2)(x-1)$となる。

　一連の作業をまとめれば、$xy-2x-y+2=(y-2)(x-1)$となる。

　※　方程式$xy-2x-y+2=0$を解く場合は、因数分解して$(y-2)(x-1)=0$の形にして、掛けて0になるのは（いずれかの因数）$=0$であることを用いる。このとき、$y-2=0$または$x-1=0$であり、この方程式の解は$x=1$、$y=2$である。

3 公式を使う

展開・因数分解の公式

❶ $x^2 + 2xy + y^2 = (x + y)^2$

❷ $x^2 - y^2 = (x + y)(x - y)$

❸ $x^2 + (a + b)x + ab = (x + a)(x + b)$

❹ $acx^2 + (ad + bc)x + bd = (ax + b)(cx + d)$ ［たすき掛けの公式 4］

例6

式 $25x^2 - 4y^2$ を因数分解する。

係数25、4が平方数であり、$25 = 5^2$、$4 = 2^2$であるから、$25x^2 - 4y^2 = (5x)^2 - (2y)^2$となる。よって、因数分解の公式❷が使えて、$(5x)^2 - (2y)^2 = (5x + 2y)(5x - 2y)$となる。

以上より、$25x^2 - 4y^2$は$(5x + 2y)(5x - 2y)$となる。

※　方程式$25x^2 - 4y^2 = 0$を解く場合は、因数分解して$(5x + 2y)(5x - 2y) = 0$の形にして、**掛けて0になるのは(いずれかの因数)＝0**であることを用いる。このとき、$5x + 2y = 0$または$5x - 2y = 0$である。なお、これより先には論理を進めることができないので、この方程式の解(x, y)は定まらない。方程式$25x^2 - 4y^2 = 0$は2次の不定方程式である。

4　因数分解する際に、「たすき掛け」のような作業を行うことがあることから命名されている。作業の詳細は❹で説明する。

❸ 有理化

　大雑把にいえば、有理化とは分母から$\sqrt{}$を取り除く変形のことである[5]。平方根や$\sqrt{}$の基本事項については、第1章第9節で説明している。

　有理化する際は次の3点に注意する。

❶ 　$\sqrt{a}$とは「2乗するとaになる負でない数」であるから、$(\sqrt{a})^2 = a$が成り立つ。したがって、$\sqrt{}$は2乗して取り除く。

❷ 　変形をする際は分数の値が変わらないように分数全体に1を掛ける（同値変形）。

❸ 　分母が$\sqrt{}$を含む2数からなる場合、展開公式❷ $(x+y)(x-y) = x^2 - y^2$を用いて変形する。

例7

$\dfrac{10}{\sqrt{5}}$の分母を有理化する。つまり、$\dfrac{10}{\sqrt{5}}$の分母から$\sqrt{}$を取り除く。

$(\sqrt{5})^2 = 5$より、分母に$\sqrt{5}$を掛けて変形する。分母と分子に$\sqrt{5}$を掛けて、分数全体には$\dfrac{\sqrt{5}}{\sqrt{5}} = 1$を掛けることで同値変形すると次のように有理化できる。

$$\frac{10}{\sqrt{5}} = \frac{10}{\sqrt{5}} \times \frac{\sqrt{5}}{\sqrt{5}} = \frac{10 \times \sqrt{5}}{\sqrt{5} \times \sqrt{5}} = \frac{10\sqrt{5}}{(\sqrt{5})^2} = \frac{\cancel{10}\sqrt{5}}{\cancel{5}} = 2\sqrt{5}$$

例8

$\dfrac{1}{\sqrt{3}+\sqrt{2}}$の分母を有理化する。つまり、$\dfrac{1}{\sqrt{3}+\sqrt{2}}$の分母から$\sqrt{}$を取り除く。

　展開公式❷ $(x+y)(x-y) = x^2 - y^2$より、分母の$\sqrt{3}+\sqrt{2}$には、「＋」の部分を「－」に変えた$\sqrt{3}-\sqrt{2}$を掛けて変形する。$(\sqrt{3})^2 = 3$、$(\sqrt{2})^2 = 2$より、$(\sqrt{3}+\sqrt{2})(\sqrt{3}-\sqrt{2}) = (\sqrt{3})^2 - (\sqrt{2})^2 = 3 - 2 = 1$となり、$\sqrt{}$が取り除かれる。そこで、分母と分子に$\sqrt{3}-\sqrt{2}$を掛けて、分数全体には$\dfrac{\sqrt{3}-\sqrt{2}}{\sqrt{3}-\sqrt{2}} = 1$を掛けることで同値変形をすると、次のように有理化できる。

5　有理数とは$\dfrac{整数}{整数}$で表される数であり、正確にいえば、分母から有理数でない数（無理数）$\sqrt{}$を取り除き、有理数にする同値変形を「分母の有理化」という。

$$\frac{1}{\sqrt{3}+\sqrt{2}}=\frac{1}{\sqrt{3}+\sqrt{2}}\times\frac{\sqrt{3}-\sqrt{2}}{\sqrt{3}-\sqrt{2}}=\frac{1\times(\sqrt{3}-\sqrt{2})}{(\sqrt{3}+\sqrt{2})\times(\sqrt{3}-\sqrt{2})}=\frac{\sqrt{3}-\sqrt{2}}{3-2}=\sqrt{3}-\sqrt{2}$$

例9

$\dfrac{\sqrt{3}+1}{\sqrt{3}-1}$ の分母を有理化する。つまり、$\dfrac{\sqrt{3}+1}{\sqrt{3}-1}$ の分母から $\sqrt{}$ を取り除く。

　展開公式❶ $(x-y)(x+y)=x^2-y^2$ より、分母の $\sqrt{3}-1$ には、「$-$」の部分を「$+$」に変えた $\sqrt{3}+1$ を掛けて変形する。$(\sqrt{3})^2=3$ より、$(\sqrt{3}-1)(\sqrt{3}+1)=(\sqrt{3})^2-1^2$ $=3-1=2$ となり、$\sqrt{}$ が取り除かれる。そこで、分母と分子に $\sqrt{3}+1$ を掛けて、分数全体には $\dfrac{\sqrt{3}+1}{\sqrt{3}+1}=1$ を掛けることで同値変形をすると、次のように有理化できる。後半の変形では展開公式 $(x+y)^2=x^2+2xy+y^2$ を用いた。

$$\frac{\sqrt{3}+1}{\sqrt{3}-1}=\frac{\sqrt{3}+1}{\sqrt{3}-1}\times\frac{\sqrt{3}+1}{\sqrt{3}+1}=\frac{(\sqrt{3}+1)\times(\sqrt{3}+1)}{(\sqrt{3}-1)\times(\sqrt{3}+1)}=\frac{(\sqrt{3}+1)^2}{3-1}$$

$$=\frac{(\sqrt{3})^2+2\sqrt{3}+1}{2}=\frac{2\sqrt{3}+4}{2}=\frac{2(\sqrt{3}+2)}{2}=\sqrt{3}+2$$

❹ 2次方程式

　公務員試験では、2次方程式 $ax^2+bx+c=0$ $(a\neq0)$ の解の求め方は、次の3つの方法がある。

1 ▷ 因数分解の公式

　因数分解の公式である、$x^2+(a+b)x+ab=(x+a)(x+b)$ や $acx^2+(ad+bc)x+bd=(ax+b)(cx+d)$［たすき掛けの公式］を用いて、因数分解をして解く。

2 ▷ 解の公式

　因数分解できない場合は、解の公式「$x=\dfrac{-b\pm\sqrt{b^2-4ac}}{2a}$」を使って解く。

選択肢に解の候補が並んでいるのであれば、逐次代入して方程式を満たす数を探す。

例10 2次方程式$x^2+4x+3=0$の解は、次のように**因数分解と解の公式の2つの方法**で求めることができる。

[解法1]　因数分解の公式で求める

x^2の係数が1であるから、$x^2+4x+3=x^2+(a+b)x+ab=(x+a)(x+b)$と変形していく。

左辺と中辺を見比べると、$a+b=4$、$ab=3$より、足して4、掛けて3になる2数a,bは1と3である。$x^2+4x+3=x^2+(1+3)x+1\times 3=(x+1)(x+3)$より、$x^2+4x+3=0$は$(x+1)(x+3)=0$と変形できる。

$(x+1)(x+3)=0$は$(x+1)\times(x+3)=0$より、掛けて0となるのは、$x+1=0$または$x+3=0$の2つの場合が考えられるので、$x=-1$または-3であることがわかる。したがって、$x^2+4x+3=0$の解は$x=-1$と-3の2つである。

[解法2]　解の公式で求める

$ax^2+bx+c=0$ $(a\neq 0)$の解は$x=\dfrac{-b\pm\sqrt{b^2-4ac}}{2a}$である。よって、$x^2+4x+3=0$の解は$a=1$、$b=4$、$c=3$として、解の公式に代入すれば、$x=\dfrac{-4\pm\sqrt{4^2-4\times 1\times 3}}{2\times 1}=\dfrac{-4\pm\sqrt{4}}{2}=\dfrac{-4\pm 2}{2}$より、$x=-1$、$-3$の2つである。

例11 2次方程式$2x^2+5x+2=0$の解は、次のように**因数分解と解の公式の2つの方法**で求めることができる。

[解法1]　因数分解の公式で求める

x^2の係数が2であるから、「たすき掛けの公式」を用いて$2x^2+5x+2=acx^2+(ad+bc)x+bd=(ax+b)(cx+d)$と変形していく。公式に当てはめて解くのではなく、以下の手順で因数分解できるとよい。

❶ はじめの数字 2 と最後の数字 2 について、「掛けて 2 になるもの」を考える。その掛け算を、それぞれの数字の下に書く（図 1）。

❷ 次に、これらを図 2 のように**交差して**（たすき掛けして）掛け算した答えの和が、真ん中の数字になるものを探す。この例であれば、「足して 5 になるような数字 4 つの並べ方」を考えると、図 2 のようにすれば $1 \times 1 = 1$、$2 \times 2 = 4$、$1 + 4 = 5$ になる。

図1
$$2x^2 + 5x + 2$$

$$
\begin{array}{ccc}
1 & & 2 \\
\times & & \times \\
2 & & 1
\end{array}
$$

図2
$$2x^2 + 5x + 2$$

$$
\begin{array}{ccc}
1 & \diagdown & 2 = 4 \\
\times & \times & \times \quad + \\
2 & \diagup & 1 = 1 \\
& & \parallel \\
& & 5
\end{array}
$$

❸ 並んだ数字 4 つが、そのまま $(\square x + \square)(\square x + \square)$ の 4 つの □ の中に入る。図 2 をもとにすれば、上の段は 1、2 であるから、$(1x + 2) = (x + 2)$、下の段は 2、1 であるから、$(2x + 1)$ となる。

よって、$2x^2 + 5x + 2 = 0$ の左辺を因数分解すると $(x + 2)(2x + 1) = 0$ になる。

$(x + 2) \times (2x + 1) = 0$ より、掛けて 0 になるのは $x + 2 = 0$ または $2x + 1 = 0$ の 2 つの場合が考えられる。$x + 2 = 0$ になるのは $x = -2$ のとき、$2x + 1 = 0$ になるのは $x = -\dfrac{1}{2}$ のときだとわかる。

したがって、$2x^2 + 5x + 2 = 0$ の解は、$x = -2$、$-\dfrac{1}{2}$ の 2 つである。

[解法 2]　解の公式で求める

$ax^2 + bx + c = 0 \ (a \neq 0)$ の解は $x = \dfrac{-b \pm \sqrt{b^2 - 4ac}}{2a}$ である。よって、$2x^2 + 5x + 2 = 0$ の解は $a = 2$、$b = 5$、$c = 2$ として、解の公式に代入すれば、$x = \dfrac{-5 \pm \sqrt{5^2 - 4 \times 2 \times 2}}{2 \times 2} = \dfrac{-5 \pm \sqrt{9}}{4} = \dfrac{-5 \pm 3}{4}$ より、$x = -2$、$-\dfrac{1}{2}$ の 2 つである。

索 引

MEMO

MEMO

【執　筆】　　　　　　　　　　　　　　　　【校　閲】
TAC公務員講座講師室　　　　　　　　　　三好 雅宣（TAC公務員講座）
第1章：佐藤 保幸（TAC公務員講座）　　　佐藤 保幸（TAC公務員講座）
第2章：三好 雅宣（TAC公務員講座）　　　西依 弘典（TAC公務員講座）
　　　　　　　　　　　　　　　　　　　　保正 真（TAC公務員講座）

◎本文デザイン／黒瀬 章夫（ナカグログラフ）
◎カバーデザイン／河野 清（有限会社ハードエッジ）

本書の内容は、小社より2022年3月に刊行された「公務員試験 過去問攻略V
テキスト 16 数的処理(上) 第2版 (ISBN：978-4-300-10096-7)」と同一です。

こうむいんしけん　かこもんこうりゃくぶい　　　　　　　　すうてきしょりじょう　しんそうばん
公務員試験　過去問攻略Vテキスト　16　数的処理(上)　新装版

2019年6月15日　初　版　第1刷発行
2024年4月1日　新装版　第1刷発行

　　　　　　　　　編　著　者　　Ｔ　Ａ　Ｃ　株　式　会　社
　　　　　　　　　　　　　　　　　　　　　　（公務員講座）
　　　　　　　　　発　行　者　　多　　田　　敏　　男
　　　　　　　　　発　行　所　　ＴＡＣ株式会社　出版事業部
　　　　　　　　　　　　　　　　　　　　　　（TAC出版）
　　　　　　　　　　　　　　　〒101-8383
　　　　　　　　　　　　　　　東京都千代田区神田三崎町3-2-18
　　　　　　　　　　　　　　　電話　03(5276)9492(営業)
　　　　　　　　　　　　　　　FAX　03(5276)9674
　　　　　　　　　　　　　　　https://shuppan.tac-school.co.jp

　　　　　　　　　組　　版　　トラストビジネス株式会社
　　　　　　　　　印　　刷　　日　新　印　刷　株　式　会　社
　　　　　　　　　製　　本　　東　京　美　術　紙　工　協　業　組　合

© TAC 2024　　　　Printed in Japan　　　　ISBN 978-4-300-11156-7
　　　　　　　　　　　　　　　　　　　　　　N.D.C. 317

乱丁・落丁による交換、および正誤のお問合せ対応は、該当書籍の改訂版刊行月末日までとい
たします。なお、交換につきましては、書籍の在庫状況等により、お受けできない場合もござ
います。
また、各種本試験の実施の延期、中止を理由とした本書の返品はお受けいたしません。返金も
いたしかねますので、あらかじめご了承くださいますようお願い申し上げます。

公務員講座のご案内

大卒レベルの公務員試験に強い!

2022年度 公務員試験

公務員講座生[1]
最終合格者延べ人数[2]

5,314名

国家公務員（大卒程度）	計 **2,797**名
地方公務員（大卒程度）	計 **2,414**名

国立大学法人等	大卒レベル試験	**61**名
独立行政法人	大卒レベル試験	**10**名
その他公務員		**32**名

※1 公務員講座生とは公務員試験対策講座において、目標年度に合格するために必要と考えられる、講義、演習、論文対策、面接対策等をパッケージ化したカリキュラムの受講生です。単科講座や公開模試のみの受講生は含まれておりません。
※2 同一の方が複数の試験種に合格している場合は、それぞれの試験種に最終合格者としてカウントしています。（実合格者数は2,843名です。）
＊2023年1月31日時点で、調査にご協力いただいた方の人数です。

1位 全国の公務員試験で 合格者を輩出!

詳細は公務員講座（地方上級・国家一般職）パンフレットをご覧ください。

2022年度 国家総合職試験

公務員講座生[1]

最終合格者数 **217**名

法律区分	**41**名	経済区分	**19**名
政治・国際区分	**76**名	教養区分[2]	**49**名
院卒/行政区分	**24**名	その他区分	**8**名

※1 公務員講座生とは公務員試験対策講座において、目標年度に合格するために必要と考えられる、講義、演習、論文対策、面接対策等をパッケージ化したカリキュラムの受講生です。単科講座や公開模試のみの受講生は含まれておりません。
※2 上記は2022年度目標の公務員講座最終合格者のほか、2023年度目標公務員講座生の最終合格者40名が含まれています。
＊上記は2023年1月31日時点で調査にご協力いただいた方の人数です。

2022年度 外務省専門職試験

最終合格者総数55名のうち
54名がWセミナー講座生です。[1]

合格者占有率[2] **98.2%**

外交官を目指すなら、実績のWセミナー

※1 Wセミナー講座生とは、公務員試験対策講座において、目標年度に合格するために必要と考えられる、講義、演習、論文対策、面接対策等をパッケージ化したカリキュラムの受講生です。各種オプション講座や公開模試など、単科講座のみの受講生は含まれておりません。また、Wセミナー講座生はそのボリュームから他校の講座生と掛け持ちすることは困難です。
※2 合格者占有率は「Wセミナー講座生（※1）最終合格者数」を、「外務省専門職採用試験の最終合格者総数」で除して算出しています。また、算出した数字の小数点第二位以下を四捨五入して表記しています。
＊ 上記は2022年10月10日時点で調査にご協力いただいた方の人数です。

WセミナーはTACのブランドです

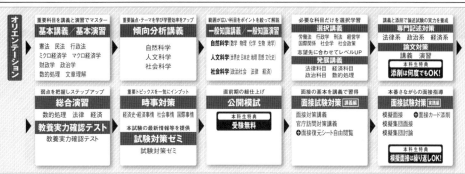

無料体験入学のご案内

3つの方法でTACの講義が体験できる!

教室で体験　迫力の生講義に出席　［予約不要!］［最大3回連続出席OK!］

1. **校舎と日時を決めて、当日TACの校舎へ**

TACでは各校舎で毎月体験入学の日程を設けています。

2. **オリエンテーションに参加(体験入学1回目)**

初回講義「オリエンテーション」にご参加ください。体験入学ご参加の際に個別にご相談をお受けいたします。

3. **講義に出席(体験入学2・3回目)**

引き続き、各科目の講義をご受講いただけます。参加者には体験用テキストをプレゼントいたします。

● 最大3回連続無料体験講義の日程はTACホームページと公務員講座パンフレットでご覧いただけます。
● 体験入学はお申込み予定の校舎に限らず、お好きな校舎でご利用いただけます。
● 4回目の講義前までにご入会手続きをしていただければ、カリキュラム通りに受講することができます。

※地方上級・国家一般職、理系(技術職)、警察・消防以外の講座では、最大2回連続体験入学を実施しています。また、心理職・福祉職はTAC動画チャンネルで体験講義を配信しています。
※体験入学1回目や2回目の後でもご入会手続きは可能です。「TACで受講しよう!」と思われたお好きなタイミングで、ご入会いただけます。

ビデオで体験　校舎のビデオブースで体験視聴

TAC各校のビデオブースで、講義を無料でご視聴いただけます。(要予約)

各校のビデオブースでお好きな講義を視聴できます。視聴前日までに視聴する校舎受付までお電話にてご予約をお願い致します。

※受講可能な曜日・時間帯は一部校舎により異なります。
※年末年始・夏期休業・その他特別な休業以外は、通常平日・土日祝祭日にご覧いただけます。
※予約時にご希望日とご希望時間帯を合わせてお申込みください。
※基本講義の中からお好きな科目をご視聴いただけます。(視聴できる科目は時期により異なります)
※TAC提携校での体験視聴につきましては、提携校各校へお問合せください。

ビデオブース利用時間 ※日曜日は④の時間帯はありません。
① 9:30 ～ 12:30　② 12:30 ～ 15:30
③ 15:30 ～ 18:30　④ 18:30 ～ 21:30

Webで体験　スマートフォン・パソコンで講義を体験視聴

TACホームページの「TAC動画チャンネル」で無料体験講義を配信しています。時期に応じて多彩な講義がご覧いただけます。

TACホームページ https://www.tac-school.co.jp/

※体験講義は教室講義の一部を抜粋したものになります。

動画一覧

公務員試験対策書籍のご案内

TAC出版の公務員試験対策書籍は、独学用、およびスクール学習の副教材として、各商品を取り揃えています。学習の各段階に対応していますので、あなたのステップに応じて、合格に向けてご活用ください!

INPUT

『みんなが欲しかった!
公務員
合格へのはじめの一歩』
A5判フルカラー
●本気でやさしい入門書
●公務員の"実際"をわかりやすく
　紹介したオリエンテーション
●学習内容がざっくりわかる入門講義

・数的処理(数的推理・判断推理・
　空間把握・資料解釈)
・法律科目(憲法・民法・行政法)
・経済科目(ミクロ経済学・マクロ経済学)

『みんなが欲しかった!
公務員 教科書&問題集』
A5判
●教科書と問題集が合体!
　でもセパレートできて学習に便利!
●「教科書」部分はフルカラー!
　見やすく、わかりやすく、楽しく学習!

・憲法
・[刊行予定]民法、行政法

『新・まるごと講義生中継』
A5判
TAC公務員講座講師
郷原 豊茂 ほか
●TACのわかりやすい生講義を誌上で!
●初学者の科目導入に最適!
●豊富な図表で、理解度アップ!

・郷原豊茂の憲法
・郷原豊茂の民法Ⅰ
・郷原豊茂の民法Ⅱ
・新谷一郎の行政法

『まるごと講義生中継』
A5判
TAC公務員講座講師
渕元 哲 ほか
●TACのわかりやすい生講義を誌上で!
●初学者の科目導入に最適!

・郷原豊茂の刑法
・渕元哲の政治学
・渕元哲の行政学
・ミクロ経済学
・マクロ経済学
・関野喬のパターンでわかる数的推理
・関野喬のパターンでわかる判断整理
・関野喬のパターンでわかる
　空間把握・資料解釈

要点まとめ

『一般知識
出るとこチェック』
四六判
●知識のチェックや直前期の暗記に
　最適!
●豊富な図表とチェックテストで
　スピード学習!

・政治・経済
・思想・文学・芸術
・日本史・世界史
・地理
・数学・物理・化学
・生物・地学

記述式対策

『公務員試験論文答案集
専門記述』
A5判
公務員試験研究会
●公務員試験(地方上級ほか)の
　専門記述を攻略するための問題集!
●過去問と新作問題で出題が予想されるテーマを完全網羅!

・憲法〈第2版〉
・行政法

書籍の正誤に関するご確認とお問合せについて

書籍の記載内容に誤りではないかと思われる箇所がございましたら、以下の手順にてご確認とお問合せをしてくださいますよう、お願い申し上げます。

なお、正誤のお問合せ以外の**書籍内容に関する解説および受験指導などは、一切行っておりません。**
そのようなお問合せにつきましては、お答えいたしかねますので、あらかじめご了承ください。

1 「Cyber Book Store」にて正誤表を確認する

TAC出版書籍販売サイト「Cyber Book Store」の
トップページ内「正誤表」コーナーにて、正誤表をご確認ください。

CYBER TAC出版書籍販売サイト
BOOK STORE

URL：https://bookstore.tac-school.co.jp/

2 1の正誤表がない、あるいは正誤表に該当箇所の記載がない ⇒ 下記①、②のどちらかの方法で文書にて問合せをする

★ご注意ください★

お電話でのお問合せは、お受けいたしません。
①、②のどちらの方法でも、お問合せの際には、「お名前」とともに、
「対象の書籍名（○級・第○回対策も含む）およびその版数（第○版・○○年度版など）」
「お問合せ該当箇所の頁数と行数」
「誤りと思われる記載」
「正しいとお考えになる記載とその根拠」
を明記してください。
なお、回答までに1週間前後を要する場合もございます。あらかじめご了承ください。

---

① ウェブページ「Cyber Book Store」内の「お問合せフォーム」より問合せをする

【お問合せフォームアドレス】

https://bookstore.tac-school.co.jp/inquiry/

---

② メールにより問合せをする

【メール宛先　TAC出版】

syuppan-h@tac-school.co.jp

※土日祝日はお問合せ対応をおこなっておりません。
※正誤のお問合せ対応は、該当書籍の改訂版刊行月末日までといたします。

乱丁・落丁による交換は、該当書籍の改訂版刊行月末日までといたします。なお、書籍の在庫状況等により、お受けできない場合もございます。
また、各種本試験の実施の延期、中止を理由とした本書の返品はお受けいたしません。返金もいたしかねますので、あらかじめご了承くださいますようお願い申し上げます。

（2022年7月現在）